性的マイノリティ関係資料シリーズ１

レズビアン
雑誌資料集成

編集・解説
杉浦　郁子

第７巻

●

不二出版

凡　例

一．『レズビアン雑誌資料集成』全7巻・別冊1（性的マイノリティ関係資料シリーズ1）は、一九七〇年代後半から九〇年代前半まで、主に首都圏で展開されたレズビアンによる表現活動・社会運動の軌跡を、ミニコミ誌ほか関連論考、運動史料などと併せて集成、復刻する。

二．本集成の主な構成は以下の通りである。

　第1－5巻　『れ組通信』／『女たちのエイズ問題』等の冊子・資料

　第6－7巻　『すばらしい女たち　レズビアンの女たちから全ての女たちにおくる雑誌』ほかミニコミ誌及び論考／レズビアン・フェミニスト・センター関連資料

三．本集成の収録内容については各巻冒頭の収録内容一覧に記載する。

四．配本は第1回配本（第1・2巻）、第2回配本（第3－5巻）、第3回配本（第6・7巻）の全3回からなる。

五．編者（杉浦郁子）による解説及び総目次を別冊として、第3回配本に附す。

六．原則として原本扉（表紙）から奥付までをモノクロで収録した。その際、紙幅の関係から適宜拡大・縮小ほかの調整を行った。また原資料の状態によっては一部、版型や組版が不統一な箇所、判読の困難な箇所があるが、そのままとした。

七．氏名、住所等、個人の特定によりその権利が侵害される恐れがあると判断された箇所は削除ないし伏字等とした。

八．本集成には一部、性的な写真・表現が含まれるが、批判すべき対象として当事者が参照したものであり、当時の社会状況を理解するうえで不可欠の資料であると判断し、これを収録した。

＊　刊行にあたって、れ組スタジオ・東京、沢部ひとみ氏（パフスクール共同代表）には本集成に多大なご理解をいただき、資料提供をはじめとする編集協力を賜りました。また織田道子氏（東京・強姦救援センター相談員）からは貴重な資料をご提供いただきました。ここに記して、深く感謝申し上げます。

『レズビアン雑誌資料集成』　第7巻

収録内容一覧

資料NO	誌名（発行元／執筆者名）	号数／掲載書誌	発行年	発行月日
16	「異性愛強制というファシズム」（広沢有美）	『新地平』第150号（新地平社）、34―39頁	1987年	6月
17	『瓢駒ライフ　新しい生の様式を求めて』（ひょうこま舎）	第1号	1988年	5月3日
		第2号		8月27日
		第3号		12月25日
		第4号	1989年	4月30日
		第5号		10月15日
		第6号	1990年	6月10日
		第7号	1992年	9月20日

16

異性愛強制というファシズム

（広沢有美）

特集
性的暴力を拒否する
女たちのエロス

異性愛強制というファシズム

ルポライター　広沢有美

♀A子の母親

「わたし、もうダメです。さっき、薬を飲みました。これで、もうお別れです。さようなら」

そういうと、電話は切れた。時計は夜中の一二時を回っていた。電話をかけてきたのは、レズビアンの集まりで二、三度顔を合わせたことのあるA子（二三歳）だった。わたしは慌てて、手帳から彼女の電話番号を探し出し、ダイヤルを回した。電話口に出たのは、A子の母親だった。

「たった今、A子さんから電話をいただいたんですけど、様子がおかしかったものですから……」とわたしは切り出した。

わたしが、A子の知り合いだとわかると、一瞬、電話の向こうの空気がこわばった。

「じゃあ、あなたも、レズなんですか」

その質問のあまりのぶしつけさに面食らいながら、わたしが「そうだ」と答えると、母親の声色は一変した。いましがたの上品で穏やかそうな中年女性はどこかへ消え去り、まったくの別人が電話口に登場したようだった。

「あなたのような変態に用はありません」

「ともかくA子さんが大丈夫かどうか心配ですから」

わたしは、母親の話をさえぎって、何度も彼女の部屋を見てもらうよう懇願した。しかし、彼女は一向に受話器を置こうとしない。そして、ヒステリックな声で怒鳴り始めた。

「娘のことでしたら、わたしが治しますからほっといてください。自分の娘のことは、母親が一番よく分かっているん

です。小さい時からあの子は素直で成績もよくて、わたしの宝だったんです。それがあなたたちのような変態と知り合ったばっかりにこんなふうになってしまって。どうしてくれるんですか。もう家はメチャクチャです。あなたたちが、うちの子をこんなふうにしたんです。あなたのことを調べあげるくらい、すぐにできますからね。ただじゃおきませんよ。あなたがレズだっていうことをバラして、生きていられないようにしてやる」

A子は、大事に育てられたお嬢さんタイプの女性だった。少し線の細いところが気にはなったが、自分のセクシュアリティ（性志向）を自覚し始めたばかりで、来年あたりには恋人と暮らすため家を出ようと、やっと自立の準備を始めたばかりだった。そんなA子の変化に気づいた母親は、「家を出る」と言い出した娘の本心が、女友だちとの恋愛関係にあることを突き止めた。従順な愛娘をそそのかしているのは、レズビアンなのだ。これは娘の選択でなく、単にだまされているに違いない。こうなった以上、娘を守るのは、母親の至上命令と思ったのだろう。「変態」「異常」という言葉をわたしに向かって投げつける母親は、今にも「レズビアン狩り」に乗り出す気配さえ感じられた。

いずれにしろ、これだけ過保護な母親であれば、どんな場合でも娘が独立しようとしただけで、多少の動揺は見せただろう。それにしても、娘の恋の相手が男だったら、果たしてここまで取り乱しただろうか。世間一般のレズビアンに対する受け止め方は、まだこの程度なのか。わたしは、暗たんたる気持ちになった。

それから、しばらくして、A子は「同性愛を治すため」精神病院に入院した。

♀異性愛社会の不寛容さ

わたしが初めて愛した人は、女の人だった。ただ、それだけのことだった。

ところが、自分を、女を愛する女、つまり、レズビアンと認めるには、あまりにも世の中のレズビアンに対する見方との落差が大きかった。わたしのこれまでの人生は、その落差を自分なりに埋める作業に費やしてきたといっても過言ではない。

あなたも同性に恋してみればわかるが、まったく、この社会では、年頃になれば、女は男を、男は女を求めるのが、トーゼンすぎるほど、トーゼンなこととされている。それは、むしろ、この世に人間として生まれた以上、そうしなければならないオキテのようなものなのであって、その不寛容さにはあきれ返るばかりなのである。

例えば、いわゆる愛の告白は、男と女のように、すんなりいかない。

「あなたのこと、好きなのよ」

ためらいの末に、やっとの思いで、こんなふうに告白しても、

「何、言ってんのよ」

と笑い飛ばされるのが、オチである。相手が完ぺきなストレートの女性であればあるほど、まさか自分が女の人と愛し合うなんて、想像すらしないだろう。この社会が、異性との恋愛しか認めない以上、それ以外の恋愛などこの世に存在しないものとするのが、意識しようとしまいと、一番安心していられる方法だからである。

そこで、さらに一歩突っ込んで、

「いや、本気なのよ。あなたのこと、愛しているのよ」

と言ったら、さすがの彼女もやや緊張した表情をするだろう。さて、そこからが問題だ。彼女はいったい、何と答えるだろうか。

一番困るのが、こちらがレズビアンだと知ったとたん、「襲われるのではないか」といった恐怖心をあらわにするタイプである。彼女の頭の中には、「抱くのは、いつも男」そして「抱かれるのは、いつも女」という図式ができてしまっているらしく、能動的な相手に会うと、すぐに自分を受け身の立場に置こうとするのである。ああ、女の受け身根性もここに極まれりと、同性として目を覆いたい心境になる。

次に、苦手なのが、「いやだあ、そういう趣味ないからね」というタイプ。彼女にとって、レズビアンとは「女と寝る（セックスする）女」であり、しかも、「寝ることは趣味の分野の問題」であるらしい。どこの世の中に、「寝ることしかしない」恋人がいるだろうか。また、自己の存在をかけた恋愛を「趣味」にしている人間がいるだろうか。ところが、そんな偏見もレズビアンについては、すんなり受け入れられてしまうのである。

しかし、何度か彼女たちのこうした反応に直面してみると、それは、彼女たちの実感から生まれたものではなく、彼女たちもまた、この社会から教え込まれてきたものではないかと思えるようになった。なぜなら、それは、わたし自身でさえも、あやうく信じそうになったものだったからである。

♀異性愛社会の教えるレズビアン像

わたしがこの社会から教えられた「レズビアン像」とは、次のようなものだった。

「異性愛に移行する前段階にとどまった未熟な人格の持ち主」

「本来異性に向かうべきリビドーを同性に転化してしまった性的倒錯者」

「男でも女でもない、おとこおんな」

「不自然で異常な性愛」

「男にもてないから、女しか愛せない、かわいそうな女」

「変態」などなど。

これらの言葉の言い出しっぺは、かの有名な心理学者、フロイト大先生と、その弟子たちである。だが、少し冷静に考えると、「愛する」という、最も人間的な行為を、その対象を女に向けただけで、どうしてこれほどまでの扱いを受けなければならないのだろう？ という素朴な疑問が浮かぶ。彼らが何と言おうと、レズビアンに向けられたこれらの言葉は、わたしの人生になんの意味も添えない。むしろ、わたし自身の人生を否定しようとする悪意に満ちたウソでしかない。しかし、それにしても、もし、女が女を愛することが、何の意味ももたなかったら、それを封じ込めようとするだろうか。女が女を愛することが、彼らにとって、何か直接の不利益をもたらさなければ、こんな中傷をするはずがないのである。

では、この世の中で、女が女を愛するということは、どういう意味を持つのだろうか。

♀女が女を愛することの本当の意味

それは、一言でいえば、社会が要求する女の役割を拒否し、女同士でつながっていくということである。わたしたちレズビアンは、自分の心に正直に生きようとすれば、まず、男とセックスはしない。そして、たいていの場合、男のための子どもは作らないし、そのための結婚もしない。男と生活を共にしないから、男のためにエネルギーを使わない。男に愛という名の無償のサービスをしない。性の快楽を得るのさえ、男たちを必要としない。対等な女同士の関係の中では、何の掛け値なしに理解し合い、やさしくし合うことが可能だからである。いつでも自分が主人でありたいと思い続けてきた男にしてみれば、どう考えてみても、こんな女たちの存在を許すことはできないだろう。どうやら、そこに、レズビアンへのデマは生まれるようである。

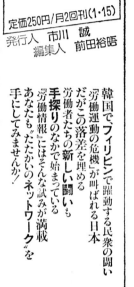

つまり、これらレズビアンに向けられた言葉は、わたしたちレズビアンが、自分たちにとって不愉快な存在、ひょっとすると危険な存在にまでなりうることを本能的にキャッチした男たちが、考えだしたデマ・中傷にすぎないのである。しかし、それがどんなに理不尽なものであっても、何度も何度も繰り返して流すことによって、人々にその情報を信じ込ませるのが、ファシズムの常套手段である。こうして、女同士が愛し合うことの底流にある女たちの深いつながりは、ポルノの世界に封じ込められてしまう。レズビアン自身の中にさえ、こうした情報を真に受けて、自己の人生の意味を見出せず、みずからの命を絶っていく女たちもいる。前述のA子にしろ、ファシズムのように異性愛を強制するこの社会の犠牲者の一人に過ぎないのである。

♀なぜ男たちは女同士の愛を阻むのか

しかし、ここで、さらにもう一つの疑問が生まれる。なぜ、社会はこれほどまでに、女同士で愛し合うことを阻もうとするのか、という疑問である。

同性愛はよく「子どもを作らない」という点において、「不自然だ」と責められるが、特に身体上の問題がなければ、レズビアンであろうとなかろうと、女は自分の意志で妊娠・出産を選ぶことができる。だから、いつの時代にも結婚をしないで子どもを生む女性はいる。しかし、彼女たちが人類の女として、いかに誠実に生殖の役割を果たそうと、結婚制度の外で子どもを生み、育てることについては、今なお世間の風当たりが強い。つまり、この社会が女たちに要求しているのは、生殖そのものではなく、あくまでも「結婚」という制度の中での子生み、子育てなのである。だから、結婚しない女は「子どもを作らない」というよりは、「作るのを許されていない」と言った方が正確だろう。もし、大勢の非婚の女たちが子どもを生み、女同士で楽しみながら子どもを育て始めれば、男たちにとって、とてつもない脅威となるはずだ。

こう考えてくると、異性愛を強制する社会の主人公は男たちであること。そして、彼らの守ろうとしているのは、女・子どももそして富を自分のものとできる結婚制度と、それによって図れる男社会の安泰であることは明らかとなる。しかし、そんなことはオクビにも出さない、そのカラクリの巧妙さには舌を巻かざるを得ないほどである。

人間が自信を持ち、権力を握る最も簡単な方法は、自分より劣る者を支配することである。もし、自分より劣る者がいなかったら、作り出せばいい。そこで、男たちは、「女はバカだ」「女は弱い」「女は感情的」というような中傷を生み出した。そして、男を通してしか、女は評価されない、女が女の価値を見出し愛することなどできないというような迷信を生み出し、すべての女たちに、男と女の愛こそが「成熟した大人の愛」であり、その「愛」に生き、結婚して子どもを生むことこそが幸せだと、信じこませてきたのである。

アメリカの女流詩人アドレアン・リッチは、「セクシュアリティーは、自然にしていれば女も男も、自分が幼い頃育まれた性である女へ向かう。このことを恐れた男文化が政治的に女を無力化し、女たちを洗脳し、男に向かうようにあらゆる力を駆使してきた。そして、男に従属する女だけしか生き残れないように結束してきた。異性愛のみが正常だとしてきたのも、この政策の一つだ」（アドレアン・リッチ著「強制された異性愛とレズビアンの存在」渡辺みえこ、カイラン・マクメル共訳）と言い切る。

♀女にエネルギーを向けること

昨年秋、わたしは、「日本に生きるレズビアンのありのままのすがた」を描き出すため、記述式のレズビアン・アンケートを実施した。その結果をこの四月発売になった、別冊宝島『女を愛する女たちの物語』（JICC出版局）に掲載した。

この報告をまとめながら、わたしが最も強く感じたのは、いったい、どこからどこまでをレズビアンといい、どこからどこまでをストレートというのか、その境界線のあいまいさであった。好きになった相手にやさしくしたい、それは人間として自然な感情であろう。性的な関係があろうとあるまいと、女に向くエネルギーを大切にしている女たちは、すべてレズビアンと言えるのではないか。二三四人もの様々な女たちの回答を読みながら、わたしは、そう思うようになった。

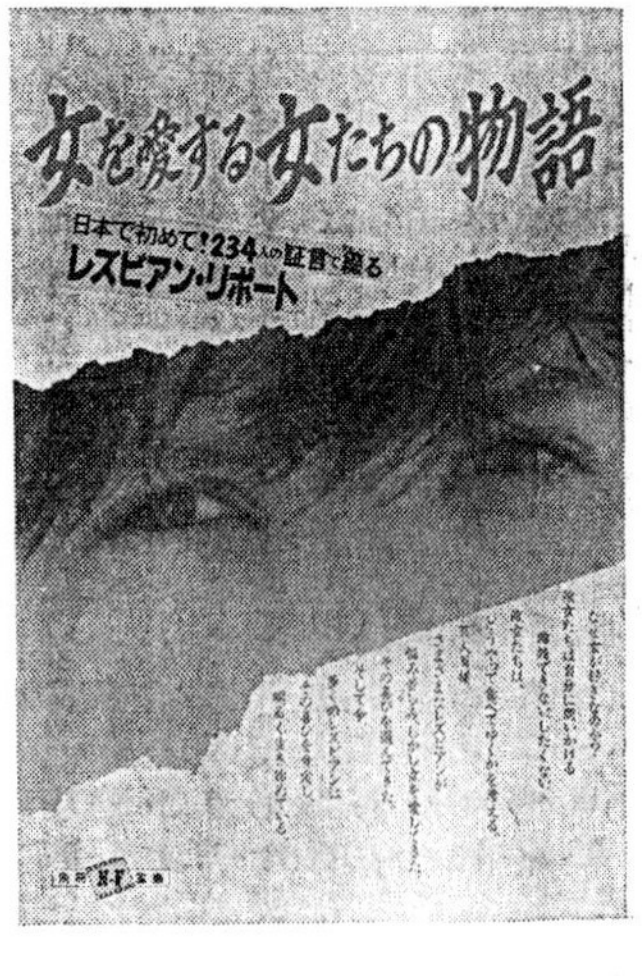

「女は男を愛するべきだ」という社会規範や他人の思惑から自由に生きるレズビアンには、女としての自分の人生を自分で引き受けたたくましさがある。そのたくましさは、恋愛にしろ仕事にしろ、女が自分の力で自分の人生を切り拓く喜びに支えられている。

レズビアンという、男社会が最も無視したがる女たちが、自分たちに与えられたレッテルを自らはがし取り、自分たちの生の意味を問い直すこと、そして、それを他の女たちと共有していくこと。それは、すべての女たちがのびやかに力強く生きるためのヒントを示唆するはずである。

17

瓢駒ライフ　新しい生の様式を求めて

第1号—第7号

（ひょうこま舎　発行）

瓢駒ライフ

――新しい生の様式を求めて――

はじめに

あなたに「瓢駒ライフ」をおくる私達は、まるごと女を愛する女達です。「瓢箪から駒」という諺をもじってつけたこの雑誌名に、スタッフは、世の常識から見るとあっと驚くような私達の人生を、気ばらずユーモアの精神を忘れないでとらえていきたいという願いをこめました。

人は、自分の感情をことばに変え、そのことばで別の人間の共感を呼び起こしたとき、はじめて生きていることの実感を持てるという、不思議な動物です。心の中にあるものをのびのびと楽しんで表現し、この世に生きる意味を考えるとき、私達もまた一人の人間だと感じることができます。それが読者の暖かな共感に支えられるとき、私達は元気づけられ、よりいっそう強くなることができるでしょう。そして、そのときこそ、あなたといっしょに、女を愛する女達の生き方を一つの様式にまで高められるのだと信じています。

目次

愉快なばあさん

沢部　仁美

このばあさん、名前を湯浅芳子という。明治二十九年（一八九六年）生まれの彼女は、今年、満九十二歳。現在は浜松郊外の閑静な老人ホームに住んでいる。

「ゆうゆうの里」というそのホームは、白い大きなマンションのような建物で、彼女の部屋はいちばんてっぺんの八階にある。部屋は２ＤＫのゆったりした間取り。こまごました日々の雑事はすべて職員がやってくれる。彼女は大好きなタバコをくゆらしながら、出版社から送ってくる雑誌や書籍に目を通し、ねむいときにはベッドに横になり、目がさめると、ふんふん鼻歌まじりでお茶を立てる。まさに悠々自適の生活である。

わたしは、このばあさんにだいたい二月にいっぺんのわりで会いに行く。おととし知り合いの紹介で、初めて会ったその日から、すっかりばあさんに惚れ込んでしまったからである。

「この子、男の子みたいやろ」いつもジーパン姿のわたしを、ばあさんは会う人ごとに紹介する。

そう言うばあさんは和服党である。しかし、同じ和服党といっても、宇野千代ばあさんのように、ピンクの花やちょうちょの模様入りの着物は着ない。ほとんどが地味で渋い、紺色の着物である。おでかけの時はいつも頭に黒いベレー帽をかぶる。たっぷりの白髪にそのベレー帽がよく似合う。手には取っ手がかさの柄のように丸いカーブを描いたステッキを握る。歩き方も話し方も実に堂々としているから、ちょっとダンディなじいさんに見えるのだろう。ときどきホームの食堂でとなりに坐ったおばあさんから、

「奥さんはいらっしゃいますか？」などと尋ねられる。

そんなとき、ばあさんは、

「そんな面倒なものおりません」と、平気な顔で答えている。

ばあさんの夕飯は、ほとんど外食である。浜松駅前の「味の名店街」に、行きつけの小料理屋がある。刺し身、てんぷら、鍋物などのおいしい店である。ホームからこの店までは、車で

三、四十分かかる。そこまでの往復のタクシー代は、食事代の二倍はかかる。それでも毎日のように通いつめるのは、ばあさんがかなりの金持ちであることを示しているが、それよりも何よりも、うまいものを食べるためならどこへでも出かけていくという、衰えぬ求道の精神の持ち主であることの証なのである。

彼女が店ののれんをくぐるのは、開店直後の夕方五時ころ。だから、たいてい店はガラガラである。ちょっとチワワに似た、あいきょうのある四十がらみの仲居さんが、「いらっしゃい！」と威勢よく声をかける。こちらもやはり和服党だが、赤やピンクの混ざった、派手な着物姿である。

ばあさんが坐るのは、カウンターの角っこだ。席に着くと仲居さんがすぐにおしぼりを持ってきてくれる。静岡弁特有の、ちょっとほっぽり出すようなイントネーションで、

「先生、今日は何にするの？」と尋ねる。

「先生」と呼ばれると、ばあさん心持ちキリッとした面持ちになる。彼女はつい十年ちょっと前まで、バリバリのロシア文学者だったのだ。革命前のロシアの人々を描いたチェーホフの『ヴァーニャ伯父』やゴーリキイの『幼年時代』、またはマルシャーク『森は生きている』（これは岩波少年文庫）など、彼女の翻訳書が今も岩波文庫で手に入る。文学好きな読者なら、そのうちの一冊くらいは読んだことがあるだろう。

ばあさん先生は、おしぼりで手を拭きながら言う。

「何があるの？　まぐろの刺し身のいいのがあるのか。それじゃあ、それと、ブリの照り焼き。それから、茶わんむしにしようか」

どうやらこのメニューが一番のお気に入りのようだ。

彼女の故郷は京都。生家は魚問屋である。幼いときから「うまい」「まずい」の実にはっきりした子供だったらしく、出された料理の評価はたいへん辛い。

「今日のご飯は固すぎるよ」

「こんなしょっぱい茶わんむし食えんわ」

回りのお客への気づかいなんてものは全くしない。そばにいるわたしなどはヒヤヒヤものであるが、ばあさんはいっこうにとんじゃくしない。

「まずいものはまずい。教えてやらんと、店のためにならん」と言うのである。そもそもホームからわざわざ出てくるのも、「あそこのご飯まずくてねぇ」だからなのである。

　ばあさんは歯なしである。以前は入れ歯をしていたそうだが、いつだったかゴミ箱に落として以来、歯なし生活に転向した。歯がなくても馴れると、歯ぐきが強くなるらしい。何でも平気で食べる。さすがに野沢菜のような漬物やイカの刺し身はなかなかこなしきれぬらしく、一時間もたってから、「ああ、やっぱりだめだ」と言ってほきだすこともある。

　この店でご飯がすむと、今度は向かいにあるスナックに行く。そこには、メガネをかけて『徳川家康全集』読破に挑戦している、かつての文学少女ママと、ショートカットで目鼻立ちのくっきりした、かなり美人の女の人がカウンターに入っている。

　ばあさんは前の店で火をつけたタバコを口にくわえたまま、「また来たよ」と言って店のドアを開ける。二十人も入ればギチギチいっぱいの、小さな喫茶店だ。入り口に置いてある、ばあさんの背丈ほどの観用植物が、ドアの開いたひょうしに風で揺れる。ここでママや例の美人相手に、ひとしきり世間話をするのが、食後の楽しみなのである。

　時にはちょっといたずらっぽい顔をして小指を立て、

「若いのを探してるんだが、いっこうに引っかからんなあ」

などと、聞き捨てならない言葉を吐いて、こちらの度肝を抜くこともある。

　注文はたいていコーヒー。それに砂糖を二杯とミルクをたっぷり入れて飲むと、

「ああ、眠たいなあ。なんで今夜はこんなに眠いんだろう」

と言うのだが、これはいつものことであるらしい。

「おばあちゃん、いつもそうだよ。ここへ来ると、眠い、眠いって」

　ママにそう言われると、「そうだったかな?」と舌を出し、「じゃあ、帰るとするか」と腰を上げる。

　タクシー乗り場は、「味の名店街」から百メートルくらい離れたところにある。さすがにこの二、三年、足が以前のように

シャキシャキと動かないので、道路の段差につまずかないようにゆっくりゆっくり歩く。タクシー乗り場の運転手さんたちも、ばあさんのことはよく知っている。タクシーが一台もなくて、プレハブの小屋の待合室にいるようなときも、彼女がじっとしていることは少ない。あるとき、運転手さんたちが休み時間を過ごすコーナーをちょこっとのぞいて、そのテーブルにお茶菓子がのっているのを目ざとく見つけた。

「いいもんあるなあ」と言うと、

　待合室で運転手に無線で連絡を取る仕事をしているおじさんが苦笑しながら、

「ばあさん、それ食べてもいいぞ」

　そう言って醤油で焼いたダンゴを一本手渡した。帰りのタクシーの中で、ばあさんはうまそうにそのダンゴをほおばった。

　ばあさんに子供はいない。男と恋をしたり、結婚したりしたことはないのだ。じゃあ、髪をひっつめにしてキリキリ舞いで独身を守り通してきたかというと、そうでもない。ばあさんは生涯に何人もの女の人を深く愛した。そう、彼女はレズビアンなのである。

　ばあさんの初恋の相手は、「つる子はん」という芸姑さんである。高等小学校二年生のときだから、今の小学校六年生のころだろう。数え十二の年にもらわれた養家は京都宮川町という花街の料理屋だった。つる子はんは、養家の貸家に姉さんといっしょに住んでいた。当時は電話が今ほど普及していなかったから、大家である養家が、つる子はんにかかった電話を取り次いでやっていた。その取り次ぎの役をおおせつかったのが、幼き日のばあさんなのである。

「つる子はん、電話どす」

　それだけの言葉を伝えるときの胸のドキドキは今も忘れられない。つる子はんは、小鼻の張った、いかにも勝ち気で頭のよさそうな女だった。踊りが上手で、とくに男舞で舞台に立つときの、あでやかで、りりしい姿には、ほれぼれしたものである。ばあさんの好きになる女の人のタイプが、なよなよした他人のいいなりになるような女でなく、自分というものをはっきりも

った女であったというのは、生涯変わることはなかった。長じて大人の恋をしたときも、相手はみんな、話して楽しい、打てば響くようなところがあって、その上にちょっと粋な雰囲気が漂うような人であったという。

　ばあさんの人に対する好き嫌いというものも、食べ物に負けず劣らず、はっきりしている。

「百合子は大バカ者だよ。宮本顕治みたいな、あんな封建的な男にひっかかってさ」

「草野心平？　あんないばりん坊はないよ。あたしゃ、大嫌いだ」

「野上弥生子ほどの俗物見たことない。わたしが京都の名家の生まれでないと知ったとたんに軽蔑しやがったんだから」

「壺井栄も小説が売れるようになったら、急にいばりだしたなあ」

「佐多稲子も利口者だからね。あたしと違って世渡りがうまいよ」

もう次から次へバッタバッタと切りまくる。

　以前、電車に乗れば、股を広げてすわる男の前に行き、

「あんた、もうちょっと足をつぼめなさい。もう一人分すわれるんだから」と忠告し、

　東京都知事選に出馬した美濃部亮吉の悪口を言った男には、

「あんたみたいな奴がいるから、日本が悪くなるんだ！」と怒鳴った。

　ばあさんの怒りはとどまるところを知らない。怒りこそ、彼女の真骨頂なのである。

　口当たりのよい、まろやかな味が好まれる現代ほど、そうした怒りが受け入れられにくい時代もないだろう。だから、ばあさんを嫌う人も多い。そういう人たちは、ばあさんを「かわいげのない、偏屈でわがままな人」と呼ぶのである。

　しかし、怒りは人間のもっとも根源的な感情である。人が、いつ、何に対し、誰に対して、どんな風に腹を立てるかは、その人の真の姿を示すものだ。ばあさんの毒舌まじりの人物批評を聞いていると、おのずから彼女の嫌いなものの正体が見えて

くる。それは人間の権威主義と凡俗さなのである。

　学歴、地位、経済力など、自分の持っているものをひけらかして、それを持たぬ相手を従属しようとする輩。逆にそうした輩にこびを売ってなんとか取り入ろうとする乞食根性の持ち主。自分の身の安全をはかるために新しい流れに身をまかせようとせず、腐敗した凡俗な生活に甘んじようとする輩。彼女は、そういった人間が許せないのである。

　ばあさんの好きなのは、人としての誠実さ、自分をより高めようとする勇気、人がその持ち味を個性として生き生きと発揮する姿である。

　そんなばあさんをわたしは尊敬しているから、面と向かっては、「先生」と呼んでいるのだが、一度

「そう先生、先生と呼ぶな。あんたとわたしは友達なんだから」

と叱られたことがある。

「湯浅さんでいいんじゃ」と言うのである。この年になっても、半世紀以上も年の違うわたしを友達と呼んでくれる、その柔軟な想像力にわたしは感激した。

「じゃあ、何と呼んだらいいでしょうね？」と聞き返すと、

「そうだな、弟子と師匠ということにしようか」と言った。

　去年、軽井沢で夏をいっしょに過ごしたときのことだ。

　そのとき、わたしは同行した友人と、毎朝、食事のあとで小唄をばあさんに習っていたのである。それはこんな歌詞だった。

「びんのほつれは（チヂチン）　枕のとがよ
　それをお前に疑られ　苦界じゃ（エー）
　つとめじゃ　許しゃんせ（エー）」

　びんというのは、頭の左右のわきの髪の毛のこと。それが乱れているのは、あたしのせいじゃない。これは枕のせいなのよ。そのびんのほつれを見て、あたしが他の男と寝たんじゃないかと、お前さんはあたしを責めるけれど、あたしは遊女の身分だもの。しょうがないじゃないか。これがつとめだもの。

　この唄はそういう意味なんだとわたしに教えてくれたあと、

「女ってのは哀れなもんよねぇ。かわいそうなもんよねぇ」

と、きっとつけ加えるのだった。それもそのはず。この唄は、

ばあさんの青春時代、惚れて惚れぬいた女の人から教わった唄だったのである。

　その女の人は名前をセイといい、もとばあさんの養母の営む置屋の芸姑だった。親の借金のかたに、数え十二の年に芸姑にさせられたセイは、間もなく、口入（クニュウ）という金貸しのブローカーをしていた男にだまされ、つましい妾の生活を余儀なくさせられた。

　ばあさんは大正八年十一月、二十三歳の年に、大正日々新聞京都支局に婦人記者として入社した。この新聞社は、言論弾圧事件をきっかけに、大阪朝日新聞をやめた鳥居素川らの創設したものである。大正デモクラシーの意気盛んな時代であった。

　当時、流行の最先端だったツリガネマントにさっそうと身を包み、セイの住む加茂川ぞいの小さな長屋を訪ねた姿は、どんなに頼もしかったことだろう。ふたりは熱烈な恋に落ちたのである。

　やがてふたりは上京し、東京でいっしょに暮らし始める。ばあさんはある機関誌編集の仕事をして金を稼ぎ、セイに長唄の師匠の免状を取らせた。だが、喜びは長くはつづかなかった。お金ほしさに、セイが男出入りをくりかえすようになったからである。

　ふたりの恋については、現在執筆中の『湯浅芳子伝』で詳しくふれるつもりなので、これ以上は書かないが、愛し合う女同士がともに生きようとするとき、ひとりが他の女を、ましてや、その親を養うことなどできないという、経済の問題は、もっともっと考えなければならない問題である。

　さて、この前、二月の末にわたしが浜松を訪れたときのことだ。

　浜松に着くころには、日はもう暮れかけていた。東名浜松の手前のパーキング・エリアで、ホームに電話すると、事務所の人が、湯浅さんは今から十分くらい前に食事に出かけたと言う。よおし、それじゃあ直接、店に行って、ばあさんのこと、びっくりさせてやろう。わたしは車を浜松駅に向かって走らせた。

　知らない街をナビゲーターなしで走るのほど心細いものはない。度の弱いメガネから見える交通標識は頼りなく、あわてて右折変更の方向指示を出しては、後ろの車にブッーブッー！と叱られる。おまけに他人の車である。いつもはたいてい浜松駅からバスに乗るのだが、今回は荷物も多いし、彼女をあっちこっちに案内できると思って、友人の通勤用の車を無理に借りてきた。へたな運転で傷でもつけたら大変だ。内心ハラハラしながら、しかし、なんとか記憶をたどって、やっと浜松駅に着いた。車を有料駐車場に入れ、大急ぎで「味の名店街」の階段を駆け降りていつもの店の前に立つと、なんと今日は月に一度の定休日なのであった！

　どこへ行っちゃったのかな、ばあさん。

　幸い、第二コースのスナックは開店していた。わたしはすぐにその店のドアを押して聞いた。

「こんばんわ。あの、いつものおばあさん、今日は見えませんでしたか？」

「ああ、おばあちゃんなら、今から十分くらい前に、『佐の一』ってお寿司屋さんに行ったわよ。お店にいた男の人に『おじさん、夕飯いっしょに食べんか』って誘っていたけど、たぶんひとりで行ったんでしょう。今なら間に合うわよ。急いで行ってごらんなさい」

　そう言ってくれたはいいが、そのママも当の「佐の一」がどこにあるかは知らないという。あてがはずれて少しがっかりしたわたしは、その足でいつものタクシー乗り場に向かった。

「あのう、いつもここでタクシーに乗るおばあさん、今日は見えませんでしたか？」

　待合室には、ごま塩頭の人のよさそうなおじさんがいた。

「いや、今日はまだ来んよ」という返事だった。

　まったく、どこへ行っちゃったんだろう？

　わたしは「佐の一」という寿司屋を教えてほしいと頼んだ。おじさんは休憩室の運転手さんに向かって声をはり上げた。

「おうい、『佐の一』という寿司屋、だれか知らんけ？」

　つい立てのかげから、運転手さんたちが、ぞろぞろ出て来た。顔の長い運ちゃんが、揚子で歯をシーシーほじりながら言う。

「確か市役所の通りにあったと思ったけえが、あれじゃあ、ないっけ？」

　すると、別の運ちゃんが答える。

「ありゃあ、『末広寿司』だに」

　待合室はワイワイガヤガヤ。そのうちに、だれかが提案する。

「そうだ、電話帳で調べりゃ、ええじゃあ」

　「佐の一」はすぐに見つかった。しかも、五つもである。この寿司屋は市内に五つも支店を出していたのである。それでも、ばあさんが寄るとしたら、帰り道にある店だろうから、おそらく葵町店だろうということになる。ごま塩おじさんは、そこまでの道順を地図に描いてくれた。なんと浜松の運転手さんは親切だろう！　わたしは何度もお辞儀をして待合室を後にした。

　駐車場から車を出したわたしは、今ではすっかり探偵の気分である。日はもうとっぷりと暮れていた。浜松駅前の三車線の広い道から、「佐の一」へ向かう姫街道に入って、わたしはやっと少し安心した。ここならいつもバスが通るから、あたりの街並に見覚えがあったからである。それにしても、ばあさんのホームに向かう道が、「姫」街道とは！　わたしは、今ころカウンターでおいしそうに寿司をほおばる、ばあさんの姿を想像しながら、ひとりで笑った。

　ところが、なんと、三十分もかかってやっと探し当てた「佐の一」の看板は真っ暗。ここも定休日だったのである！　歩きだったら、へなへなとその場にしゃがみ込みたい思いだった。

　もうこうなったらしゃあない。わたしのお腹の虫もそろそろ鳴き始めていた。わたしは目に入った途中の寿司屋に車を止め、そこで夕飯をすますことにした。

「あ、もしもし、ゆうゆうの里ですか。湯浅さんはもうお帰りでしょうか。いつもいらっしゃるお店は今日お休みだったんですが……」

　わたしはホームの事務所に電話をかけた。電話の向こうの声は、元気な守衛のおじさんだ。

「ああ、湯浅さんなら、今帰ってきましたよ。何も食べるものがない。お腹がペコペコやって言って、部屋に上がって行きましたよ」

「それじゃ、今わたしが何か買って行きます。すぐに着くと、

そう伝えてください」

　わたしは、板さんに、歯なしばあさんの食べられそうな玉子やあなご、柔らかそうなトロを追加注文した。

　ホームに着いたのは、夜八時。暗闇の中にそびえる建物には、それぞれの部屋に明かりがついている。あの一つ一つの明かりのもとには、色んな人生を経たじいさん、ばあさんが、そろそろ寝る支度をしているのだろう。

　事務所にあいさつをして、わたしはエレベーターに乗り、腹ぺこばあさんの部屋にやってきた。彼女は、いつものように部屋の片隅のソファにちょこんと坐っていた。

「あんたが来ないとなんだか淋しいわ」

　これが開口一番のばあさんの言葉である。その言葉は、わたしの胸にグッと迫る。

「お寿司、買って来ました。いっしょに食べましょう」

「それは助かった。今夜は何も食べないで寝てしまおうと思っていたところや」

　わたしはお茶を入れて、寿司の包みを解いた。

「ここのは米が固いねえ。やっぱり寿司は『佐の一』だねえ。なんだ、こりゃ、すっぱい。梅干か。あたしゃ、昔から梅干と性が合わないんだよ」

　しわくちゃのばあさんが、そんな風に言うのがおかしくて、ここでもわたしは笑ってしまう。食べ物への文句はいつものことだが、すきっぱらにはなんでもうまいのだろう。丸い寿司盆に入った寿司をおいしそうにほおばる、ばあさんの隣りに坐って、その夜、わたしはなんとも言えぬ感慨にひたった。

　おいしいものを食べたい。そのためにならどんな遠くでも出かける。そこで食べられなかったら、腹をすかしたままで寝てしまう。それは、この人の生き方そのものだと思ったからだ。

　女に生まれながら女の人が好き、それを世の中の人はああだ、こうだと言うだろう。だけど、好きなものは好き。自分がそう感じ、そう生きている以上、何も他人の思惑など気にする必要はないのだ。言いたいやつらには言わせておけばよい。一度きりの人生、自分の気持ちに正直に生きなくて、何が人生か。人

生は、どんな犠牲を払っても、たっぷり味わって生きるがいい。嫌なものを我慢して、遠慮しいしい生きるなんてアホや。ばあさんはそう言っているように思えてならなかった。

お腹がくちくなると、いつもの「ああ、眠い」が飛び出す。

ベッドに横たわったばあさんの枕元で、わたしは今まで調べたばあさんの若いころのことを話して聞かす。

「まったく、よう調べたなあ。こんなもんのこと、調べてどうするんじゃ。書く、書くって言って、みんな勝手なことばかり書きよる。ちっとも本当のことは書いてないわ。お前が本当に書けるんかね」

ばあさんはジロリとわたしを見る。

「だいじょうぶ。わたし、先生の弟子なんだもん。がんばって、いーいのを書くから」

さすがのばあさんも、にっこりする。わたしもうれしくなる。

ばあさんの一生は長い。しかも、波乱に富んでいる。その一生をどこまで描き切れるか。それはもうすぐ四十に手が届こうとするわたしの、祈りに似た仕事である。

「もうそろそろ、お迎えが来るころだな。今となっちゃ、別に好きな人がいるからというわけじゃないけど、この世に未練がないと言ったら嘘になるなあ。あたしゃ、人間世界が好きなんだよ」

枕元のスタンドの下で、そう言ってばあさんが遠くを見るような目つきをするとき、わたしはやっぱり涙が出そうになる。

第三者が見れば、年老いた老婆と中年の女がふたりして、夜の老人ホームの寝室で、何をわけのわからんこと言っていると思うだろう。でも、こうしてばあさんと話をしているとき、ばあさんとわたしは、遠い時間の壁をくぐり抜けて、やっと出会えたという気がしてならないのだ。

そろそろ夢の世界へ入りかけたばあさんを残して、わたしは今夜泊まることになっているゲストルームへ向かう。

先生が生きているうちに、ちゃんと本にするからさ。いっとう最初に先生に読んでもらうために書いているんだからさ。だから、待っててよ。きっとだよ。

そう心の中でつぶやきながら。


（つづく）

杉田久女とレズビアニズム

松本　泉

I

足袋《たび》つぐやノラともならず教師妻

日頃、俳句に興味も関心もないという人でも、杉田久女のこの句は知っているという人は多いのではなかろうか。ノラとはならず、九州の小倉にあって、中学の美術教師杉田宇内の妻として貧しさの中に生き、師の高浜虚子にうとまれて、『ホトトギス』同人を除名され精神錯乱のうちに死んだ悲劇の女流俳人、杉田久女。その激しい性格ゆえに、「焔の女」と呼ばれ、生前から毀誉褒貶と様々な伝説に彩られた彼女の生涯は、没後も吉屋信子や松本清張によって作品化されてきた。先日も田辺聖子氏の優れた評伝『花衣ぬぐやまつわる……』を原作としてテレビドラマ化されて放映されている。

ここでは、私のある直観を手掛かりとしてレズビアニズムの観点から、久女の作品世界を再構成してみたいと思う。私の繰り広げる世界は単に甘美な妄想であるかもしれない。だが、人は何をして真実と迷妄とを分かつのだろうか。俳句という極めて暗示性に富んだ文芸表現から、私が描いた世界を語ってみよう。優れた作品こそ、多様で豊かな幾つもの顔を見せるはずだ。表現は作者の意図を越え作者の思想をさえ越える。芸術家とは意図とか思想とかいった何かを伝達する人のことではなく、描いた当人にすら見えなかった何かを表現してしまう人のことではないだろうか。彼女は自らが思いもかけなかった別の世界を生み出してしまう。生み出さずにはいられない。彼女は自らが生きた日常の世界とは別のもう一つの世界を生み出し、その世界にこそ生きる。彼女が日常の世界に充足する人であったなら、彼女に俳句という芸術の世界はいらなかった筈なのだ。

夕顔やひらきかゝりて襞《ひだ》深く

私が久女にレズビアニズムの匂いを感じる契機となったのはこの句であった。吉屋信子は「ああこれがホトトギス派の写生というものだなあと大発見だった。」と書いているが、この句が客観写生であろうか。私には夕顔にかさなって見えてくるものがある。それはエロティックで主観的なものだが、一度幻のように見えてしまうと消すことが出来ない。それが私にとっては彼女の句の世界を流れる主調低音であり、甘美な秘密を解く鍵と見えるのだ。この句の象徴する濃密なレズビアニズムこそ、久女の意図や現実を越えて表現されてしまった彼女の真実ではなかっただろうか。

久女に恋のスキャンダルは多かったが、恋の句は一つもない。それよりもむしろ、橋本多佳子を指導していた時期に、

花石蕗《つわ》の今日の句会に欠けし君
茄子《なす》もぐや天地の秘事をさゝやく蚊
月の頬をつたふ涙や祷りけり
われにつきゐしサタン離れぬ曼珠沙華

などの句があることのほうが、私には印象的に思える。これら

は多佳子への秘められた想いを想像させる。のちに多佳子は山口誓子を師と仰いで一家をなす。

二人の出会いは大正十一年三月、虚子が小倉に来遊し、小倉の名士、橋本豊次郎の海に面した別荘で句会が催された日である。豊次郎の美貌の妻、多佳子は二十三歳。久女、三十三歳。すでに久女は『ホトトギス』雑詠欄や九州の俳句界で知られる女流俳人であった。豊次郎は久女に妻の俳句の指導をゆだねる。

きさらぎや通ひなれたる小松道

玻璃《はり》の海全く暮れし暖炉かな

多佳子に会うため、別荘を訪れることは久女にとって大きな楽しみとなった。久女は多佳子の豊かな才能を見抜きのめりこむ。多佳子も後年、「一時は毎日会はない日はない程行き来したものである。」としるしている。久女は弁当持参で通いつめ、あまりにたび重なる訪問についに豊次郎は別荘への出入りを差し止めた。

しかし、その後も共に句会に出席するなど、多佳子との友情はとぎれていない。橋本一家が、大阪市に移住することになった昭和四年には「橋本多佳子氏と別離」という句もある。

忘れめや実葛《みくず》の丘の榻二つ

久女が俳誌『花衣』を主宰したときには、多佳子も句やエッセイを寄せて力づけている。

相寄りて葛《くず》の雨きく傘ふれし

『花衣』が廃刊になる直前の、多佳子を迎えての歓迎句会での久女の句である。

「足袋つぐやノラともならず教師妻」の句からもうかがえるように、久女の結婚生活は幸せといえるものではなかった。芸大出の画家の妻としての未来を夢見て、夫に選んだ杉田宇内は田舎の中学の美術教師としての生活に自足して一枚の絵も描こうとしない。凡俗な男との結婚生活によって、芸術家の妻たらんとした夢を破られた我執の強い女という定説化した久女像はここからくる。

冬服や辞令を祀る良教師

の句が『ホトトギス』に載ると、夫はその冷ややかな視線に激怒した。

戯曲よむ冬夜の食器浸けしまゝ

個性《さが》まげて生くる道わかずホ句の秋

明治生まれの男、宇内が妻にかくあれと求めたのは、妻であること、母であることであり、それにつきた。女に表現すべき自己があることを彼はついに知ろうとはしなかった。

〈誰に食べさしてもらっているんだ〉

こう言って妻をしばしば抑えつける男は、妻の離婚したいという気持ちを「夜昼責めた」と娘は久女年譜にしるしている。幼い娘を二人かかえて久女は心の通わぬ夫と暮らし続けた。父は娘が本好きなのも「生意気になる」といって好まなかったという。現代においても、男とともに暮らしながら自分の個性を曲げずにいられる女は多くはない。まして大正においてをや。

争ひやすくなれる夫婦や花曇り

Ⅱ

今年88年二月号別冊で『俳句とエッセイ』誌が「杉田久女と橋本多佳子」という特集を組んでいる。副題は「ふたりの美女のものがたり」。本屋の店頭でこれを見つけたときは「すわ！私の特種がスクープされたのか。」と驚いたのだが、この号、そこまでは踏みこんでいない。俳句において師と弟子であった二人の先駆的な女流俳人の句と文章を集め、また二人をめぐっての座談会や対談や論考を特集したもので、対照年譜や『花衣』と『七曜』の創刊号の復刻判も載って、興味つきない一冊となっている。

この特集の中で特に面白かったのは、現代の女流俳人二百人に募った「私の心に残る……久女の一句・多佳子の一句」というアンケートであった。それには83％百六十六人の回答が寄せられている。

「久女の一句」のうち、最も多いのが、

花衣ぬぐやまつはる紐いろ〳〵

で、三十人ほどがこの句を選んでいる。

この句については高浜虚子がホトトギスに評を書いているので、長いが引用してみよう。「この句は説明するまで迄もなく花見衣を女がぬぐ時の状態で、花見衣をぬぐ場合に腰をしめて居る紐が二本も三本も沢山しまって居る為に、其紐《そのひも》がぬぐ衣にまつはりついて手軽く着物をぬぐ事が出来ない。其の紐の形も色も決して一様ではなくて紅紫いろ〳〵の色をした紐が衣を一枚一枚とぬいで行くに従ってまつはりつく、それがうるさいやうな心持もするのである。うるさいというよりもその光景が濃艶な心持で、花を見る華やかな心持と一致してまつはりつく色々の紐を興がり喜ぶのである。男の着物であった場合は帯一本で、此《この》句に現はれてゐるやうな紐色々といふことは事実から言って無い。女の衣であればこそ、初めて紐色々といふことが生れて来たのでかういふ事実は女でなければ経験しがたいものでもあるし、観察しがたい所のものでもある。即ち此句の如きは女の句として男子の模倣を許さぬ特別の位置に立ってゐるものとして認める次第である」

いかがなものであろうか。女であるとはいえ、平素、和服には縁のない私でもここまでくわしく解説してもらえば、なるほどと納得できる批評文である。さらに田辺聖子氏はこの句を「女の自己愛の濃密な匂い」を感じさせる句だと述べている。

「この紐も、緊《し》めよい材質の、色美しいものであろう。絹の端ぎれ、モスリン、紅絹《もみ》、それら色とりどりの紐が足もとにたおやかに落ち重なる。すでに久女はナルシシズムに酔いはじめている。これは女の自己愛の句である。いろいろの紐を身にまといつかせる美しい女は、自分なのである。」

この句の華やかさ、女らしい情感、艶とともに多くの象徴性が見えてくるものと思う。この句にこめられた久女のナルシシズムとエロティシズムとを、私は虚子と田辺氏に教えられた。そして、今、この句ほど久女の天与の秘密を明かすものはないように思うのだ。私見によればナルシシズムにエロティシズムを加えたものとはレズビアニズムにほかならない。久女の句にこのようなものは数多い。たとえば

羅《うすもの》に衣《そ》通《とほ》る月の肌《はだへ》かな
下《お》りたちて天の河原に櫛梳《くしけず》り
椅子《いす》涼し衣《そ》通《とほ》る月に身じろがず

これらの句の自愛に男性の影は全く無い。男の視線を介在させることなしに女である自己や他者をエロティックに愛する者を私はレズビアンと呼ぶ。

さて、現代の女流俳人たちは「花衣ぬぐやまつはる紐いろ〳〵」の句をどんなふうに読みとっているだろうか。ここでも私たちは驚くべき回答に出会う。

「紐ということばのもつ、もろもろのイメージが束縛、もしくは怨念の世界へと誘う久女の美学を究めた句である」（櫛原希伊子）とか「濃艶な句であるが単なる写生で終わる事なく一句の底に作者の人生観が詠みとれ感銘深い。」（台袖子）などのほか、「女人の身を捲く有形無形の『紐』の何と多いこと。この句、華麗にして哀切。」（清水衣子）とか「女を縛りつける諸もろの枷。その抜きさしならぬ女の情念かくも見事に詠ったことに驚嘆する。」（松田福枝）とか、「久女の中にあった女性解放のねがいが無意識下に詠まれていよう。」（文挟夫佐恵）と言い切るものもある。これも読み手が女なればこその発見であり、共感なのである。それもそのはず、先日、ドラマ化されてテレビで放映されたそのドラマの題名は『台所の聖女』、もちろん男性による脚色だ。そこには現代の女流俳人たちや田辺聖子氏が久女のうちに見いだすフェミニズムの視点はひとかけらさえなかった。

男が女を「聖女」などと奉ったらまず用心することだ。その裏には必ず束縛の落とし穴がある。「花衣ぬぐやまつはる紐いろ〳〵」と詠んだ天才的俳人の生涯が、どうして『台所の聖女』などという題でおさまると思うのだろうか。一方で奉りその裏で束縛するこのとらえかたこそが、抑圧する男側の視点であり、女を縛る紐なのだ。もともと虚子の奨揚した台所俳句とはそんな程度のものにすぎない。台所の内にとどまるのならもてはやすけれど外に出ようとすればすぐさまその「逸脱」をなじりはじめる。それが束縛する側の論理である。そこからでは久女の句の広く豊かな世界は少しもみえないのだ。

この代表作が出来たのは、久女が兄の手ほどきによって俳句を始めてからわずかに三年めのことである。並みの才能ではない。そしてこのような句を生み出す近代的自我に目覚めた女にとって、妻を一人の人間として理解しようとしない宇内のような男との結婚生活が容易なものであったはずがない。

足袋つぐやノラともならず教師妻

この句を久女の代表作としてあげた女流俳人は二十人。『人形の家』のノラの名を詠みこんだこの句の私性と社会性。「女流俳句史上不可欠」（中嶋秀子）のこの句に「つくづくと時代の悲劇とでも申すでしょうか、否、現在でもこんな妻が沢山にいることに女の宿命を思わせられます。」（小坂順子）などの感想が出てくるのも抑圧される側だからである。

田辺聖子氏は久女の結婚生活と芸術活動との相剋に焦点をあてて評伝を描いた。芸術家としての魂を与えられた女がこの地上において、男と共に暮らし、子供を生み、育てながら、なおもおのが魂をいつわらずに生きようとするときのすさまじいまでの相剋。それは、芸術家ではないにしても現代を生きる多くの女性たちが抱える課題と重なっている。主体的な自我をもった女にとって久女の結婚生活における夫との相剋は即自分の問題であるはずだ。

田辺氏は、杉田久女を、ダークな伝説に彩られた悲劇の女流俳人という定説化した従来の久女像から見事に救い出した。そして現代を生きるすべての女性に通いあう問題を生身に負って生き、大正・昭和という時代の中で狂死という形で決着をつけざるをえなかった芸術家としての魂を与えられた女性というまったく新しい久女像を提出しえたのであった。これは田辺氏が現実に男と共に暮らしつつ、自己の表現活動を追求していく中で、氏自身のうちに確かなフェミニズムの視点を育ててきたがゆえの大きな成果といえるだろう。田辺氏は、久女が主宰した俳誌『花衣』に女性賛美の匂いがあるとして「ただし、それは女流俳人や女流芸術家にありがちの、台所臭、白粉臭の女臭ではない。純粋な理想主義に満ちたフェミニズムであるように思われる。」と書いている。

夫・宇内や師・高浜虚子、『菊枕』を描いた作家・松本清張、彼ら男性の視点からでは、久女のフェミニズムは決して見えない。定説化した久女像の厚いベールの下から、田辺氏は、痛みやすい無垢の魂を持った芸術家の姿を鮮かに救い出してみせてくれたのだ。多くの女性たちがこの新しい久女像に共感するだろう。だがその評伝を原作としながら、男が脚色したドラマは『台所の聖女』。女性にまとわりつく紐のなんと執拗で数多いことか。男たちは今も女の中に「人間」を見ようとしない。

しかし、今、女たちは久女のフェミニズムに気付き始めている。

III

昭和七年に久女が主宰した俳誌『花衣』、はじめの会員は久女を入れて三十三名、会計係を除けば全員女性である。小倉において久女が長年指導してきた北九州の女流俳人を中心に、久女が俳句を手ほどきして、句妹ともいえるほど親しかった中村汀女、橋本多佳子や、現在、石昌子として活躍している長女、杉田昌子の名も見える。阿部みどり女、竹下しづの女らも句を寄せている。久女の書いている文章も「女流俳句を味読す」である。俳誌『花衣』は、まずなによりも「おんなの雑誌」であり、華やかで美しい「おんなの花園」であった。

田辺氏は「いったい、久女ほども『女の』『女による』『女のための』俳句にこだわった女流は、ないのではないかと思わ

れる。」と書いている。久女はたくさんの女流俳人を指導し、「女流俳句の宣揚についても、類を見ないほど熱心で、それも近代女流だけではなく、明治以前の女流俳人の研究もくわしい」というのである。そして地方新聞やラジオ放送を通じてもそれら女流俳句について紹介したりした。昭和ひとけたの時代にである。地方都市ではずいぶん目立った女性であったろうし、それを快く思わない人も多かったろう。男性とのあいだに醜聞のあるごとくに言いたてる人もあった。しかし久女は『花衣』にも家庭と句作の両立に悩む女性を励ます文章を書いている。女が家庭の外へ出ていくとそこには男との特別な関係しかないかのように考える狭い発想をやめれば全く別の世界が見えてくる。

汀女や多佳子の短文を集めたエッセイ欄に久女がつけたタイトルはなんと「女人国」という。おんなの国、つまりウーマンズ・ランドだ。

一九六〇年代からの女性解放運動の進展はアメリカやオーストラリアにレズビアンのカップルやグループの運営するたくさんの「ウーマンズ・ランド」を生み出した。どうしてこんなタイトルを思いつくことが出来たのだろう。古典的なアマゾネスに関する知識でもあったのだろうか。五十年以上も前にこういう発想をしてしまう久女とはいったいどういう女性なのか。直接にはただ「女の文章を集めた欄」ということなのだろうが、おんなだけの国を夢想する久女の心性に思い到ると私は深い驚きを禁じえない。考えてみればエッセイ欄ばかりでなく『花衣』そのものがおんなが主人公の国でありウーマンズ・ランドなのである。久女の俳人としての声望もさることながら、一地方の俳誌に三十名を越える女流俳人を集めてしまうほどに彼女は女性たちとのつながりを大切にした。そして、久女はある意味では男性を排除したおんなだけの国を作ったわけである。

田辺氏は「男に期待しない代りに、女によって久女は飢渇を充たされようとした。久女が恋愛まみれで情熱的だったという伝説は、私にはどうしても諾《うべな》えない。久女の関心は女性の清純、女性の篤実、公平さを信ずることにあった」と書いている。私も同感である。

久女が女性に傾けたエネルギーは、俳誌『花衣』の全ページからあふれんばかりである。このエネルギーの内奥に燃えているものとはなんなのか。

久女には一時期、俳句から離れていた時期があった。心の通いあわない夫との生活に疲れた久女が救いを求めたのはキリスト教だったが、その頃の久女を再び俳句の道にひきもどす契機となったのは二つの出会いであった。ひとつは橋本多佳子との出会いであり、もうひとつは中村汀女との出会いである。久女が江津湖畔に住む二十二歳の破魔子を訪ねたのは大正十年の九月。破魔子が結婚して上京するのは三箇月後だが、ふたりの間には文通が続く。久女は同性の理解者を飢えたように求め、また大切にした。破魔子は汀女の本名。汀女にも多佳子にも久女は大きな期待を寄せてその才能を育てている。俳句を捨てよう

とまでした久女を再び創作に向かわせたエネルギー、女だけの俳誌を作ってしまうエネルギー、このエネルギーの内奥に燃えているものを私はレズビアニズムと呼びたいのだ。

さて、『花衣』は創刊号から好評で毎号売り切れ、自らの句作も充実して

白妙の菊の枕をぬひあげし
ぬひあげて枕の菊のかほるなり

などの菊枕の句を始めとして久女の代表的な句が次々と発表されているさまは壮観である。久女は陶淵明の故事にちなんで菊花を干し、枕を縫って、師・虚子の長寿をいのって贈ったのだが、これらの句はその枕に添えられたものである。虚子は「初夢にまにあひにける菊枕」の句でこたえた。だが『ホトトギス』の専制君主、虚子にとって『花衣』の発展はどのように映っていたのだろうか。

購読者の数も増え、会員の女流俳人たちもぞくぞくと育ちつつあるのに『花衣』はわずか半年、五号で突然廃刊する。廃刊の理由を久女は直截なことばでは語っていない。水原秋桜子の『ホトトギス』派からの離脱や虚子の娘・立子の俳誌『玉藻』をめぐる思惑、夫・宇内とのさらに高まる確執、久女の健康状態の悪化などが想像されている。

もし、『花衣』が半年ではなく、二年三年と続いたならば、現代の俳壇の地図は大きくぬりかえられていただろう。久女は同性の才能を発見し、愛で、いつくしみ、激励することに熱情を傾ける人であったから。実際、まだ無名の九州の女流俳人たちが俳人として力をつけていく可能性は非常に大きかったのだ。だが『花衣』は少々評判になりすぎたのではないかと思う。つまり男たちにとっても無視できる存在でなくなったとき、なんらかの力が働いたもののようである。昭和七年の『ホトトギス』七月号で虚子選の雑詠欄の巻頭をとったのは久女の次の句であった。

無憂華《むゆうげ》の木蔭はいづこ仏生会《ぶっしょうえ》
ぬかづけば我も善女や仏生会
灌木《かんぼく》の浄法身を拝しける
風に墮《お》つ楊貴妃桜《ようきひざくら》房のまゝ

これらの句を巻頭とするのと引き替えのような形で、久女は『花衣』の廃刊に追い込まれたのではなかろうか。虚子そのひとからの働きかけではないにしても『ホトトギス』周辺の男性俳人からの圧力があったのではなかろうか。『花衣』会員の福田無声女あての昭和七年九月五日の消印の久女の手紙には次のようにある。

「（前略）花衣廃刊を決意、おおどろきと存じますが何も言上出来ませぬ。私が女のくせに少々やりすぎましたのと、家事も万事一人で夫にも子にもきのどくにもあり花衣をいたせば益々せけんからもきらはれ到底一人でこの上いたして見てもだめですので。いづれあらためて御あいさつ申上げます。女の身はやはり不遜なたいどでなく以後つつましくひとり作句したいと存じます。（後略）」

久女のウーマンズ・ランドは俳壇の男たちの政治の前にあまりにも無防備であり、無力であったのではないか。のちに久女の句集出版の願いをついに聞き入れることなく踏みにじり、『ホトトギス』同人を除名したうえ、彼女の没後、その同人除名をあたかも彼女の狂気によるものであるかのように曲筆し、演出したのは、高浜虚子そのひとであった。

久女が心をこめて一冊一冊の表紙を手がきした豪華絢爛な俳誌『花衣』を五号で廃刊しなければならなかったことについてはそれ相応の俳壇のなかでの事情があったと考えるほうが自然であろう。ともあれ好評であり久女の俳句精進のよりどころだった俳誌を閉じなければならなかった無念さは察するにあまりあり、廃刊決意のさきの手紙に添えた俳句にも久女の思いはよくあらわれている。

つゆくさのしげるにまかせこもりけり

淋しさはつゆくさしぼむ壷の昼

美しく豪華な久女の花はまさに彼女の句の楊貴妃桜のように美しい房のままに風に堕ちたのだった。そう思って読みなおしてみると久女の句というのが暗示的であり、象徴的であるさまは恐ろしいほどである。

久女、この至純の魂を持った天性の詩人は結婚のなかで夫に絶望し、師にも煮え湯を飲むような目にあわされた。

たてとほす男嫌ひの単帯

張りとほす女の意地や藍ゆかた

そして女であることのハンディキャップに苦しみつづけながら自らのエネルギーを女流俳人たちに向け続けた人でもあったのだ。

現代のフランスの哲学者であり、フェミニストの運動家でもあるリュス・イリガライは著書の中で次のように述べている。

「女は、自己を愛するためには、男の回帰に自分が従属していると思わないようになる必要があります。少なくともまったく従属しているのではないと感じるようでなければなりません。」

また、

「しかも、女が男によって、また男のために対象として措定されるとき、自己愛はその生成において中断されてしまうのです。」

久女の自己愛は男の承認を必要としていない。むしろウーマンズ・ランドの愛なのである。

久女を真に狂気にいたらしめたものとは、そうした本性《さが》を曲げた生き方そのものだったのではないか。

秋来ぬとサファイア色の小鯵《こあじ》買ふ

甕たのし葡萄の美酒がわき澄める

この美しい夕餉は誰のために供されるのか。この才気とこまやかな感受性は現実にはだれによって愛でられたのか。夫の宇内は食べ物にうるさく、久女の作る西洋料理を好んだということだが。これらの句は確かに台所に立つ者にしか詠めない句だが、台所俳句の名などは句自体が拒否しているような気品がある。

谺《こだま》して山ほととぎすほしいまゝ

なんと伸びやかで格調高い、まっすぐなうたいぶりだろう。久女の俳人としての風格の大きさというものを思わずにはいられない。芭蕉にも匹敵する名唱といえる句だ。久女のうたいぶりもほしいままの域にあるのだろう。この句は十万句を越える応募作の中から「日本新名勝俳句」の「帝国風景院賞」の二十句として選ばれ久女の俳人としての地位を不動のものにした。「久女の一句」というアンケートの答えとしても二十七人がこの句をあげている。天性の才を彼女はたゆまずみがきつづけた。

Ⅳ

久女は『ホトトギス』同人を除名されてからも他の結社におもむかず秋桜子らとは一線を画してホトトギス派の作家として投句し続けた。だが、これまでにもみてきたように彼女の作風はホトトギス派的な客観写生というよりも主観味の強い象徴的な作風であるように思われる。私にとっては久女の句の奥深い世界に分け入れば分け入るほど彼女とレズビアニズムとのつながりは深くゆるぎないものに感じられる。たとえば主宰誌『花衣』創刊号の手描きの裏表紙に女雛がひとつ描かれているというようなことでも私には意味の無いこととは思われないのだ。レズビアニズムこそ彼女の生涯の根底にあったものだ。

昭和二十一年の一月、五十六歳で久女は寂しい生涯を終えた。遺稿は娘にたくされ虚子の序文を得て昭和二十七年に出版された。

彼女の句は今、生前彼女の望んだように多くの同性の読者を得つつある。久女は女性を愛し、女性と連帯することを願い続けた熱きフェミニストであった。久女死して四十年。私たちレズビアンも私たち自身の声をあげることができるようになった。久女のウーマンズ・ランドがあってこそ、私たちがある。

土濡れて久女の庭に芽ぐむもの

フェミニスト久女の庭から、今もこれからも、りりしく優しい女たちは芽を出していくだろう。久女と同じように女たちへの熱い思いを胸にはぐくみながら。

主宰誌「花衣」創刊号（昭和7年）

愛の牡丹雪

橋本　治・原作／はたなか　えいこ

（新潮文庫『愛の矢車草』所収）

なんだ……いたの？
額田《ぬかた》ヤエ　52歳
この讃岐亭にパートで勤める主婦──
帰るの？
そんなとこいないでこっちおいでよ
おばさんビールね！
坐《すわ》んなさいよ
コップもうひとつ
あ…っ私は……
はい…
それにしても本多さんおそいねぇ

どうしたの？
送ってくれることになってたんだけど…まだ
だったらあたしが送ってやるよ
コクン
ほっ
あの……
ん？
こ…こないだはホントにどうもすいませんでした
かぁ
ああ……あれ
あんなものもうホントに初めてでもうホントに申し訳なくて

投げ売りだからねぇ大したもんじゃないのよ
あらあんたこれ本珊瑚だよォどうしたの?こんなの……
お店のお客さんに貰ったのよ
ぽっ
今日はしてないの?
もったいなくてあんなのできないわよ
私にはあんな派手なもの似合わないものもったいなくて……
ヤエさん本多さん帰ってきたわよ乗せてってもらうの?
あ……え…え…
送ってやるよ!!

待ってなよさっさと食っちまうからさ
じゃいいって本多さんに言うんだね
すいません
ガツガツ
もぐもぐ
気をつけなよ
プァ…
プァ……
じゃ行くよ
東京じゃなんにも買ってきてやるもんてないからね
ぺこん

ブロロロロロロロロロ……
ちっくしょう
可愛いなァ
ただいまァ
お母さん
何してたのよ!
お父さん
ズーッと
待ってるのよッ!
だって
しょうがないだろ
買物してたんだ
もの
フン…
もたもたしてる
だけで
なんにも
してくれないんだから
もそ もそ
夕飯
早くしてよ!!
おそいじゃないか
どうしたんだ
ただいま…

帰りの車で
送ってくれる人が
いなくなったから
ガサ
ゴソ
そんなパート
辞めろ!!
初めは
いいって
いってたのに
ズッ…
はぁ……
親切なお客さんがいて
素敵な気分に
なってしまうことの
どこがいけないんだろう?
トン
トン…
トン
トン
あれは……
九月の初め
だったっけ
讃岐亭

これ取っといてよ 独り者で余らせて困ってるんだからさ
仙台みやげ↓ 笹カマ
きょとん
ごっそさん
ああいう人が女にもてるんだわねぇ
何言ってんのよ あの人女だよ
えっ女?!
でも…… だったらヘンな下心じゃないんだ……
でもまぁ 気の毒にねぇ あの人にだって事情はあるんだねェ……
そう……留子は恋に破れていた——
ちえっ 傷つくなァ……
いまどきの若い娘は……
バイバイ
ブロロロロロ

でもまァいいさ 風が俺等《おいら》の友達だ
どこかに傷ついた心を癒してくれる人間はいる……
きっと……
きっと……
なんて一生懸命な女《ひと》なんだ……
冗談じゃねぇや もう恋なんてしないって誓ったじゃねぇか
堅気の奥さんに惚れてどうするってんだよォ
ゴシゴシ
ただ 人恋しさの黄昏だけが忍びよる秋
そして……いま 散り残る紅葉に時雨の雫
ヤエはコックピットの助手席の女——
ブォーン
流星号

—つづく—

まんがの中のホモセクシュアル考

PART・1

〈ひと昔前の少女まんがにおけるレズビアンたち〉

高橋瑛子

最近、今世紀初頭のイギリスを舞台にホモセクシュアルを描いた映画「モーリス」が大変話題になっているようだ。映画館に足を運べば、若い女性であふれている。映画評論家諸氏の言うところによれば、恋愛がオープンになり日常茶飯事となった現代において、その禁忌性ゆえにホモセクシュアルは劇的恋愛の最後の砦なのだとか。これは他のジャンルにも言える事なのであろう。少女まんがにおいてもホモセクシュアルを扱った名作は多い。竹宮恵子の「風と木の詩《え》」、木原敏江の「摩利と新吾」、山岸凉子の「日出処《ひいずるところ》の天子」、萩尾望都《もと》の「11月のギムナジウム」「トーマの心臓」etc・etc・最近では、秋里和国《わくに》のTOMOIシリーズなどもある。(「マンハッタン症《シン》候群《ドローム》」は泣ける。)みなけっこう話題になった作品で、まんがファンならずとも読んだ人は多かろう。ところが、これが男性のホモセクシュアルではなく、レズビアンを扱ったものとなると、パッと頭に浮かぶ作品は少ないように思うがどうだろう。

私が中学生の頃、セブンティーンという雑誌が創刊された。(昭和43年)その中には少女たちの同性愛を描いた作品がいくつか載った。私はそれらを胸をときめかせながら読んだものだったが、その多くは悲恋物語であり、最後には少女たちの手は陰から見守り続けた男性にゆだねられるのであった。(それが作者の意図か、出版・編集サイドの強要なのかは定かではないが。)思春期の一過性の現象としての同性愛は結構描かれているのかもしれない。それらの中から今回三つの作品をとりあげ、そこに描かれたレズビアンの少女たちを見てみようと思う。樫みちよ著「彼女たち」、福原ヒロ子著「裸足《はだし》のメイ」「真紅《くれない》に燃ゆ」の三編である。

「彼女たち」の主人公・美園《みその》は極々平凡な高校生。両親と兄の四人家族。カッコいいボーイフレンドもいる。しかし、ひょんなことで知りあった大学生の流衣子《るいこ》にアタックされ、初めは避けていたものの次第に心惹かれ深い仲になってゆく。だが、流衣子の元の恋人・スーザンは流衣子を諦めきれず、嫉妬のため二人の仲を裂こうと画策するのだった。スーザンによって学校内にも美園と流衣子の関係はあばかれ、友人たちは美園を離れ、彼女を責める側にまわる。家族(特に母親)との葛藤。おいつめられる美園。そんな中で流衣子への愛の確信は心中をも考えさせる。けれども美園を死なせるに忍びない流衣子は彼女に別れを告げ、わざとすげなくするのだった。その流衣子のもとに一本の電話……。それは自殺を感じさせるスーザンからの。ガス自殺を図ったスーザンの部屋へ駆けつけた流衣子。漏れてくるガスの臭い。爆発を承知でドアノブに手をかけた流衣子は……。事故か、覚悟の死か。ひとりのこされた美園は流衣子との思い出をひっそりと土に埋めるのだった。

この作品の中で印象的なのは、これが高校という限られた社会を舞台にしているにせよ、そこに描かれたレズビアンに対する排斥と糾弾は一般社会のそれに違いなく、(学校社会は実社会の模倣に他ならず、子供は大人の真似をするものである。)それはまさに未だにレズビアンたちが置かれている状況に相似していることだ。クラスメイトたちの白い目、冷たい仕打ちに追いつめられていく美園がすがる相手は流衣子しかいない。

美　園…もう離れたくない。離れたらもう会えない。だれもわかってなんかくれない。

流衣子…でも、この別荘だってすぐ知れるわ。

美　園…いやよ。ふたりきりでいたいの!だれにもじゃまされないで!

流衣子…方法はひとつしかないわ。

おいつめられたレズビアンたちをいざなうものは死のみなのであろうか?私たちが捜しているのは生きるための「方法」である。この物語の救いは、それでも美園には父と兄という身近な理解者がいたことであろう。

母　…学校で評判になって、いずれ近所のうわさになって……

いやですよあたしは!そんなこと……

父　…やめなさい

かあさんはいままで美園を愛していたかね

母　…きまってるじゃありませんか

だからこんなに……

父　…きのうまでの美園もきょうの美園も変わりはないだろ

これからも愛してやんなさい

美園にいま必要なのは非難じゃなくて理解と助力だと思うがね

この最後の父の言葉こそが生きる道を開いてくれるのである。

だが、こういうふうに理解を示してくれる人はほんのひとにぎりにすぎない。実際のレズビアンたちにはこれさえ望むのも難しい場合が多いのだ。

社会の同性愛への禁忌は「裸足のメイ」にも描かれる。サッカー部の城戸《きど》をひそかに慕っている主人公・メイのクラスに美《み》咲《さ》加《か》矢《や》子《こ》という少女が転校して来る。彼女には秘密があった。美咲は以前、麻矢《まや》という少女と愛しあい、二人は海に身を投げ心中を図ったのだが、ひとり生き残ってしまったのだった。その麻矢にメイは生き写しだったのである。メイの姿に美咲の心の傷は開いてゆく。そんなある日、前々から噂のあった隣のクラスの三島と高田という女生徒が心中した。二人をいやらしいと中傷するクラスメイトたちに美咲は食ってかかる。だが、その美咲もいつしか自分を優しく受け入れてくれる医師・十谷《とたに》に心を開き、愛を感じ始めていくのだった。

どうもレズビアン・ストーリーには心中がつきものであるらしい。暗く閉ざされたイメージがつきまとう。それに比べるとまんがの中の男性の同性愛者たちは死を覚悟はしても、安易にそれを選びはしないようである。現実社会の中でもう少ししたたかであるようだ。それは女がよりセンチメンタリストなのか、それとも男にとってより生きやすい社会だからなのか。それはさておき、このストーリーには、社会がレズビアンに施すあらゆる偏見が垣間見られて面白い。

その1、レズビアンは複雑な家庭環境の中に生まれる。

「高田さんて私生児なんでしょう?三島さんだってかなりみだれた家庭に育ったってきいたわよ。」

「いやあねぇ。だからじゃないの。あんないやらしい関係になるのは……」

女生徒たちは噂する。美咲の両親は父の女性関係によって離婚し、母はその後自殺している。裕福ではあっても愛情のない家庭。彼女は父を憎み、そして男を憎み心をとざしていた。一方、麻矢の父は罪を犯し、刑務所にいた。母は麻矢を祖父母に預け働きに出ていた。(まあ、ひと昔前の少女まんがの主人公たちは皆ドラマチックな経歴を背負わねばならなかったろうが。)

美咲は言う。

「ときにはね、孤独が思いもかけない形で人間を結びつけることだってあるんだよ」

複雑な家庭を背負い、友だちの中に溶けこめない者どうしが、惹かれあい、二人だけの世界をつくり、その殻に閉じこもる。確かにそういう場合もあるだろう。しかし、そうとばかりは限るまい。世のレズビアンの多くはそんなドラマチックな背景を背負ってはいない。ごく普通のどこにでもある家庭に育っているのだ。もちろん、その「普通の家庭」も何かしらの問題をはらんでいることは否めない。男権的な父、あるいは恐妻家の父もいよう。両親の離婚、不仲、家庭内離婚。現代の家族の中に存在するあらゆる問題はそのままレズビアンたちの育った家庭

にも他の家庭と同様の重さで存在しているに違いない。それはレズビアンたちの家庭に際だっているわけではあるまい。ただ彼女たちの感受性は他の人よりもまさっていたかもしれないが。

その2、同性愛は病気である。

十谷　誠は言う。

「ぼくは精神科の医者じゃないんでね。どうもこういった問題はうまくあつかえんな」

美咲の恋敵の少女はこんな風に言う。

「先生はもちろんお医者さまの正義感から美咲さんの心の病気をなおしてあげようとなさっただけでしょ」

これらのセリフの中には社会が同性愛者を精神異常者としてとらえる視点が示されている。もちろんこのストーリーは今から十何年か前に描かれたもので、現在では同性愛者に対するこうした視《み》かたは緩和されている。しかし、まだ多くの人々の中にこうした考え方がのこっていることも無視できない。自分をレズビアンとして認め、積極的に女を愛して生きようとする女たちの中にさえ、性愛は本来、男女間に営むのを「正常」とし、レズビアンを異端と考える者のあることは悲しむべきことである。はたして「正常」とは何なのか?ある社会が課した倫理観念あるいは常識。それが精神の「正常」を決定するのか?本来、「正常」と「異常」は相対的なものでしかあるまい。そして、その「正常」が根拠としている「常識」「倫理観念」すらが刻々と変化してゆく代物なのである。今日の「常識」がそのまま明日の「常識」だとは言いがたいのである。

その3、同性愛は魅力的な異性の出現によって治る。

何をや言わん。このストーリーはまさしくそれを描いているのである。十谷を意識しだしたとたん男っぽかった美咲は急に女らしくなるのである。服装、言葉遣い。そして頬そめて。美咲は性行動を始めたのだ。男を性の対象としてとらえ、振舞い始めた。このあたりは「らしさ」が相対的に作られるものであることを示して興味深い。ともあれ、物語は男に愛されてはじめて女は幸せになれるとメッセージを送ってくる。城戸から愛を告げられ有頂天のメイを見て美咲は思う。

「しあわせなんだ。この子は……。あたしやマーヤとちがって、なんのためらいもなく男の子の胸にとびこんでいける。」

そう。男を愛せなかったのは何か障害があったから。男の胸に素直にとびこんでいけない私は不幸せな女だ。また、十谷と美咲の関係がうまくいっているのをみてメイは思う。

「よかった!美咲さんが幸福になれて……。」

「いまではすっかりさびしそうな影が消えて、十谷先生とふたりほんとうにしあわせそう」

はたして美咲は男に心を開き受け入れることができるようになったから幸福になれたのであろうか?彼女を受け入れ彼女を慈しみ手をさしのべてくれた「人」がたまたま男性だっただけではないのか?女と男と幸せとの間に法則的な因果関係など存在し

ない。

「裸足のメイ」がレズビアンを消極的に扱ったのに比べ「真紅に燃ゆ」は同じ著者の作品であるが、女が女を愛することの激しさ、その愛の強さを積極的に語っている。（「裸足のメイ」より数年後に描かれたものである。）

幼い頃に母を亡くし、銀行員の父とふたり暮らしの鈴奈《すずな》は、父の転勤である地方都市に越してくる。内気でなかなか友だちのできない鈴奈が、不良にからまれているところをたすけてくれたのは東京からこの街に来て間もない更紗《さらさ》だった。鈴奈は彼女に一目惚れし、彼女のアルバイトしている喫茶店に通いつめる。鈴奈に愛をうちあけられとまどう更紗だったが、執拗に更紗にアタックしてくるマスターの弟・真樹《まさき》をあきらめさせようと、自分が愛しているのは鈴奈だと告げる。その言葉にますます更紗への想いをつのらせる鈴奈。そしてまた更紗も方便のつもりが、一途な鈴奈に愛しさを感じ始め、想いをかたむけていく。ふたりの愛の高まりは同時に人の知るところとなり、「二人がレズである」ということをネタにゆすってくる男たちも現われる。更紗は鈴奈には隠していたが不治の病に侵され、失明寸前であった。画家への志を断たれた彼女は死を決意してこの街にやってきたのである。自分の死後に残される鈴奈を脅かすものはとり除かねばならない。更紗は鈴奈を慕う少年・諭《さとし》に鈴奈の将来を託し、脅迫者二人を刃の下に葬り、自らもまた死への道にバイクを走らせるのだった。あとには更紗が残した鈴奈の肖像画が一枚。キャンバスの裏には銘が。

人はいくたびも生まれ変わるという
いくたび生まれ変わろうと
いつの時代に生きようと
わたしはあなたを愛したい
あなただけを――

このストーリーにおいても鈴奈は母をなくし、更紗も両親をうしない伯父夫妻にそだてられたという生い立ちを背負っている。さらに鈴奈はもともと男嫌いであったが、中学時代、クラスの男子に乱暴され一層その感を強めていったと設定されている。彼女は女性を求めていた。更紗の方は少し違っている。東京ではつきあっていた男性がいた。しかし彼女は言う。

「恋人――だと思ってたわ。ううん、そう思おうとしてたのよ。会っているときはたのしかったし、ときどきは心ときめかすこともなかったわけじゃないわ。でも恋じゃなかったのよ。もうひとつ本気になれないなにかがいつもわたしにあって――」

年頃になれば、まわりの女友達たちはみな恋を求め、男の子とつきあう。恋―青春―ボーイフレンド―そんなものが自分にも必要だと感じ、男性とつきあったレズビアンは多いにちがいない。だが今ひとつ「ちがう」感じがする。むしろ自分の心は女性に傾いていく。そんな経験をしたレズビアンもまた少なくないだろう。更紗は鈴奈を心から愛するようになるのである。しかし更紗は自分たちをレズビアンの関係と認めながらもそれを異端だと考えている。死を覚悟した彼女は、鈴奈に想いを寄せる諭に言う。

「あの娘《こ》をふつうの娘《こ》にもどさなければだめよ。」

「それがあの娘《こ》のためよ。」

彼女は自分のセクシュアリティを認めながらも肯定できない。彼女にとってレズであることはゆすられるに価するスキャンダラスな行為であるのだ。これに関しては鈴奈の方が自分のレズビアン性に積極的である。自分たちを脅かす不良たちに向かって、自分たちがレズビアンであり愛しあっていると言いはなつ。

「いいたいならいいふらせばいいわ！　わたしはこわくないわ！」

そしてその場にいた諭にいう。

「軽蔑するならしていいわ。どんなふうに思われても自分の心は偽れないわ。」

開き直りともいえるが、レズビアンとして生きていくうえでこの開き直りは必要である。更紗はこの事態に動揺する。更紗に自分のセクシュアリティを肯定する勇気と強さがあったなら、この物語はまた違った結末を迎えたであろう。自暴自棄的に自らの命を断つこともなかったのではないか。たとえ失明しようとも生きていく道は他にもあるのだ。鈴奈との愛は生きていく支えになったであろう。ひとりでは対峙できない困難にもふたりなら立ち向かえる。そんな力を私はレズビアンたちに期待する。執拗に迫る世間の目からただ逃げまわり追いつめられていくのではなく、毅然とまっすぐに顔をあげて生きていくことを。そうして短いものであれ長いものであれ天寿をまっとうした時に初めて更紗の残した最後の銘は意味を持って、私たちに訴えてくるのではないだろうか。

　それは簡単ではない。私にもまだ勇気は足りない。しかし、うつむいて歩くのはいやだ。前をみつめ生きてゆきたい。レズビアンたちと共に。そして、もっともっと多くの人たちと共に。

頤《おとがい》をあげて。

〈了〉

・山岸　涼子の「白い部屋のふたり」を持っている方、貸してくださいませんか。ゆずってくださっても結構です。その他、レズビアンの出てくるまんがをご存じの方、著者名・作品名・出版社名・発行年（わかるところだけでOKです。）をお知らせくださるか、本を貸してください。

〒213川崎市高津郵便局私書箱7号　ひょうこま舎
気付　高橋瑛子

カット・「彼女たち」「真紅に燃ゆ」より

『彼女たち』　集英社漫画文庫192
『裸足のメイ』　集英社漫画文庫017
『真紅に燃ゆ』①　集英社漫画文庫181
②　同　182

久美ちゃんの結婚

草間　けい

　私は先日、何年かぶりに結婚式に出席した。新郎新婦とも職場の同僚で、今流行のオフィスラブが、実ったというわけである。いつもは仕事関係の義理招待には、丁重にご辞退申し上げて、お祝いを軽く包んで済ませるところだが、今回は新婦の久美ちゃんの「さいご」を見届けようと出かけることにしたのである。

　私が久美ちゃんのいた今の職場に移ったのは三年前で、彼女が二十四の時だった。最初の頃、若いのにずいぶん貫禄のある人だという印象を持った。きびきびとした話し方や仕事ぶりには、体格が大柄なのも手伝ってか、彼女と同じ年ごろの男どもよりずっと存在感があった。造作の大きな顔に眼鏡を掛け、ヤングミセス風の十一号のスーツをいつも着ていて、八つ年上の私でさえ圧倒されるものがあった。同じフロアーで働いていても、私と彼女とは部所が違うので、しばらく個人的には知らないも同然だった。

　やっと彼女の性格が外見とは全く違っているものだという事に気づいたのは、私が新しい職場にも慣れ始めた頃だった。そして、その奇想天外な行動にも、私は圧倒されるようになってしまったのだった。まず彼女は、仕事が溜ってきて「今日何とか仕上げなければ」と思い立つと、机の回りにバリケードを築き、それに大きく

「ただ今、集中中！　声をかけるな！」

という貼り紙を付けて、もくもくと仕事をやっつけるのである。最近は、ディズニーランドにでも行ってきたのだろう、ミッキーマウスの帽子のてっぺんに、同じ文句を書いた旗を立てて周りに知らせている。

　それから、彼女は仕事が一段落すると、すっくと席を立って晴々とした顔で周りを見回し、机に向かって仕事をしている同僚の後ろから空手チョップをくらわしにでかける。いきなりチョップをくらった者は、当然後ろを振り向く。すると、そこにニコニコとあどけない笑顔の久美ちゃんが立っているわけであ

る。

「何すんのよう!」

と言う間もなく、もう一発お見舞いされる。時には、それが首締めだったり、頭突きだったりする。また、立ったまま人と無駄話をしている時などに、わざわざやってきて人の足を踏んだりする。もちろん、彼女のどんな攻撃も本気ではなく、すべて親愛の情の現れなのである。さらに驚いたことには、彼女の攻撃相手は女だけでなく、男にも及ぶ。そして、普段あまり付き合いのない人やとても冗談が通じそうもないタイプの人にも分けへだてなく、その彼女特有のコミニュケーションをしてしまうのである。しかし、選択は彼女なりにしているらしく、年がかなり上の人で、堅い感じの人は避けているようだった。

いつかこんなこともあった。土曜の午後か何かで、もう仕事もどうでもいい時間だったと思うが、年下の男の同僚の顔に赤いスタンプを押して、頭にパーマンの帽子をかぶせ、写真を撮っているのである。人にしかけるばかりでなく、自分でも何処からか見つけて来た花笠をかぶって、いきなり踊り始めた。そんな悪ふざけやはしゃぎぶりに結構、調子を合わせて対応する者もいれば、ただニヤニヤとして困った表情をする者もいる。遠くから笑って見ている上司もいれば、驚いてあきれる者もいる。

これだけ書いたらただのアホだが、この裏に、最初の印象でふれたように、堂々とした仕事のできる久美ちゃんがいるわけだから、誰からも憎まれたりしないのである。私は、正直なところ、彼女の親愛の情には、ちょっとついていけず、一瞬戸惑ってしまうことが多かった。犬が、じゃれついてくるのと同じで

「ねぇ、いっしょに遊ぼうよぉ」

と言ってるのだが、相手は大の大人の女なんだから、まさか横にしておなかをなでてやるわけにもいかぬ。

「シッ! シッ!」

と言って追い払ってしまうことにしている。

仕事が終わった後、女どうしでお茶を飲んで帰ったことが何回かあって、私達はだんだん親しくなった。彼女は私を「変わってる」と言う。私が、彼女を「変わっている」と言うのとは、ちょっと違うと確信するが、とにかくお互い魅力を感じているところがあったのだろう。仕事で遅くなって、まだ私が残っているのがわかると、

「オチヤ、ノォンデコーヨー」

と大きな口をさらに大きく開き、甘えるような声で、よく誘ってくれた。そんな時、私達は結構、真面目に仕事の話をした。一見、苦労なしに見える久美ちゃんだって、上司の指示に不満を持つこともあるし、仕事で行き詰まることもある。私にしても同じである。仕事にかけるエネルギーが多ければ多いほど、うまくいかない時には、精神的ダメージが大きい。愚痴のこぼし合いをしたこともずいぶんあった。仕事以外にもいろいろな話をしているうちに、私は彼女が好きになった。

彼女の真面目に生きるパワーは新鮮だった。普通のOLの斜め歩きとは全然違っていた。男が主役の世の中を変えていくための仲間になりうる力強さと純真さを持っていた。

ある時、彼女が芝居に興味を持っているのを聞いて、私の大好きな劇団『青い鳥』の公演に誘った。『青い鳥』は、女ばかりの小さな演劇集団だが、最近はそのユニークな芝居が、かなり評価されている。女の力のすばらしさを彼女に気づかせるには、うってつけである。夕方二人して、仕事場からさっと抜け出して電車に乗った時は、ちょっと妖しく胸がときめくのを覚えた。芝居の後、原宿のカフェバーに寄って話をした。私はいろいろなことを話したけれど、自分がレズビアンだということは、やっぱり言えなかった。その晩も、肝心なところが抜けたまま、終電ぎりぎりまで、長いこと話をして帰った。

久美ちゃんは、『青い鳥』がえらく気に入って、その後私が行けない時にも、一人で見に行ったらしい。しばらく、

「芝居って、おもしろいねぇ。シナリオから舞台装置や音響までいろんな要素がひっくるめられていて、全部がかみあっていくところがすごいよね。私もやってみたい」

と言ってたから、

「素人の演劇集団も結構あるらしいから、入ってやってみたらいいのに。私の友達にも仕事しながら、そういう所に入ってい

た人いるよ」

　と私もすすめた。彼女は、アマチュアのオーケストラに入っているくらいだから、スケールの大きな創造性を持っている。私は、彼女がもっともっと演劇を好きになればいいと思った。

　その後、私は彼女を組合活動に誘った。職場の組織率は低く、活発ではなかったが、私は、だれに対しても一度は誘ってみる主義なので、仕事の帰りに切り出してみた。もちろん、彼女に一番入ってもらいたかったけれど。今まで運動とは無縁だった彼女は、いつになくちょっと緊張ぎみで、その時の返事は、「来年もう一度考えさせて」

　という彼女らしからぬ、はっきりしないものだった。

　しばらくして、書記長から、久美ちゃんが入会したことを聞いた。

　彼女は、私とは結婚や恋愛の話をあまりしなかったけれど、他の友達には、

「結婚したい、結婚したい」

と言っていたらしい。見合いも幾度かしたようだった。適齢期をとっくに過ぎても、やけにのんびりしている私に話したところで、しょうがないとでも思っていたのだろうか。とにかく、私とはそういう話を避けていたように思えた。

　芝居をいっしょに見に行ったあたりから、久美ちゃんはいっそうなれなれしくなって、私をよく戸惑わせた。狭い通路で顔を合わせれば、わざと近寄って来て、無邪気にキスをするように大きな口をすぼめて見せたり、いきなり私のひざの上にすわってみたり、私としてはドキッとさせられながらも、平静を装うのに苦労したのを今でも憶えている。

　私たちはだんだん意識し始めていた、と思う。これはもう男と女だったら、決定的だ！　しかし、久美ちゃんには「女どうしの恋の成立も可能」という公式の学習が全くされていないため、性的エネルギーの所在認識もなく、したがってその向け方もわからないわけで、解きたいけど公式を知らないみたいな、割り切れないもどかしさがあったと思う。

　私の方は、式が成り立つことも、解き方の公式も知っていて、答えの予想はできたけど、それを久美ちゃんに導き出させる気

がなかった。私には恋人がいたから。たぶん、私は壁のこっちから彼女をひっぱっていたんだと思う。

　そのうちに彼女は、私とのあやふやな関係より、公式のよくわかる、はっきりした答えが出る方を選んだ。彼女の中では選んだという意識はないと思うが。

　二年間、同じ部所で働いてきた男性と結婚することになった。

「相手は、気持ちさえ良ければ、容姿その他、理想ってないの」

と、彼女がずいぶん前に話してくれたことがあったが、本当にそういう男だった。

　見る見る彼女は変わった。純真で単純な久美ちゃんだからこそ、その変わりようはすごかった。

　まず、彼女は私をお茶に誘わなくなった。仕事場であばれなくなった。空手チョップも体あたりも影をひそめた。部長のまねもしなくなった。定時過ぎるとぐずぐずせず、サーッと帰るようになった。眼鏡をとってコンタクトに変えた。体重は五キロも減ってスリムになった。

　同僚たちは、声をそろえて言った。

「久美ちゃん、何か女らしくなったんじゃない？」

「恋の力はおそろしい」

「女は男によって変わる」

　私は、やっぱりさみしい気分だった。

　ふつうの女は少女から大人になる時に、「女性性」をうけ入れていく。それはさも、体の成長にともなって自然なように感じられるが、そうではない。今の社会の要求が何であるかを自ら理解できるようになるからとも言えるが、むりやり大人たち（特に親）から、女らしさのワクをおしつけられ、反発しつつも、やがてもがくのをあきらめて、自ら納得した形でおさまっていくからだと思う。

　久美ちゃんにも、そんな少女期があったかも知れないが、「女らしさ」という旗を持たずにやってきた。かといって男っぽくもなく、しいて言えば子供っぽいままがんばっていた。その彼女が、自分から楽しげにワクにはまっていくのを見ていると、同じ女として、私は悲哀さえ感じた。

　彼女の結婚のことは、組合の加入の時と同じように、彼女の

口から直接聞かなかった。みんなが噂をするようになって、私もそうだろうなと思った。私が突然「おめでとう！」と言ったら、久美ちゃんは「えっ？」と言って素直に認めず、ごまかそうとした。

「私が結婚を阻止するわけじゃなし、ひがむわけじゃなし、人が一応喜んであげてるんだから、素直にうれしそうな顔しろ！」と思ったけど、彼女にすれば後ろめたい気もあったりしたんだろう。

そして三ケ月後、久美ちゃんの結婚式の招待状が私の家に届いた。

結婚式は小雨まじりの日だった。うちかけ姿の久美ちゃんが、仲人に手を引かれておそるおそる式場に入ってきた。式に出席した百人ほどの中で、花嫁姿の彼女を見ながら、こんなことを考えていたのは、おそらく私一人だったろう。

どう考えても、久美ちゃんの仕事場での並はずれたエネルギーがどこかへ行っちゃったはずはない。今は必死で女らしくあろうとする久美ちゃんがいるが、そのうち、あのエネルギーがムクムクと目を覚ますに違いない。久美ちゃんはワクがはずれた方が、本当の久美ちゃんなんだから。結婚生活が落ち着けば、そのうち何かまた、とっぴょうしもなく変わるだろう。

ふと見ると、かつらをかぶり緊張して顔のどの筋肉も動かさぬまま、大きく見開いた二つの目玉を右へ左へ上へ下へと、ギョロギョロ動かしている久美ちゃんがいた。

久美ちゃんは、「これが私の結婚式か」と確かめているらしかった。

『現実性の政治学』

マリリン・フライ著

〔……A……〕

＊編集上の都合により、第1号12～59頁は一部、削除した。

編集後記

▼春らんまん！　うれしい季節です。だって「瓢駒ライフ」が出るんですもん。〃ひょうこま〃っていう題を気に入ってくれましたか？私なんかひょんなことからレズビアンになって、自分でも知らなかったいろんな可能性がひっぱりだされて、本当にひょうこまを地でいってる人間です。私もあなたも一度っきりの人生だから思いっきり自分しませんか？（草間）

▼大学四年の夏、友人と、生まれて初めてアメリカへ行った。Lesbian Feministに会うこと、それが唯一の目的だった。期待通り、彼女達は明るさと強さと聡明さをかね備えてた。別れるとき、その内の一人が

“Go back to Japan and say Come out!”

と言った。あれから十四年。今、彼女の言葉に応えられることをうれしく思う。（沢部）

▼むかし、福原ヒロ子さんのファンで、そのおんな同志の物語に胸ときめかせはしたものの、自分に同じセクシュアリティの素質があるとはゆめゆめ思いもしませんでした。ひとはわたしを離婚経験者とよびます。冬の眠りから覚めたヘビがニョロニョロ、うらの畑はすっかり春。わたしも春♡（高橋）

▼うずら卵に黒ごまで目を描き、のりを髪にして身体は御飯、卵焼きの着物を着たかわいらしい雛を、ふたりで初めて迎えた雛祭りの日に、彼女が作ってくれた。シングルライフも楽しかったけれど、今、家には一対の女雛。桃や桜の季節が過ぎても花が咲いている我が家です。（松本）

♥『愛の牡丹雪』漫画化については、原作者の橋本治氏から、快諾のお返事をいただきました。この場をかりて、氏のご好意に厚く感謝したいと思います

▲購読申込方法▼

・購読料　一部　七五〇円（郵送料込）
　　　　　年間　三〇〇〇円（郵送料込）

・同封の郵便振替用紙に住所、氏名をご記入のうえ、お近くの郵便局から振り込んでください。

１９８８年５月３日

編集・発行　　ひょうこま舎

〒213　川崎市高津郵便局私書箱７号

振替口座番号　横浜３－５２７２１

表紙　草間けい

ひょうこま舎

瓢駒ライフ No. 2.

—新しい生の様式を求めて—

はじめに

「瓢駒ライフ」創刊号に暖かい励ましをありがとう。読んでくれたあなた、買ってくれたあなた、愛読者カードを送ってくれたあなた、葉書には書ききれなくて長い手紙を送ってくれたあなた、そんなあなたに支えられて、私たちは第二号に取り組みました。

少しばかり期待が重かったとはいえ、創刊号同様、考えること、表現することをのびのびと楽しんで、皆さんがこんな雑誌を読んでみたいと感じるような雑誌に仕上げたつもりです。世界中の男は男を応援している、女も男を応援している、そういう世の中にあって女たちの姿はともすれば男たちの影に隠されてしまいがちです。しかし、焦点を女たちに合わせて見てみると、そこにも、ここにも、女を愛し女を支える暖かな女たちがいるのです。そんな女たちを私たちの手に取り戻し、私たちの人生を朗らかに歌いたくて、いま第二号を女たちの海へ送り出します。女を愛するあなたへの心からの声援として。

目次

越路吹雪への手紙

松本　泉

越路吹雪さん、あなたが亡くなってから、もう八年もの年月が経とうとしています。

私があなたとマネージャーだった作詞家・岩谷時子さんとの深い友情について知ったのは、もうあなたが亡くなったあとのことでした。

数年前、私はあなたとも縁が深かった宝塚歌劇団に夢中になったのです。昔から演劇が大好きだったのに、どういうわけか宝塚だけは一度も観たことがなかった私は、はじめて宝塚を観た日に、たちまち熱病にとりつかれてしまいました。タカラヅカ！タカラヅカ！華やかなレビュー、ミラーボールの輝きとトップスターの魅惑的な微笑は、たった一度で私を虜にしてしまったのです。それからは、そのトップスターの出ているショーやお芝居、テレビドラマや歌謡番組、インタビューやらニュースにいたるまでのビデオテープを集めに集めまくって数ケ月でお店が開けるほどの財産が…。その山のような財産のなかに、あなたを主人公したドラマ「愛の賛歌——越路吹雪の青春」というのがあったのです。それによって私はあなたと岩谷時子さんとの出会いと友情を知ったのでした。

そのドラマのなかで私のいちばん好きなシーンはこんなのです。戦後、トップスターとなって大活躍していたあなたの周りで、乙羽信子、淡島千景らの退団者が続いていたころ、あなたの相手役の娘役スターも結婚を理由にあなたに退団を打ち明けます。ひとり楽屋に残されたあなたのところに岩谷さんがはいってくると、あなたは彼女に「どうして結婚しないの？」と聞くのです。はじめは「自由でいたいからかな」とカッコつけて答える岩谷さんにあなたがなおも真剣に問いかけると、

——それはタテマエで、やっぱり本当にあたしを必要だっていう人がいないのよ。

——じゃあ、あたしとおんなじね。

——あなたは舞台に必要な人よ。ブギウギパリをみてどれだけの人たちが自分の生活の苦しさを忘れて感動したか。

——でも一生男役でいるより、やっぱり男の人を好きになりたい、恋をしたい。

——一人の人を愛するより大勢の人に愛されるほうが辛いわよね。人に感動を与える役目より何かに感動して生きている方が楽なのも確かよ。でもねェ、人に感動を与えることができるのはほんの限られた人なのよ。

「選ばれてあることの恍惚と不安」

この間自殺した太宰治はそう言ったのよ。きっと不安に耐え切れなかったのね。

——「選ばれてあることの恍惚と不安」

時子さん、ずっとあたしのそばにいてくれる？

——あなたが必要ならね。

この場面、何度も何度も繰り返して見たものです。本当にこんな場面が、あなたの人生のなかであったのですよね。これは脚本家の重森孝子さんが作り出したフィクションではないのでしょう？私は知りたいのです。

私は今まで自分の好きになったスターが出ているから、このテープを繰り返し繰り返し見ているのだと思い込んでいましたが、こうしてあなたに手紙を書いているうちに、このテープをこれほど好きなのは、私があなたと岩谷さんの友情に感情移入しているせいだと気がつきました。

「この場面が好きなんだ」といって見せたら、「これはラブシーンだよ。」と言った友もいました。そうですね、本当にそうです。お互いの信頼と愛情とを確かめあい、一方がずっと将来にまでそれが続くことを求めると、一方もためらうことなく応える、これはまさしくラブシーンです。それもきわめてプラトニックな。

あなたと岩谷さんが出会ったのは、あなたがまだ十代で宝塚音楽学校の生徒だったころでした。岩谷さんは歌劇団で「宝塚グラフ」や「歌劇」の編集の仕事をしていたのでしたね。岩谷さんはあなたより幾つか年上で、あなたが歌劇団でトップスターとして育って行く過程をいつも身近で暖かく見守ってくれました。あなたが音楽学校で落第か進級かとやきもきしていたころから、初舞台を踏み、やがて戦争が激しくなって大劇場が閉鎖され、移動演劇隊として各地を慰問する旅から旅への生活となったころにも、敗戦後の大劇場再開とトップスターとしての大活躍の時代にも、あなたの傍らにはいつも岩谷時子さんという存在がありました。

敗戦後まもなくから宝塚をやめるまでの数年間は、寮を出て、宝塚の岩谷さんの家で彼女のお母さんと三人で暮らしたこともありました。あなたが宝塚在籍のままで、東宝映画や帝劇オペラに出演したときも、岩谷さんはマネージャー役として一緒でしたし、宝塚を退団して東宝の専属になったときには、岩谷さんも社命で東宝に入社しました。その後も岩谷さんは芸能界で唯一のノーギャラ・マネージャーと言われながらあなたのマネジメントの仕事を続け、さらに作詞家としてもあなたの片腕となって、あなたを支え続けてきたのでした。

あなたの「愛の賛歌」に日本語の詞をつけたのは、岩谷さん

の作詞家としての本格的なスタートといえる仕事でしたし、あなたの歌う歌の九割以上は岩谷さんの訳詞によるものでした。作詞家・岩谷時子なしに歌手・越路吹雪はありえなかっただろうし、また、あなたという歌い手なしには作詞家・岩谷時子もありえなかったにちがいありません。

　あなた亡きあとに岩谷さんがあなたに呼びかけた長い詩がここにあります。あなたにこの呼び声が届いていますか。この呼びかけは私の心を強く揺さ振ります。この詩を読む誰もがそう感じるでしょう。「眠られぬ夜の長恨歌」と名付けられたこの詩は連綿たる挽歌の流れを思い浮かべても、辛すぎるほど胸に迫ってくるもののひとつです。

越路吹雪よ
四十年近い友情は　月日と共に昇華され
あなたは今　私の胎内に宿る
愛し子になった
駄々っ子よ
泣き叫ぶ子よ
声立てて笑う子よ
夜更け悲しみのために
眠れない私の耳に
なにか一と言
話しかけてはくれまいか
越路吹雪よ
とおい天国への道で
もしも責苦を受けるときは
おんなに生まれながら
まだ知らぬ陣痛を
私に起こせ
烈しく烈しく起こすのだ
あなたの苦しみを
私は共に苦しもう
あなたの痛みを
私は共に苦しみたい
越路吹雪よ
寒くはないか
私は寒い

越路吹雪よ
淋しくはないか
私は淋しい
越路吹雪よ

顔がみたい
声が聞きたい
この息が絶えるときまで
私のなかに抱きつづけようと
もはや言葉も交わせぬとは
なんという
もどかしさ
越路吹雪よ
ある人はいう
楽屋にいる　舞台にいる
残された者たちの心の奥深く
とこしえに歌いつづけていると
ああ　良い子よ
あるときは楽しみを
あるときは生きる喜びを
人々に贈ったよい子よ
日本一のよい子よ
あなたのために流された多くの涙は
美しい恵みの海となり
さざなみは優しくあなたを
天国へ送るだろう
越路吹雪よ
そこは住みよい処だろうか
越路吹雪よ
あなたとの別れは
あまりにも早すぎ
私が希望を探すには
おそすぎた
越路吹雪よ
越路吹雪よ
逢いに行ってはいけないか
越路吹雪よ……

　胸打たれる挽歌のなかでも、亡くなった人を「私の胎内に宿る」というふうに表現したものを私はほかに知りません。女にとって絆をこれほど強く表現する仕方は無いでしょう。これほどの強い想いを岩谷さんは「友人として越路さんを愛した。」とさらりと言ってのけます。

　ほとんど貯えがない状態であなたがガンに倒れたとき、自分の持ち家を処分して入院費など一切の費用を用だてたのも岩谷さんでした。兄弟姉妹でもなかなかできないことです。

　あなたは恋多き女と言われ、自分でも「飽きるほど恋をした」

と言っていたそうですね。それらはあなたの芸の肥やしとなり岩谷さんの詞の素材となってあなた自身にも歌われました。それに比べて岩谷さんは「本当の恋をしたことがないような気がする」と書くいかにも地味で控え目な人柄。

大輪の薔薇と可憐な野菊のように好対照のおふたりは公私にわたって絶妙なコンビネーションを発揮するよき友人同士でした。あなたはよく御自分のことを芸人と言っていましたが、今この国には芸の無い芸能人があふれています。芸を誇り、しかも人としてへりくだることを忘れないあなたの人柄がこの芸人という言い方にはよく表われています。あなたこそこの国には珍しい本当のスター性をもったスターでした。あなたを日本が生んだ最も偉大なエンターティナーと言っても過言では無いでしょう。この不世出の歌姫、越路吹雪と彼女を支えたマネージャー岩谷時子、私はおふたりの友情に女と女が持ちうる最高に美しい種類の質を感じるのです。

あなたが作曲家の内藤法美さんと結婚したあともおふたりの友情は変わりませんでした。女の友情は結婚によって遠いものになりがちだと世間ではよく言われます。しかし、おふたりの友情は違っていました。岩谷さんは離婚と葬式の世話だけはさせないでねといって祝福したのだそうですね。

恋多き女、越路吹雪は結婚後は「おしどり夫婦」として有名になりました。あなたはいつでも一歩引き下がって夫をたてる明治の女のように古風な妻だったということですが、どうも私にはそれがあなたのあなたらしい姿だったとは思えません。

夫に気を使いすぎるほど気を使う妻だったというあなた。夫の帰りがいくら遅くなっても夕食の支度をして、どんなに空腹でも食べないで待っていたというあなた。夫がカッとなって怒り始めると、なにを怒られているのだかわからないのに天井の一点を見つめてただ黙って二時間でも怒られていたというあなた。必ず夫を立てて逆らったことなど一度も無かったというあなた。絶対服従、夫第一主義はあなた自身が選んだ「理想の夫婦」像だったようですが、なにかあまりに極端なステロタイプで不自然さを感じさせるほどです。それは二人が相寄って支え合っている姿というより模して作られた姿に感じられます。もとよりこれは私の単なる個人的な感想です。夫婦間のことなど他人にはわからないとも言います。私にしてみれば岩谷さんと内藤さんがあまり仲がよくなかったということのほうが面白い。

本当のところ、始めはあなたと岩谷さんが恋人同士だったら、なんて素敵だろうと思っていました。けれど夫婦間のことが他人にわからないように、四十年に近いおふたりの間のこともおふたりにしかわかるまいと思います。

男の視線を介在させることなしに女である自己や他者をエロ

ティックに愛する者――それをレズビアンと呼ぶならば岩谷さんをレズビアンと呼んでまず間違いはありません。亡き友を胎内に宿ると感ずることは充分にエロティックであり、男の視線も介在していません。それどころか作詞家・岩谷時子の活動を支えるものこそレズビアニズムであるということさえできるかもしれません。しかし、このような断言は世間の人々と共に誰よりも岩谷さん自身を驚かすでしょう。また私もこのように断言することに今興味を感じないのです。なぜなら、おふたりの友情は確かに友情であり、心を分かち合い、支え合った実体をなんと名付けようと、中身が変わるわけではないのですから。あなたにも岩谷さんにもおそらく恋は男と女の間にしかありえないことだったのでしょう。

レズビアンをどう定義するかということはおふたりが築いた関係の質の高さ、密度の濃さという事実を前にするととりあえずどうでもよいことです。そもそも定義しようという発想自体が男文化の思考の枠組みにはまりこんでいることなのではないでしょうか。性的な関係があったかなかったかなどということが重要でないのはもちろん、エロティックとはエロスとはプラトニックとは等々といって西欧的な男根文化の思考体系にはまりこんでいったところで、女同士の具体的な支え合い、優しいつながりになんの得るところがあるでしょう。

二百人以上のレズビアンのアンケートを集めて整理し本にした広沢さんは、その過程でセクシュアリティというのは白から黒まで移り変わっていくグラデーションのようなものなのではないかと考えるようになったと言っていました。勉強会で読んだマリリン・フライという人の「現実性の政治学」という本のなかには、レズビアンという言葉の定義をめぐって卓抜で実に刺激的な論が収められていて面白く感じました。マリリン・フライは、男根支配の体系のもとではレズビアンという言葉がもともと論理的に不可能なもの、不自然なものとしてしかありえないことを何種類もの辞書の定義を調べて考察し、レズビアンがこの社会の概念体系の外にいるということを結論づけています。そうであるからこそ、私たちは多数者の見えないものを見ることができるのではないでしょうか。レズビアニズムとはまさに定義しえないものなのかもしれません。

堅苦しい話になりました。杉田久女について書いた前号の私の文章に関してたくさんの好意あるご意見をいただきました。たとえば、あれではレズビアニズムとフェミニズムの区別がつかないのではないかとか抽象的すぎるのではないかというご意見に対して私が考えていたことなものですから、思わず長々と書いてしまいました。あの文章を書きながらも書いたあとも、レズビアンをどう定義してもおさまりきらないもどかしさを感じていましたから、マリリン・フライの論には納得できるものを感じたのです。「岩谷時子におけるレズビアニズム」といった大上段の構えでは、この問題はとても片付くまいと思ったのもこうしてあなたに手紙を書いている理由のひとつです。

越路吹雪さん。私はあなたと岩谷さんの友情を素敵だと思いました。それは恋のように移ろい易く気侭なものではありません。夫婦のように日常生活を共にするものでもありませんでした。けれど、岩谷さんはあなたとの青春時代の約束のとおり、あなたが必要とするときには必ずあなたのそばにいてくれましたね。これはすばらしいことです。あなたの誇りとなることです。そして、今やおふたりの若いころからの夢だったミュージカルも多くの観客を動員できるまでになりました。

越路さん、私があなたのリサイタルを一度も見る機会を持たなかったのは全く残念なことでした。一度でもあなたの舞台を見、また、あなたの舞台の受付でいつも静かに微笑をたたえて佇んでいたという岩谷さんの姿も見ておきたかった。女と女が持ち得る最高に美しい友情の姿を見ておきたかったと思っています。リサイタルには毎年おふたりの人生への思いをうたった歌が必ず何曲かあったのだそうですね。岩谷さんは言います。私の歌は越路にしかわからない。彼女亡きあと、ほかの人にはうたってほしくないと。あなたの歌の世界はあなたと岩谷さんがふたりでつくりあげたものだったのですね。

岩谷さんは、若いころ、結婚について大真面目に考えて「一生、一人の男性を愛し続ける自信があるだろうか」と思い、とてもそんな自信はないので結婚はやめようと決心したと書いています。彼女は一人の女性――あなたを友人として愛していたのです。あなたも彼女になら、思う存分甘えることが出来ました。気を使うこともなく、「理想の友人」を演ずる必要もなく、ありのままのあなたでいることができたのですね。

越路吹雪さん。ひどい緊張症で舞台に立つ前には「虎」という字を岩谷さんに何度背中に書いてもらっても震えがとまらなかったというあなた。あなたは選ばれてある恍惚と不安にひとり、身を震わせたこともあったでしょう。あなたが演じる舞台が華やかで観客を酔わすものであればあるほどあなたの不安も大きかったことでしょう。けれど、あなたにはいつでもどんなときでも時子さんがいました。

彼女はあなたにとってなんだったのでしょう?あなたはよく知っておられただろうと私は思います。スター・越路吹雪は彼女なしには生まれなかっただろうことを。岩谷時子そのひとこそあなたを生み育くんだひとであることを。

まんがの中のホモセクシュアル考

PART・2

〈レディースコミックの中で〉

高橋瑛子

花嫁の控え室――桜庭直樹との挙式を待つ弓江に電話がかかる。

「結婚しないで。お願い!彼と別れて。」

直樹さんに他に女の人がいたのかしら?いぶかる弓江。弓江にはわからなかったが、おしころした声の主は親友の麻衣子だった。披露宴――幸せそうな二人をみながら複雑な表情の麻衣子。逃げるように帰りついたひとりぼっちの部屋。

「とうとうおしまい!そんな幸せそうな顔しないで。」

こみあげてくる嫉妬。もれてくる嗚咽。

しかし、そんな麻衣子の心もしらず、幸せな新婚生活を送る弓江は「麻衣子にも幸せになってほしい」と夫の同僚・浅井を彼女にひきあわせる。交際を申し込む浅井に色好い返事のできない麻衣子。

「あなた、もしかして桜庭くんを……」

「忘れるしかない」という浅井の言葉が胸をつく。

――どうやってわすれろっていうのよ

――別れる――そうすれば忘れられるかもしれないわ

――別れられる!?

――第一、理由を言わなきゃ弓江が納得しないわ

――告白する!?

――だめよ――嫌われてしまう

――いっそ嫌われてしまったら!?

――だめ――いやよ
なにも失いたくない

――いつまでたっても出口が見つからない

再三の招きに、弓江たちの新居を訪れた麻衣子は、桜庭の大阪転勤を知らされる。

――これが運命?そのまま別れてしまえば、時と距離が高まりをながしてくれるかしら

心は揺れる。

ある日、弓江からの電話。ケンカして実家に帰っているが、気になるので直樹

の様子をみてきてほしいと言う。弓江の頼みを断わりきれず、マンションを訪ねた麻衣子。直樹はソファーに酔いつぶれて横たわっている。「弓江はいつもここでこうして……」麻衣子は弓江を真似てみる。

「ねえ、あなたカゼをひくわ。」

揺り起こそうとした麻衣子を弓江と錯覚した直樹の腕が抱えこむ。

——弓江を抱く腕——重なりあう胸———……重なりあう麻衣子は直樹に唇を近づけ……、と、その時。戻って来た弓江はただ呆然と立ちつくした。

「結婚しないで。」

あの電話は麻衣子！麻衣子が直樹を好いていたなんて？あたし彼女を傷つけた。

翌朝、麻衣子の部屋を弓江は訪《おとな》う。

「かけがえのない友だちだとおもっている。でも、それでもあの人はあげられない。」

弓江は悩んだ胸の内を語る。

「そうよ。女ですもの。あたしも直樹さんがほしかったのなら、おとなしく見てなかったわよ。女を賭けて戦ったわ。」

「じゃあ何故？あたし見たわ。あなたが夫にキスするのを。」

「キスしたわ。——あの人はあなたにキスする。あなたに触れる。あなたを抱く！」

だから…。弓江を抱いた腕に力をこめ、唇に……。

「やめて。」とまどう弓江。麻衣子は告白する。混乱する弓江。

「男の人を愛せないの？」

「男も女もなにも、こんな気持ちはじめてなのよ。愛したのはあなただけよ！」

弓江への想いがほとばしりでる。

「愛せないならせめて嫌わないで。」

「もちろんよ。」

「もし、直樹さんと知り合う前に告白してたら変わってた？」

「わからないわ。」

「そうね。」

気まずい別れ。弓江は直樹とともに大阪へ発つ。

「あなた知ってたの？」弓江はたずねる。

「恋敵だからな。」直樹は答えた。

麻衣子の部屋の電話が鳴る。浅井からの誘い。

「あたし……」

麻衣子のとまどいの言葉を残して物語は終わる。

これは樫みちよの「向こう側のあなた——嫉妬——」（『YOU』84年9月号・集英社）のあら筋である。親友の夫を愛していると読者に思わせておいて、実は同性であるその友人の方を愛していたというどんでん返しはサスペンスとしてなかなか読ませる作品だ。

今回は、OLや主婦層を読者に持つレディースコミックをみてみることにした。実のところ、レディースコミックには少女

まんがに比べ、数多くのレズビアンが登場しているようにみうけられる。逆にゲイは少ない。これはレディースコミックが読者が感情移入しやすいように主人公を圧倒的に女性の側においているからであろう。少女まんがに大きな比重を占める男性のカッコよさはかならずしも要求されない。憧れの結晶のような男性が主人公として活躍するストーリーも多い少女まんがに対して、レディースコミックにおいては現実のパートナーとしての男性像が求められている。アウトサイダー的な魅力は影をひそめ、堅実性・誠実さといったものに重きが置かれる。もちろん、パートナーになりようのないゲイ男性の出番はぐっと少ないわけだ。が、レズビアンはあちこちに顔を出す。

どストレートの女を愛したレズビアンは顔を整形し、好きな相手の名を名乗って仕事をすることで、かなえられぬ愛を自己完結する。（岡本ゆり「コマーシャルガール」『デジール』88年2月号・秋田書店）　愛した女を奪おうとする男を殺し、愛する女が男に汚されるのに耐えられないがゆえに、その女の命をも我がものにしようとして自ら滅びてゆくレズビアンがいる。（柴田あや子「時の曳航」『YOU』85年11月号・集英社）
私だって一人前の女よ！遊びはいや。私をみて！愛した女にただ一途。その愛した女《ひと》の命が限られたものであっても最期の日まで共に生きたい。そんなひたむきなレズビアンがいる。（イケスミチエコ「愛してますか？—MEGUMI—」『デジール』86年3月号・秋田書店）などなど・・・。
これらレズビアンを主人公、副主人公にした作品のほかにも、サスペンスのトリックとして、読者の好奇心を誘うエピソードとして、レズビアンたちはあちこちに顔を出す。全体的な印象としては、レズって気持ち悪〜〜、執念深そ、一途ぅ、スキャンダラス！って感じ。ともあれ、少女まんがの禁忌《タブー》の世界とはひと味違って、大人の世界ではとりあえず性風俗の一つとして「レズビアン」は認識を得ているらしい。レディースコミックの中のレズビアンたちは非難は受けるにしろ、さして弾圧されてはいないようだ。それは少女まんがの主人公が、親や教師といった大人の保護下（支配下に近い）にあったのとは違い、一人前の大人として、その愛に対しての人格を認められているからであろう。また、レディースコミックが成熟した女性の性エネルギーの発散という役目をその一端に担っていることもみのがせまい。性描写はかなりのページをしめる。（男性向けのポルノまんがのように短絡的ではないが）ここで思いあたるのは、『モア・リポート』（集英社刊）の中で多くの女たちが「経験してみたい性行為」としてレズビアンの行為をあげていたこと

だ。しかし、それを実行してみる者は少なかろう。そういった欲求をまんがを読むことによって満たそうという読者の隠されたニーズにも起因しているといえよう。不倫、SM《サドマゾ》行為、そういった現象と同列にレズビアンも描かれている。しかし、読んでいて気づくのは送り手の作家の側にはこれはたぶん精神的にしろ、肉体的にしろ、同性を好きになった経験があるに違いないと思わせる人が少なくないことだ。逆にこれは頭の中で構築された話だなと感じさせるものもあって面白いのだが…。つまり、同性に想いを抱くなんてことは意外に多くの人が経験していることなのかもしれない。

レディースコミック最大のテーマは「おんな」である。どんな生き方をするにせよ、ラストシーンには主人公の女が輝くことが要求される。それはいわゆるハッピーエンドとは違うかもしれないが…。レディースコミックの中の女たちは家庭の中にのみ幸せを見出そうとする女ばかりではない。仕事に成功して輝く女がいる。その影には彼女を暖かく見まもり続けた男が――このパターンも多い。（編集者の大多数は男であるから女が男の存在なしに生きていくというのが生理的に許せないらしい。私も愛する者の存在がひとを支え、より大きく輝かせるということに異論はないが、女にとってそれが男でなくては気がすまないのが男なのだ。）仕事も家庭も（多くの場合は子供も）と考えている女は多い。結婚に幸せのすべてがかかっていると考える女もまだまだ多い。いずれにしろ物語の中で「結婚」は大きな役割を占めている。読者である20代～30代前半の女たちに社会が要求するパスポート――これが「結婚」である。このパスポートがなければ、まだなかなかノーマルな一人前の女とは認められない社会なのだ。（社会はもう一つ「子供」というパスポートも用意して女のノーマル性をさらに確かめようとするのだが。）この社会的要請を前にして悩むのはレズビアンだとて変わりはない。前出の物語の主人公・麻衣子は愛した友の「結婚」によって言い知れぬ嫉妬に苦しみ、もがき傷ついてゆくのだったが、こんな作品もある。

イギリス留学で知りあった商社マンとの結婚を間近に控えた夏美に有子から「会いたい」と電話がかかる。有子はミッションスクール時代の上級生。当時の夏美は親や学校に内緒で男の子とそれなりの経験もしていたが、りんとして美しかった有子の視線に気づいた時、「女同士がどんなふうに愛しあうのか」という好奇心から彼女と関係を持った。それは甘い密の味。有子との関係にのめりこみながらも、一方では男友だちと交際を続ける――自分はノーマル《（作中ママ）》な人間だと思いたかったから。それを詰《なじ》る有子。彼女の独占欲に耐えきれず、恐くなってイギリスへ逃れたのだったが…。

あれから二年。有子に再会した夏美はまた彼女の愛撫に溺れていく。

――心の中では有子に嫌悪を抱いているのに

――圭一さんにだって感じないわけじゃないのに

――まるで泥沼の藻に足をとられたようにずるずると引き込まれていく

夏美の体は有子を求める。

――圭一さんを愛しているわ――失いたくない……

――なのに有子を求めるもう一人の自分がいる

肉欲にひきずられ、有子との関係を重ねながら、そんな自分を夏美は軽蔑する。

――結婚はするわ

――そして子供を育てて

夏美に結婚を思い留まらせようとすがりつく有子。

――つき放さなければ私も一緒に堕ちてしまう

目の端に映った果物ナイフに手をのばした夏美。一瞬の殺意。そんな自分が怖ろしく、もう有子には会うまいと決意した彼女の目に飛びこんできたのは、妻子ある上司と無理心中した有子の死を伝える新聞の記事。この事件はマスコミを賑わせたが有子がレズビアンだったことまではあばかれず、スキャンダルにまきこまれずにすんだことに夏美は安堵するのだった。

自分を捨て、愛人のもとへ去った父親を憎んだ有子だったが、本当はその暖かさを強く求めていた。だからこそ男を愛そうともがき苦しんで――そんなふうに夏美は解釈し、いくばくかの痛みを胸に圭一のもとへ嫁いでゆく。

――私は幸せになります

――あなたの分まで

（小野塚えみ「苦い密」『デジール』88年2月号・秋田書店）

夏美は有子との甘い密の味を愛しながらもノーマルな女性として認められることにあくまでもこだわり、「結婚」というパスポートが幸せにつながると信じきっている。彼女は肉体の快楽だけを愛して、有子自身を愛してはいなかったのか。だとしたら、彼女はまた夫をもほんとうには愛し得ないのではないだろうか。同性を求めた彼女の肉体と彼女自身の存在はいかに関わっていたのか。それを深く思い遣ることもなく、一時の好奇心、少女時代の甘く苦い思い出だった、と片づけて結婚に踏み出していく女性は多いのかもしれない。同性愛を少年少女期にありがちな一過性の現象と捉え、大人になっても同性しか愛せない人々を精神的未成熟と決めつけたりもする。そして、本当に好きな異性にめぐりあえば誰もが普通の女性（男性）になると巷では信じられ、「特に女性はその傾向が強くホンモノのレズビアンはいない」といいきる学者までがいるという。社会は異性を愛することを強制してくるのだ。そのからくりを疑うことを知らず、おもねろうとする人々のなんと多いことか。

しかし、男との出会いや関係によって自分のレズビアン性に気づき、強制された異性愛から自由になってゆく女たちもいる。前出の「時の曳航」の主人公・可名子は男に利用され裏切られた失意の中で自分を立ち直らせ愛してくれた女・梨沙によって同性への愛に目覚めていった。次にあげる作品もまた、そういう女たちの物語だ。

佐伯かよの著「だまし絵の街」（『Ｅｌｅｇａｎｃｅイブ』84年９月号・秋田書店）。これは私の好きな作品でもある。

出会いは十二の夏だった。縁日の風船釣り。亜也子の選んだ風船が欲しいと言う少女——さっきからじっと私を見てた子——亜也子は手に持った青い風船をさし出した。帰り道、溝《どぶ》に浮かぶその風船を亜也子は訝《いぶか》ってながめる。

それから幾年。高校生になった亜也子のクラスに転校してきたのはあの少女——舞だった。他のクラスメイトには馴染まない舞も亜也子にだけはうちとけて甘えてくる。彼女の勧めで新体操を始めた舞はその華を持った美貌が目を引き、芸能界へ。

しかし、ひっこみじあんの舞は亜也子が一緒でないと仕事にも行けない。公認のボーイフレンド・史郎と同じ大学で学ぶ事を望んでいた亜也子だが、入学試験の日、雪の降る会場の庭に仕事にもいかず佇んで教室を見あげる舞を見つけ、試験を放棄し、正式に舞のマネージャーとして就職する決意をする。大学に行かなくても勉強はできる——史郎のノートを借りて独学しながらも、次第に仕事の面白さにひきこまれていく。亜也子の一言が内気な舞に自信と輝きを与え、それは亜也子の評価をも高めていった。そして時は流れ、亜也子はＴＶ局に就職した史郎とまた親しくつきあい始める。男嫌いの舞も史郎にだけは心安い。

しかし、そんなある日、二人のくちづけを目撃した舞は史郎を誘惑して……。ホテルからでてきたふたりに亜也子は言葉もない。結婚すると宣言してマンションを出て行く舞。恋人と親友を同時に失い、絶望して自殺を図った亜也子だったが、それは未遂におわる。病院のベットに横たわる彼女に、史郎との関係をスクープされた舞が失踪したことを週刊誌は伝える。周囲の励ましに仕事は再開したが、ふたりの行方が気にかかって…。

それとなく尋ねた彼女にプロダクションの社長は言う。

「まだ未練があるの？男の方？それとも舞ちゃん？」

社長の言葉に亜也子は今も舞を求めている自分の心を知る。

——そうよ——私にとって大切なのは舞…！

——史郎よりもだれよりも舞…あなた!!

その時、部屋の外に人の気配。あわてて覗いたドアホールの中に佇むのは舞。

「ごめんなさい。せめて一言でもあなたにあやまってからと思って。あたしたち駄目だったの。もう……身も心もズタズタよ。」

これ以上、甘えられないからと去っていこうとする舞を必死でつかまえた亜也子。

——もうはなさないわ

「史郎が愛していたのはあなた。ずっとあなたのことばかり。それでも史郎が欲しかった。だって…あなたが選んだ人だから……。あなたが好きになった人だから。」

十二年前の光景がよみがえる。青い風船を欲しがった舞。

「これからもずっと一緒よ。」

——そうよ——もう迷いはしない

——だって私たちはだまし絵の裏側を見てしまつたのだから……

舞のカムバック記者会見。フラッシュの光の中で微笑む二人。

親友である女二人がひとりの男を愛して争うというのは、レディースコミックにもよく見受けられるパターンである。そして友情はいつしか憎しみにかわって…。ああ、またあの嫌な展開をみせるのかな…、と読み進むと、いや何とどっこい——まさにだまし絵である。この物語のすばらしさは最後のシーン、お互いの必要性を認めあった二人が一段とイイ女になって輝き、未来にはばたこうとする姿にある。ふたりにはレズビアンという言葉でも親友という言葉でも自分たちを規定しようとはしない自由さが感じられる。少なくとも二人の友情が「愛」といえるだけの質をもったものであることがわかるのである。友情とホモセクシュアリティは一本の線上に連なっていると言えるのではなかろうか。前出の「向こう側のあなた」のふたりも友情と恋情の間で揺れていた。人生を共にする相手——自分にとっていちばん大切な存在として同性を選ぶことが可能だということを認められるか否か。頭が心がそれだけの柔軟さを持っているかどうか。この違いがまったく異なったドラマを生む。レズビアン性というのはどんな女の中にも多かれ少なかれ可能性として存在している。しかし、異性に方向づけられた目を自分自身の中にもどし、問い直してみない限りその存在に気づかない人は多い。その機会を得ない人もまた多かろう。亜也子の恋人を盗るという舞の屈折した行動が二人にその機会を与えた。だがたとえ、その機会を与えられ、お互いの大切さに思い至ったとしても、社会が規範とする異性との関係に囚われる者にはふたりのような選択はできない。そしてそういう人たちこそが世の中にはまだまだ多いのだ。だからこそ、わたしはこの作品に喝采をおくる。

レディースコミックに登場する女たちは男をめぐっての確執

に終止し、男に裏切られ、捨てられ、嫉妬や恨みに身を焼く。女の情念、女の業、復讐。そんなものが氾濫している。男性のあるレディースコミックの編集者が言った。

「青年誌（成人男性向けのまんが誌）には真の悪党は登場しないんですよね。悪いやつにもそれなりに共感を覚えさす人間味があって。それが女性の方にお願いすると悪女はほんとうの悪女になってしまって。どうしてなんでしょうねぇ。」

彼は気づいてはいないだろうが、男たちは男権社会を維持していくための同志愛をちゃんと確立している。「男の友情」は清く正しく美しく流布されている。どんなワルにもどんなダメなやつにも男であればヒューマニズムの視線を注ぐことができる。しかし、女たちはそういう男たちによって逆に分断させられてきたのではないか。たとえひとりの男を争わずとも、常に自分の男と他の女の男を比べるということによって。あるいは、男の目に他の女より優位に映ろうとすることによって。かの林真理子女史がある雑誌でこんなことを言っている。

「街ですれちがう人みんながワッと振り返るようなレベルの男性を5～6人はそろえてますから。」

今こそ男たちの仕掛けたこの罠を破って欲しい。そこに必要なのは「女の友情」！おしゃべりと愚痴で暇をつぶす友人しか持てないのではあまりに哀しい。だからレディースコミックにも真の女の友情を描く、そんな作品がどんどん登場してほしい。

女たちが友情という愛のもとに大きく輝く姿は美しい。「友情」——それはレズビアニズムを解き明かす鍵といえるのではないか。そんなふうにいま感じている。

〈了〉

・以下の作品は単行本（コミックス）に収録されています。

「向こう側のあなた」…『向こう側のあなた』（集英社）
「愛してますか？」…『愛してますか？②』（秋田書店）
「だまし絵の街」…『熱帯椿《カトレア》』（秋田書店）

ただ今、現像中

草間　けい

「えーっ、もうこんな時間？　帰んなきゃ」

「あれ！　ああ、今日は写真の日か」

「ええ、今から行っても遅刻になっちゃうのよね」

「よくそんな遠くに行く気がするねぇ、これから」

「仕事じゃなくて遊びだからね、じゃ、お先に失礼しまーす」

私は夜間の写真学校の二年生である。いつもは遅くまで残って仕事をしていく私だが、週に一度のこの日だけは、誰が何と言おうと、さっと帰るようにしている。それでも、突然会議が入ったりすることもあって、今までに四、五回は欠席した。会社まで車で通っているので、一旦家に車を置き、自転車で七分ほどの登り坂をふうふう言いながら駅に着く。そして、五時二十分の上り電車に乗れれば運がいい。一時間半の電車通学は、居眠り、読書、仕事などいろいろに使えて便利　とは言うものの、ほとんど休息のお時間にしているけれど。

生徒は五十人ちょっといる。夜間の学校だけあって年齢も職業も様々であるが、そのほとんどはアマチュア写真家で、さらに腕を磨こうとして入って来たらしい。

私はといえばつい最近まで、写真なんて、誰が撮っても同じに写るのだから個性も何もない、と決めつけていて、写真の芸術性などとんと認めていなかった。ところが、二十過ぎていろいろと、女、にこだわるようになって初めて、女の写っている写真にも目がいくようになった。気にして見ると、女を被写体にした写真は絶対多数を占めていて、何処にでもある。ピチピチギャルの写ったコマーシャルフォトから、農村の母　風のドキュメンタリー写真まで様々ある。しかし、どれもその裏に男の説明書きがついているように思えてならない。男の手で作られた女じゃなくて、男の目で撮られた女じゃなくて、他の女の人にその人の「生」が伝わっていくような写真を見たいと思った。そして、見たいという気持ちは、撮りたいという気持ちに変わっていった。

そんなふうに単純に動機だけが先行して、何の技術も、またカメラもないまま入学してみようという気になったのだった。

だいたいのカリキュラムは、「カメラの構造と写真の撮り方」「フィルム現像の仕方」「印画紙現像の仕方」「ストロボの使いかた」といった技術面の授業と「プロカメラマンの写真体験論」や「写真の歴史」などのような講義である。その他に撮影実習と暗室実習がある。

撮影実習というのは、先生と生徒がうちそろって、ある街やある行事を撮影に行くことで、一回めは浅草だった。日曜の浅草は、田舎から出て来たおばさんおじさんや修学旅行生、女子大生、外人さんといろいろな人たちが集まる。最初のうちは、三時間内に白黒の三十六枚撮りフィルムを三本から五本撮るように言われる。これが初心者には結構きつい。ただシャッターを押して歩けばいいんだから、フィルムをケチりさえしなければ何とかいきそうなものなのだが、私は二本がやっとであった。

それまでの私は、旅先でちょっといい景色に出会うと、バックの奥底から小さなカメラを取り出し、

「ねえ、ここで撮ろうよ」

と言いながら、そのきれいな景色の前に自分か友達を入れてニッコリ、旅の証拠写真とでも言うべきものを一年に三〜四本撮っていた程度だったから無理はない。なにしろ、自分が知っている人以外にカメラを向けたことがなかったわけで、知らない人を撮るというのは非常に抵抗があった。

手始めに、雷門の前でキセルを売っている昔ながらの職人姿のおじさんを写す。断って写そうかとも思ったけれど、怖そうだったからこっそり写してしまった。怒られるかも、と思いながらのすっきりしない撮り方だった。気を取り直して、お父さんにおぶさっている坊やを撮る。子供は気を遣わないで済む「子供を撮ろう」と安易に考える。また少し仲見世通りを行くと、色鮮やかな着物の古着屋のおばさんたちが元気に商売をしていた。今度は断って堂々と撮らせてもらおうと思い、精一杯にこやかに声をかけた。そのとたん、おばさんたちはむっつりとして店の奥で背中を向けた。私の顔には微笑みが貼り付いたまま残ってしまったが、しかたなくその場しのぎに、ずらっと並んだ着物に向かってシャッターを切った。浅草寺前の大きな香炉の周りにはいつも人だかりがしている。その煙を年寄りは体の悪い所に、おかあさんは子供の頭に真面目な顔でかけていた。その様子は割合うまくとれたかなと自己満足。老若男女いろんな人たちがいろんな関わり方をしていて、浅草は面白い。けれど、難しい。

それなら人でなく、街のようすや景色の方を主役にして撮ればいいのだが、とにかく写真に撮るんだという意識ばかりが先走ってしまい、自分の感動や興味の方が後になる。その上、ここを撮ろうかな↓カメラをかまえて↓一枚パチリ、次はあそこを撮ろう↓かまえて↓やっぱりよそう、といった散漫な撮り方。どれも一場面ワンシャッターの一面的な写真になってしまった。

それでも素直な初心者たる私は、わからないながらも夢中でシャッターを切った。その日、私がカメラを手にしたと同時に周りのものすべてが、私の被写体になる可能性を持ち始めた。昨日まではボサーッと歩くのが得意だった私だが、何だか今日は、視界がとってもクリアリー、違った街や人が見えてくる。最初の撮影会の緊張と感動と興奮は今でも忘れられない。

撮影実習が終わると、フィルムを現像してネガにする。ネガからベタ焼き（印画紙の上にネガをじかに置いて、焼き付けたものコンタクトとも言う）を作り、先生に見てもらう。そこで印画紙に引き伸ばすとよいコマがチェックされ、いよいよ暗室実習に入る。暗室実習というのは、いわゆる印画紙現像の実習のことである。「印画紙の種類」「引き伸ばし機の使い方」「印画紙用現像液の作り方と現像時間や温度」「停止」「定着」「水洗」「乾燥」等の一連の作業手順を実際にやりながら覚えていく。

この暗室実習でも、感動の一瞬があった。印画紙は光に敏感な紙である。暗室ライトの薄灯りも、極力当たらないように心がけなければならない。引き伸ばし機にネガをセットし、印画紙にネガを通した光をあてる。これを露

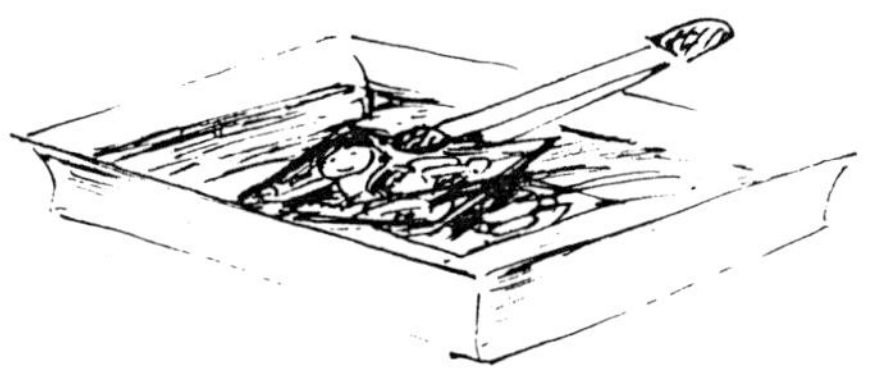

光という。適正露光された印画紙を現像液の入ったバットに滑り込ませる。五秒、十秒、十五秒、二十秒、

「あーっ、出てきた。うれしい！」

うっすらとネガ通りに像が現れる。かたぐるまされた坊やの笑顔が、しだいに濃く、はっきりとしてくる。これを撮った時の私の気持ちや辺りのようすが、私の心の中にも浮かび上がって来た。坊やの一瞬でもあり私の一瞬でもある、この共通の一瞬を永久のものにしたという、何か不思議に高揚した感情があふれる。

このシーン、どこかで見たことがある。

古いフランスの映画で「死刑台のエレベーター」というのがあった。自分の社長の妻と愛し合ってしまった男が、自殺に見せかけて社長を殺し、車に乗りかけると、自分が使ったロープを持ってくるのを忘れたことに気付く。あわててエレベーターでひきかえそうとしたとたん、守衛がビルの電源をすべて切ってしまった。土曜の午後、誰もいないビルのエレベーターに男は閉じ込められる。その男が道に止めっぱなしにしておいた車を、いかれた若いカップルが拝借してドライブに出かける。二人は、あるモーテルで、知り合ったばかりの中年の夫婦をはずみで殺してしまう。そして、別の車で逃げる。男の車は殺人現場に置き去りにされる。当然、車の持ち主に疑いがかかり、指名手配される。月曜の朝、男はエレベーターから出て来たところを見つかって逮捕され、二つの事件の殺人犯にされてしまう。

観客は、ここで、男に同情する。確かに殺人を犯してはいるが、愛を貫くためであったし、かわいそうにエレベーターの中に二日間も閉じ込められ、まさに死刑台の苦しみを味わっているからだ

事件を調べている刑事がモーテルで一本のフィルムを見つける。暗室の中、現像液の入ったバットに浸された印画紙から像が浮かび上がった。殺された中年の男女に混じって、若い二人の男女が写っていたのだ。

この映画を見た時は、写真の現像がどのように行われるのか

など全く知らなかったが、白い印画紙から像がふわーと浮き出てくるシーンは、印象的でよく覚えている。「写真は知っていた」という結末であった。

限りなく小さな一瞬一瞬のつながりが、時間である。不可能とわかっていても時間を自由にできたらというのが、人間の夢である。川の流れのようにどんどん流れ去って、跡形もなくなってしまう時間。微かに、そして不確かに、記憶の中に存在するが、実在はしない。そんな過去の一瞬を、写真は切り取って見せてくれる。そういうすごさとおもしろさが、写真にはあると思う。

暗室実習で、引き伸ばした作品が何枚かたまると、合評会が組まれる。一人ひとりの作品について、先生方が念入りにアドバイスしてくれる。生徒同志でも感想を言い合う。始めの頃は、先生が褒める作品を見ても、

「へえ、あれがいい作品なのか」

と思うだけで、どういう写真がいいのか、つまらないのか、聞いて見ないとわからない状態だった。今は、少し見る目がついてきたように思う。

「当たり前のことだけど、ピントはしっかり合わせてね。どうも後ろにピントが合う癖があるね」

「被写体を見付けたら、必ずいろいろ角度から撮ったり、視点を低くして撮ったり、表情だっていろいろに変わってくるはずだし、しつこく撮ってごらん」

「人を撮るのは難しいんだけれど、人の背中ばっかり撮ってたらだめよ。逃げないで正面から撮っていかなくっちゃ」

「この真っ黒な写真は露光オーバーなんだね」

「ブレの原因は、相手が動いている場合と、自分の手が揺れた場合と、乗り物の中で撮る時のような場合と三種類あるけど、少なくとも自分の手ブレだけは、カメラをしっかり支えて防ぐように努力しないとね」

とまあ、このような初歩的なアドバイスを繰り返しいただいた。それでも、二回、三回と繰り返すうちに、フィルム一本の中に一コマか二コマは褒められるようになった。おまけで褒められたのでも、その日はすごくうれしくて帰りの終電車の中、

酔っぱらいに混じって、一人写真を取り出してはにやついている私であった。これは、今でも同じ。自分の作品や表現したものを先生に褒められるというのは、同じ喜びでもちょっと質が高い。大人になってしまってから、とんと味わうことがなかったので、二十年ぶりであろうか。何かを自分のためにやっていると言っても、自分の中だけの「表現」というものは存在しないと思う。それは「表現」でなくて単なる「行為」となる。だから、他人の目を気にしてばかりの表現というのもおかしいが、他人の目を気にしない表現も表現としての価値を持たない。私は、やっぱり正直言って、もっともっと褒められたいなあ。

今はとりあえず何でも撮ることにしているが、ここ一年ほど継続して撮っているのは「遊び場の子供たち」「農業をしているいなかの叔母さん」「九十二歳の愉快なばあさん」だ。あれも撮りたい、これも撮りたいと思うのだが、まだまだフットワークが鈍い。考えていてもいい写真は撮れない。動いて、感じて、どんどんシャッターを切らなくちゃだめだと思っている。　今は、一通りの写真技術を教わったので、自分の家でも現像ができるようになった。私の家は公団住宅で女二人住まいである。住み始めてそろそろ八年たつ。二人とも大の片付け嫌い。くだらない物がどんどん家の中にはびこって困っているが、いよいよ暗室用品も仲間入りした。一部屋を暗室に改良できる余裕はないので、現像したい時だけ暗室をつくる。トイレの出入り口をふさぎ、洗面所とお風呂場を利用して、境は暗幕で仕切る。窓からも光が漏れないようにする。現像を始めると、四、五時間は夢中でやってしまう。あれもこれもと現像して見たくなるからだ。目や体はとても疲れてくるのだけれど、何枚焼いても、あの現像の一瞬の魅力は変わらない。

「ねえ、これから現像やるからさ、おしっこしたかったら今行っといてよ」

「わかった。今日、何時までやるの？」

「十二時過ぎるかもしれないから、先にシャワー浴びる？」

「あたしも仕事するから、寝る前に入るよ」

こうして、私の暗室作業が始まる。今夜も二人が床につくのは、たぶん二時をまわってからのことだろう。

愉快なばあさん

沢部　仁美

ばあさんの故郷は京都である

ご存じの通り、京都はごばんの目のようにきちんと区画整理された街だ。東西には一条から十条の通りが走り、南北にもさまざまな名前の通りが走っている。ばあさんが生まれたのは、下京区（現在は東山区）問屋町五条下ル東側、五条大橋のたもとである。

鴨川がすぐそばを流れるこの地域は、東京でいえば、さしずめ墨田川のほとり、築地のあたりであろう。排気ガスをはき散らして車の行き交う現在の五条通りには昔の面影などないが、路地をちょっと奥に入ると、今も黒塗りの格子窓のある古いたたずまいが見られる。生家のあった場所は、残念ながら今は五条通りのアスファルトの下だ。

父善吉は元治元年（一八六四年）に生まれた。一代で魚問屋を築き、後年は貸家業を営んだ商売上手な男である　慶応二年（一八六六年）生まれの母イクと、当時としては珍しい恋愛結婚で結ばれ、三男五女をもうけた。芳子はその六番目で、戸籍上には三人の兄と二人の姉がいるが、医療技術のお粗末な時代のこと、長女と次男は生後まもなく死んだ。ひとり残った大事な跡取り息子、長男の善次郎も、芳子が生まれる前の年に、わずか九歳で死んだ。父親の落胆ぶりはたいへんなものだった。

明治維新後、列強に追いつけ追い越せと、しゃにむに近代化を推し進めてきた日本は、芳子が生まれる前年に、眠れる獅子「清（シン）」を破って自信をつけた。「勇敢なる水兵」や「雪の進軍」という流行歌を口ずさんだ当時の人々にとって、丈夫な男の子は、お国の未来、お家の将来の鍵を握る存在であった。女の子ばかり生む女を「女腹」といやしめて、離縁することまでできた時代である。生むんだったら男の子を！　は時代の要請でもあった。

もう一人男の子を産むことで、長男を亡くした悲しみを一時も早く忘れたかったのだろうか。芳子がおなかにいたとき、イクには「今度は男の子だ」という確信があった。周りも彼女の表情の変化などから、きっと男の子だと信じていたらしい。京

都では、女の子が生まれると表が赤、裏が白の産着を作り、男の子には表が黄色、裏が白の産着を作るのが習わしであった。母は生まれてくる子のために、いそいそと男の子用の産着を縫い上げた。

ところが、産声を上げた赤ん坊は女の子。「あんたが男の子やったらなぁ」は、その後の母親の口癖となった。

母が芳子にそう願ったのには、もう一つの理由があった。芳子が生まれた明治二十九年の冬、お産の手伝いに来ていた実妹アサに、父の善吉が手をつけ、子供を身ごもらせてしまったのである。すでにイクは三十歳。やっと二十歳を迎える妹とは十一もの年の開きがあった。堕胎は刑事犯の時代である。どんな不幸が予想されようと、身ごもった子は生む以外に道はない。

その上、善吉はイクの両親の経済的扶養者であった。一族の家長たる善吉の御機嫌をそこねたら、どういうことになるか。貧しい家の長女として育ったイクは、その事情を一番よく知っていた。自分さえ辛抱すればいいと思ったのだろう。善吉をとがめようとする自分の両親の口をふさいだのは、イク自身だった。芳子の誕生から一年後、アサは女の子を産んだ。

善吉はその後もふたりの姉妹をひとりは妻として、ひとりは妾として愛しつづけ、イクには三男五女を、アサには二男三女を、総勢十三人もの子供をもうけたのである。

さて、そんな複雑な家庭に生まれながらも芳子は健やかに育った。

母は大の煙草好きであった。芳子がお乳をほしがるたびに「一服してから」と言って、キセルの煙草をうまそうにふかした。その待ち遠しさにたえられず、芳子は小さい頭でなんとか先手を打とうと考えたのだろう。お乳がほしくなると、キセルと煙草入れを持ち、ヨチヨチと母親の前にやって来て「いっぷく、のみてえ」と見得を切った。これにはさすがの母親も顔をほころばせずにはいられなかった。

芳子が四歳になった年、一家は店のある問屋町通りの家に、それまで同居していたアサと子供を残し、十分ほど南に下がる正面通りに借家を求めた。家は間口に対して奥行きの深い、裏に庭のついた一軒家だった。両親と四つ年上の兄誠三郎、二つ

年上の姉シヅとの、四年ぶりの親子水入らずの生活であった。

正面通りの道端で子供たちが、道ゆく新婚ほやほやのお嫁さんめがけて、大声をはりあげる。

「あの嫁はん、良いけれど、
おソソのぐるりに、店出して
にんじん、だいこんがよう売れる」

お嫁さんは、まっ赤な顔をして逃げるように立ち去る。おソソというのは、この地方の女性器の隠語。野菜は男性器をほのめかしていた。

間もなく、玄関の格子戸がガラッと開いて、目を三角にした母親が飛んでくる。

「おヨシ、そんな歌、歌っもんやない！　はよう、家の中にお入り！」

芳子はお母さんがなんでそんなにムキになって自分を叱るのかわからない。手をグイグイ引っぱられて、すごすご家の中に入る。翌日になれば昨日叱られたことなどケロリと忘れ、また、あの歌を歌うのだ。

京都は南に下がるほど下町である。正面通りは別名を六条通りという。豊臣秀吉をまつる豊国神社の正門から東西に伸びたこの通りは、庶民的で活気にあふれていた。そこには封建的な京都の土地柄には珍しく、のびのびした空気があったという。

それにもともと芳子は、女の子のするような、おとなしい遊びが好きではなかったのである。男の子のようにみんなでワイワイ言いながら、体を動して遊びたかった。だから、おはじきやまりつきぐらいはしたが、人形遊びやままごとはつまらなかった。それより、親の目を盗んでは裏町で男の子のメンコ仲間に入ることの方がずっと胸がワクワクしたのである。家の中でくすねた銅貨を握りしめて近所の駄菓子屋に飛び込み、家の方をふりかえりふりかえり「あてもの」をした思い出を、ばあさんとなった芳子は今も実に楽しそうに語る。

明治三十六年四月、芳子は京都市立貞教尋常小学校へ入学する。学校は家のすぐ裏手にあった。「男女七歳にして席を同じうせず」の教育方針にそい、男女は教室も運動場も別々であった。休み時間になると、芳子はひとり、男の子たちの運動場を

のぞきに行く。

男の子たちは戦争ごっこに夢中である。グループは二手に分かれ、三人一組になってチームをつくる。一人が武将で、残りの二人が馬だ。二人は武将の片足ずつを抱えて突撃し、敵の武将を馬から落とすのである。「かかれ！」餓鬼大将の男子の一声で、運動場は土けむりの舞う戦場と化す。女子と男子の境となっていた、校舎の階段の途中に腰かけて、芳子は手に汗を握りながら観戦するのだった。

あんな面白そうなこと、なんで女の子はせえへんのやろ。

家に帰ると、さっそく家のそばの砂利置き場で、近所の女の子を集めてまねを始めた。鼻のあたまに汗をかきながら、芳子は一生懸命、戦争ごっこの説明をする。

「あんたが後ろ向きになってな。そいであんたがおふやんの帯をこうやってつかんで。そうそう。ええか、あて、乗るえ。よう支えてな」

しかし、立派な大将になりきった芳子が、雄々しく馬にまたがろうすると、女の子の腕はたちまちぐにゃぐにゃと崩れてしまった。乗るどころではない。あー、しょうもない！　男の子に生まれればよかったなあ。そしたら、もっともっと面白いことできたのに。

「およっさん、（男のものを）落としといでやしたんか」

そんな芳子の腕白ぶりを面白がって、からかう女もいた。

「およっさんは活発どすな」

家を訪れた女客が、母親に言う。

「あれは横着な子やとは言えんので、ああ言わはるのやがな」

あとで母は芳子をたしなめた。京都の街で「横着な子」というのは、腕白で利かぬ気の子、粗暴な子という意味だったのである。しかし、しつけには厳しい母も、芳子に自分と同じような生き方だけはさせたくないと思っていたようだ。親から『結婚しろ！』と言われたことは一度もないそうである。「まあ、あきらめていたんやろうけど」が、ばあさんの解釈ではあるが。

それにしても「三つ子の魂、百まで」とはよく言ったものだ。

「男に生まれたかったなあ」

これが、もうすぐ九十二歳になろうとしているばあさんの、今日なお健在の繰言である。

「京都は実に封建的な土地や。男の子でなかったら、人間でないようにあつかいよる。だいたい女は損や。父方のおじいさんなんぞ、従兄弟ばかりかわいがりおって、女の子のあたしなんぞ、そばに寄せつけやしなかったんだから」

いつもの腹立ちまぎれの口調である。

そのたびにわたしもくり返す。

「でも、先生が男だったらあんまり魅力のない人だったんじゃないかなあ。女だったからこそ反発精神も生まれて、面白い一生が送れたんじゃないの？　それに、男だったらとっくの昔に戦争で死んでいるよ」

「それもそうや」

最近では、ばあさんも意外とあっさり認めるようになった。

「しかし、あたしの人生は面白かったほうやなぁ」

そう言いながら、ばあさんは今から六十年ほど前にモスクワで買った柊の絵柄のカップで、大好きなレモンティーをすする。

「環境への抵抗が人間をつくる」と言ったゴーリキイの言葉を思い出しながら、わたしも愉快な一生を送ろうと思う。

「悟っちまったらつまらんからね、人生というものは」

そう言うと、テーブルの向こうのばあさんは、ショート・ホープに火をつける。そんな時、ばあさんはなんともサマになるのである。

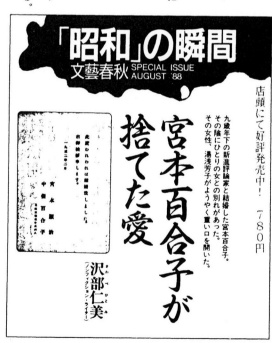

愛の牡丹雪
原作・橋本 治
（新潮文庫『愛の矢車草』所収）
まんが・はたなか えいこ
今の季節なら薄がいいなァ
薄はいいわねェ

きれぇだねぇ
楽しかったあ
そ…そうか
キィ
ありがとうございました
あ… ああ

ブロロロロロロ
帰したくねぇなァ
橋本水産
ブオーッ
しーん
?
ガラ ガラ
おそくなってすみません…
どこ行ってやがったんだ?!

このォ……
スクッ
ゴッ
痛い!!
痛いよォ
やめなさいよ
八つ当たりは!!
なにい

このォ
恥知らずな
まねを
しおって……
な……
何？
ボカ
スカ
やめて
やめて
あたしの彼氏の
奥さんから
電話が
かかってきたのよ
女に
いきなり
怒なりつけ
られたもん
だから
頭きてんじゃ
ない
フン…!
何ィ?!
何よ
ああ
やめて
やめて
この
親不幸が
てめェ……
何が？
どうなって？
ブルブル
ここは
……
誰の家？

なぐりあってる……?!
これは澄江とおとうさんの問題で……
ポカ ポカ ポカ
あいててて……
さっきテーブルの角にぶつけたんだ
ズキ ズキ!!
ズキ……
私は二人には関係ない人間になってしまったのかしら?!
ズキン ズキン
親が腰うってヒィヒィ言ってるってのに……
讃岐亭
そりゃひどいよ
髪のモひっぱって叩きつける亭主も
不倫してるふてくされ娘も
よその家まで電話かけてくるその女房もさァ
そうだよねぇあんまりだよねぇ……
元気出しなって
ありがと……

12月 25
12月 26
12月 29
12月 30
おふくろなんだァ
麻子ですはじめまして
いらっしゃい
12月 31
1月 1
よかった
このお娘さんなら
この娘も結婚嫌がってたのはそれなりの事情があったんだ……
父さんもう一本って
あの娘はひょっとしたらお父さんに甘えたいのかも
お父さんもあの娘には甘いから……
1月 8
1月 9
1月 10

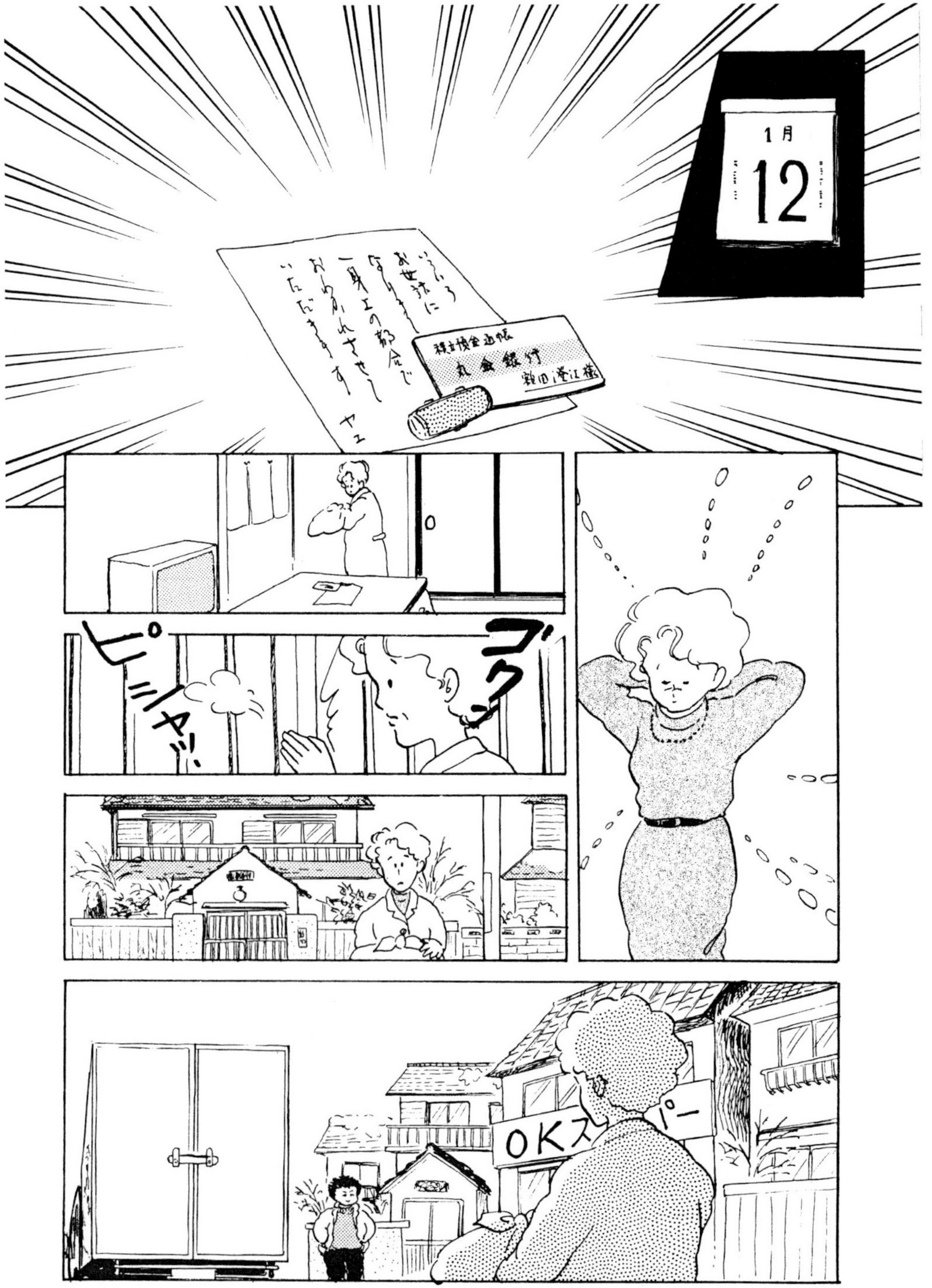
1月
12
いろいろ
お世話に
なりました
一身上の都合で
おわかれさせて
いただきます
ヤエ
積立預金通帳
丸金銀行
ピシャッ!!
ゴクン
OKスーパー

ヤエは
薄の一面広がる街へ
ひとり嫁入りしていった――
やあ
正社員?
だって留子さん
一匹狼が
いいって……
あきたんだよ……
一匹狼には
やっぱり
安定とか
保証とか
考えなくちゃ
なぁ……

手紙

沢部　仁美

ノンちゃん、今日は本当にありがとう。

出かける前は、久しぶりに高校時代の仲間に会うのだから、この間にあったこと、とくにわたしの離婚についてはすっかりお話ししようと意気込んでいたのですが、どうもうまく言葉がまとまりませんでした。あんまり久しぶりだったので、少し恥ずかしかったこともあるし、キャリア・ウーマンとして仕事に生きているあなたや、理解ある旦那さんと楽しく暮らしているヤッチンを前に、わたしの経験を洗いざらい話すのは、なんとなく水をさすようでためらわれたのです。自分ではちっともあの頃と変わっていないつもりなのに、やはり分別心がついたのかなと、ひとり帰りの電車の中で苦笑しました。

でも、家に戻ってから、やはりあなたには本当のことを話しておきたいと思い始めました。自分の気持ちを整理するためにも、あなたに手紙を書くのが一番いいように思えて、わたしは今、子供たちの寝静まった部屋で、机に向かっています。

結婚してから初めて働きに出たのは、三年前の夏でした。下の子の真弓が小学校に入って手が離れたのをきっかけに、パートで働いてみようと思ったのです。最初、夫はわたしが働くことに反対でした。別に生活に困っているわけじゃなし、それに外で働く女には潤いがないという意見でした。でも、子供たちを学校に出した後、洗濯をしたり、掃除をしたり、テレビを見たりするだけの生活が、なぜか急に空しく感じるようになったんです。子供が小さいときは育てるのに夢中でしたから、それどころではなかったのですが。「数えの三十三は女の厄年だからね」って母は言いましたけど、気分転換もかねて思い切って外に出てみることにしました。

仕事は車の部品を作る簡単な作業でした。新聞折り込みの広告で見つけたものです。家庭に入ってからもうずいぶんたっているし、使ってくれるところならどこでもいいと思って探したのです。工場は家からバスで十五分のところにありました。朝九時から午後四時までの六時間勤務なんです。毎朝、夫と子供達を送り出した後、大急ぎで洗濯やそうじをして、仕事にでかけるのです。忙しくはなりましたが、生活にははりが生まれました。

今考えてみれば、結婚してからのわたしの生活って本当に世の中から　遠ざかっていたんですね。夫や子供には会社や学校があって、どんなに少なくても一日に何人かの人と会って話をしたり、遊んだりしているわけで、他人を通して自分が確かめられるというか、生きてるって感じがあると思うのです。それが、主婦として一日中家に一人でいて、毎日同じくりかえしばかりだと、つまらなくてノイローゼになりそうでした。わたしはお料理だって嫌いな方じゃないし、家のことはきちんきちんとこなしてきました。でも、そんな生活がこの先一生続くのかと思うと、息苦しくさえ感じられるようになったのです。

朝ご飯が済んで洗濯かなんかちょっとしていると、もうお昼でしょう。まあ、お休みの日以外は、わたし一人で簡単な食事をすればいいのだから、おかずは何でもいいんだけれど、夫や子供がいるときにはそういうわけにもいかないし。朝には昼ご飯は何にしようかなあって思うし、昼には昼で夕ご飯は何にしようかなあって考えちゃって、結局気がついてみると、いつもいつも頭の中にあるのは、今日は何にしようかなあってことばっかりなんです。

だからといってたまに夫が出張して留守になったり、子供たちが遠足に出かけてご飯の支度から解放されたときでも、他のまとまったことは考えられなくなっていたんです。学生のころのように自分の心の中で自由にあれこれ思うことができなくなっていて、ご飯のおかずのこととか、昨夜の夫の言葉とか、子供の成績のこととか、頭に浮かんでくるのは家族のことばかり。いざ自分のことになると考えがまとまらなくってしまう。結婚以来ひたすら家族のために尽くしてきた結果がこんな風に自分を見失うものだとしたら、わたしの一生なんて一体何なんだろうって思うようになったんです。こんな思い、仕事で毎日忙しい思いをしているあなたなどには想像もつかないでしょうね。

その工場で、わたしは吉田朝子さんという人と知り会いました。わたしより二つ年上で、もう何年も勤めている人でした。人の良さそうな丸顔に髪をさっぱりと短く切った吉田さんは、

職場の人気者でした。一つの作業場に十二人の女の人がいて、そのほとんどが三十代、四十代の主婦ですから、流れ作業の手を動かしながら、あれこれ話がはずみますが、そのきっかけを作るのはたいてい吉田さんでした。昼休みなどもあの人の回りにはみんなが集まり、笑い声がたえません。若い子だと顔を赤らめるような話もこの年になるとみんな平気でしょう。とにかく、吉田さんが部屋に入って来るだけで、誰もが活気づくようでした。

聞けば、六年前に旦那さんを交通事故で亡くしてから一人残された女の子を育てているそうなんですが、そんな不幸をこれっぽっちも感じさせません。少し小太りの体でキビキビと働く姿を見て、世の中にはこんな力強い女の人もいるのかと驚きましたが、自分とは違うタイプの人間だと、わたしはただ遠巻きに見ていたんです。

ところが、そんなわたしがあの人は気になったのでしょう。作業の順番でちょうどわたしの真ん前にやって来た時などよく話かけるようになりました。ある時、昔話をしていて、吉田さんが昔、東京に出ていたことがあると話した時のことです。

「どうしてこちらへ戻ったんですか？」とわたしが尋ねますと、

「いっしょに暮らしていた女の人が急に結婚してしまったから」

と、吉田さんはいつになく神妙に答えました。

「そう。でも、その逆の場合だってあったわけでしょう？」

わたしは何気なく聞き返しました。吉田さんが黙ったままだったので、ふと顔を上げると、あの人はひどく険しい、つらそうな表情をしていました。「何か傷つけることを言ったらしい」さすがのわたしも気がつきましたが、その日はそれっきりになりました。（後で聞くと、あの人はその言葉で自分は女の人が好きなんだということをそれとなく伝えようとしたらしかったのですが、何も知らないわたしにはちんぷんかんぷんだったのです。）

ところが、このことがあってから、わたしは吉田さんのことを意識するようになりました。今まで何の屈託もないと思っていた吉田さんが、あんな顔をしたことが意外だったのです。わたしは誰も知らない吉田さんの心の中をのぞいたような気がし

ました。あの人もわたしのことが気になるらしく、仕事の帰りなど、わたしが親しくしていた加藤さんと「今日、お茶を飲んで帰りましょ」などと小声で約束していると、どこから聞きつけるのか、必ずその喫茶店にやって来るのでした。

　そのうちに吉田さんの趣味が山歩きだと知って、わたしも高校時代、あなたたちと山歩きに出かけたことを思い出し、二、三度、お互いに子供づれでハイキングに出かけたこともあります。お嬢ちゃんの裕子さんもうちの子供と仲良くしてくれて、だんだん家族ぐるみでつき合うようになりました。引っ込み思案のわたしも、次第に何でも話せるようになりました。夫や子供のことはもちろん、最近感じること、思うこと。ピタッと心のひだに寄り添うように吉田さんがわたしの話を聞いてくれるとき、わたしはいつの間にか自分の言葉で話すことができるようになっていました。長いことひとりぼっちだったわたしにやっと友達ができたのです。

　吉田さんは本当に不思議な人でした。わたしが夫とうまくいかないで元気がなかったりすると、どんなに隠していてもわかってしまうようでした。そしてそんな日は仕事の帰りに決まってお茶に誘ってくれたり、電話をかけてきてくれたりしたんです。夜遅く電話がかかってきて、わたしがいつまでも受話器を置かないものだから、夫に怒鳴られたこともありました。休みの日に家族で泊りがけで出かけた先から、家族が寝静まったのを見計らって、こっそりあの人のところに電話をかけたこともあります。

「お前ら、少し変なんじゃないの」という夫の言葉に、内心ドキッとすることはあっても、自分のこうした気持ちが一体何なのか、どうしてこれほどあの人を必要とするのか、自分にもわかりませんでした。ただ、あの人はだんだんわたしの心の中に住みつき、なくてはならない人になっていったんです。

　夫との恋愛は以前お話ししたことがあったでしょう。

　婚約当時、夫はちょうど新機種の開発を手がけていたころでしたから、あの人の仕事に対する熱意をわたしは男としての責任感だと頼もしく感じていたんですね。たまに映画なんか一緒に見るくらいで、ろくに話もせず、どうして「この人と結婚し

よう」と決めたのか、今になってみれば信じられませんけど、ちょうど適齢期だったし、あなたやヤッチンのように大学に行かなかったわたしは、なんとなく親の勧めるままに結婚してしまったように思います。結婚してからわたしは事務の仕事にはさほど未練もなかったので辞めて家庭に入りました。一年半後に雄一が、三年後に真弓が生まれました。それから夫が新しい工場へ転勤になって、こちらに引っ越したわけです。

　こちらには知り合いも全然いなくて、初めは右も左もわからない有様でした。夫の方もあまり人づき合いのよいタイプではないので、仕事を終えるとまっすぐ家に帰って来て、テレビを見たり、子供の相手をしているようなことが多かったんです。もともと無口な人で、会社のことなどわたしが聞いても「ああ」とか「うん」とか答えるだけで、ろくに話らしい話もせずにこの十年間を過ごしてきました。ときどき「本当にこの人とずっと一生を過ごすのかしら？」と思うこともありましたが、子供もふたりできたことだし、母や姉に聞いても男なんてだいたいそんなものだって聞かされていたもんですから、わたしも特に不満っていうわけではなかったんです。

「いまどき浮気しない旦那様なんて、そうそう見つかるもんじゃないわよ」

　姉もそう言いますし、結婚生活なんてこんなものかも知れないと思っていたんです。

　吉田さんと今のような関係になったのは、一昨年の盆踊り大会の夜でした。わたしの住んでる町には工場が多いので、盆踊り大会になるとそれぞれの工場から代表チームが出て踊りっぷりを競うんです。わたしたちの工場でも女の人たちだけのチームを作って練習してましたから、みんなものすごいハリキリようで「ゼッタイ優勝しようね」と声をかけ合っていました。

　夕方、少し涼しくなったころ花火がドーンドーンと上がり、盆踊りが始まりました。わたしたちはお揃いで、水色のハッピに「祭り」と書いたウチワを背中にはさみ、ハチマキを頭にしめて参加しました。そんな格好をするのは生まれて初めてだったので、最初は恥ずかしかったけど、実際身につけてみるとなんとなくりりしくなったようないい気持ちになるから不思

議です。とくに活発なあの人にはその格好がよく似合いました。吉田さんはとてもメリハリのきいた踊りっぷりで、やはりみんなの先頭に立ちました。ふだんは尻ごみがちなわたしもつられて夢中で踊っていたんです。

もう会場は人いきれでムンムンしていて、誰が誰かわからなくなってしまうほどでした。その時、わたしの近くで踊っていたあの人が、わたしの顔に顔を近づけて来て、いきなりチュッとキスしたんです。突然のことにビックリしたけど、正直言ってとてもうれしかったのです。それにすっかり解放的な気分になっていたので、わたしも笑っておしまいにしました。

それからしばらくして「それでは、今年の盆踊り大会の結果発表をいたします」というアナウンスが入りました。わたしたちも踊りをやめて結果発表を待ちました。胸がドキドキしてわたしは隣にいた吉田さんの手をしっかり握りしめていました。

「優勝、木村オート部品!」

呼ばれたのはうちの工場の名前でした。

「やったあ!」

わたしたちは飛び上がり、手を取り合って喜びました。賞品にもらった樽酒をその場で割って乾杯しました。社長さんもお祝いに駆けつけてくれて、みんな若い娘のようにはしゃぎました。中には感激して涙なんか流したりする人もいて。今でも昨日のことのようによく思い出せます。

それからが大騒ぎでした。わたしたちはみんなで街にくりだしたのです。駅前のビヤホールでもう一度生ビールで乾杯をした後、みんなでカラオケ・スナックに行きました。吉田さんとわたしは「二人でお酒を」をデュエットしたり、それはもう楽しい夜でした。

スナックからは自転車で帰る人、旦那さんに迎えに来てもらう人と色々でしたけど、わたしは今夜は遅くなる言っておいたし、もっと吉田さんといっしょにいたい気持ちでいっぱいでした。案の定、吉田さんが声をかけてくれたので、乗せて行ってもらうことにしました。あの人は酒気帯びでも平気で運転するんです。

「運転だいじょうぶ? 吉田さんも疲れてるのにすみません」

とわたしが言うと、

「全然。モトちゃんのこと送って行きたかったんだもん」

とあの人が言いました。その一言がわたしを熱くします。

「少し、醒ましていこうか。今日は遅くなるって家には言ってあるんでしょ」

頭の中を一瞬、夫の顔と子供の顔がかすめたけれど、年に一度のことだものという気持ちで二つ返事で賛成しました。わたしはさっきのキスのことを思い出し、暗闇の中で思わず顔を赤らめました。吉田さんは一体どんなつもりであんなことをしたのかしら? わたしはどうしてこの人にこんなに惹かれるのだろう? いつもの答えの出ない問いが何度もわたしを襲います。

わたしたちは車を国道から少し入った林の中に止めて休みました。外でお酒を飲んだのは本当に久しぶりだったし、ビールやら水割りやらチャンポンで飲んでいたから少しこめかみのところがズキズキしています。窓を開けて外のひんやりした空気を入れながら、わたしは胸がドキドキするのを抑えられません。お酒のせいなのか、のどがカラカラに乾きます。

「吉田さん」

わたしは、思い切って声を出しました。

「なに?」

座席のシートを下げて横になっていた吉田さんが顔をこちらに向けました。うす暗い光の中に彼女の目が輝いています。

「わたしね」

そう言いかけたとたん、一瞬、地面がグラグラとしたような気がしたかと思うと、「吉田さんのこと、好きなの……」という言葉が、この口から飛び出したのです。

吉田さんのこと好き、吉田さんのこと好き……そう、それはずっとわたしが言いたかった言葉だった。やっとわたしは気がつきました。ところがどうしたことか。その言葉を口にしたとたん、今まで胸の中にとどめていたものがドッとせきを切ったように流れ出すではありませんか。わたしはあの人の体におおいかぶさって、ワアワア泣いてしまったのです。

「わたしだって同じだよ。あんたがあの仕事場に入って来たときから好きだった。わたしの方からは言えなかっただけ……」

あの人はやさしくわたしの髪を撫でながらそう言いました。しばらくしてわたしもやっと心が落ち着いてきて、初めてあの人の目をまっすぐに見つめることができました。あんな風に他人に対して正面から向かい合ったのは生まれて初めてでした。

　家に帰ると、二時を回っていました。玄関のドアをそっと開けて子供部屋を覗くと、子供たちはスヤスヤと寝息を立てています。子供たちのタオルケットを掛け直して部屋を出ました。

　寝室の襖を開けると、夫が枕元のスタンドの下でタバコをふかしていました。

「ごめんなさい。遅くなりました」

　そう言い終わらぬうちに、

「一体、何時だと思ってるんだ！」

　夫のいつになく険悪な言葉が飛んで来ました。

「ごめんなさい。わたし一人、先に帰れなかったのよ」

　わたしはまだ吉田さんのくちづけの名残りのあるくちびるに指で触れました。

「明日からは仕事に行くな」

　夫はわたしに背を向けたまま、そう言いました。わたしは黙っていました。そしてネグリジェに着がえるとシャワーを浴びに立ったんです。

　お風呂でわたしは久しぶりに自分の身体を鏡に映してみました。ついさっき彼女に愛撫された肌は、明かりに照らし出されていつもより心なしかピンクに輝いています。あの人が触れた部分を自分の手で触ると、熱い思いがよみがえってきました。他の人からあんなに優しくされたのは初めてでした。あの人はわたしの身体をこわれものを扱うようにそっと撫でてくれたんです。肩も胸もあの人の愛撫を受けたところには暖かな手のぬくもりといっしょにあの人のやさしさが伝わってきて、わたしは震えてしまうほどでした。

　寝室に戻るとスタンドは消えていました。わたしは静かに自分の布団を敷いて横になりました。その時、夫の手がわたしの右腕をグッとつかみました。わたしはふりほどこうとしました。するといっそう強い力でわたしの身体は引き寄せられました。

「一体お前は何して来たんだ」


ひどく責めたてる口調です。

「何ってみんなとお酒飲んできただけでしょ。結婚してから初めてじゃない！」

　わたしもついムカッとして言い返しました。すると、

「俺がめくらだとでも思ってるのか、こいつ！」

　そう言って無理矢理わたしのネグリジェをはぎとろうとします。「やめてよ！」とうとうわたしは大声で叫んでいました。こんな言葉が自分の口から出るなんて内心驚きでした。

「バカヤロウ！　亭主が女房を好きなようにできないって法があるか！」

　夫はいやがるわたしのネグリジェをたくし上げ、片手でわたしの両腕を押さえつけ、もう一方の手でわたしの中に押し込もうとします。痛い！　夫はそのまま、わたしを強姦するようにして果てました。わたしは涙も出ませんでした。

　そして、わかったんです。そうだ、この十年間、この人とのセックスはいつもこうだった。何も変わりはしない。変わったのはわたしの方だ。これまでわたしが夫との生活の中で繰り返してきたものは、いつもこんな風だったと。

　翌日、わたしは工場を休みました。あまりにも色んなことが一度に起こったので、少し動揺していたんです。夫は何事もなかったかのような顔をして出勤していきました。

　子供たちは夏休みで、しきりにどこかへ連れて行ってとせがみましたので、動物園に行くことにしました。久しぶりの外出に、電車の中ではしゃぎ回る子供たちを見ていると、なぜか涙がこぼれました。一体、これからどうなるんだろう？　この子供たちをどうしていこう？　わたしはどうやって生きていくんだろう？　そう思って初めて、わたしは自分が自分自身について考えていることに気がつきました。

　夕方、家に戻ると、吉田さんから電話がありました。電話の向こうであの人がわたしのために心を痛めているのが、手に取るようにわかりました。

「今日はちょっと急用ができてしまって。明日は出勤します。電話どうもありがとう。昨夜はとっても楽しかったわ」

　新聞を読んでいる夫のそばでは、それだけ言うのがやっとで

した。

　次の日、工場の更衣室で制服に着替えて、ドアを開けて外に出ようとした時、吉田さんに会いました。その時のあの人の表情をわたしは一生忘れることはないでしょう。あの人がわたしの痛みを自分の痛みとして感じ、苦しんでいてくれたことが手に取るようにわかったのです。更衣室には同僚も何人かいましたので、「おはようございます」と言って、そのままあの人の脇を通り抜けて作業場に向かいましたが、もし、あの時、ふたりだけだったら、わたしはためらわずにあの人の胸に飛びついて泣いていたと思います。

「どうしたん、モトちゃん、今日は元気ないねえ。また、旦那とケンカでもしたんか」

　作業の手を休めぬまま、「お母ちゃん」とみんなに呼ばれている山本さんが話しかけます。

「そうなのよ。うちの亭主、わからず屋で困っちゃうわ」

「だいだい男なんてもんは、図体ばっかでかい赤ん坊だよ。よしよしって適当にあやしてやればいいんさ。若い人は真面目だからねえ。何も気にすることなんかないよ」

「そんなものかしら」

　わたしは相づちを打ちながら、これ以上自分が夫のいいなりになるのはもうゴメンだわと思っていたんです。

　その日の帰り、吉田さんの車で海岸に出ました。つい昨日まで海水浴客でにぎわっていた海は、近づいている台風のせいか、人っ子ひとりいませんでした。

「会いたかった」

　車の中でわたしたちは抱き合いました。

「昨日、工場休んだから、もう辞めちゃうんじゃないかって、心配だった」

　あの人は目にいっぱい涙をためて言いました。

　わたしは一昨日の夜、夫との間にあったことを何もかも話しました。あの人は一言、「つらかったろうね」と言いました。

　つらかったろう——なんという暖かな言葉でしょう。わたしはこの人から本当に愛されている、心を持ったひとりの人間として大切にされている、そう感じました。それは遠い昔に感じ

たことのあるような、とてもなつかしい気持ちでした。

　わたしが夫と別れようと思ったのはその時です。他人が何と言おうとわたしが生きられる空気はこの人との間にしかない。心底そう思ったのです。

　夫との関係はまだ解決していません。夫にはわたしの心の中で起こったことはわからないのでしょう。わたしが夫婦生活を拒むようになってから、やっと二人の関係が今まで通りでなくなったことに気づいたようですが、だからといってどうしていいのかわからないのです。飲めないお酒に酔っぱらって帰り、わたしに暴力を振るってうさを晴らしては、「おれのどこが悪いって言うんだ」をくり返すばかりでした。「仕事に出てからすっかり家のことをほっぽり出すようになった」とわたしの両親には訴えたようですが、さすがに吉田さんとの関係にまで言い及ぶことは男の面子に関わるのか、口にしなかったようです。ついには子供たちにまで暴力を振るうようになったので、去年の冬、別居に踏み切ったのです。

　今年の春、夫は他県に転勤しました。今も離婚の申し立てにはいっこうに応じてくれません。あの人も四十に手の届く年齢になり、頭も薄くなってきました。働くことしかできない人ですから、なかなか新しい相手は見つからないのでしょう。それを想うとかわいそうにもなりますが、しかたがありません。

　遅ればせながらわたしも今年から、若いころ資格だけ取った簿記の勉強をもう一度始めました。三年後をめどに吉田さんといっしょに会社を起こそうと、今は一生懸命働いています。

　さて、もう十二時を回りました。

　今、食卓の上の虫かごの中で、子供の捕まえてきた蟬が鳴いたところです。蟬は地上に出て来るまで何年もかかるのに、十日あまりで死んでしまうんだと教えてもらったのはいつだったか。しかも雌の蟬は鳴かないと聞いたとき、子供心にもずいぶんかわいそうだと思ったものです。

　一度きりの人生だもの、鳴かぬ蟬で終わりたくはないですものね。では、またお会いできる日まで、ごきげんよう。

一九八八年夏

もとこ

『現実性の政治学』(2)

マリリン・フライ著

〔……A……〕

＊編集上の都合により、第2号50〜59頁は一部、削除した。

編集後記

日曜日も夏休みもない因果な商売のくせに、相棒と遊びまわったため、仕事の〆切りと重なり、どこから手をつけてよいやらわからず、ヒィヒィ泣いてます。次号こそ早めに頑張ろう!!（高橋）

彼女のお母さんとおしゃべりする機会があって、話題が結婚に及びました。勧められるのかと思いきや、さにあらず。「すぐに帰ってきそうだから、しないほうがいい」いやいや、お母さん、すっかりマイホーム主義を実行している私なんですと言いたかったけど、説明のしようがなくて笑ってました。さて、前号に寄せられた愛読者カードに触発されて人見絹枝について書こうと構想中。資料をお持ちの方、お知らせください。（松本）

今年の夏は「愉快なばあさん」こと湯浅芳子さんと二週間の合宿生活をしました。湯浅さんには「おかしな連中」とさんざん言われましたが、「わたしたちは『ひょうこま族』で、湯浅さんはそのはしり」と教えてあげました。「ほう、ひょうこま族ってなんなの」との質問に「人と違った生き方の中に思わぬおもしろい発見をする人のこと」と答えると、しきりにうなずいていました。（草間）

創刊号を出して浮かれていたら、あっという間に二号の発行を迎えてしまいました。今号では初めて「小説」に挑戦しました。「愉快なばあさん」に原稿の感想を聞いてみると、「ばあさんなどと書きおって、けしからん奴や」とお叱りを受けました。また感想を聞かせてください。（沢部）

▲購読申込方法▼

・購読料　一部　七五〇円（郵送料込）
　　　　　年間　三〇〇〇円（郵送料込）

・同封の郵便振替用紙に住所、氏名をご記入のうえ、お近くの郵便局から振り込んでください。

瓢駒ライフ　Ｎｏ．２

１９８８年８月２７日

編集・発行　　ひょうこま舎

〒213　川崎市高津郵便局私書箱７号

振替口座番号　横浜３－５２７２１

表紙　草間けい

瓢駒ライフ No.3.

―新しい生の様式を求めて―

はじめに

ひょうこま族のみなさん、お元気ですか?

世の中、冬ってだけで寒いってのに、ヘンテコリンな自粛ムードで、どうも意気消沈って感じ。でも、「瓢駒ライフ」は自粛しません!!言いたいことを言ってしまいます!!

この頃、ちょっと××イズムや○○論に食傷気味で、もっとヒョーコマしたい私です。定義や枠にとらわれて、身動きできない養鶏場のニワトリはまっぴら!ただでさえトリ小屋にしか住めないってのに。心だけは大空にはばたく自由な鳥でいたいのです。

抑圧されたレズビアンのイメージを捨て、明るく楽しい「ひょうこま族」の実践をめざして、わたしたちは、いま、3回目のメッセージを発信します。どうか、あなたへのこの熱いラブコールを受けとってください。

I Love You!

目次

人見絹枝を知っていますか

松本　泉

人見絹枝、この女性にこれほど強く心を引かれようとは、ほんの半年ほど前には思ってもいなかった。一葉の写真がよく知られている。アムステルダム・オリンピック大会の女子八百メートルの決勝のゴール寸前の写真である。一位を争っているのはドイツのラトケ選手とゼッケン２６５の人見絹枝選手。今から六十年前、一九二八年の夏のことだ。

「瓢駒ライフ」創刊号を出した五月、読者のＭさんから人見絹枝についても書いて下さいというお葉書が寄せられたときは、スポーツ音痴の私にはピンとこなくて、オリンピック・メダリストだっていうけど何かあるのかなあと思うばかりで深い関心を引かれる存在ではなかった。その人見絹枝が、女の暦編集室による「姉妹たちよ」の今年一九八八年のカレンダーの十二月に登場している。麻鳥澄江さんの解説をみると、数々の種目での活躍の記録と並んで「一九三〇年のプラハ大会には女が女を送ろうと女子学生に一口十銭の募金を呼びかけ、念願の選手団（六名）で出発。セキやケイレンに苦しみつつも百メートル走、二百メートル走、走幅とび、やり投げ、リレーをこなし、驚異的活躍に各国選手から心からのお祝いをもらう。しかし、力を出しきった女の試みに日本からの反応は冷たく落胆する。帰りの船中日記に『私は日本を代表したのではないのだ。人見個人としてプラハに行ったのだ。…日本の選手がどこに遠征しても、固くなって実力以上に働けないのは、あまり故郷の人々が勝負にとらわれすぎるからである。』と記す。」とある。ずいぶんリベラルな発言だ。

昭和のはじめといえば金融恐慌が起こり、街には失業者があふれ、「大学は出たけれど」の映画がヒットした時代である。治安維持法が「改正」され、特別警察が設置強化された昭和三年が一九二八年にあたる。人見絹枝はわずか二十四歳でその生涯を駆け抜けた。彼女の亡くなった一九三一年、昭和六年八月二日の翌月には満州事変が始まっている。カレンダーの絹枝の写真はあの決勝の苦しそうな表情とは違って木によりかかってすがすがしい微笑を浮かべている。モガ・モボ（モダンガール・モダンボーイの略）が新風俗として流行したとはいえ、まだまだ女性がスポーツをするなんてはしたないと思われていた時代である。スウェーデンでの女子オリンピックに、選手と新聞記者を兼ねてひとりで行ったのが一九二六年なのだから、一九〇七年生まれの絹枝は十九歳だ。ふつうの人間が海外旅行することなどめずらしかった時代のはずである。若い女性がひとりで外国へ出かけて何万もの大観衆の前で走ってくるなんて、大変な勇気を必要としただろう。よくそんなことが出来たものだ。

そこまで考えたとき、私は、なぜか漠然となのだが、彼女の

身近に女性がいるのではないかと感じた。絹枝のごく近くで、彼女を熱烈に支持し、支援し、「あなたの考えていることは正しいわ。やってごらんなさい。あなたにならきっと出来るはずよ。」と言って、彼女を励まし支える女性がいたにちがいない、絶対にいるはずだと感じたのだ。その思いつきが、すぐさま、確信めいたものに育ってくるのだから、いつものことだが、我ながらおそろしい気がしないでもない。もっとも、そのときにはまだ、同性の恋人とまでは考えていなくて、姉とか母とか祖母とか教師とかといった女性を考えたのだった。

それにしてもずいぶん確かな感じのする思いつきだったのは、杉田久女、越路吹雪と続けて書いてきて、女と女とが支え合い、大きく影響し合うという構図が今や私の頭にしっかりと刻みつけられていたからだろうか。なんの証拠もないのにただ第六感で「絶対に女性がいるはず」と自信満々に断言して資料集めに取りかかった珍妙なる同居人に、わが相棒のまなざしも暖かかった。

現在でも男と女のふたりの暮らしは主従の関係から逃れることが難しいが女と女のふたりの暮らしはお互いが足を引っぱり合うということはほとんどない、暖かいものなのではないかと私は思っている。先日の文化の日に、新聞にずらっと並んだ叙勲者の名前を見るともなく見ていると、それはまるで申し合わせでもしたように男性の名前ばかりであった。二三日後にたまたま同じ新聞紙上で目にした全国の高校生英語弁論大会の入賞者の名前は今度は女性ばかりであった。もう一度見直してみても別に女子だけの弁論大会ではないらしい。スタートの地点では同じかそれ以上の力を持っている女でも結婚という制度を通過して墓場に入る前のゴール付近で見てみると男とはこれだけ大きな差がついている。内助の功とは男が女の能力を収奪する過程の別名にほかならないということが実感できる記事で私は思わず笑ってしまった。絹枝がこれからは奥様の時代ではなく外様の時代だといってからもう六十年以上はたっているが、叙勲者の妻たちはおそらくひとりの男に何十年かを捧げてきたに違いない。

＊

Mさんは人見絹枝について何か知っていて勧めてくれたのかなあと思いながら何から調べてみたらいいのやらと、まず、出版社の目録で目についたスポーツノンフィクションシリーズというなかの一冊「遠い青春の快走」という本を注文して取り寄せてみた。本が手に入ったときには、もう七月になっていた。この本は大正の末から昭和初期にかけて人見絹枝のライバルとして活躍し、日本記録や世界記録をぬりかえた双生児のスプリンター、寺尾正（きみ）文（ふみ）姉妹の物語だった。寺尾姉妹は人見絹枝と共に四百メートルリレーのチームを組んで日本記録を出したこともあり、アムステルダム・オリンピックの代表選考に際しても、有力候補として絹枝に強く参加を誘われている。しかし、寺尾姉妹は府立第一高女時代の数年間を競技生活に費やしたのみで、陸上界から姿を消した。正（きみ）は十八歳で結婚、文（ふみ）は二十歳で結婚。スポーツ界とは縁のない世界の人となった。ふたりの引退のキッカケになったのは当時の流行作家・久米正雄がふたりをモデルに雑誌に連載小説「双鏡」を書き始めたことであった。この小説連載に姉妹の父は激怒した。「世間の前でこれ以上走らせたくない、鬼が島のような外国へなどやるわけにはいかない」という父の厳命に逆らってオリンピックに出場するなどということは考えられない姉妹だった。当時の日本の女性のものの考えかたからは人見絹枝の生き方は別世界のもののように思われたらしい。将来あるスポーツ選手をスポーツ精神とは無縁のところでスター扱いしてかえってその活躍の場所を閉じさせてしまう世間の風潮にたいして絹枝も怒りの気持ちをいだいていた。しかし、絹枝の再三の熱心な誘いにも寺尾家と姉妹の翻意はならなかった。そういう時代でもあったのだ。

この本で、日本の女子スポーツのれい明期の事情と雰囲気と共に、人見絹枝が世界的な陸上競技選手であったばかりでなく、若くして先駆的なスポーツ観、社会観を持ったひとりのいわば卓越した思想家であり、指導者でもあったことを知った。当時の陸上競技界の選手といえば小学生、高等女学校生であり、つまりは一人前の女となる前の一時期とみなされる間だけスポーツをするというのが常識であった。しかし、人見絹枝にとってはわが国に女子スポーツを普及し、世界のレベルにまで高め、スポーツの喜びを多くの女性たちと分かちあえるものとすることは一生をかけるべき仕事として自覚されていたのである。そしてそれは女に対する古い考え方をうち破り新しい生き方を身をもって示していくことでもあった。

さて、次に取り寄せたのが「朝やけのランナー」という児童向けの物語で、ようやく絹枝について直接語っている書物に巡り合った私は夢中でページを繰っていった。そうして、物語もあと四、五ページで終わるというところで「大阪毎日新聞社に

入社以来、絹枝といっしょに暮らし、入院後もずっとつきそって看病した親友の藤村てふさんは…」という一節を見つけた。この一節を目にしたときの飛び上がりたいような興奮！いたんだ、やっぱりいたんだ、一緒に暮らした女の人がいたんだ！私はマイクロフォンを使って街中に言って歩きたい気分だった。もちろん、読者のMさんはそのことを知っていて私に絹枝を調べることを勧めてくれたのかもしれない。けれども自分で調べていってはじめてその事実を知った感激には、ほかの人にはひとことでは伝えられないような格別の喜びがあった。まだろくにほかの資料にあたってもいないのに第二号の編集後記に「人見絹枝のことを書こうと構想中」としるさずにはいられないほどの喜びが！

＊

二号が出来上がってから、私は予想もしなかったほど多くの資料を知ることができた。Mさんが私の問い合わせにコピーを同封したお手紙をくださったほか、文献を貸してくださる方もあり、「朝やけのランナー」のあとがきにもくわしい参考文献が付記されていた。この本は児童向けではあるが、著者が女性であることもあって人見絹枝を女性の新しい生き方を切り開いていった先覚者としてとらえる視点が明瞭で、その後読んだほかの男性の著者による伝記と競べても私が最も共感できるもののひとつであった。著者の真鍋和子さんに問い合わせたことから国会図書館で人見絹枝の著作を閲覧することもできた。

正直に言って、人見絹枝について書くにはもう少し時間が欲しい。もっと時間をかけたい。そう思うだけの質と量の資料があった。彼女の書いたものだけで国会図書館に五冊。調べればもっと出てくるかもしれない。新聞記者だったのだから、彼女の書いた記事も見てみたい。それに全国各地で年間二百回を越える講演をしている。岡本かの子などと一緒の講演会などもしている。そういう講演記録だっていくらかはあるにちがいない。私はとても驚いた。六十年前に世界的なスポーツ選手だったというだけでもたいへんなことなのに、二十四歳で亡くなった女性の仕事としては信じられないほど大きい。私は国会図書館で絹枝の著作の茶色く変色したページを繰りながら、多情多感で気持ちの振幅が大きく、しかもそれらを生き生きと記述していく彼女の筆力に引き込まれていった。こんなふうに生きた女性がいたのかと驚きを禁じ得なかった。

秋の陽が暮れていくのは早い。勤めを終えて図書館にたどりつくころには、もうおおかた暗い。帰りには、ぽつんと一等星だけが見える夜空になっている。銀杏の匂いのする道を夜の風に吹かれて歩きながら、ひとつのことを何度も考えた。どうしてこれほどの女性がこんなに忘れられているのか。これほどの大きな仕事についてなぜもっと語る人がいないのか。今、彼女の著作は図書館の片隅で眠るばかりで、ふつうの書店で手にす

ることは出来ない。女性の仕事というのはこんなに忘れられやすいのか。これらの問いに答えもいくつも考えてみた。あまりに若くして亡くなったこと、彼女が亡くなってから長い戦争の時代が始まったこと、スポーツの世界とは記録が破られていく世界であること、日本の女子陸上が今日奮わず、注目されることが少ないため、先駆者としての人見絹枝の名も取り上げられることが少ないことなどなど。しかし、一方では同時代に活躍した男子選手たちは長寿を保ち、今日、文化功労者として勲章を授けられ、労をねぎらわれ、名誉を与えられている。彼らが走り、跳び、力いっぱい投げたとき、誰も彼らが男であることを疑わなかったのに、絹枝が同じように走り、跳び、投げたときには、彼女は男ではないかと中傷され、同性愛をうわさされた。さて六十年後の今、夫にアドヴァイスを受け、美しく化粧し、華やかなファッションで身を包み、爪まで飾りたてて走る女が世界のヒロインと賞賛される。こうして並べてみると、ただ速く走るということでさえ、男社会という文脈の中では、全く違ったさまざまな意味を持っていることがよくわかるではないか。

人見絹枝は走った。百メートルを、八百メートルを、その短い生涯を、力いっぱいに。彼女は跳んだ、幅跳びを、高跳びを、三段飛びを、女がもっと自由に生きられる世界をめざして。彼女は投げた、円盤を、槍を、鮮かな美しいフォームで、私たちに届くメッセージを。

彼女は書く。アムステルダム大会八百メートル決勝で絹枝をおさえて優勝したラトケ選手が二十六歳で二人の子供があることをしるしたあとで次のように情熱をこめて。

「現代の陸上競技が女子の体に悪いとかとりとめのない何の研究もしないで世間の人等に言ひ広める我国の医者や女学校の校長の鼻先に此のことをたたきつけてやりたい一大快事である。我国の女子アスレチックスポーツもこゝまで早く到着してほしいものだ。」

「男だけでなく、女も社会に出て仕事をする時代です。強い意志、健康な体、フェアな精神。社会で活躍するのに必要なものは、スポーツによってやしなうことができるのです。」

このほかにもすがすがしい響きの絹枝の言葉はたくさんある。

「ロンドンの市の女子の陸上競技クラブには職業をもった婦人たちが集まっている。自分の技術の如何によらず、スポーツそのものに非常な趣味と親しみをもって、一日の労苦から開放された残りの時間を何等妨げられることもなく蒼空の下で日の暮れるのも知らずに外気を吸っているのである。競技会の優勝も念頭にない、誰をのりこさんとするグランドの競争もなければ世界的選手に成らんとする野心もない。たゞスポーツそれ自身のとりことなって親しみぬいて居るのである。」

「自分はアマチュアである。私は自分のスポーツと会社の仕

事を半分半分にし、スポーツを会社の一部に入れることはこのうえなくいやなことです。人からそう思われることはアマチュアの選手としてこのうえもなく恥です。」

ジョイナー選手の競技参加マネーは二万五千ドルとか。オリンピックも変わったものだ。しかしほかのすべての能力が金に換算される世の中でスポーツだけを例外にするなどできない相談だろう。ともあれ絹枝のこのような思索と信念が世界的な陸上選手としての活躍を支え、プラハ大会に女が女を送ろうという発想を生むのだ。

＊

絹枝は一九〇七年、今は岡山市内になっている福浜村の農家に二女として生まれた。おさないころからおてんばで「バッサイ絹枝」とあだなされてのびのびと育った。勉強も好きだったようで村の小学校からただひとり難関の岡山高等女学校へと進み、毎朝六キロの道を歩いて通った。女学校では当時テニスが盛んで絹枝も夢中になり、二年生になると選手として県下に知られるようになった。卒業の前年にたのまれて出場した陸上競技大会でおもいがけなく走り幅跳びに日本新記録を出したことから、進路を考えなおすことになる。文章がうまく、短歌が好きだった絹枝は、将来学校で国語の先生になることを希望していたのだが、岡山高女の和気校長が体育の教師になることを熱心に勧めたのだ。はじめは乗り気でなかった絹枝もこれからの日本に体育教育をさかんにする必要があるという強い勧めに次第に心を動かされる。二階堂トクヨが体育教師養成のために開いた東京の二階堂女塾に学ぶことを決意した。

このような絹枝の進路をみていると、のちに絹枝も書いているように父の猪作は田舎の人間としてはかなり新しいものの見方ができるひとであったようだ。家族の応援も得て一九二四年（大正十三年）の春、二階堂女塾に入学のため上京した。

校長の二階堂トクヨはヨーロッパに四年間留学し、我が国に体育教育を普及しようという使命に燃えていたが、当初、体育教師の養成が主眼で選手養成には熱心ではなかった。そのため絹枝もはじめは悩んだが、在学中に三段飛びの世界新記録を出すなどのめざましい活躍を見せると熱心に応援してくれるようになった。一年間学んだあと、京都市立第一高等女学校に就職して一学期だけ体育を教えた。ちなみに、この京都の女学校、本誌でおなじみの「愉快なばあさん」こと、湯浅芳子さんの母校だそうである。絹枝は湯浅さんより十一歳年下なので、学校にいた時期は重ならない。しかし、絹枝は湯浅さんより七年遅れて同じ新聞記者の道を選んだ。また選手としてヨーロッパに旅する途中ではソ連にいる数少ない日本人である湯浅さんと百合子にも会っている。生きた時代、場所がこうして重なっているのはおもしろい。

絹枝は女学校の教師を一学期でやめて、再び二階堂女塾に呼

び戻され、後輩の指導と専門学校への昇格に努力したあと、スカウトされて大阪毎日新聞社に入社。スポーツ記者として日本に女子スポーツを普及しようとしたのである。この大毎入社のときに二階堂女塾で一年後輩だった藤村てふさんと大阪市街に一緒に部屋を借りる。その後一軒家に移って、女塾の同級生で当時、淀の水高女で教師をしていた蔦原さんを加えて三人で暮らした。藤村てふさんは青森県八戸の豪農の娘として生まれ、やはりお転婆でスポーツ好きであったことから、二階堂女塾に入ったという。卒業後も教師となるつもりはなく、新聞記者としての仕事と競技生活にあわただしい日々を送る絹枝を六年間支え続けた。絹枝が喀血し入院してからも、感染を恐れず付き添って献身的に看病し、その最期を看とった。

　私が最初に予想したとおり、絹枝を支え励まし続けた身近な女性、藤村てふ。絹枝のスポーツウーマンとしての世界的な活躍と女子スポーツの卓越した指導者としての日本国内での精力的な活動、女が女を送ろうという姉妹愛の発想を生んだのは、女性とのこの暖かな共暮らしの場にほかならないと私は思う。

　現在、人見絹枝の学んだ岡山市立福浜小学校には人見家から寄贈された「人見絹枝文庫」があり、そこには絹枝が生きているときに読んだスポーツ関係の書物が約八十冊ほど集められている。それらは日本体育大学の森川貞夫氏によって整理され、その目録が国会図書館にも納められているが、当時のスポーツ関係のおもだった書物をほとんど網羅し、また多くの書物に絹枝が引いた赤や黒の傍線やメモが残されているということだ。蔵書家であり、勉強家でもあった。生前、これらの蔵書を前に競技生活を引退したら、文筆生活をはじめるのだと、てふさんに夢見るように語りかけたという。しかし、その夢を実現するだけの時間が絹枝には残されていなかった。

＊

　「ファイティングスピリットで……生きてみる」「息も脈も熱も高し。されど、わが治療の意気さらに高し」と枕もとのノートに走り書きしつつ二十四歳の若さで、その生命のすべてを燃やし尽くしてしまった人見絹枝。長身の彼女の細い肩は実に多くの重い荷を負っていた。長い旅を伴う三度もの海外遠征（飛行機で行って帰ってくるような手軽な旅行とは違う）、プラハ大会に女子選手団を送るための金銭的な苦労、勝たなければならないという重圧、ひとつの大会では多くの種目に次から次へと休む間もなく出場しなければならないこと、若い女子選手たちの世話をし、気持ちをひとつにまとめる役目、ただでさえ忙しい新聞記者という職業を持ちながら、講演や著作で日本に女子スポーツを普及していこうという大きな仕事。彼女は持ち前の気力で無理に無理を重ねた。プラハ大会でもセキに苦しみながらの戦いだったが、その後もポーランド、ドイツ、ベルギーと各国を転戦し国際大会に参加する。それらの戦いでも絹

枝は全力をふりしぼらねばならなかった。大任を果たしやっとの思いで船の旅を終え、日本に帰ってきたのは十一月。休む間もなく募金の御礼を兼ねた講演会のスケジュールをこなしながら、プラハ大会参加の体験を綴った著書「ゴールに入る」を書き上げる。講演会では声も思うように出ないという体調に吸入器を用意してあったということだ。

　一九三一年四月末、喀血。疲労が重なり結核が彼女の体をむしばんでいたのだ。二十四歳なんてこれから人生が始まる年齢なのに、絹枝はもう他人の何倍もの仕事を成し遂げていた。けれどどんなに生きたかったことか。迫り来る死とも彼女は壮絶に戦かった。絹枝の苦しそうな姿にてふさんが涙を見せると「私は絶対死にはしません」と励ましたという。

＊

　調べれば調べるほど出てくる資料と大きな業績を前にして、私は怒りとも悔しさともしれない強い感情に火がつくような気がした。この人をどうして私は知らなかったのか。人見絹枝を知っていますか。人見絹枝を私たちは忘れていいのですか。彼女の戦いを忘れて私たちはテニスやサイクリングやスケートに興じていていいのですか。オリンピックでジョイナー選手がほほえみながら走って優勝する今日まで女たちが戦いとってきたものがどんなに大きなものだったか。忘れないでください、この国にかつてたったひとりで海を渡り、シベリアを越え、たくさんのスポーツ選手と厚い友情を結んだキヌエヒトミという女性選手がいたことを。

　イギリスのガン選手、フランスのミリア夫人をはじめ、親しかった世界中のたくさんのスポーツ関係者が絹枝の突然の死に驚き悲しんだ。チェコの体育協会は活躍の記憶もまだ新しいプラハ市郊外に市民の募金による記念碑を建てた。大理石の碑には

　「人見絹枝　一九三一年八月二日　大阪にて永眠　愛の心をもって世界を輝かせた女性に感謝の念を捧げる」

と刻まれているそうだ。そして、今でもチェコの年間最優秀女子選手には人見絹枝杯が贈られているという。

＊

　すっかり夜になって、人も少なくなった図書室で絹枝の「戦ふまで」という本の古びたページを繰る。レースの前の緊張する夜のことをこんなふうに書いている。絹枝は次女で姉妹は姉しかいない。文中の妹とはてふさんのことだ。

　「もう一度妹と五目並べを五回勝負で戦ふことにした。一回目は見事に勝つ。敵を安く見て敗け、第三回目再び敗け、第四回目で勝負、やっとがんばって私の勝。戦はなか〳〵クロスゲームになる。第五回の決勝は私の心の中で此の一戦を明日の走幅跳の世界新記録にかけてゐるのであった。慎重に慎重を重ねて其一目一目を置いて行くが相手も若輩に似ずなか〳〵の虚をつ

くことに妙を得てゐる。悪戦苦闘の結果小一時間もかゝった。戦は私の勝利になった。『〆た・〆た・明日は六米か』心の中に雀躍を初めた」

この一節の話をしたら、妹はえらく気にいっている。私は翌朝の次の一節が気にいっている。

「食事中、妹はいつも私が好むレコードをかけてくれた。こうした心付けは取わけ今日の私にってはよろこびの最上のものであった。」

こういう姉妹愛は私たちの日常生活そのものだ。人見絹枝を知っていますか。絹枝はこんな愛らしくほほえましい一節を残した女性でもあったのです。

参考文献
人見絹枝の著書
「最新女子陸上競技法」（大正十五年五月二十日発行・文展堂）
「スパイクの跡」（昭和四年五月一日発行・平凡社）
「戦ふまで」（昭和四年十一月四日発行・三省堂）
「ゴールに入る」（昭和六年二月二十日発行・一成社）
「女子スポーツを語る」
「炎のスプリンター」（昭和五十八年二月十七日発行・山陽新聞社、これは没後五十年記念として「スパイクの跡」と「ゴールに入る」の二著をまとめて編集したもの）
小原敏彦「燃え尽きたランナー」（大和書房）
戸田純「わが人見絹枝伝抄」
「人見絹枝伝・青春を陸上競技に捧げて」（「月刊陸上競技マガジン」一九七九年一月号～一九八〇年四月号）
虫明亜呂無「ロマンチック街道」（話の特集社）
真鍋和子「朝やけのランナー」（ＰＨＰ研究所）
女の暦編集室「姉妹たちよ」（カレンダー一九八八年）
上沼八郎「近代日本女子体育史序説」
田中館哲彦「遠い青春の快走」

（写真は共同通信社提供）

ファッション生態学

草間　けい

まったく頭にくる。先日、仕事の関係でちょっとめかしこまなくちゃいけなくなって、わたしはめずらしくスカートにヒールをはいた。数人の女の同僚たちと一緒に社を出て歩いていた時、中の一人がわたしに向かって言った。

「ねえお願いだから、そのガニマタ（地方によってソトマタ、ソトッパライとも言う）やめてほしいんだけど。せっかく素敵な服を着ていてもムード壊しちゃうよ」

「いいの！　気にしないでくれる」

とわたしはおどけて言い返したが、周りの者は笑っていた。彼女の『素敵な』という言葉は本心だと思うが、素直に讃めりゃいいものを、どうして女って人の足を引っ張るようなもの言いが得意なんだろう。かわいそうな女の憎まれ口と思ってみても、ムカーッときた。

そのうち彼女たちの話は、ムカーッときているわたしを置き去りにして、一本の線の上を歩くのは難しい、疲れている時なんか二本線どころか三本線の上を歩いていることがあるなどと、ますますくだらない方向へ広がっていた。

彼女たちの前を歩いていたわたしはクルッと向き直ると、

「この歩き方はわたしの生き方なんだから、他人のあんたらにとやかく言われたくない。だいたい何のためにわたしが一本線の上を歩かなけりゃいけないの。男にもかっこいいから一本線の上を歩けって言ってるの。とにかく、あんたみたいに男に迎合して生きようと思わないわたしの生き方の証なんだから、この歩き方は！　どうだ、文句あっか!!」

と怒鳴ってやろうと唇が動きかけたけど、どうせ馬の耳に念仏、豚に真珠、猫に小判と思い留まった。田舎のキャリアウーマンたちに、このフェミニズム論はちょっと高度過ぎるってもんだろう。また一方で、このベロベロの雰囲気を壊すのが、えらくしんどそうに感じたわたしは、無表情のままやり過ごしたのだった。（ここだけの話、ガニマタと言われた瞬間、数歩ではあるが、わたしの歩き方がグチャグチャになったのをフェミニストがいれば見逃されずには済まなかったろう）

ところで、この類のムカーッがやたら多くありませんか。女どうしでこれだもの、男から受けるムカーッなんかにいちいち腹を立ててたら、身が持ちませんね。それでもわたしのようにムカーッならにまだいい方で、エーッとか、ドキッとかさせられて、次にグラッで、グサッときて、シュンてとこまで持ってかれちゃうケースが意外に多いように思う。そうやって男は、女のアイデンティティをぐらつかせながら、女より上の位置にいつまでも居座ろうっていう魂胆なのだ。しかし厄介なことに、男も女以上に頭悪いから、いじめているなんて気付かず「かわいがってやってる」とか思っていて、かわいがってもらえるんだから「甘えちゃった方が楽」とか考える女がいるもんだから、「チビクロサンボとトラのドウナツ型ホットケーキは美味しい」となるわけで、「勝手にすれば」と言いたくなる。

このように歩き方一つとっても、無自覚に男の価値基準に汚染されている女が多いのだから、女が自分の趣味・し好品の範囲で選んでいると思っている服装についても、この広域公害は広がっているに違いない。

公害まで話はひとまず置いといて、『スタイル画で見るファッション生態学入門』を紹介したい。

ここでは、この界隈の人たちをれ⃝（まるれ）、異性愛志向の人たちをす⃝（まるす）と呼ぶ。

れ⃝のメジャータイプのファッションセンスは、質実剛健、実質本意、機能性・快適性重視を基盤とする。それに対し、す⃝はボディコンに見られるような（男から）「見られる」あるいは（男に）「魅せる」を基盤とし、刻々と変わる流行性を敏感に取り入れている。

す⃝の今と十年前との間には大きな変化が見られるが、れ⃝は十年前はもちろん、十年後も同じようなファッションであろうと思われる。それは自分が一番着易く、気に入ったものであるから、自分が変わらない限り変わらないからである。

実際、れ⃝のメジャータイプの人たちは、十年前のセーターをよく着ている。物がいいせいもあるが、十年も着ていると、愛着がわいて捨てるに捨てられないってこともある。何よりそれを着ている自分に安心できるっていうのもあるようだ。

わたしのある友だちは、一時、いったい何を着て世間を歩いたらいいのかわからなくなるといった、服に対する一種のアイデンティティの喪失状態に陥ったことがあるという。世の中の女の人が着ている服にしても、雑誌のモデルが着ているものにしても、「自分が着たいのはこれだ」と同一視できるものがない。学校は英文科で、行けば、ほとんどの女子学生がお嬢様ルック。お嬢様ルックは着たくないし、きたないズボン姿で浮き上がりたくもない。それでも朝になれば、あれこれ悩んだあげく、やけくそに服を決めて家を出る。駅まで行く途中で、「こんなもの着て来ちゃってどうしよう」と思い始めると、家に引き返さないではいられない衝動にかられるのだそうだ。何を着てもひどくこっけいなものを身につけているような、がまんならない気持ちなったという。そして、彼女は「服装は、存在表現そのものだ」と言いきった。

彼女ほどではないにしても、今日の自分に合っていると納得していない服を着て出かけてしまったりすると、居心地が悪く、不愉快にさえなったことはだれにでもあるはずだ。

20年前の英文科のお嬢様。
20年前、英文科でこまってた彼女

しかし、出かけなければ不愉快になったりもしないわけで、「人に見られる」ってことが、その人のファッションに与える影響は大きいのである。また、「だれに見られるのか」ってことと、「見られる人の自意識の強弱」によっても差がでる。そこで、この二点をファッション生態学上の大きな要素として見ていこうと思う。

れのメジャータイプ

男に対するいろけを除外し実用性を追求すると服装はこうなる

帽子をかぶりたがる。

もちろんショートヘア。

伸びたら相棒に切ってもらったりする。

スッピン。

バカ高い化粧品は絶対買わない。せいぜい買って「ちふれ」「ニベア」「れんげ化粧水」

ジャケットはリッチ度により、皮・毛・合成となる。

つめはよく切りそろえる。

マニュキアはしない。

指輪は相棒からもらったものをずーとしている。

防寒に徹する。

肌着・手袋・マフラー・（中にはももひきも）

ニチイ・ダイエー・西友などの地方っぽいデパートで買い物する。

その他、小売り店で流行に左右されない掘り出しものを見つけたりする
９５％パンツルック。

いわゆる「ズボン」の人もいる。

歩幅は大きく、がにまたで力強く歩く。

何と言ってもはきやすさで選ぶスニーカー・タイプのもの。

ｅｃｃｏ・リーボック等
くつ下にこる。

派手でユニークなもの。

中に着ているセーターはしぶい１０年もの。

エスニックなれ

日本に住むれの外国人と、その人たちとつきあいのある日本人のれに多い。

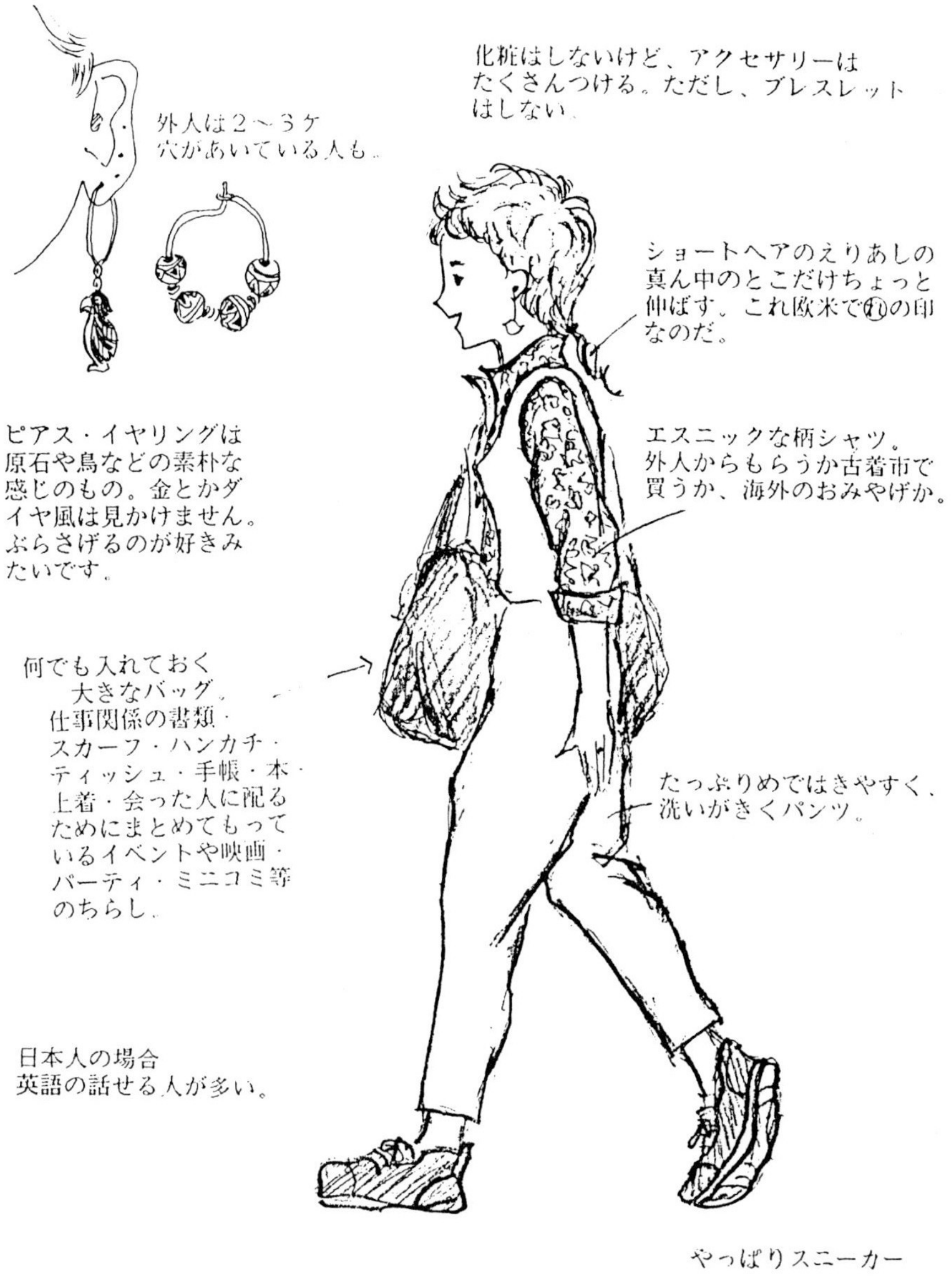
外人は２～３ケ
穴があいている人も。
化粧はしないけど、アクセサリーは
たくさんつける。ただし、ブレスレット
はしない。
ショートヘアのえりあしの
真ん中のとこだけちょっと
伸ばす。これ欧米でれの印
なのだ。
ピアス・イヤリングは
原石や鳥などの素朴な
感じのもの。金とかダ
イヤ風は見かけません。
ぶらさげるのが好きみ
たいです。
エスニックな柄シャツ。
外人からもらうか古着市で
買うか、海外のおみやげか。
何でも入れておく
大きなバッグ。
仕事関係の書類・
スカーフ・ハンカチ・
ティッシュ・手帳・本・
上着・会った人に配る
ためにまとめてもって
いるイベントや映画・
パーティ・ミニコミ等
のちらし。
たっぷりめではきやすく、
洗いがきくパンツ。
日本人の場合
英語の話せる人が多い。
やっぱりスニーカー

れは、女からどう見られたいかというよりも、ありのままの自分をどう見てくれるかというところに意識を置いている。考えてみれば、自分は変えずに、また相手に合わせずに、好きになってくれたらうれしいといった、実にわがままで強い自意識の持ち方である。だから、自分の快適性・経済性を優先させて、ファッションを選ぶ。

れは、化粧品を買わない。スカートにストッキングにヒールの靴ははかない。爪は短く切りマニュキュアをしない。これは二人でいちゃいちゃする時に、相手を傷つけないためである。すの女たちが爪を伸ばす理由は、まさか絶頂に達する時、男の背中に爪を立てるのに都合がいいからではあるまいが……。

髪型は、だんぜんショートヘア。試しに、わたしが知っている（見ただけの人も含める）れの髪型をざっと思い出してみたが、日本人・外国人合わせて、四十一人中二十九人がショートで、六人がボブで、六人がロングだった。パーマヘアはいなかったように思う。髪にリボンはつけないが、帽子をかぶる人は結構いる。あとは、パンツルックであることを除けば、それぞれに自分の気に入ったものをカジュアルに着こなしているようだ。まあ、全般的にボーイッシュな感じの人が多いとも言える。

れのおしゃれは、やっぱりパンツで決まる。パンツだけは、流行を取り入れていかないと、ちょっとやぼったくなる。それでもストレートのジーンズは、普遍的な型といえるので流行に関わらずはけるのでうれしい。

気に入ったものや長持ちするものは、少々値が張っても買いたい。しかしヴィトンのバッグのように、丈夫でも名前代も入っているようなものは、ちょっと恥ずかしくてこの辺りでは持てない。もちろん、安くて丈夫なら、メーカーや売っている店の知名度などにこだわらず買う。

それから多いのが、靴下に凝る人。靴下のおしゃれは、パンツルックの醍醐味でもある。ストッキングの模様もいろいろ出てきたといっても、靴下の色や柄にはかなうまい。派手で大胆な靴下に、履き易いスニーカーだと歩くのが楽しくなるね。

エスニックなれは、流行に関係なくファッション感覚がいい。特にアクセサリーと服との組み合わせがうまいみたい。一歩間

(す)のメジャータイプ

ナチュラルなメークとシックな服装が基本

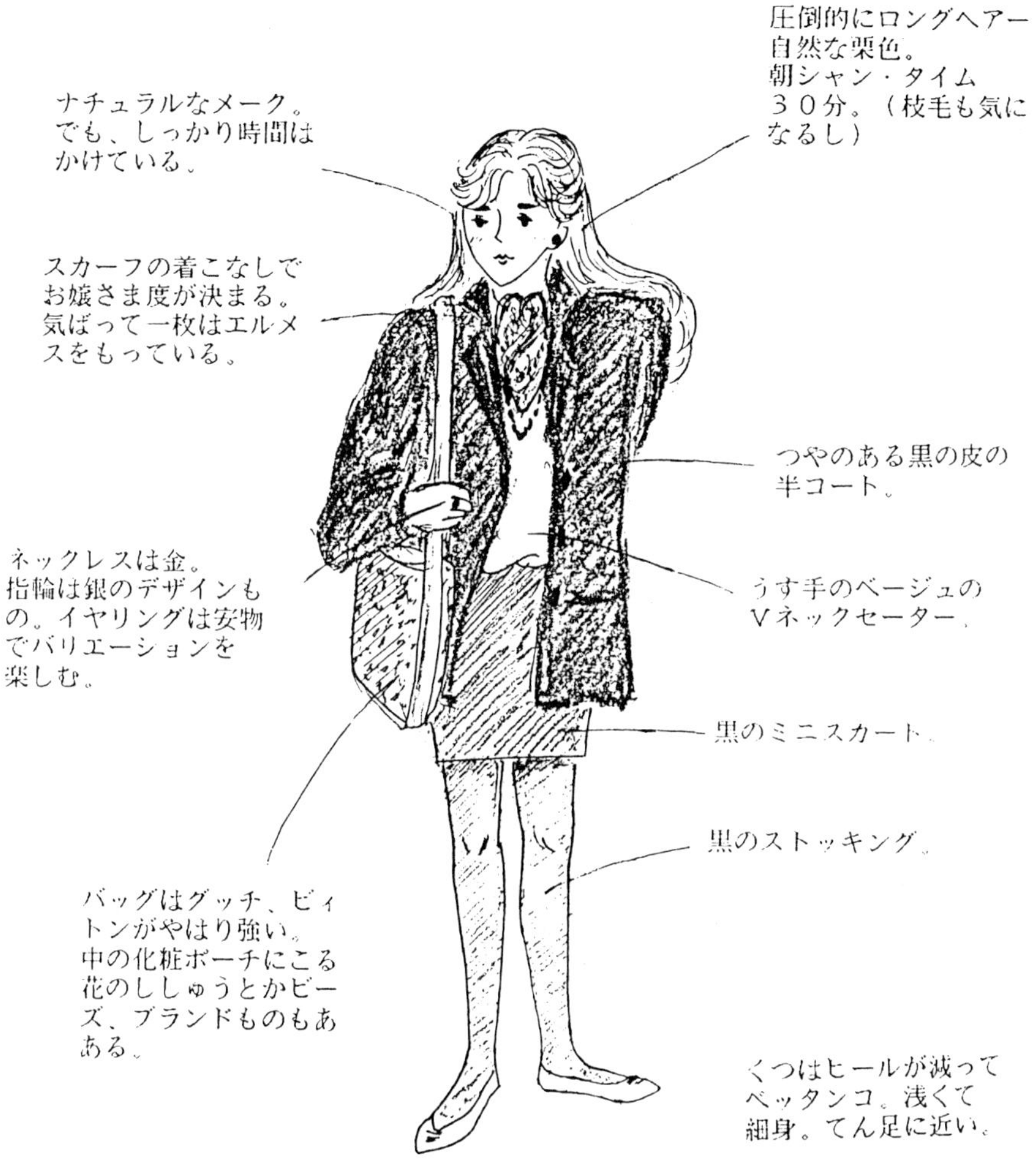
圧倒的にロングヘアー
自然な栗色。
朝シャン・タイム
３０分。（枝毛も気に
なるし）
ナチュラルなメーク。
でも、しっかり時間は
かけている。
スカーフの着こなしで
お嬢さま度が決まる。
気ばって一枚はエルメ
スをもっている。
つやのある黒の皮の
半コート。
ネックレスは金。
指輪は銀のデザインも
の。イヤリングは安物
でバリエーションを
楽しむ。
うす手のベージュの
Ｖネックセーター。
黒のミニスカート。
黒のストッキング。
バッグはグッチ、ビィ
トンがやはり強い。
中の化粧ポーチにこる
花のししゅうとかビー
ズ、ブランドものもあ
ある。
くつはヒールが減って
ペッタンコ。浅くて
細身。てん足に近い。

丸井・伊勢丹・東急・西武・パルコなどハイセンスぽいデパートで買い物する。

違うとことんでもなくなるような柄シャツをラフに着こなすから、似たり寄ったりの服を着ている(す)の中に入ると、ちょっと違うなっていう感じで光る。キーポイントは、民族調の衣装やスカーフ（インド・ネパールあたりのきれいな柄のものを手に入れるといい）をうまくパンツに合わせて、軽快に着ることだ。その時アクセサリーは、素朴なものを無造作に着けよう。だが、いきなりエスニックなおしゃれをしようとしても、さっき言った通り一歩間違えるととんでもなくなるから、よく研究してから取り入れよう。

では、(す)のファッションを見てみよう。なんと言っても流行に敏感で、おしゃれがうまい。そして化粧品から、服、バック、靴、小物に至るまで、妥協を許さず品が良くて値の張るものを買いたがる。『ＪＪ』『アンアン』『モア』などのファッション雑誌のうち、たいてい一冊は買って読んでいて、高級なブランド品をしっかり頭の中にインプットしている。良いものを知ってるだけに、安物で身を包むのはプライドが許さないから、ついついため息が出るほど、高いお金を流行のファッションにつぎこんでしまうわけだ。

(す)は流行に敏感であると同時に、男の視線にも敏感だ。そして、おしゃれのためなら辛抱強く従順である。わがままな(れ)とは、基本姿勢が違う。

「男に好かれるために髪を伸ばしてんじゃないわ。自分が、長い髪が好きだからよ」

と言う女の子も、女どうしの時は、枝毛もフケも多少がまんしちゃうくせに、毎朝眠いのをがまんして、あの長い髪をシャンプーしてドライヤーをかけ、おまけに「枝毛コート」とやらで髪をかためて仕事場に向かうとは、わたしのような怠け者にはとうてい真似できません。

身を捨てて、男いや、おしゃれにつくしているといった感がある。高いのを我慢してレースの下着、きついのを我慢して堅めのガードル、寒いのを我慢してミニスカート、こんなふうにあげてみると、だれのためのおしゃれかと考えてしまう。「おしゃれって耐えることなのね」とつぶやくしだいである。

(す)のみなさん、がんばってくださーい。

「ハーヴェイ・ミルク」を観た日

高橋瑛子

その日。かなりハードな仕事がようやくあがり、すぐに小さな仕事が一つ入っていた。でも、なんとか時間をつくり、疲れた体をひきずって、会場である池袋西武のスタジオ２００に足を運んだ。「れ組通信」に折り込まれていたチラシを見た時から、ぜひ観たいと思っていたのだ。ハーヴェイ・ミルクについて射殺されたゲイの活動家という以外にさしたる知識もなかったが、チラシに描かれた彼の似顔絵に強く惹かれていた。

ハーヴェイ・ミルクは１９３０年生まれ。学校を卒業後、海軍に在籍、さらに、いろいろな職業を経験した後、１９７０年代初め、恋人とともにサンフランシスコに移り住み、カメラ店「カストロ」を開いた。この地区では初のゲイの商店主。のちにここは「カストロ通り」と呼ばれるゲイの解放地区になっていく。１９７７年11月９日、数度目の挑戦で彼は地区選出の市政執行委員となる。この時、別の地区からダン・ホワイトという消防士が選ばれる。見るからに保守的な労働者階級の市民であるホワイトはミルクとはそりが合わない。当時のサンフランシスコ市長、ジョージ・マスコーニは革新的な政治家でミルクに好意的であった。ゲイの権利を守る法案の提出。「提案第６号」（ブルックス上院議員の提出した「同性愛の公立学校教師」の法律的保護を奪う内容を含んだ住民投票の案件）に対する反対運動。ミルクは精力的に活動し、成果を挙げていく。しかし、いきいきと活動するミルクに対して、議会内では対立的立場にあったダン・ホワイトは、市長にも冷遇され、不満をつのらせていた。１９７８年11月27日、ハーヴェイ・ミルクはマスコーニ市長とともに、ダン・ホワイトの凶弾の前に倒れ、その生涯を閉じる。

「The Times of Harvey Milk（ハーヴェイ・ミルクの時代）」――この映画はミルクにかかわりをもった８人の人々に対するインタビューによって彼の人物像を浮き彫りにするという形式のドキュメント映画だ。

７時からの上映に先だち、６時から林　冬子さんの講演が組まれていた。一緒に暮らしている友人のＭと待ちあわせ、さっそく席をとった。

林さんの話はまず日本語における「女言葉」という題材から入っていった。「女言葉」を使う者（＝おんな達）を一段低い存在として扱う「男言葉」の連中に対して、おんなら誰しも割り切れない思いを抱いたことがあるであろう。しかし、その不条理を自覚し、かみしめている女たちでさえ、女が男言葉で話すことに奇異を感じない者はいない。また多くの女たちは不条理を感じることもなくあたり前に女言葉を話し、またある女たちはむしろそれを好ましいものと考え励行する。私は林さんが女言葉の不条理を感じている人であることを嬉しく思い、話に耳を傾けていった。

次に彼女が語ったのは「精神障害者」についてであった。どんな人間もいくらかの狂気を持ち、あるいは持ち得る可能性を必ず秘めている。何をして「障害者」と区別し、差別するのか。彼女のこの言葉に再度、共感する。

この問題について私はいつもＭと話している。（多くはＭの熱弁を聞く立場ではあったが。）障害者問題に一言を持つ人たちの中にさえ、「健常者」である自分を「障害者」とは区別している人々がいる。「健常者」「障害者」という言葉が自ずと孕んでいる差別に気づかずにいる人たちだ。だが、他に適当で簡便な語句がなく、あまりにこの語が一般化されているため、その語の含む差別性にはほとんど注意が払われずに使用されているのが現状である。

私の胃は少々奇形であるらしい。胃障害者だ。しかし、私は「障害者」とは呼ばれない。四肢は健全であるから「健常者」だということになる。精神の領域も含め、皆どこかに多少の障害をかかえているのではないだろうか。（近視のひとたちはどうだろう。年をとれば眼も耳も衰え、障害を持ってくる。）私たちはよくそんな話をする。

「精神障害者」というのは、その境界線のあいまいさにおいては「身体障害者」以上だ。しかも精神病に対する偏見はわが国においては殊のほか根深いものがある。林さんはその偏見の目を捨てて欲しいと呼びかける。まっすぐな目を持った人だなと感じた。（今年、精神衛生法は精神保健法と改められ、法律の上では世界の流れに沿って、わが国の精神科医療も開放化へと向かったが、著名な精神科医が開放化の危険性を週刊誌上に発表したり、行政が退院患者の受け入れ施設の完備に消極的な発言をしたりするなど、現状は旧態依然としたもので、日本の文化水準はこんなものかと失望させられる。）

そして、話はセクシュアリティのことに及んだ。誰しもが異性をも同性をも人間として愛することのできる資質を持っていて、ヘテロセクシュアルとホモセクシュアルの境界もあいまいなもので、性愛の局面においてどちらが強く現われるかということにすぎないのではないかというような内容だった。私には頷ける気がした。性愛に関して、異性への傾きの大きい人はへテロセクシュアルに、同性への傾きの強い人はホモセクシュアルに、境界線上にいる人はバイセクシュアルになるのだろう。ほとんどの人の中に同性愛の可能性は潜んでいると私は考えていた。林さんは自分の考えに対し、会場に意見を求めた。「共感してくださる人はいますか。」というような問いかけであった。私は手を挙げて発言したい欲求を覚えていたが、ためらった。

発言するとなれば、「私もそう思います。共感できます。」で済ますわけにはいかない。生い立ちから結婚、離婚、女友達との確執、そして今は同性のひとりとともに暮らすようになった経緯、それらをすべて洗いざらい告白しなければ、この問いに対しての私の感慨を表わすには至らない。しかし、それらはこの場で公に声高に語るには、あまりにもプライベートなものだった。女の人が幾人か発言している。

「私は同性愛の経験はありませんが、友人にはそういう人もいます。そういう気持ちはよくわかります。」

そうだ。やはりセクシュアリティを明かさなきゃなんないんだ。気おくれを感じる。薄暗い会場の中にはどんな人が座っているかもわからない。今の社会の現状を考えると、カムアウトには慎重にならざるをえない。私自身の不利益は甘んじて受けたとしても、周囲の人々を巻きこむことは避けたい。逃げかもしれない。勇気のなさかもしれない。「何でカムアウト、カムアウトってこだわるの。セクシュアリティをことさら明かす必要もないじゃない。だからウソつきってわけでもないし。」そんなふうに考える自分が顔を出す。しかし、一方でカムアウトしていくことの社会的意義を考えないわけにはいかない。同性愛者を奇異なものとしてみる世間の人々に、「あっ、なあんだ。同性愛者たって、泣きもすれば笑いもする自分たちとなんら変わりのない同じ人間なんだ。」と感じてもらうにはどういうふうにカムアウトしていけばいいのだろうといつも考えている。セクシュアリティをもっと自由に語れるようになればいいのに。いっそセクシュアリティなどがいちいち発言に対して問題にされなくなればいいのに。「自分は違うけど」とコメントしてから話し始めるストレートの女たちがいっそうらめしい。彼女たちにゲイを認めると言わせながらも必ず「自分は違う」とことわらせずにはおかない目に見えない力をのろった。

私がためらっている間にも会場では発言が続いている。

林さんは男たちが仕事場で、あるいはアフターファイブのノミュニケーションで同性同士の同志関係を強く結んでいる現象を指摘して、そのホモセクシュアル性について会場の男性に意見を求めていた。それはただ、群れをなしているにすぎず、ホモセクシュアリティとは無縁だとひとりの男性が反論する。おもしろかったのは「日曜日が怖い」というサラリーマン氏だ。妻といると、何を話し、どう対応してよいやらわからず困り果

てるという。男同士で時間を潰し、深夜帰宅した時、妻が寝てしまっているとホッとする。男同士の方が気安く居心地がいい。しかし、今まで自分の中にも存在しているらしい同性愛の芽にはひたすら目を向けないようにしてきたのだそうな。「男の友情」と男たちが美化したがるものの中に、私はいつもホモセクシュアルの匂いを感じて来た。しかし、種の保存のため、社会の秩序と繁栄のためとの大義名分に従って、彼らは結婚する。既婚女性の中にもこの「日曜が怖い」氏と同じ感慨を持つ人が結構いるにちがいない。女同士のお喋りの中で解放感を味わっている主婦も多かろう。

人々が友情と思っているものと同性愛とはそんなに異質なものなのだろうか。林さんの言わんとするところは理解できるような気がした。

私の中にはまだ発言したいという気持ちがくすぶっている。だが、結局そこで時間切れになった。この日、私は発言できなかったことにこだわり続けることになるのである。

「The Times of Harvey Milk」の上映が始まった。この映画でミルクを語る8人の人々はそれぞれに個性的で、その話は面白く、ミルクの人間としての幅の広さを感じさせた。選挙運動でヘッドをつとめ、市庁舎内でも副官として彼をたすけたレズビアンのアン・クローネンバーグ。ゲイであることを隠さずに公立学校の教壇に立ち、ミルクを支援しつづけたトム・アミアーノ。プロの選挙運動コンサルタント（選挙運動の戦略を練ったり、演出をしたりしてお金を得ている人）として働いてきたトリー・ハートマンはミルクの立候補に際し、ボランティアとして活動に加わった。彼女は夫と子供たちと共に住民のほとんどがゲイであるカストロ地区に住み、活動の中でこの街の面白さを発見していった。ビル・クラウスはカムアウトする以前には反戦運動の活動家として知られ、ブリックス上院議員の提出した「提案第6号」に対しては反対運動の先頭に立って働いた。テレビのレポーターとしてさしたる期待も持たずにミルクのインタビューに出かけたジーニン・ヨーマンズは彼のカリスマ性に驚き、急速にひきつけられていく。州立大学の言語学教授、サリー・ギアハート。彼女は以前は正統派のキリスト教学校の教師だった。カムアウトしゲイの権利について主張し始めた彼女にとってサンフランシスコは願ってもない土地だった。サリーは「提案第6号」反対の共同議長としてミルクの仲間入りをし、その後もゲイ・コミュニティで働いている。

特に私の興味をひいたのは、労働組合の役員を勤める年配の技術工のジム・エリオットと、「中国人雇用促進会」の理事長のヘンリー・ダーであった。彼らはゲイではない。むしろ、ゲイに対する社会的偏見を普通に持っていた人たちだ。ジムは仲間がミルクと手を組もうと言い出した時、ゲイなんかと一緒にやれるものかと考えていたのだった。しかし、彼らはそれぞれの運動を推し進め、ともに闘っていく中でミルクの人となりに魅せられ、ゲイへの偏見を解いていく。ジムは娘からレズビアンだと打明けられた時、「破局がくる可能性」といかに対応するかを教えてくれたミルクに感謝し、ヘンリーはゲイもまた少数民族に属する自分たちと同じくマイノリティなのだと理解する。ゲイがなんら特別な存在ではなく、自分と同じ人間だったんだと彼らは頭ででではなく、心で感じとっていく。そうさせたのはミルクの人間としての誠実さにほかならない。

私は彼らの言葉の内にあたたかいものを感じていた。そして自分の生きていく道が指し示されたような気がした。障害児とのふれあいの中で、彼に「障害児」という言葉を冠することの無意味さと不当さを知ったと語ったMの言葉にそれは通じるだろう。

「彼は私との関係の中では『障害児』ではなく、『＊谷＊＊』というひとりの人間なのよね。」

と彼女は言う。つきあっているとと彼が「障害児」のひとりというのではなく、まぎれもない「彼自身」として見えてくると。障害もふくめ、ありのままの「彼自身」を受け入れることから関係が始まるんだと。

ジムやヘンリーは単に「ゲイ」のひとりと親しく言葉を交したのではなく、ゲイであり、好ましい友人であるハーヴェイ・ミルク「彼自身」と言葉をまじえていたのだ。そこに至る人と人との誠実なふれあいにこそ価値があるということを今更ながらに思う。啓蒙しようとか、理論で説得しようとかと気負いこめば、相手も構えてしまう。自然体の「私」として周囲の人々と接していくことがいつしか偏見という壁に小さな風穴をあけることになっていくに違いない。もちろんそれですべての偏見がとり払われるわけではないにしても少しは風通しがよくなるだろう。ミルクがダン・ホワイトに対してそれを成し得ず逝ってしまったことは悔やまれるが、だからといってそれが無意味だとは思わない。彼の選挙運動はゲイの解放というにとどまらず、同じように社会の主流からはみ出した人々——少数民族のグループ、老人たち、そして女たち、などなど——を巻きこんだものだった。それを選挙戦略のひとつだといってしまえばそれまでだが、私はそこに彼の思想を感じる。この映画の底に力強い優しさが流れているのを感じるからだ。

ここに至って、先の講演で林　冬子さんが言わんとしたことの意味を理解できた気がした。あらゆる差別や偏見は根を一にしている。そして私たちが心しなければならないことは、差別される側の人々の中にも、また別の差別の芽が潜んでいることだろう。差別は構造的なものなのだ。すべての差別をなくすことの困難さを思う時、大きな溜め息をつかずにはいられない。しかし、「自分と同じ人間なんだ」という思いをその時々に呼び覚ますことで、偏見の壁を少しずつ壊していけるのではないか。私は人と人との心の共鳴に希望を抱いて、この映画を観おわった。

だが、上映の終了した場内には、まだまだ偏見や差別のかけらがころがっているように私は感じた。映画を観た人々の感慨は必ずしも私と同じではないだろう。（あたり前だ。十人十色の感想があろう。）会場には私の期待したような一体感は感じられない。「自分は違うけど」とことわった人たちは今、何を感じているだろう。彼女たちは自分たちの中にひそんでいた悪意のない差別に気づいただろうか。そこで私はある事に思いあたってギクッとした。その違和感はそこに集まった人々のせいではなく、あの時発言できなかった自分に対するこだわりのせいではないだろうか。同性愛者に対する世間の偏見に対して抱いている私の内の「偏見」のせいではなかろうか。色メガネをかけて人を見たら、相手も色メガネでみるよ。あらためて自分に言ってみる。きっとみんな、この映画から大切な何かを感じとったはずだ。ミルクが少しは風穴を開けてくれたにちがいない。

帰途の地下鉄の中でパンフレットを開く。文字を追いながら、林さんの話と発言できなかった「私」を思い起こしてみる。映画の余韻はまだ強く残っている。機会があれば再度観てみたい映画の中にこの「ハーヴェイ・ミルク」を加える。

トンネルを走る列車の響きに耳を傾ける。心がリズムをきざんでいく。ここちよい優しさとかすかな悔いとこだわりを残して、その日は終わった。

88年10月1日——「ハーヴェイ・ミルク」を観た日。

情報あれこれ

映画「潤（ユン）の街」の試写を見る機会があった。脚本、監督、主演ともに在日韓国・朝鮮人による映画である。

当時、十八歳の金秀吉（キム・スギル）の脚本「潤の街」が映画界の芥川賞と言われる城戸賞に入選したのは一九八一年。脚本を読んだ金佑宣（キム・ウソン）はすぐさま映画化を申し入れた。それから七年、二人は共同で何度も脚本を書き直し、今年の夏、金佑宣の第一回監督作品として完成した。主役の在日三世の女子高生、潤子（ユンジャ）を演じるのは映画初出演の姜美帆（カン・ミホン）。作中の潤子と同じく在日三世で、撮影中の昨年は日本の高校に通学する三年生だった。映画は潤と日本人の青年、雄司の恋愛を描いている。主役を探すオーディションをやっても人が集まらないといった苦労話をまじえながらの金監督の挨拶は初々しく、熱い自負に満ちていて、聞ている私まで目頭があつくなった。

金監督はこの映画を自主上映という形ではなく、一般の映画と同じように劇場公開するという形にあえてこだわりたいと言う。その理由を「ぼくはこの映画を自主上映のチケットを買ってホールまでわざわざ足を運んでくれる意識のある人たちだけでなく、ごくふつうの街の中の映画館でごくふつうの人たちに見てほしいのです。とりわけ潤と同じように日本の学校に通っている若い在日の人たちに見てほしいのです」言葉は正確ではないかもしれないが、そういうことを彼は語った。

「モーリス」とか「ハチ公物語」とかと同じように新聞に何度も大きな広告を出し、ＴＶでスポットを流したら、多くの観客を集めることが出来るだろう。しかし、彼らにはそのような莫大な宣伝費はない。日本には通名で生きるたくさんの在日韓国・朝鮮人がいる。なぜ彼らが本名を名乗れないのか。それは単に彼らの問題なのではない。在日朝鮮人の問題とは、その多くが日本人の問題ではないかと私は思う。映画「潤の街」を数十万の単位の日本人が見たら、日本も少しは変わると思うのだ。少しは日本にも期待出来るだろう。それはゲイやレズビアンを含め、さまざまな生き方をしている日本人にとってもこの国が住みやすくなることだと思う。

中学生のころ、クラスの副学級長をしているKに恋をした。卒業直前になって手紙で「私は朝鮮人だ」と打明けてきたKに、十五歳の私は必死に「日本」をしょって立たなければならなかった。朝鮮人であるKを真正面から見つめるとは私が日本人になることにほかならなかった。日本を単一民族国家だなどと言う人は、自分が日本人だということを問い直してみたことがあるのだろうか。彼の目の前にも朝鮮人はいたはずだが、彼は朝鮮人に向きあってこなかったのだ。朝鮮人を日本人だと勝手に思い込んでいる日本人、朝鮮人に日本人に対すると同じように対することが平等だと思っている日本人を私は恥ずかしいと思う。「私はレズビアンだ」と打明けるとき、その反応はいろいろある。だが、変態だとか未熟だとかとくくらずに、たじろがないで私たちを見てほしい。真正面から見つめる人が、同性であれ異性であれ人を愛するとはどういうことなのかという問題に対して真に向き合えるのだと思う。在日韓国・朝鮮人は約七十万人、さてゲイ人口は？……在日の人はもちろんのこと、私は多くの日本人にこの映画をみてほしいと思う。初井言栄の祖母（ハルモニ）、李麗仙の母（オモニ）、井川比佐志、佐藤允などのベテランの存在感はもちろんだが、雄司の親友役を演じる光石研も味がある。雄司役は無名塾の田中実。

さて、「瓢駒ライフ」をふつうの書店でふつうの本と同じように売るのは私の夢のひとつだ。ふつうの本屋でふつうに売っている本のなかで、小倉千加子「セックス神話解体新書」（学陽書房）、別冊宝島85号「フェミニズム・入門」（ＪＩＣＣ出版局）が面白い。

前者は野性児の性、半陰陽の子供のセクシュアリティを検証してジェンダーとは言語のことではないかと論じる五章が秀逸で、胸がすくよう。近頃はやりのユングをベースにした口当たりのよい、セラピストの両性具有論も、結局は強者が弱者の異議申し立てを懐柔する役割を負っているにすぎないことももっと知られてほしい。小倉の論旨は明快で小気味がよく、眠る前に読みだしたらやめられないので要注意。後者は幅広くフェミニズムのさまざまな立場と、ラディカルな冒険の進行ぶりを伝えてくれる。もちろんレズビアニズムについても多くさかれているので手にとってみられたらよいだろう。

今年の五月、突然に逝去した作家、西川紀子（としこ）の遺稿がファンタジー全三巻としてらくだ出版からでたのもうれしい。西川は児童文学のジャンルで長編も含め数々の優れた作品を残した。生前も三冊の著作が刊行されているが、日本児童文学者協会千葉支部の「小さな窓」誌に数多くの発表作があるということで、このファンタジー三巻はそこから選んで編集されている。

支部主催の出版記念会から帰って「一平さんの木」「かしねこ屋ジロさん」「まほう屋がきた」と一気に読んでしまった。どれも声に出して読みたくなる。呼びおこされるイメージもくっきりと美しい。笑ったり泣いたりしながら読んでいく時間が、たっぷりと心満たされるのだ。子供向けの読み物だなどとあなどってはいけない。宮沢賢治の作品の読者は子供ばかりではない。いま、私は全集を読みたい思いでいっぱいだ。そういう声を集めて実現したいほどだが、出版人はどうなのだろう。期待している。

伊部純子「いいんだ朝子、そのままで」（径書房）は詩情のあるいいタイトルだ。内容もタイトルを裏切らない。障害児教育などとくくったら本の命が消えてしまうから、そのまま手にしたい。生きること、こころ豊かであることについて思いをめぐらすとき、戻ってきたい場所だ。

あれこれあれこれ、集めてみると、この世にレズビアンに関係しないことはないらしい。なぜってボクラにんげんだから。

（とまと）

＊文中敬称略

愛の牡丹雪

まっさか
スッ
これ来てたわ同窓会の案内じゃない？
いつまでこんなことしてるのよ
ガサゴソガサ
それから私……こんなのいらないわよ
だっておまえ
こんなもん何しろって言う訳？自分は勝手なことしといてさ

白豚みたいなレズビアンなんだって？角刈りしてんだってね
ああやだ!!何やってんのよォ
だって……
気持ち悪いからこんなもん置いてかないでよ
コロコロ

す……
う…
澄江……
不潔よ!!
か……
堪忍…
堪忍して
ウウッ……
ゴッン
帰るわ
シュン
シュン
うっ…
う…

女って……
みんな不幸ね
おまえが
不幸なん
だよ……
ボリ
ボリ
何か
言ったの?
あの男《ひと》とは
うまく
いってるの?
うーまく
いってるわーけ
なーいでしょ
帰るわ!!

澄江 ちょっと 待ちな
ガサ ゴソ
ゴソ ゴソ
かあさん……
持ってって 何にもしてあげられ ないんだから これだけは…… ねっ
だーって 結婚できる アテないもん 持ってたら 使っちゃうよ
いいの 持ってれば
使ったら また 貯めれば いいん だから

お父さんに 何て 言うの?
いろいろ すいません……って
うん…… じゃあ
ゴクン
パタン!!
フー…
カチッ
ガラッ

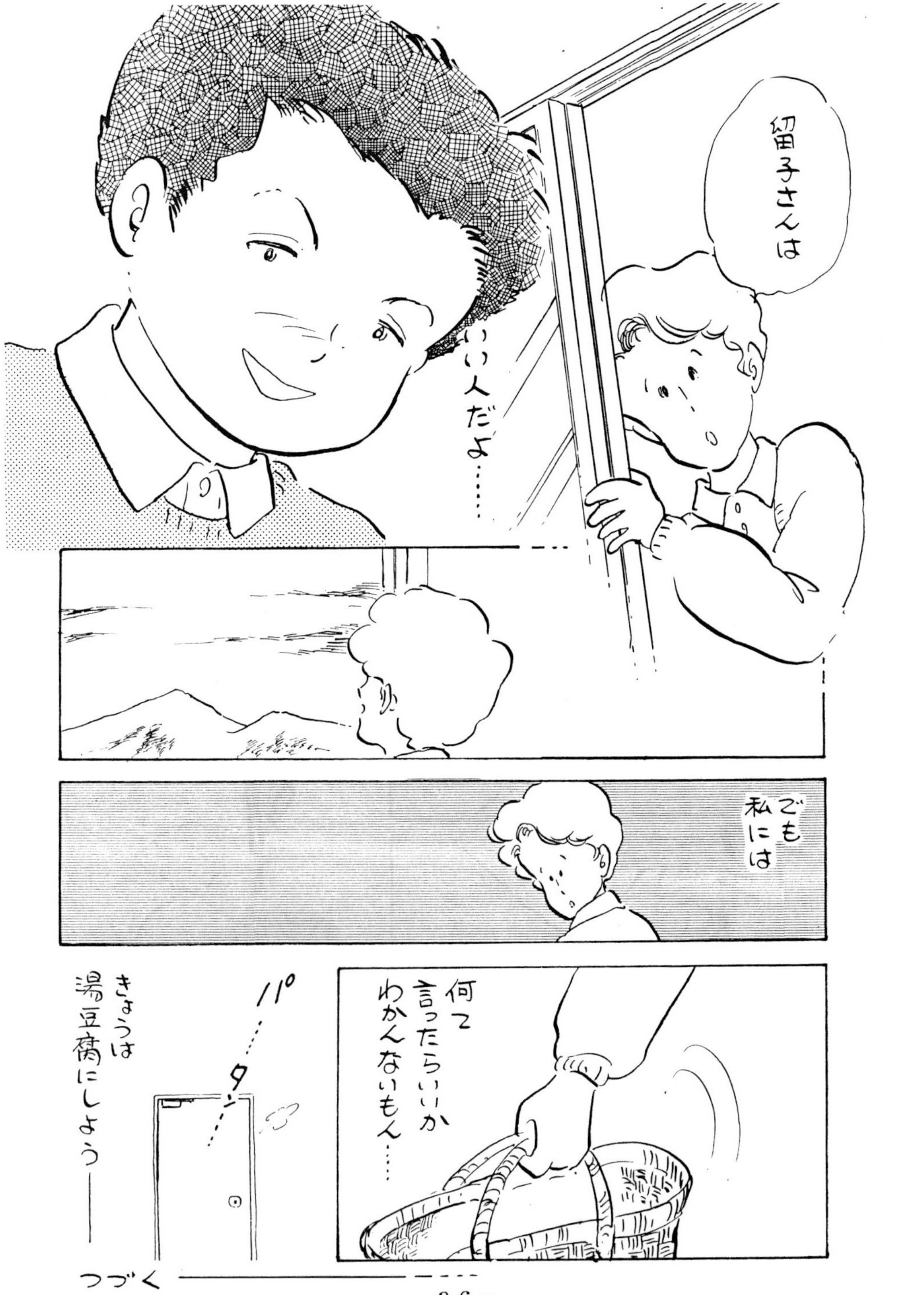

遠い山羊の国

沢部　仁美

長いあごひげとすっとんきょうな鳴き声、ごつごつ骨ばった体にがらくたを詰めたような腹、そして、頭のくらくらしそうな独特の体臭。どう見たって山羊は格好いい動物ではない。

でも、わたしはそんな山羊にひどく惹かれる。

人間が山羊の家畜化に成功したのは紀元前七千年もの大昔だという。貧しい環境の中でもたくましく育つ特性と強い繁殖力とで、彼らはアジア、アフリカを中心にほぼ世界の全域に分布した。野生化したものも合わせると、今日、地球上には約四億四千六百万頭もの山羊が生息しているという。種類は二百十六種。色も黒いのから茶色いのまで実にさまざまだ。日本で飼われている白い山羊は、ザーネン種というスイスの原産である。

わたしにとって山羊がただの動物でなくなったのは、ある不思議な体験がもとになっている。

今から十年以上昔、わたしが二十五歳のときの話だ。

当時わたしはテキスタイル（服地）デザインの仕事をしていた。フリーで働き出してやっと一年たったころだった。最初のうちはあくびが出るほど暇だったが、知り合いの会社や織り屋さんに顔を出して仕事を回してもらううちに、少しずつ注文が入って来るようになった。

前の会社を辞めるきっかけが失恋だったこともあって、わたしはがむしゃらに働いた。喪失感を埋めるのに仕事ほどいい薬はない。働いている間だけは何もかも忘れることができた。

わたしは自分が特に才能に恵まれているとは思っていなかったから、どんな仕事でも好き嫌いを言わずに期日を守って仕上げた。それで会社の方でも頼みやすかったんだと思う。仕事はだんだんに増えて、二、三日の徹夜が続くことも珍しくなかった。だから会社に勤めていたころより財布の方はずっと暖かくなったが、生活はひどいものだった。慢性的なタバコの吸いすぎと睡眠不足とで、仕事が一段落ついたころはこれが自分かと疑いたくなるほど、すさんだ顔をしていることもあった。

ちょうどその日は太平洋にぽっかりと浮かんだ小さな島のように、数週間ぶりに仕事から解放された一日だった。昼近くまで眠って起きて、鏡の中のむくんだ自分の顔を見ながら、わたしはひさしぶりにバイクで近くの牧場に出かけようと思った。十月の末ころだったと思う。

仕事つづきでほとんど乗らなかったから、バイクはガレージの中でほこりまみれになっていた。バイクはヤマハのXTの250。黒い車体に白い泥よけ、丸いライトのついたクラシックな型だ。走る姿がつばめに似ていたので気に入っていた。ヘダルを何回かキックしてやっとエンジンがかかった。わたしはいつものGパンに皮のジャンパーをひっかけて出発した。

林道に入ると、紅葉にはまだ少し早かったが、それでもところどころにオレンジや黄色に色づいた葉が見られた。風は思ったよりずっと冷たかった。二時間ほどしてバイクを降りるころには体はすっかり凍えきっていた。

牧場ではあちこちに牛や羊がのんびりと草をたべていた。空は青くすきとおって底が見えそうだった。ときどき風が吹くと、牧場の木々がサラサラと音を立てて枯れ葉を落とした。とても静かな午後だった。

牧舎に行って何か飲みものを分けてもらえないかとおじさんに頼むと、山羊の乳なら今沸かしたばかりのがあると言う。

「でも、山羊の乳はクセがあるよ。あんた、飲んだことあるのかい？」

見るからに人のよさそうな顔をして、おじさんはわたしに聞いた。

「子供のころ家でも山羊を飼っていたんです。わたし小さいとき病気ばかりしていたから、母が心配して山羊を飼ってくれたんです。なつかしいですね、山羊の乳が飲めるなんて」

わたしは大喜びで暖かいのをカップについでもらった。

「そうか。じゃあ、うちのせがれといっしょだ。うちは女房の乳の出が悪くてさ。最初は牛の乳を飲ませたんだが、どうも牛の乳と相性が悪くて、すぐに下してしまうんだよ。それで飼ったんだ。山羊の乳だと消化不良は起こさないからね」

「はあ、そうですか。やっぱりそういうことがあるんですね。なんでもギリシア神話に出てくるゼウスという偉い神様も山羊の乳で育てられたそうですよ。牛乳より山羊の乳のほうが上等

ってことなんでしょうかね？」

「はっはっ。それを聞いたら山羊も喜ぶよ。昔から牛乳のほうが高級ってことになっているからね」

「おじさんのとこでは山羊は何頭飼っているんですか？」

「一頭だけ。もうよぼよぼのばあさんだ。せがれが今年小学校六年だからちょうど十二年目になるのかな。山羊の寿命はせいぜい十二、三年ってとこだから、もうそろそろお迎えが来るかもしれないなあ」

おじさんは最後の言葉をひとりごとのように言うと煙草に火をつけた。

わたしは牧舎のすみっこの木のイスに腰かけて、山羊の乳を飲んだ。乳はなつかしい味と香りがした。今は亡き母が、搾った乳をアルマイトの鍋で沸かしてくれたことや、その鍋の表面にはる膜を特別な食べ物のように思って大事に食べたことも思い出された。夏の日は丸口の大きなビンに入れた山羊の乳を井戸のつるべに入れて冷やしたことなど、わたしの頭には次から次へと山羊の思い出がなつかしくよみがえった。わたしはむしょうに山羊に会いたくなった。

「その山羊、見せてもらえませんか」

おじさんはふうっとタバコの煙を吐くと、なんでまたといった顔をした。

「ああ、かまわんよ。夕方までは裏の水飲み場につないであるから行っておくれよ。あいつも喜ぶだろうさ、お客さんに来てもらっちゃなあ。それじゃ、まあゆっくりしていきなさいよ。わしはそろそろ牛の餌のしたくをしなきゃいかんから」

そう言うと、おじさんは青い帽子を目深にかぶってイスから立ち上がった。帽子には「山里酪農協会」という字がオレンジ色の糸で刺しゅうされていた。

わたしはおじさんにお礼を言って牧舎を出た。

外に出ると、太陽はさっきより十五センチほど西に移動していた。日はまだ高い。わたしはさっそく教わった裏の水飲み場に行ってみた。水飲み場は後ろに竹藪をひかえ、その根っこがところどころに顔を見せている地面から、湧き水がちょろちょろ音を立てて流れ出していた。水の出口には大きなせともののの

丸いかめが置いてあり、そこに竹の管でうまいぐあいに水を導いている。茶色のかめには空を行く雲が映っていた。

　山羊はその近くの柿の木につながれていた。家で飼っていたのと同じ白い山羊である。わたしを見ると「メェェェ」と鳴いた。山羊はたしかに年取っていた。頭の角のあたりが少しはげかかり、白いはずの髭も、子山羊ならやわらかな体毛も、先っぽが黄色に変色してゴワゴワになっている。股間に垂れさがった乳もシワが多くてしぼんでおり、若い山羊のような張りはない。

「ちょっと待ってなよ」

　わたしはそばの竹藪の中を歩き回って、白い汁の出る山羊の好きな草をむしって来た。山羊はうれしそうにシッポをふりながらその草を食べた。

「お前、本当におばあさんだねえ」

　わたしはそばにしゃがんで話しかけた。

　食べ終わると、山羊は「ありがとう」とでも言うように満足気にわたしの方を見た。足を折り曲げて体を地面に横たえ、口は今しがた食べたものを何度も反すうしている。そんなときの山羊の表情はとてもおだやかだ。気持ちよさそうに目を細めてはるか遠くの空を仰ぐ。

　黄色い目の奥の黒い瞳は、どこの空を夢見ているのだろう。彼らの祖先が住んでいたというメソポタミアの空か、それとも今も野生の仲間が群生するアフリカの空か。目をつむると、わたしの中に未知の空が青く広がり、乾いた空気が包った。

「さあ、行け。そこは強力な磁場だ。そこにはすべてがある」

　だれかが耳元でそうささやくのが聞こえた。わたしは急に胸が苦しくなった。

　目をあけると、山羊は首を地面につけて眠っているようだった。わたしはそっとその場を離れて、近くの小高い丘に登った。丘からは広い牧場のすべてが一望のもとに見渡せた。わたしはじゅうたんのような草の上に仰向けになって寝っころがった。風は少しもない。ジャンパーのチャックを外すと、晩秋の日ざしはセーターの中にもぐりこんだ。

　そのうちにちょっとうとうとしたらしい。わたしはだれかが

遠くで「おかあさぁん」と呼ぶ声で目がさめた。小さな女の子の声だった。だれだろう？　わたしは起き上がってあたりを見回した。だれもいない。丘の中腹に子山羊が一頭いるだけだ。生まれてまだ少ししかたっていない子山羊だった。それはホルスタイン牛のような白黒のまだら模様をしている。珍しいウェスト・アフリカン・ドワーフ（西アフリカの小人）だった。

　山羊の子は生まれると一時間もせぬうちに歩き出す。子供を生み落としたあと、母親はすぐに羊水まみれの子供をぺろぺろなめる。母山羊の舌の力で体をよろよろさせながらも子山羊は三十分もせぬうちに立ち上がる。そして間もなく「エェェェェ」と、くすぐったくなるような声で鳴き出すのだ。

　家で生まれた子山羊は父が業者の人に二束三文でひき渡した。二頭も飼う必要はないと言って。「飼ってよ。飼ってよ」とわたしは泣いて頼んだが、あくる日、学校から帰ると子山羊はいなかった。仕方なくわたしは親山羊に草をやりながら一人で泣いた。そういえばあの子山羊もちょうどあのくらいの大きさだったな……そんなことをぼんやりと考えていた。

　その時だった。さっきの山羊がくるっと体をこちらに向けたと思うと、わたしの方をめがけて一目散に飛び跳ねて来るのである。そのあわてようはちょうどアリスに出てくる時計を持ったうさぎみたいで、走るのがうれしくてたまらないといった様子だ。前足と後ろ足をすごい速さでギッコン、バッタンさせて、子山羊はあっという間にわたしの前にやって来た。

　そして、にこにこしながら「おかあさん」と言ったのである。

　わたしはどきっとした。おかあさん？　わたしが？

　ちょっと待ってよ。もしあんたがわたしの子供だったら、わたしは一体だれよ？　わたしも山羊ってことになるじゃない。そりゃ、わたしは十二月二十八日生まれだから、たしかに山羊座だけど……そんなこと急に言われたって困るわよ。セクシュアリティさえぐらついてるのに、今度は人間としてのアイデンティティまで揺らいじゃったらたまらないわよ。

　わたしがそんなことを口の中でぶつぶつ言っていると、子山羊は前足をまっすぐにして体を心持ちうしろに引いて、おねだりするような声でもう一度、「おかあさんったら！」と言い放

った。鼻のまわりにだけ白い毛がほやほやと生えていて、パンダのような黒いふちどりの中からいたずらっぽい瞳がくりくりとわたしを見つめている。

あんまり気味が悪いから、わたしは聞こえないふりをした。すると子山羊はうすいピンクの耳を両側にねかして目をほそめながら、わたしの胸のあたりに口を寄せてくるのである。

「いやーだ。この子ったら何するの！」

わたしは立ち上がって子山羊をふりはらおうと手を上げた。ところが、なんということだろう！ わたしの手は上がらなかったのである。その代わりに上がったのは足だった。そればかりか、わたしの足はいつの間にか四本になっていたのだ。わたしがお風呂から出たあといつも切るのを楽しみにしている、血色のいい丸い爪も今では細い足の先にたった二本、それも固く黒ずんだ色をしている。

そんなばかなことがあってたまるか。わたしはあわててさっきの水飲み場に走って行き、かめいっぱいにあふれている水に自分の姿を映してみた。しかし、そこにもやはり白いあご髭をはやした正真証明の山羊、今しがたここで会ったあのばあさん山羊が映っていたのである。

「ああああ、どうしよう。わたしは山羊になっちまったよぉ！ それもこんな老いぼれ山羊に！」

そう言って長いため息をつくと、その声は「メエエエ」と悲しく響いた。

「おかあさん！」

わたしの後ろには例のチビがくっついて来ている。ちきしょう。一体どうなってるんだ。なんであたしが山羊になんてなるのよ。しかも、ひとっとびに子持ちの老いぼれ山羊だなんて。わたしはあまりの情けなさに大声をあげて泣きわめいた。どう言ってもすべて「メエエ」になってしまうのが悲しいのだけれど、それでも黙っているよりましなような気がした。

そのとき、牧舎の中からさっきのおじさんが姿を現した。おじさんはわたしを見ると、びっくりした顔をして慌てて飛んで来た。

「なんだ、どうやってひもをほどいたんだ？ さあ、こっちへ

来い！」

おじさんはわたしの足元のひもを拾うと、グイと力を入れてわたしを小屋に連れて行こうとする。

「ちょっと待ってください。わたしですよ。わたし、ほら、さっき山羊の乳をいただいた。何だかわからないうちに山羊になってしまったんですよぉ」

わたしは必死でそう言った。

「あん、何をメエメエ言ってるんだ。ほらほら、俺は忙しいんだよ。早くこっちへ来いったら！ まったく手こずらせる奴だな。一体何があったって言うんだい」

まったく相手にもされない。おじさんはすごい力でひもを引っ張る。わたしは両足、いや後ろ足に体重をかけて動くまいとした。しかし、抵抗すればするほどひもは首に食い込んでヒリヒリする。仕方なく、わたしはおじさんについて小屋に入ることにした。わたしたちのあとからは、例の子山羊もついて来た。不思議なことに子山羊の姿はおじさんの目には入らないようだった。

小屋の中は暗い。高いトタン屋根の下にはいくつか裸電球が見えた。中にはブタが何頭も暮らしていた。大人のブタはもう世も末だといった表情をして、自分の体でいっぱいになるような狭いおりの中に体を横たえている。自分のくそにまみれながら生きているその姿は凡庸の極みだ。彼らはこうして太って油ぎるのを待つだけなのだ。

子ブタたちはそれでもまだ好奇心を失わないらしく、わたしとおじさんが柵の前を通りすぎると、ブッブッとうなってチーム・リーダーを先頭に後ずさりしながら事のなりゆきを眺めていた。わたしが連れて行かれたのは小屋の端っこにある六畳くらいの囲いの中だった。地面はコンクリートになっていて、隅っこには藁がしいてある。たぶん今夜はここに眠ることになるんだろう。おじさんはわたしをその柵の中に入れると、ポンポンとわたしの平らな鼻づらを叩き（失礼な！）、

「お前ももういい年なんだから、おとなしくしてろよ。さあ、いいな」

そう言い残して小屋を出て行った。

まったく何の因果でこんなばかげたことになってしまったのやら。思い当たることは一つもなかった。そういえば昔、カフカの『変身』という小説を読んだことがあったけど、そうか、こういうのを不条理というんだ。不条理という難しい言葉の意味がわかったので少しうれしかったけど、今さらそんなものがわかったところでどうなるんだ。もう二度とそんな言葉を使えないかも知れないのに。そう思うと、わたしはあまりの情けなさに思わず涙をこぼしてしまった。涙を手でぬぐおうにもぬぐうことができない。しかたなくわたしは自分の舌べろでその涙をなめながら、あの主人公はゴキブリになったのか、それとももっと別の虫になったのだったか、思い出そうとした。涙は山羊になった今もやっぱりしょっぱかった。

子山羊はそんなわたしをあどけない表情で見つめている。この子にはわたしの苦悩などわからないのだ。

「おかあさん」まあるい声で子山羊は話しかけた。

「そうそう気安く『おかあさん、おかあさん』と呼ぶんじゃないよ。わたしはあんたのおかあさんなんかじゃない。人違いなんだよ。さあ、お帰り」

わたしは冷たく突き放した。むしゃくしゃは治まらない。そばに来たら、けとばしてしまいそうなくらい腹が立つのだ。

「ええん」子山羊は柵にもたれて泣き出した。ときどきこちらを振り返る黒目がちの小さな目のふちが赤くなっている。わたしの良心が少し痛んだ。この子にやつ当たりしても仕方がない。

「あんた、名前はなんていうのさ?」

わたしはぶっきらぼうに聞いた。

「ビィビ」子山羊は小さな声で答えた。

(ビィビか。なかなかかわいい名前してるじゃないか!)

ふうん。わたしは鼻を鳴らした。本来なら腕を組みたいところだが、それはできないので、難しい顔をして前足を交差させた。わたしは自分のおかれた状況を考える必要があった。

これはいったい夢なんだろうか。それとも現実なんだろうか。いずれにしろ、もしこのまま山羊として一生を過ごさなければならないのならどうしよう? この姿じゃ、家に帰ったところでだれもわたしとわからないだろう。友達も父も、半年前に別れた恋人もわたしがだれかわからないだろう。そう想うとわたしはぞっとした。急にわたしのまわりがすべて高い壁で囲まれたような気がした。その壁の中にわたしとこの子山羊だけが取り残されている。今やわたしと言葉の通じる相手はこの子しかいない。ひょっとしたら、この子はわたしに残された、たった一つの窓かもしれない。おじさんが言ってたように、山羊としてのわたしの命はもう長くはないだろう。もしかしたらこの小屋の中で、今夜にも死んでしまうのかもしれない。

そう思うとわたしは急に、ついこの間まで一度は子供を生み育ててみたいと思っていたことを思い出した。わたしと恋人とはふたりの子供をどうやって生むかということを真剣に話し合ったこともあった。状況が意識を決定するというのは真実だ。一度おかあさんになってみるのも悪くないか、という考えがふっとわたしの頭に浮かんだのである。これほどわたしを慕ってくれるんだもの、人の子も山羊の子も同じだ。ええい、おかあさんになっちゃおう! わたしは心に決めた。

「こっちへおいで」

子山羊はふたたびあの人なつっこい笑顔を見せた。わたしの胸はつまった。彼女はわたしの後ろ足の間に首を突っ込んで乳を飲んだ。乳を飲まれるのはちょっとくすぐったく、それでいてなんとなく気持ちがいい。トクトク、スーッ、トクトク、スーッ、そういう風に子山羊がわたしの乳を飲むとき、わたしはなんだか、ずっと前からこの子の母親であるような気がした。

気がつくとわたしはビィビの小さな体をなめていた。体の高さは三十センチくらい。目のまわりとうなじから背中にかけて黒。くるぶしから下もちょうど靴下をはいたように黒い。耳はわたしのよりずっと短く、鼻づらも丸い。白いしっぽの回りもていねいになめた。なめればなめるほど、舌の先を伝わってわたしの中の暖かなものが流れ出た。ビィビは気持ちよさそうに目を細めた。

乳を飲み終わるとウーンと伸びをし、ビィビは言った。

「おかあさん、もう帰ろうよ」

「どこへ?」

「どこって、おうちだよ」

「おうちって、どこのおうち?」

「ぼくが連れてってあげるからさ、ね、帰ろう」

ビィビはそう言ってすっくと立ち上がった。

「あれ、あんた女の子じゃなかったの?」

「なあに? オンナノコって? 」

ビィビは性別というものは知らないようだった。彼女が柵の前に立つと、扉は音もなく開いた。外に出ると西の空に赤い夕日が沈みかけていた。彼女は初めて会ったときの、あのにっこり笑顔でふり返ると、森をめざして歩き出した。

森の中に入ると、あたりはもう夕闇が迫っていて薄暗く、黒のまだらは見失いがちだ。わたしは必死に目をこらしてひたすらあとをついて行く。そんなわたしをからかうように彼女はときどき白いしっぽを振ったり、ピョンピョンとジグザグにスキップしたりした。わたしの足下で枯れ葉がかさこそ音を立てた。あたりはいよいよ暗くなって、頭上からふくろうの鳴き声が聞こえた。ぞっとするほど不気味な闇があたりをおおい始めた。

そのとき突然、ビィビの姿がすうっと消えた。

「ど、ど、どこ? どこへ行っちゃったの?」

わたしは叫んだ。お尻のあたりに冷や汗がひとすじ流れた。

「こっちだよ、こっち」

よく見ると、笹の葉でおおわれた斜面に防空壕のような横穴があり、ビィビの声はどうやらそこから聞こえて来るらしかった。中は真っ暗だったが、勇気をふるい起こしてわたしも頭と前足をその中へ突っ込み、つぎに体の後ろと後足を引きずりこんだ。はるか前方にビィビがこちらを振り返っている。

穴は井戸のようでもあり、トンネルのようでもあった。それは自分が下に下がっているのか、横に動いているのか分からないからである。ただその暗闇の中に入ってしまうと、思ったより怖くなくて、むしろゆったりとした気分になれた。お母さんのお腹の中はひょっとしたらこんなかもしれない。

わたしはどんどん先を行くビィビのあとを追いかけた。ビィビは信じられないくらいのスピードでわたしの先を移動していく。わたしの回りには目に見えない暖かな気流があり、どうやらわたしも彼女に負けぬくらいの速さで運ばれていた。どのく

らいの時がたったろう。それはほんの十秒だったような気もするし、十年もの長い時間だったような気もする。前方に見えていた白い点のようなものがみるみる大きくなって、わたしたちは明るい光の中にほおり出された。

そこは見たことのない場所だった。前方にはところどころに草の生えた褐色の平原が遠く地平線のかなたまで続いていた。右手には小川が流れ、険しい岩山がそびえている。空は吸い込まれるほどに青く、空気は鼻の奥がつーんとするくらい乾燥している。空を仰いでいるうちに、前にいつかここに来たことがあるような気がした。でも、それがいつのことだったのか思い出せなかったし、今やどうでもいいことのように思えた。

わたしとビィビは小川で少しひと休みして水を飲んだ。水は冷たく、おいしい。小川を渡ると、間もなく岩がごつごつした山肌が始まった。ところどころ切り立った岩肌があった。人間のわたしだったらとっくに転んでいるところだが、ザイルも何も登山道具はひとつもないのに、わたしの足場はひどくしっかりしている。つるっとすべりそうになるたびに、例の黒い二つの蹄が岩をぎゅっとはさんでいるのだ。偶蹄目科というのもなかなか捨てたもんじゃない。わたしは改めて感心した。

「もうすぐおうちだよ。見張り番がぼくらを見てるでしょ」

ビィビがうれしそうに言った。そういえば、切り立った岩場から茶色の毛でおおわれた角の長い山羊が下を見下ろしている。

「ヤッホー! ただいまあ!」

ビィビは大声を上げた。

「ヤッホー! おかえり!」

鈴のようにすきとおる声で返事が返ってきた。

「あれはだあれ?」

「あれはムルシア。歌と草笛がとっても上手なんだ」

岩の丘を登りつめると、向こうに緑の木々に囲まれた森が続いて。風が吹くたびにどこからかなつかしい体臭が匂ってくる。確かにここは山羊の国だった。

「さあ、おかあさん。広場へ行こう。みんなが待ってる」

ビィビは広場めがけて歩き出した。ひどく高鳴る胸をおさえながら、わたしもそのあとに続いた。

(つづく)

『現実性の政治学』(3)

マリリン・フライ著

〔……A……〕

＊編集上の都合により、第3号48～54頁は一部、削除した。

編集後記

ここへ越してきて一年になる。仕事柄、職住同居。アパート暮らしの子なし生活だから、さして近所づきあいもないが、幾人かの顔見知りもできた。春、穴からでてきた蛇を道端にみつけ教えてくれたおじいさん、近くのマンション建設現場の警備員のおじさん、畑の脇で野菜を売ってるおばさんなどなど。名も知らぬが声を交わせば心暖かい。生活するとはこういうことだろう。女ふたりのとも暮らし、地域の中で、気負わず生きていけたらいいなと思う。（高橋瑛子）

今年一年、思い出してみると春からずいぶん書いてきたものだ。書きなれていらっしゃいますねなどとおっしゃってくださる方もあったが、実はこんなに書いたのは卒論以来なのだ。恥ずかしくてお尻がこそばゆくなるような気がした。ともあれ、その面では充実した一年で、たいへんではあったが、楽しみも大きかった。来年も自分の気持ちや生活とかけはなれない部分で地道にやっていきたいと思っている。（松本　泉）

＊みなさんのご意見・ご感想をお待ちしております。

★瓢駒と写真と仕事の三つのわらじをはいて、ひいひい言いながら、それでも楽しくやってきました。今回はファッションについて書いてみたんだけど、独断と偏見に満ちたまことに無責任な文章になりました。世の中この三パターンだけじゃあないわけで、お怒りの点もございましょうが、笑ってごまかしたいと思っております。天皇の病気といい、リクルートの件といい、なんかすっきりしないものが残った年でしたが、来年も自粛規制に負けず、瓢駒の購読者をもっと増やすためにがんばります。よろしく！

（草間　けい）

★星占いによると、一九八八年の山羊座の運勢は、前半快調で後半不調だったという。確かにその通りだったなあと思って来年の分を調べてみると、なんとまたも大外れ。来年は土星の影響で、ますますひどくなるらしい。『遠い山羊の国』を書き出したのは、その厄払いのつもりだったかもしれない。逆境に強い山羊の生命力にあやかって、外れくじは必ずひっくり返すつもり。第三号の発行は予定より一ケ月以上も遅れてみなさんにご迷惑をおかけしました。来年もよろしく！　（沢部　仁美）

ひょうこま舎

『瓢駒ライフ』―――購読申込方法
- ・購読料　一部　７５０円（郵送料込）
  年間　３０００円（郵送料込）
- ・同封の郵便振替用紙に住所、氏名を記入のうえ、お近くの郵便局から振り込んでください。
- ・振替用紙の裏面の通信欄に何号希望、あるいは何号から希望と明記してください。

『瓢駒ライフ』―――バックナンバー申込方法
- ・No.１、No.２　各一冊　７５０円（郵送料込）
- ・郵便振替で申し込んでください。
- ・ただし、No.１は残部わずかです！
  事前に往復ハガキ等でお問い合せください。

振替口座番号　横浜３－５２７２１　ひょうこま舎

『瓢駒ライフ』は下記の書店等でも手にいれることができます。

東京方面―――
- ・リーブル・ド・ファム　☎０３－３７０－６００７
  〒151 東京都渋谷区代々木４－２８－５　東都レジデンス410
- ・模索舎　☎０３－３５２－３５５７
  〒160 東京都新宿区新宿２－４－９
- ・ミズ・データ・バンク　☎０３－２６９－７６５０
  〒162 東京都新宿区神楽坂６－３８　中島ビル505

関西方面―――
- ・ウィメンズ・ブック・ストア　松香堂　☎０７５－４４１－６９０５
  〒602 京都市上京区下立売通西洞院西入ル
- ・フリーク　☎０６－８５５－３７４６
  〒560 大阪府豊中市岡上の町３－３－２４

瓢駒ライフ No.3

１９８８年１２月２５日
編集・発行　ひょうこま舎
〒213 川崎市高津郵便局私書箱７号
<振替>　横浜３－５２７２１
表紙　草間けい
頒価　６００円

瓢駒ライフ No.4.

—新しい生の様式を求めて—

はじめに

私たち——女を愛する女たち——の生き方を、私たち自身の手で、いろいろな方向からとらえ直していくと、いつも必ず新しいエネルギーに出会うことができます。これを「ひょうこま連鎖」といいます。この「ひょうこま連鎖」の媒体として「瓢駒ライフ」があります。「瓢駒ライフ」は創り手の文化と読み手の文化を繋げ、そして広げていってくれるでしょう。

若葉の萌える美しい季節に、おかげさまで私たちはうれしい一周年を迎えることができ、ますますはりきっています。第四号は、旬の美味しさいっぱいの増頁となりました。ゴールデンウィーク明けのスタミナ剤に、ホームパーティの歓談のおつまみに、またお友だちへのプレゼントにいかがでしょうか。楽しい気分になることうけあいです。そして楽しくなったら、もうあなたは「ひょうこま連鎖」しているわけです。

この春は、ちょっとおしゃれに「ひょうこま連鎖」！

女たちのエネルギーの輪を大きく広げましょう！

目次

座談会

「海辺のカイン」をめぐって

K…草間けい
M…松本泉
S…沢部仁美
T…高橋瑛子

海辺の町に下宿を捜しに来た森展子《のぶこ》はふとしたことから、子供服のデザイナーをしている独身の女性、佐野さんと知り合った。ジーンズにラフな上衣で学生のように見える展子は学校を卒業したばかり。佐野さんの住む海辺の町でひとり暮らしを始める。深夜喫茶で弾き語りをしたり、ウェイトレスをしたりしながら、一見気侭な日々を過ごしている展子は、年上で仕事に力を注ぐ佐野さんとお茶を飲んだり、彼女の部屋を訪ねたりするうちに、育った家庭や母親のことなど心を打明けて話すようになった。展子は母親との心理的な葛藤から、自分自身を大人の女性として成長し得ていないと感じていた。それは例えばスカートがうまくはけないというこだわりとなって表われていた。そういう展子にとって、素敵な着こなしの佐野さんは理想ともいえる大人の女性に見えるのだった。

佐野さんからの助言も受けながら、展子は次第に幼い頃からの母親とのわだかまりを乗り越えていく。それは同時に展子が自分の育った「家族」とは別に、ひとりの人間として自分を受け入れてくれる他者、佐野さんを求めるプロセスでもあった。

佐野さんの展示会での入賞を祝った夜、展子の気持ちを察した佐野さんは彼女をベッドへ誘う。翌朝、受け入れられたと思う展子に対して、佐野さんの態度はぎこちなかった。以前にも増して親しく会おうとする展子を、佐野さんは「あれは好奇心だったの」「あなた異常よ。アブノーマルだわ」と拒絶する。海辺の町を去る決心をし、別れを告げに久しぶりに佐野さんを訪れた展子は「あなたも好奇心からだったわよね」と問う彼女の言葉にただ涙を流すほかなかった。

『海辺のカイン』 樹村みのり著
講談社コミックス・ミミ969
1981年 講談社刊
初出・月刊mimi 80年6・8・11月号
81年1・3月号
（文中カット同書より）

【レズビアンは母を求めているのか?】

T…じゃあ話し合いたいことを挙《あ》げてくれる?

M…まず、服装のこと。最後の場面で展子自身が肯定しているのか、佐野さんはどうだったのか。おかあさんとの関係を問題にして通過儀礼ってことにしているけどそれでいいのか。

T…おかあさんとかおとうさんとかに要因を求めるのって心理学によくあるよね。

M…だからレズビアンに対するこういう解釈の仕方ってわりと常套手段だというか常識になってると思うのね。でも本当にそうかなあ。

K…たしかに展子が育ってくる過程でいろいろ悩んでお母さんとうまくいかずにずいぶん苦しんだ感じはよくわかるし、人格形成にはある程度関係してると思うけど、だからといって佐野さんとの関係では簡単に結びつけてない気がするんだけど。

M…でも、樹村みのりの描き方としてはそういうふうな感じってあるよ。少なくとも佐野さんはそう解釈してる。通過儀礼を助けてあげさえすれば展子が自分を通過していくってふうにおもって、踏み台になろうとして、でも展子にそれ以上の気持ちを持たれて嫌になっちゃう。

T…そうすると佐野さんは展子がお母さんとの関係を越えられさえすれば男の方に向かうと思ってるわけ?

S…うん、そういうとこあるわな。

M…かどうか「お互いの成長のためよ」ってのはさ、佐野さん自身が女の人に惹かれるってことをうすうす感じてて、それで兄弟にしか惹かれないって言って、だから「お互い成長のためよ 私たちはこういう所を通過しないとだめなのよ」っていうわけじゃない?

S…お互い男を好きになれないってのね。

M…そう。ところが、展子は男にいかず自分に傾倒してしまう。でも展子の方もどうなのかな。「わたし佐野さんのこととてもおこってる」「自分を愛してくれるよう要求する」ってとこも、幼い頃のお母さんとの事件とだぶらせて描いてるよ。

K…でもそれ、誤解を解けなくて関係がズルズルいっちゃったあの時とは違うんだから今は誤解をちゃんとしなきゃってことでしょ。

M…でも少なくともね、「まるで肉親に求めるようなものを佐野さんに求めていたんだ だから悪かったんだ」って、自分が悪かったんだって展子は思ってる。だけど展子がお母さんに求めたものと佐野さんに求めたものって本当はちがうよね。でもだぶらせて描いてるよ、作者は。

S…そう、それを一緒にしたがるんだよね。

心理学はみんなだいたいそうでしょ。

M…佐野さんは恐かったんだよね。「正直にいってもうあなたが嫌になったの」って、嫌になってたらあとで訪ねて来た時に、家にあげやしないよね。この最後のシーンは佐野さんがドアを閉めちゃったのかな。最初に展子が訪ねた時にはちゃんと彼女が階段を降りきるまで開けててくれたんだよね。

S…拒絶してるってことなのかしら。心のドアを閉めたってことでしょ。

M…佐野さんも充分見つめてないのかも……。

S…見つめてないと思うな。

T…だからレズビアンの人の多くがさ、そこで肯定できずにまた同じ事態に出会って悩む。悩み続ける。

S…こないだTVの「いただきます」でやってたの。高校生の女の子が自分は女の子が好きで男の人とはキスもしたいとは思わないけど、女の子だといっしょに住みたいしキスもしたいって言うのね。そこでわりと年配の女優が「それはお母さんを求めてるんだ。まだ大人になりきってないのよ。」ってスッパリ答えるの。面白かったのは、ボタンで会場に「いま何人そういう気持ちの分かる人がいますか?」って聞くと結構いたんだよね。それで、「私は男でなきゃ絶対ダメだわ。男が大好きって人?」って聞いたらそれより少なかったの。おかしかったんだけど、レズビアンがお母さんのイメージをダブらせて相手の女を求めるってのは通説になってるよね。だけど「あなたは私にお母さんを求めてるんでしょ。」って恋人から言われるとすごく嫌じゃない。

M…嫌だよね。お母さんなんて求めてないよね。

【その夜……】

K…でも寝る前の場面はスンナリっていうか、うまいね。

S…すごく自然だよね。感情の動きがスンナリ入ってきて、よくこれだけ美しく描けるなって感心した。なかなか描けないよ、こんなの。

M…「おかしいですそんなこと　そんなことってへんです」って展子がかえって言うんだよね。すると佐野さんは「わたしはいいわよ」「こういうことはあんまり考えないほうがいいわ」って言うんだよ。

S…でも「寝てあげましょうか」ってのはおかしいね。

M…ほんとうは寝たいのかもしれないよ。

K…この言葉につまったあたりでこの空気の中で一緒に寝たいと思ったんだと思うな。

M…その前の居酒屋のシーンのあたりからね、「おじさんだめですよ　この人わたしの好きな人なんですから」ってすごく自然でしょ。

K…そう。このあとウチへ帰ったらそうなるなって感じがすごくして。

S…ゲロはいちゃうとこなんかリアル（笑い）。この手よく使うんだよね。

K…で、ここでドドドって酔っぱらったまんまベッドに寝ころぶんじゃなくて……。

S…そうそこが大事。

K…スッとお互い一度冷静になってさ。真剣になるところが、このへんなんかすごくよく描けてる。

M…ほんと自然に描けてるよね。

S…酔っぱらった勢いで寝ちゃうってのはウソっぽいもん。

M…「あなたに迷惑かけてしまいました　恥ずかしい」って、こういう意識ってあるもんね。

【そこへはもう還らなかった】

S…でも、展子は最後までこういうこと肯定していないんだと思う。だから「そこへはもう還らなかった」なんであってさ。未熟だからああいうことしたって考えているんであろうし。

M…この「還」っていう字でしょ。

T…そこっていうのは単に「海辺の街」っていうより、そこでおこったできごとを指していると思うし、ふつうは「帰郷」の「帰」を使うところだもんね。やっぱり「還」には何か意味があると思うよ。

M…この「還っちゃいけない」ってのが、樹村みのりのメッセイジになっちゃってんだよ。

S…そうね。こういうことがあることはヒトの自然なんだけど、そこには「還っちゃいけない」

T…成長するにはその段階をもう一歩踏み越えていかなければいけないんだみたいな強迫観念みたいなのあるんじゃないかな。

S…このあと展子はどうなるの?もっと素敵な心を通じあえる女の人を捜すのが一番しあわせになる道って思うんだけど。

M…でもひとりで生きていくんじゃないのかなあ。佐野さんが男にふられてひとりで生きてきたように。

S…そういう独身の女って多いじゃない?そういう性的な部分はシャットアウトして聖女になっちゃって。

T…それで仕事に生きる。佐野さんもまたそうしていくんだよね、きっと。

【アブノーマルのレッテル】

T…佐野さんの心理ってのはどうなのかなあ。

K…「だけどしかたがないじゃない　受け入れるわけにはいかないわ」ってのはさ、もう一方にはやっぱり惹かれる自分がいるんだけど、理性ではダメだってのよね。

M…展子の気持ちがわかるからこそ一生懸命汗かいてさ。でも拒絶してるんだよ。葛藤があるからこそダラダラと汗かいて。

K…もしここでシャットアウトしないとどんどん踏みこまれてしまって自分がどうなってしまうのか恐い…。

M…恐いんだよ。じぶんがノーマルだと思っているような暮らし方ができなくなってしまうのが。

K…実際には別に変わんないんだけどな。

S…展子は佐野さんが「好きになるってどういうこと?」って聞くと「いっしょにいると楽しかった」って言うの。これいいよね。カッコいいの。スパっとした目しててさ。知ってるわけよ展子は。だけど、佐野さんはさあ「それは知人としてよ」って言って、「あれは好奇心だった」ってここでちょっと赤くなってるよね。もうちょっと狼狽してんの。そして、「わたしあの時酔ってたしどうかしてたんだわ　それによもやあなたがそんな気持ちだったなんて」

M…こんなの完全にごまかしだよね。

S…それでさらに自分の気持ちごまかすために「女の人が女の人を好きだなんてあなたアブノーマルだわ」っていうふうに相手にレッテル貼って、私は正常なんだって逃げるわけね。

「わたし自分が女どうしでも満足する人なのかしらって思ってた　でもあれでわかったわ　女の人とではだめなの」ってこれはウソだよね。

K…だって汗かいてるもんね。

S…ほんと汗かいちゃって大変!

K…でも、ウソだって画面で読めるのに、この作者はそうじゃないって思ってるのかしら。それを表現したがってるわけでしょ。

M…佐野さんもズルイし、作者もズルイんだよ。

T…でもヘテロだって思ってる人を追っかけてった時にこういうふうに拒絶されるのってよくあるパターンだよね。

S…うん。もうスッカリ寝ちゃってても自分は違うんだって言い張る人がいるから。こういう人たちが一番恐いのって何なんだろう?

T…「私はバイなのよ。」って納得する人もいるよね。

S…でも人を好きになることから遠ざかって、殻にとじこもっちゃう人も多いねえ。

M…多いねえ。

T…それで結婚しちゃったりね。

M…でもこの佐野さんもそうだよね。パターンってドア閉じて

殻に閉じこもっちゃったわけでしょ。もう愛することを止めるんだよ。

S…パターンしちゃうんだよね。

T…アブノーマルって言われることの恐怖ってすごく強いんだね。

【SEXという一線】

K…だけど最初に寝てた時なんか楽しそうだよね。

S…そうだよ。自分自身をひとつの様式にあてはめなきゃってなるからおかしなことになるんで、触ったり、手を握ったり、体好きなようにして気持ちいいなってそれでいいのに。一緒に楽しく暮らして関り持ってる時にはただ楽しいだけだと思わない?そうすると何がきっかけなんだ?寝なければそう思わなかったみたい。

M…そうなんだよ。そういう意味では同性とのセックスが異常だって思ってるみたい。タブーに触れたって感じなんだよね。

T…それで意外に楽しかったからよけいに恐いんだよ。

S…よかったんだ。（笑い）

M…ねえ、これが恐かったんじゃない?「わたしおかあさんとは和解しました　あなたを好きだということをうしろめたいと思う理由はもうなくなりました」って言ってるんだけど、この瞬間から佐野さんはうしろめたくなったんだよ。

K…そうねえ。

T…自分はお母さんの代わりだからいいんだって自分を納得させてたわけなのにね。

M…ところがこの時にお母さんとしてじゃないからうしろめたくないって言われたから自分は突然うしろめたくなったんだよ。

S…そうか。じゃあ、お母さん役割をしている時はそれでよかったんだ。

T…自分を納得させる理由としてね。

K…ひろい心で受け入れるみたいな…。

S…そうか。お母さんと子供ごっこしてると思ってたら全然そうじゃなくて、恋人同士だったから…。お母さんと子供の役割をしてるというふうに思ってる人たちってそれで安心してるんだ。スタイルが人を安心させるのよ。様式がさあ。

M…今すでにある既成のスタイルにあえば納得できるんだよ。

S…女同士が親しくなる関係は、女と男のカップルのその女の役割か、あるいは母か娘のどっちかの役割の模倣なら、まあ美しいと。

M…理解できるわけなんだよ。

S…それ以外のスタイルで迫られると、何が何だかわかんなくなっちゃうのね。そう考えるとわかるね。

M…この佐野さんはもう、うしろめたくって、うしろめたくって、もう拒絶するのもうしろめたくって、困ってるんだよね。最後まで。

S…そうね。こまっちゃってるのね。正直になりゃよかったのに。

M…「あなたも好奇心からだったわよね」「彼女は『イエス』と言ってほしがっている……?」イエスって言おうとして、でも言えなくて、耐えられないで泣き出すってところはすごくリアルだよ。感動的!!

S…でもさ、この人たちこのあと友達になれないでしょ。

K・M…うん、なれないね。これじゃあね。

S…だからセックスを持ったために友達になれなくなっちゃったわけでしょ。だからさ、そこがさあ、やっぱりどうなのかね。そこがレズビアンの難しいところだと思う。

T…うん。精神的な関係なら認めるみたいなのってあるよね。

M…だれでもそういうところを通過するのよじゃないけどさ。

T…ただそれが肉体関係になってはいけない。

S…なんで?やっぱりそれが世間にみとめられてないから?単純にそういうことなのかしら。ウーン…。

K…比較的レズビアンの場合はさあ、最初多少こじれても時間がたてばうまく元にもどること多いじゃない。でも、この人たちは絶対ダメだと思う。だから別れ方の問題よ。セックスがってことより。

M…だからレズビアンだと認めて恐くない人ってのは、女とのセックスが恐くないのよ。

T…展子の方は「だれかを拒絶したままなんて…佐野さんどんなにイヤな気持ちだろう…」って会いに行くじゃない。だから彼女の方にはかなり可能性があったわけよ。友達としてね、もどってもいいっていう想いがあるんだけど、佐野さんの方はダメなんだよ。

S…刷り込みが強いんだよ。だから、肩抱いたり、頬寄せたり

とかってのと、体を剥《む》き出しにして、裸になって寝るっていうこととの差がすごく大きいね。

K…佐野さんは男との関係でもセックスをして剥き出しになって捨てられたんで、相手が男でも女でもセックス自体に関する恐怖が強い人だってこともあるわね。

M…そんなことないんじゃないかな。そこまで読むのは読み過ぎじゃない。

S…でもセックスは裸になって自分の一番恥ずかしいと思ってる部分を見せ合うことだと思うのね。その時の秘密を共有するわけよ。お互いに。だから、秘密を共有する代わりにものすごく親しくなるわけね。それが恋人同士ってもんだと思う。だけど、秘密を共有するのが嫌だって思えばその関係は壊れちゃうのよね。で、佐野さんは相手に自分の恥部を晒してしまったのに、その時点で男から拒絶されて屈辱的な思いをして、だからもう自分の恥部は見せたくないって思うんだね。

M…そうねえ。この人、他人に対して閉じちゃったのかも。

S…そう、閉じちゃったの。だけど展子が現われたんでちょっと扉を開けかけたんだけど、やっぱりその時ネックになってるのはセックスなのね。

M…うん、セックスなんだね。だからもう一回閉じちゃうんだ。

S…だから彼女はこれはセックスじゃないんだと、お母さんが子供をあやすようなもんなんだよって思って自分をごまかしてやったところが、そういかなかったんだよね。

M…あとひとつは好奇心で。

K…そう、ここんとこ、お母さん役じゃなくなったって思ってから冷めて来ちゃったでしょ。そいでそのあとはちょっと遊び女みたいにふるまったり…。

S…そうね。ここでこの人しらけちゃったんだね。

K…ちょっとごまかそうとしたり、このお母さん役から恋人になったときのギャップみたいなの、おもしろいね。

M…よく描いてるよねえ。

T…実際にこういう経験あったんだろうね。

S…なきゃ描けないよ。

M…展子がスカートがはけないって悩むとこだって、これ経験のある人じゃなきゃ描けないよ。

S…それにこの場面、風景描写しながら心理描写してんのね。すごくうまいの。これは下になってるところから描いてるわけ。フフフ(笑い)

K…そうか。これは上になってるんだ。

S…そうよ。上になったり、下になったり、蝶々蝶々よ。でもさ、そこんところをどうやって抜けて行くんだろう。

M…そうだねえ。ただ単に頭が柔らかいの堅いのって問題?

S…それじゃあ普遍性がない。

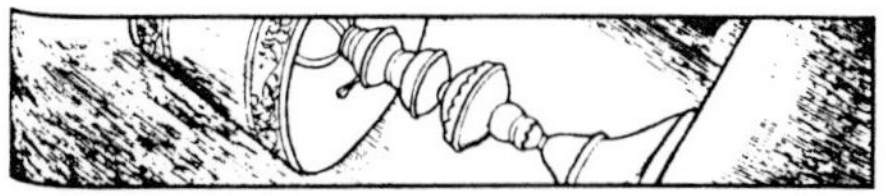

M…広がりようがなくなっちゃうじゃん。

K…こんなに楽しい思いを共有してたのに、「アナザウェイ」（ハンガリー映画）のリビアだってそうだけど、そのあと受け入れない。どうして楽しかったこと思い出さないでシャットアウトしちゃうのかなあ。

S…だから楽しみを味わってしまった分……。

T…その楽しみに罪悪感みたいなもん持ってしまう。

S…そう。そういうの強いよ。禁断の木の実を食べてしまった……。

T…背徳の何とかって感じ……。

S…そういうのあるんじゃないの。そういうのタブーっていうことなんでしょうね。

【作者は肯定しているか？】

K…でも作者は何がいいたいわけ？アブノーマルなんだよって言ってるわけなんだけど、ここまで読んできた読者は、アブノーマルだと感じてないと思うのね。自然にきてるからさあ。だからやっぱりちょっと違和感を感じながら「たしかにアブノーマルだ」って読まなきゃならなくて、こんな素直な子なのに、こんなヒドイこと言ってって思うんじゃない。

S…うん。読み終わったあと誰に共感するかっていうと、やっぱり展子の方だよね。そういう意味では作者はそれを肯定したかったんだろうけど、そのあとはなかなか見えなかったっていうかさあ。そこでおしまいになってしまう。

M…この本貸してくれた人も、作者は最後逃げてるって言ってた。ちゃんと描いてないって。

K…でもハッピーエンドってのもウソくさいしね。

T…まあ、これ描かれたのが昭和55年だから、その時代の状況もあるだろうけど。

K…そうだなあ。でも最後にひとつ希望の灯りをのこしておいてほしかったね。

M…タイトルが「海辺のカイン」だもんね。やっぱ「罪」って意識があるんだよね。

K…でもまあよく描けてるよ、これ…。

【性的存在としての自分】

K…ただ、お母さんとのことがさあ、ちょっと描き過ぎっていうか……。

T…たぶん作者自身のなかにこういう経験があってさあ、お母さんとの葛藤っていうか……、この人ほかにも子供の心理を扱った作品多いでしょ。

K…うん。孤独な子供の印象があるの。この人の描いたものには。

S…この人のテーマなんだろうね。

M…結局、この樹村みのり自身が母親と和解できないんじゃないの。でもねえ、それにしちゃよく解ってると思うんだよ。例えばね、「その時は同時に家族は自分の帰っていく場所ではなくなっていた時でもあった」っていうんだからさ。それはもう対幻想の問題に移行するんだよ、この時期ってのはさあ。思春期に家庭ってのを乗り越えて、人間は性的存在としての自分を引き受けるんだよ。展子はそこまでやったんだよ。

T…結局はレズビアンの問題が解決されてないからさあ、それをお母さんの問題と結びつけたくなっちゃうんじゃないの。そうして抜けられないんだよ。その母の問題から。

M…でも性的存在としての展子を佐野さんは受け入れない。展子はパートナーとしての佐野さんが必要なわけじゃん。肉親が必要なわけじゃなくて。男であれ、女であれ、その伴侶が見つからないもんだから家族の問題にもう一回戻るんだよ。でも、もし相手が佐野さんみたいな「アブノーマルよ」って反応をしないタイプの人だったとしたら越えられたの？

T…うん。厳然とレズビアンだって認めてる肯定的な人だったらもっと違った展開になったと思う。

M…そう。展子のためらいなんかを「あんた何ためらうの？これ自然なことじゃない。おかしくないわ。」っていう女の人だったら幸せになれたと思うよ。

K…でも、私は出会った人が女だったら、またお母さんの問題に戻っちゃうんだと思うの。いくら肯定してる人でも、この作者の中ではその辺が行ったり来たりする部分があると思うんだけど。じゃあ相手が男だったら？展子が好きになったのが男だったら、お母さんとの問題はなくなっていくんじゃないかな。

S…そうなの。スッパリきれいになる感じだと思うよ。

K…女の人だった場合にはレズビアンの問題が解決されてないから。

M…でも、展子はお母さんとは和解して、佐野さんを好きだということをうしろめたく思う理由はもうないって言うんだから。こんな輝いた顔して「好きです」なんて言ってるってことはさあ、もし佐野さんのような態度をとる人じゃなかったら、うまく踏み出せたんだよね。

S…そうだね。この人もう正面から向き合おうとしてるんだもんね。やっぱ、どっちかっていうと佐野さんの問題だね。もう展子にはかなり準備ができ始めてたんだけど、その準備してきたものを全部またガラガラってさあ、積み木くずした感じするんだよね。

T…だからまたお母さんの問題に戻しちゃうんだと思わない？

【自己の肯定――新しい様式を求めて】

K…作者はその積み上げてきたものってのを肯定してるの？

S…ここらへんまではかなり肯定してると思ったんだけど。

T…だから作者自身そこまでは来たけど、その先どうしていいかわかんないんじゃないのかな。

S…わかんないんだと思うよ。

K…いいところまで来てるのにやっぱそこで踏み込めないわけか。

M…そういう人多いよね。レズビアンだって全然かまわないって言ってくれる人が必要なんだ。

S…それも友達が言ってたんじゃだめなんだよ。だからホント体ごとぜんぶ受け入れてくれるっていうか、寝ないと解決できない部分があると思うんだよね。言葉では「レズビアンだってかまわない」って言っていてもやっぱりどっかで体が受け入れてないためにすごく神経症的な感じを受ける人っていっぱいいると思う。

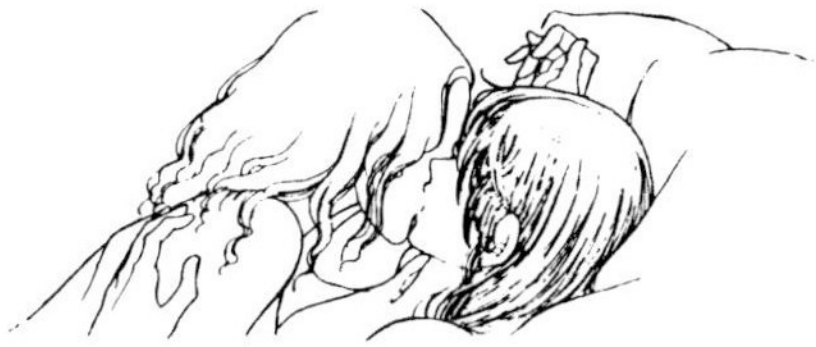

M…相手が体は受け入れても心は受け入れていないって人の場合もダメだよね。

S…寝ても相手が自分を男みたいに扱うとか、男の代わりにしてるって露骨にわかる時にはいくら相手が女の人が好きなんだって口で言ってもウソだってわかるもんね。男の代わりではなく私が好きで一緒に寝てるんだってはっきりわかるまでは、レズビアンだってこと肯定的には受け入れられないと思う。それがわかるまでは不安定なんだと思う。

M…オールドタイプのレズビアンでさらし巻いてて相手にも裸を見せないって人はどうなのかなあ。

S…とかせないんだよね。それって自分が嫌いなんだよ。

M…何でなの？

S…だから、女である自分が嫌いなのよ。

M…なんで自分が好きになれないの？わたしにはわかんない。

S…そこが複雑なのよ。女同士で寝た時に女である自分を初めて受け入れる可能性があるにもかかわらず、でもそれを受け入れられない。

M…何で男役にこだわるの？

S…だからやっぱり男がいいわけよ。自分が男として生まれてこない、おチンチン持ってないってことがコンプレックスで、ほんとに悔しいと思ってるのよ。でも私はそれでもかまわないと思うの。それでも寝ちゃえばいいっていうふうに最近思

うようになったの。体を動かして初めて人は大きく変わるんだもの。

T…男の代わりだってところで女とのセックスを自己肯定してる人もいるよ。裸になって、女として気持ちよくなるのが恐いって言うの。

S…つまり新しい様式になってしまうのが恐いのね。古い様式にのっとってればいいんだ。

T…そう「男と女ごっこ」ならいいんだよ。

S…だからやっぱり人は様式ってものをすごく頼りにして、それで安心するものなのよ。だから私たちは「新しい生の様式を求めて」って副題をつけてるのよ。新しい様式ってのはほんとうに時間がかかるんだと思う。でも私は創りたいと思ってる。

K…だけど女と女の様式ができたとして、またそれにとらわれるってことはない？

M…とらわれたくはないよ。理念が勝っちゃったような関係になるんだったら嫌だよねえ。

K…だから様々な様式があるんだってことを打ち出したい…？

S…そう。だからさまざまな様式があるっていうふうにするためには、その様々な様式のひとつを打ち出さなくっちゃ。口で言ってるだけじゃなくて、いろんな人のひとりにならなくちゃいけないのよ。

89年3月11日
新宿・談話室「明星」にて
（テープ起こし・高橋瑛子）

話は服装のことにも及びました。スカートをはくことに抵抗を感じる展子。きちんとした大人の女は、きちんとした服装を身につけることができるんだと彼女は考えています。中身のおかしな人は外見もおかしいと考える展子は、自分のことをおかしいと感じているのです。正常か異常かを持ち出す人は、必ず正常がいいと考える人でもあります。そんな展子に浴びせられた「アブノーマル」という言葉は自分の感覚や感情に素直になろうとしていた彼女を打ちのめすに充分だったに違いありません。作者はこの服装の問題も女の人を好きになることも、彼女が一般の人とは違うと感じていることがらの原因を、展子が母

親に対して抱き続けた不信感に還元しようとしているように思われます。たぶん作者はフロイトなどの心理学をかなり勉強したに違いありません。実際に出会うレズビアンたちの中にもそういう人は多く見受けられます。みな必死に自己肯定したくて、難解な書物を読みふけったのでしょう。話し合いの中にもあったとおり、作者自身、肯定と否定の狭間にただよっているようです。しかし真正面から「女が女を愛する」というテーマを据えた内容の濃い作品です。機会がありましたら、御一読お勧めします。

（高橋）

＜アンケートのお願い＞

今度、「おんなの子はホモまんがお好き!?」というテーマでセクシュアル考を書いてみたいと思っています。つきましては次のアンケートにお答えください。参考にさせていただきたいと思います。

＊１　あなたは男性のホモセクシュアルな関係を扱ったマンガが好きですか？
・大好き　・わりと好き　・別にどちらでもない
・あまり好きではない　・嫌い

＊２　だれの何という作品が好きですか？（同人誌の場合は簡単な内容を書いてください。コピーを添えてくださるとうれしいな♡）→部分的でいいよ

＊３　なぜその手のマンガが好きですか？（例・男の友情の極致だわ!!セクシーだからよ。かっわいいじゃん！ｅｔｃ．）

＊４　あなたはレズビアンのマンガが好きですか？（＊１に同じ）

＊５　あなたのセクシュアリティは？（さしつかえなければ答えてね）
・ヘテロセクシュアル（異性が好きよ♡）
・ホモセクシュアル（同性がいいわ♡）
・バイセクシュアル（どっちだって愛しちゃう♡）

＊６　年齢

＊７　性別

無記名でかまいません

できれば、耽美派美少年マンガ大好きっ子のヘテロセクシュアルの女の子の意見をお聞きしたいのでそういうお知りあいがいましたら、ぜひアンケートをおすすめください。

送り先・213 川崎高津郵便局私書箱７号　ひょうこま舎　Ｔ係（ハガキ可）

高橋　瑛子

東京少年よ、どこへ行く

草間　けい

京都で少女だった子が、東京で少年になった。

私が十年勤めた仕事を辞めるというので、友だちが誘ってくれたのは、名前も聞いたことのないロックグループのライブだった。

ロックコンサートなんて、十年も前にサザンオールスターズを聞きに行ったきり、とんと縁も興味もなかった。最近じゃ、テレビでたまに見て、今の若者のノリの良いことにびっくりしている。画面を通して見ている私の方が、気恥ずかしくなってしまう。「背は伸びほうだい、服も着ほうだい、リズムにノリほうだいで、すっかり欧米化しやがって！」

若い時に行ったコンサートの終盤になっても、席から立ち上がるものかどうか　　した覚えのあるおばさんのひがみではある。

『東京少年』というバンド名を聞いて思い浮かんだのは、『少年隊』『光ゲンジ』『少女隊』のイメージで、それに東京がくっついてるわけで、旧いんだか新しいんだかわからないような名前である。とうてい私の世界ではないけれど、十年間のアカ落としにはちょうどいいかも知れないと思いきった。

三月三十一日、相棒も誘って新宿のニッシン・パワー・ステーションというライブ・スポットに行った。フロアーに入ると十代の若者だらけ、肩をすり合わせるくらいにして立っている。

その中から見馴れた顔（もちろん若者ではない）が現れて、中ほどの柱の近くまで案内してくれた。寄らば大樹の陰ならぬ、ライブ・スポットの柱である。ちょっと安心した。ステージを見るとすごい照明設備に、モニター画面がずらーっと並んでいる。「狭いながらも金がかかってるなあ」なぞと感心しつつ、異次元に迷い込んだ私は名実ともにおばさんであった。そして、しみじみと二十年前に心ときめかせて聞きに行った新宿アシベや池袋ドラムのこぎたない客席やステージに思いをはせるのであった。

しばらく待って現れたのは、いかにもロックバンドって感じだけど、どこか素人くさくて生々しいところのある四人の男と清潔感のあるボーイッシュな少女だった。

「アレレッ」

という間に、若者たちがみなステージの方にぎゅーと押し寄せたので、私たちは柱のそばに取り残されてしまった。

彼女が歌い始めた。彼女は元気でかわいかった。彼女にとっても観客にとっても、初めの一曲は足慣らしだったが、はりきっている彼女の動作がちょっと浮きぎみで、宝塚みたいな感じがあった。一曲終わって、彼女があいさつした。関西弁だった。

「今日は東京少年のライブに来てくれてありがとう。あたしもずーっとこのコンサートを楽しみにしてたんや。今日はみんなも楽しんでってくれたらうれしいんやけど」

上着のポケットに手をつっこんで、ボソボソとてれくさそうにしゃべる。二枚目のアルバムのレコーディングを終えたこととか、その出来のこととか、これからのコンサートの予定とか。

テレビに出るアイドルの女の子とは全く違う。たぶん元気な女の子のポップス系アイドルの基本パターンは、顔一杯の笑顔で、右、左、正面と、どの観客にも思いっきり手を振りながら、

「こんばんわぁー」

などと言うのだろう。この場合のアイドルというのは、キャンディーズ、ピンクレディ、榊原郁恵、本田美奈子、小泉今日子、松田聖子の類で、山口百恵、中森明菜のような元気のないアイドルのことではない。とはいえ、これらのビッグアイドルと比べるには、彼女はまだマイナーすぎると言われてしまうだろう。

前につめかけていた若者たちは、いつの間にかそれぞれが、体を動かせるくらいの余裕をとりながら、フロアーいっぱいに広がっていた。彼らは、最初から体全体でリズムをとって、この時とばかりにノリまくっているように見える。後から見ていると、黒いいくつもの頭が上下に十センチ以上の振幅を繰り返しているのだ。このライブスポット全体が、同じリズムで躍動しているように感じる。彼女が歌い始めたことで、そこにいた若者たちのエネルギーが放出されていくのだ。これは、やっている方にすれば、一種の快感以外の何ものでもないだろう。私はしばらく彼女だけを見続けた。ふちの大きな帽子が、落ちそうになるのをおさえながらスキップする。色が白くてきゃしゃな体に、大きめの上着（柄はチェック）を着て、中は胸にカラフルな模様のついたTシャツ。そして半ズボンにスニーカーという少年ルックである。このかっこうが得意らしく、ポスターやパンフレットの写真も同じだった。そう、萩尾望都のギムナジウムにいる少年のイメージだ。学園という特殊な世界の中で、友情とも恋愛ともつかない気持ちのつながりを、彼女が歌う。

「ハイスクール　デイズ」

Just too late too sad　君ともう会えない
Just too late too sad　時を待とうか
Just too late too sad　二度と戻れない
Just too late too sad　そんなこと何度も考えた
lonely day

宿題に手がつかず　胸騒ぎの夜
やりきれず　外にでて　月をながめてた
忘れてたはずの思いが　胸をよぎる
思い出すのはなぜかあの日――so,High school days

一時間目のベルが鳴り終わる　Rin gon Rin gon
階段をかけて来る足音　いつも君　ろうかで立ち話
休み時間のベルが鳴り終わる　Rin gon Rin gon
遅刻寸前　いつまでたっても終わらない　君との立ち話

（以下略）

「きみとぼく」って、これは絶対少年と少女じゃない。まして男と女なんかじゃあるわけない。ものさみしいけれどきれいな澄んだ声で、彼女が歌う。

何曲か歌い終わって、彼女がちょっと話をした。

「ゆうべ、後輩から電話がかかって来たんよ。後輩ゆうても、中学三年生の女の子で：：あたしが卒業した中学の：：」

その電話の内容というのは、その中三の子がスキー教室へ行ったところ、宿の夕飯に出たスキヤキを見て、いきなり

「こんなんまずそうや、気持ち悪い」

と口々に言ったチャラチャラの服着た同級生の女の子たちに腹を立て、

「何、言っとるねん、おいしいやないの。一生懸命これ作った人おるんやで」

と、むきになって食べた。そしたら食べすぎて、全部口からゲエーッとやっちゃった自分が情けないやら、中学生でチャラチャラ女やってる子たちにムカッ腹が立つやらで、電話してきたということらしい。その後輩に彼女は、

「あんたのゲロは、名誉のゲロやで」

と、励ましてやったという話だった。その後も少し話は続いたが、中学生のうちからもう自分の人生を立ち上がらせる努力を捨てて、男の視線を気にしてチャラチャラしてる情けない少女たちがたくさんいるのを、私はよく知っている。電話の中学生も、それを話した彼女も、それを聞いた私も、

「あんた、それでも女か？　もっとしっかりせんかい！」

と言いたい気持ちを持っている同じ仲間のように思えた。

その後、彼女が歌ったのは、すごくノリの良い曲だった。

どっか行っちゃった　私の指輪
18金だったのに　部屋のどこかにバイバイ
どっか行っちゃった　私の指輪
部屋が汚すぎたわ　床のすみにバイバイ
どっか行っちゃった　私の指輪
彼とおそろいだったのに　部屋のどこかにバイバイ

この曲は、唯一主人公（私）の相棒が、異性だというのがわかる曲である。しかし彼女のアッケラカンとした歌いっぷりもさることながら、私と彼の関係を象徴する指輪に対する思い入れの軽さは、誠に痛快だった。特に私が気に入ったのは、「部屋が汚すぎたわ」って所で、うれしくなってしまうからだ。聞いている私も実に愉快にノッてきた。次の曲がかかると、周りの若者たちは、こぶしを作って斜め上に振り上げ始めた。威勢のいい曲で会場は盛り上がっている。なんと題名を聞いてびっくり『性差別』。振り上げたこぶしは、女の自由と権利を求める抗議のこぶしだったのだ。

百も承知だ　百も承知だ――性差別
時代は移り　戦後も遠く
男女平等と騒がれて
晴れて女子大　首席で卒業
″よっしゃやるぞ″と思ったら――
上っ面だけ雇用機会均等法
でるクイはすぐ打たれてしまうの　tomboy
ワクにおさまるタイプじゃないのよ　sorry
″女だから″とバカにしないでよ　Let's go Tomboy
Go go go!
（中略）
″原始、女は太陽だった″と　らいてう
だけどやっぱり男で挫折よ　論外
恋をするのも悪くはないけど　Hey girl
尽くすばかりじゃいずれは挫折よ　Let's go Tomboy
Go go go!
百も承知だ　百も承知だ――性差別
百も承知だ　百も承知だ――負けちゃだめよ

「イイゾ、イーゾ、ヤレヤレ！！」

今まで、性差別という言葉をはっきり出して、歌にしちゃった人って日本に何人いただろうか。それも、「世の不条理ね」って嘆くんじゃなくて、ロックのリズムにのせて抗議しまくっ

ちゃうんだからすごい。男の子も女の子もいっしょに性差別の歌にあわせて声をはり上げる。

この十代の少年たちはいったい何なのだろう。ふと正気に戻って、彼らが東京少年にひかれる理由を考えた。一つには、「彼女がモノセックスぽくてかわいいから」というのがあるだろう。作られたおんな性のうそっぽさに気づいているのかも知れない。もう一つに彼女の歌が好きというのがあるだろう。彼女が歌う歌は、「きみとぼく」の世界が、とても多い。無意識にしろ、そういった感傷がしっくりくるのではないか。まあ、どちらにしろ、彼女と彼女の歌に共感を得て聞きに来ている若者たちの元気の良さは、私をうれしくさせたのである。アンコールで盛り上がったステージで、彼女は、

「七月の後楽園ライブ、見に来てね」

と、また宝塚のようなしぐさで、あいさつして行った。

会場を出た私たち四人の間では、ビデオ（前に衛星放送で収録されたもの）の彼女と、今日のステージの彼女がどう違っていたかが話題になった。「では、それを見よう」ということになって、私と相棒は友人宅へ押しかけた。

そのビデオは女性ロックシンガーだけのライブの前座を東京少年がつとめた時のものだった。大半のお客のお目当ては東京少年にあるはずもなく、会場の雰囲気はまだ固く、彼女はかなり歌いずらそうだった。二曲目になると、少し開きなおってがんばり始めたのがわかる。最後の三曲目は『性差別』。力強いステージ・アクションでみずから自分を呼び起こすように歌い動く。

「やっぱり、今日のアクションと違うね」

「うん、こっちの方がずっと力がこもってる」

「今夜のライブの方がかわいらしくなったというか、やわらかくなったというか、戦闘的でなくなったというか、ね」

「今日も確かに元気だったんだけど、少しアイドル化されつつあるのかな。洗練されてきたよね、大分」

「レコード会社なんかのスタッフが関わり出すと、自分だけで歌作って歌ってる時みたいな、自由にもの申すっていうのができなくなるんだろうね」

「でも、それにしてもいい線行っているよね、彼女は。『人は愛し合わなくちゃ』みたいな話してても、彼女が言うと自然な感じだよね。自分の言葉でしゃべってるっていうことなんだろうね」

今、彼女は自分の言葉で歌うことができる。それはまだ彼女が少年の言葉を借りることができるからだ。五年後、彼女は少年の姿をしてステージに立つのだろうか。それとも少年の言葉や姿を借りられなくなった時には、歌わなくなってしまうのか。いや、その前に自分の言葉を捨てて、メジャーを目指しているかも知れない。しかし東京少年よ、私はそのどれも望まない。なぜならば、あなたには日本の９０年代ロック界の「らいてう」となって、私たち女の本音をガンガン歌っていてほしいから。

Let's go tomboy Go go go!

P.S.

「瓢駒ライフ」を印刷屋へ入れる二日前、な、なっ、なんと私は渋谷の駅前で、彼女、そう正《まさ》しく東京少年の彼女（笹野みちるさん）とすれちがったのだ。私はためらうことなくすぐに彼女の後を追った。

〈あんなに細くて小さかったかな？ 帽子にスリムなパンツルック、絶対そうだと思うけど〉隣に並んだ。ショートヘアに白い肌が見えた。そして横顔。間違いない！

「あの、あなた東京少年の人ですよね」

「えっ、ええ」

「この間のライブみました。それでその感激を『瓢駒ライフ』というミニコミに：：：」

興奮のあまり一気にまくしたて、あげくの果てに彼女にカムアウトしてしまった私だった。彼女はといえば終始あっけにとられた表情で、まじめに対応してくれました。こんなにもタイムリーな出会いってあるんですね。人生って面白いですね。

〒150-91東京都渋谷郵便局私書箱76号
ヒップランドファンクラブ内「東京ants」℡03(470)2938

東京少年
TOKYO SHONEN

＊7月28日（金）の後楽園でコンサートがあります。その他詳しい演奏日程は、音楽雑誌「ＤＰ」に載っています

ただいま……
グラグラ
グツグツ
おかえんなさい
組合はどうでした？
フレーフレー ドラゴンズ!!
留子さん
ん？
別にどうってことないよ 帰りにパチンコですっちまった
私……今日休みたくなっちゃった
ぺたん
どっか悪いのか？

そうじゃないの
きょう娘が来て……
どうしたんだ？家が恋しくなったのか？
そうじゃないんだけどなんとなく………
何となく今日は行きたくないの……
こまったヤツだなじゃ……電話してやろうか?!
うん

チン
お風呂 入りなさいよ 沸いてるから
ん…あ そうだな
カチッ
留子さん……
ザバーッ
ザザ
留子さん
ザーッ
コンコン

留子……さん
なァ…に?
背中 流そうか
あたしにも させてよ いつも 流してもらう ばっかりだもの
……
ポチャン……
ガチャッ
ザーッ
キイッ
もあ〜っ

あたしにも させて
ちょうだいよォ
ゴシ
ゴシ
きれいな肌
してるわねぇ
ぬ……
濡れないかい…?
大丈夫よ
ゴシ
ゴシ

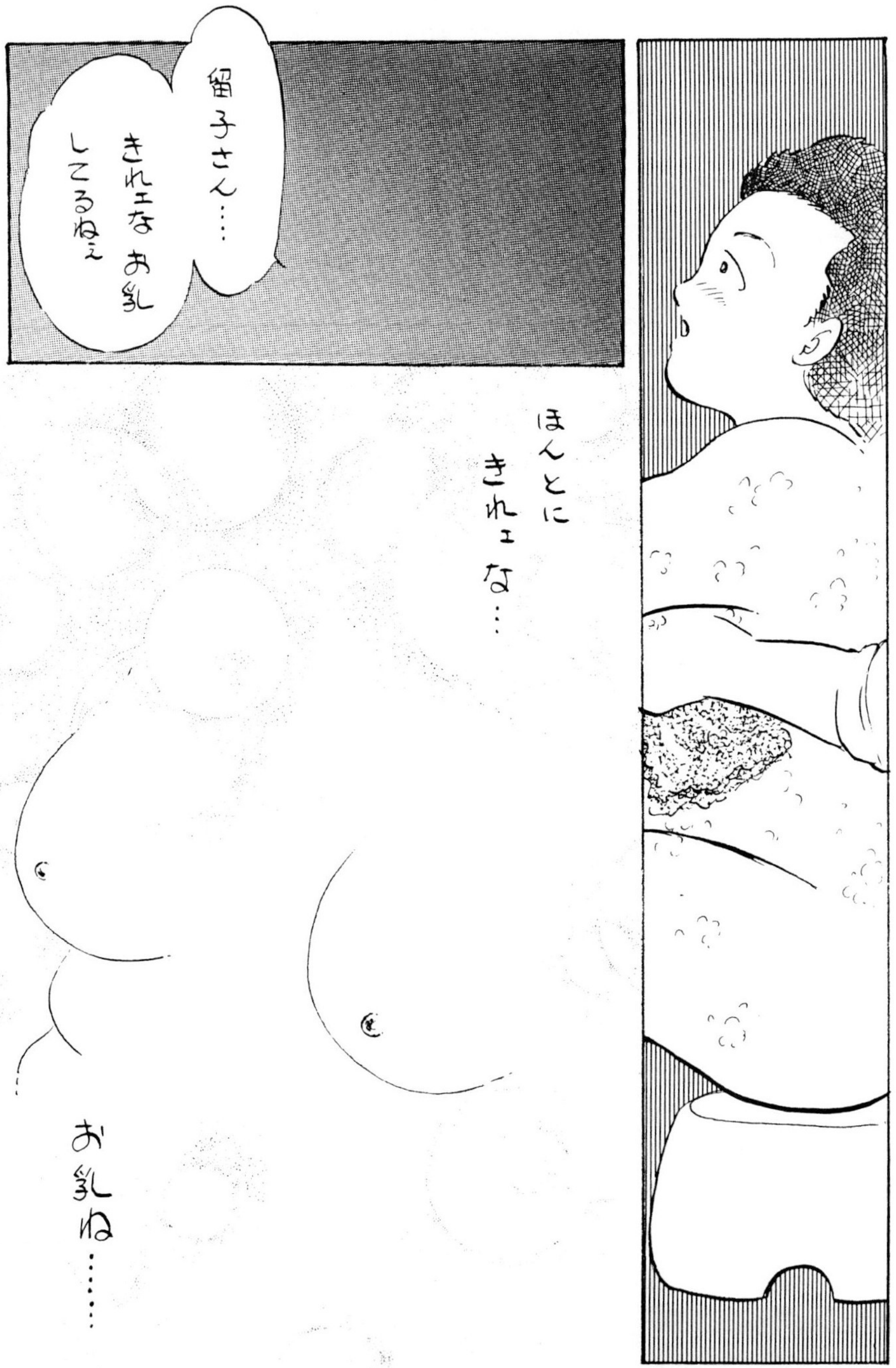
留子さん……
きれェな お乳
してるねぇ
ほんとに
きれェな…
お乳ね……

あら……
雪だわね
トク
トク
トク
トク
ヤエさん
俺のこと
嫌いかい？
？
嫌になったんじゃ
ないかと
思ってサ……
何で
そんなこと
言うのよ
パコン

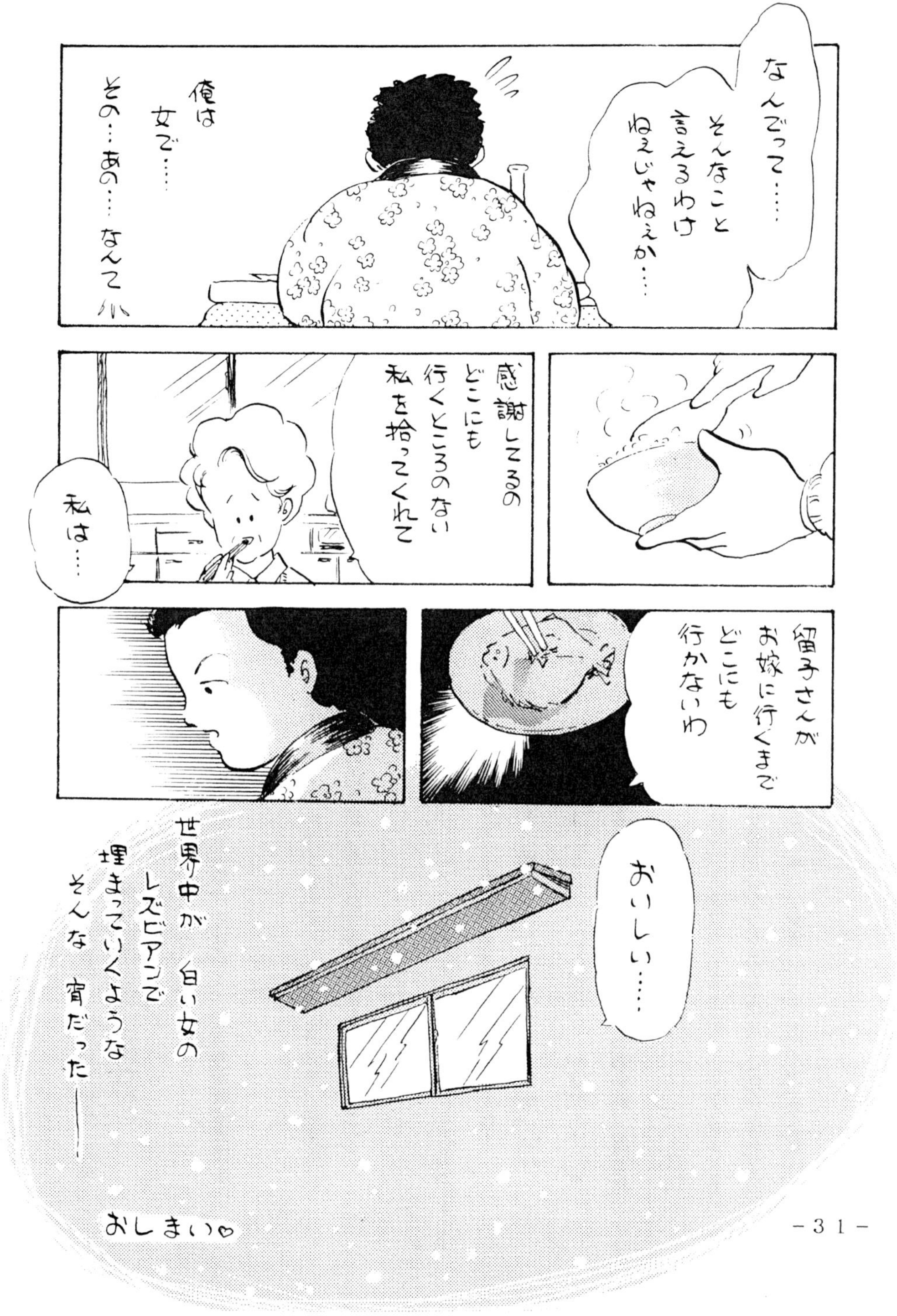
なんでって……
そんなこと
言えるわけ
ねえじゃねえか……
俺は
女で……
その……あの……なんて
感謝してるの
どこにも
行くところのない
私を拾ってくれて
私は……
留子さんが
お嫁に行くまで
どこにも
行かないわ
おいしい……
世界中が 白い女の
レズビアンで
埋まっていくような
そんな 宵だった——
おしまい♡

遠い山羊の国（連載・その二）

沢部　仁美

＊前号までのあらすじ

失恋の痛手から仕事に励む「わたし」は、ある秋の日に訪ねた牧場で、一匹の年老いた山羊に変身してしまう。失意のどん底にある「わたし」の前にビィビという子山羊が現れ、彼女の導きで「わたし」は山羊の国にやって来た。

広場の入り口には、化石化した山羊の像が立っていた。黒光りしたその山羊の頭にはぶどうやオリーブなどの、色んな果物と野菜があふれんばかりに供えられている。

「これがね、ここの神様。コーヌコーピアっていうんだ。豊穣の女神なんだよ」

口を開けて、めずらしいその像を見上げていたわたしに、ビィビが説明した。

広場は都会の小学校の運動場くらいの大きさで、ところどころに岩石がごろごろしていた。まわりはユーカリに似た木々に囲まれ、葉のすきまからすみきった青空がのぞいている。中央に白い丸い岩があるほかは、何の変哲もない場所である。

「ン、メェェ、メェェ、メェェ、メェェ！」

ビィビはその中央の岩に駆けのぼると、四方めがけて大声を上げた。

「ン、メエエ、メエエ、メエエ、メエエ！」

ざわざわとまわりの木が揺れた。見ると、その木々のあちこちから何頭もの山羊がつぎからつぎへと顔を出した。ごつごつとした木の幹を足場に、三メートルもありそうな高いところまで登っていたのだ。中にはその木のてっぺんから飛び下りる勇敢な山羊もいる。山羊がこれほど敏捷性のある動物とは！

その姿もわたしの思い描いていた山羊とは似ても似つかぬものばかり。ビィビのような白黒のぶち模様ならいざ知らず、真っ黒な牛みたいなのもいれば、全身を茶色でおおわれ、鹿と見分けがつかないものもいる。角も、わたしの頭に生えている小さなのと違い、五十センチもある立派なもので、それが耳の内側でくるくるとねじり巻きになったのもある。これが山羊なのかとあきれるほどの実に様々な種類の山羊がぞろぞろと丸い岩

のまわりに集まってくるのだ。

「あんなところで何してたの？」

わたしはそっとビィビに耳打ちした。

「ごちそうの葉っぱ集めてたんだ。今日はお祭りだからさ。かあさんがこの国にやって来たお祝いのお祭りなんだよ」

ビィビは当然のことのように言った。集まった山羊たちはてんでに何か話をしたり、耳をブラブラさせて笑ったりしている。若い山羊たちは前足をもちあげて自分の角を相手の角にぶつけて遊んでいる。不思議なことに大人の山羊はたいてい股の間に先がピンク色をした乳房をぶらさげている。あれ、おかしいなと思って、よく目をこらして見たが、やっぱりどの山羊も同じだ。ペニスをつけた雄山羊はいない。もしかして、ここは山羊のウーマンズ・ランドなのかも知れない。そう思うと、ますますわたしは興奮した。

やがて一匹の年のいった黒い山羊が例の丸い岩の上に立つと、あたりのざわめきが静まった。威厳にみちた角をした、眼光の鋭い、これも雌山羊である。身体はどちらかといえばやせている方だが、背は抜きん出て高く、いかにも長老然としたどっしりとした振る舞いである。低いよく通る声で彼女はいななき始めた。

「今日、わたしたちのこのすばらしい国に、新しい仲間が加わった。彼女が一日も早くこの国に馴れるよう、みんな暖かく迎えてやってほしい」

たぶんそんな意味のことをしゃべったのだろう。

「さあ、みんなに紹介するからさ。いっしょに来てよ」

ビィビはそう言うと、わたしを岩の上へ誘った。わたしは言われるままに、岩の上に立った。

「メェエ、マァマ、メィメィ、**サーベイ**。ムゥ。メェ！」

ビィビはごく自然にこの国のことばを話した。かろうじてわかったのは、「**サーベイ**」という自分の名前だけだ。そう言うと、ビィビはわたしの方をちらっと振り返って、「さあ、あいさつして」と目くばせした。そんなことといわれたってこまる。この国のことばは話せないんだもの。

しりごむわたしにビィビはとんちゃくせず、さっさと岩を下

りた。もうこうなったら当たってくだけるしかない。わたしは岩の前面に立った。岩のまわりは地面も見えないほど多くの山羊で埋めつくされていた。彼らの目はいっせいにわたしに注がれている。そして口はもぐもぐと食べ物を反すうしている。こんなところで何かしゃべるのは初めてだった。わたしの足はブルブル震え、のどはカラカラに渇いた。息が鼻の下の縦の割れ目からひゅうひゅう漏れて、ことばは変な音になってしまう。

「この国で、みなさんの良い仲間になれるよう精いっぱい努力します。どうぞよろしくお願いします」

ふうっと息を吸い込んでからわたしは一気にしゃべり、地面を前足でとんと踏んだ。これがこの国での正式なあいさつの仕方なんだと、さっきビィビから教えてもらったばかりだったのである。あいさつを終えると、山羊たちの足を踏み鳴らす音が広場に響いた。

どうやら気持ちだけは伝わったらしい。ほっとして地面に下りたわたしを、ビィビはうれしそうに見上げた。なかなかおさまらない胸の鼓動をなだめながら立ち尽くしていると、わたしのそばに入れかわり立ちかわり色んな山羊が近づいてきた。

いきなりくんくんとわたしのおしりのあたりに鼻をくっつけて、匂いをかいだかと思うと、今度はお互いに頭をゴシゴシすりつけて「メェェ！」といななき合っている。この国ではわたしのような白い山羊は珍かった。だが、どの山羊も体臭は同じだから、こうやってわたしがみんなと同じ仲間であることが証明されるらしい。まるで自分の汗や性器の匂いをかがれるようなあいさつに慣れないわたしは、穴があったら入りたいような心境でじっとうつむいていた。

「ニィ、ムゥ、ヌィム？」

だれかに話しかけられて振り向くと、そこにはこの広場にやって来る途中で見かけたムルシアが立っていた。赤褐色がかった茶色のがっしりした体つきで、顔だけが少し黒ずんだ色をしており、その中に黄色の瞳が好奇心に輝いている。素直そうだがぼんやりとした他の多くの山羊の目とちがい、そこにはある特別な光があった。それはまっすぐに相手の心の中を見つめる知性の輝きである。

「ニィ、ムゥ、ヌィム？」

中学校で英語を初めて習ったときのように、できるだけ相手の口元を見て、わたしはその音を真似してくりかえした。

「この国が好きになれそうかって」

そばでビィビが通訳した。わたしは「ええ」と答えるつもりで、「メェ！」といってうなづいた。

ムルシアはどしりと体を横たえると、人なつこそうな表情でわたしを見つめている。ゆったりと落ち着いた物腰は、去年の春、別れた恋人のユミにどことなく似ていた。

「マオ、ミィイン、フア。ウォ、ワン、ウォウ、フア！」

「早くこの国のことばをおぼえて、色んなお話しよう！　だってさ」

すかさずビィビの通訳。わたしはうれしくて思わずシッポを振った。彼女となら友達になれそうな気がしたのだ。彼女も同じようにわたしのおしりをかいだが、その後で「いい匂いがする！」とほめてくれたので、ちょっとうれしかった。

それから後もつぎからつぎへと色んな山羊があいさつにやって来た。おしりの匂いをかがれるのにもどうにか慣れて、わたしは何度となくあいさつをくり返した。

やがて広場にはどこからか、たくさんの葉っぱや草、そして果物が運ばれてきた。みんなは順序よく並んで、そのごちそうをもらい、しきりに食べ始めた。わたしもやっと緊張がほぐれて、ビィビがもらってきたユーカリの葉っぱを食べてみた。オーストラリアのコアラが食べている、あの葉っぱだ。こんなものを食べるのは初めてだったので、おそるおそる口にした。ところが、実際にかんでみるとすこぶる美味しい！　葉肉からしみだす汁は、ちょうどこってりとしたクリーム・シチューのようだ。それから菜の花。以前から菜の花は好物だったけれど、今、口にするその美味しさときたら！　そのまろやかな舌ざわりといい、少し苦みばしった粋な味といい、どんな高級な和食料理にもかなうまい。風の暖かな春の晩に菜の花のおひたしでやる日本酒がちょっと頭をかすめたけれど。まもなく、そんなものよりもっと素敵なものがわたしに差し出された。

少し周りのぎざぎざした柔らかな枯れ草だった。それを食べてしばらくすると、わたしの体はふわっと宙に浮いた。後ろ足でそっと地面を蹴ると、体はどこまでもどこまでも高くのぼっていく。気がつくと、あっという間に宇宙の果てだ。ぐっと右肩に力を入れると、体は方向を変えた。みるみる地球が近づく。すとんとソフトな着地に成功。それからもう一度ジャンプ。何度もくりかえすその気持ちのよさといったらない。それからわたしは地球を軸にした大きなブランコを揺する。ゆらゆらゆら。ゆらゆらゆら。

目を開けると、太陽のプリズムまでもがくっきりと見える。赤、青、紫……そして、日ざしを受け、風にそよぐ木の葉たちの群れ。うず高く盛られたレモン。吸い込まれそうな空。すべてがそのもののもつ生命力を放っている。人間のころ、わたしにとって自然がこんなにも美しかったことがあろうか。

気分は高揚し、イメージがつぎからつぎへと湧き起こる。ああ、こんな模様を紙の上にデザインできたら、どんなにいいだろう！　職業柄そんな考えがちらっと頭をかすめたりするが、それもつぎに浮かび上がるイメージに追い立てられて、泡のようにどこかへ消えてしまう。だれもかれも陽気に騒いでいる。笑い転げる山羊。笑いが笑いを誘い、広場中がどよめきの渦にのまれている。

トコトントントン、トコトントントン。

ふり向くと樫の切株の上でだれかが踊り始めていた。ひづめがたてるその音は、はるかかなたの世界から響く太鼓みたいだ。広場でみんなは踊り始めた。わたしもその踊りの輪に入る。ゆったり静かに体を揺らす。前に後に、右に左に。踊りの輪は一つの大きくゆるやかな波のように押し寄せては引き戻し、引き戻しては押しよせた。だれも何も言わない。ただその波に自分を体ごとまかせている。そこにはうっとりするほど、暖かな信頼のエネルギーが充満していた。今やわたしはひとりぼっちではなかった。そして、その「わたし」自身という意識さえもうすらいで消えていく不思議な感覚。それらはわたしが人間であったころには、決して味わうことのなかった感覚だった。

こうしてわたしはこの国の一員となった。

翌日、わたしはこの国の中をビィビといっしょに、バーバリという名の山羊に案内された。名前の表すとおり、さすがに毛並がよく、つやつやしている。彼女は相当におしゃれできちょうめんな性格らしく、ときどき思い出したように道に立ち止まっては、猫のように身つくろいをした。

国は大きな円形をしており、それが広場を中心に六つに区画されている。大きなチーズケーキを六つに切ったところを想像してもらえばいい。そのひとつひとつが驚くほど手入れの行き届いた農園になっている。農園には昨日入り口で見かけた女神の頭に盛られていた野菜や果物、そしてやはり昨日のパーティで食べた木々がびっしりと生い茂っていた。

第一の農園には主として菜の花やユーカリの木々が、第二の農園には大豆に似た豆科の野菜やアボカドの木々が、という風に。このひとつひとつの農園の収穫物をここの住民たちは、二か月近くかけて食べ、つぎの農園に移動する。食べ終えたあとはそのあとに例のポロポロした糞を落として肥料とする。食べることがそのまま労働につながっているのである。こうして一年かけてぐるっともとの農園に還ったころには、最初の農園はすっかり緑に包まれているというわけだ。わたしはバーバリの話をビィビの通訳で聞きながら、何度も何度もうなづき、感嘆の声を上げた。山羊たちがこれほど完ぺきな生産活動をしていたことが意外な驚きだったのである。

その翌日からことばのレッスンが始まった。

先生は、幸いなことに昨日わたしが初めて話したムルシアだった。ビィビは他の子供たちといっしょに頭突き遊びに興じていて、わたしのそばに寄ってこない。農園の案内につき合って以来、ビィビは自分の役目はすっかり終えたというような顔をしている。大人の山羊を見かけると、相手かまわず「マァマ（おかあさん）」と話しかけるところをみると、どうやらわたしは彼女の生みの親ではなかったらしい。子供たちの「マァマ」という言葉は、大人の山羊すべてのことだったのだ。それを知ってわたしはなんとなく肩の荷がおりたような、それでいてちょっと拍子抜けしたような、妙な気持ちになったものだ。ええい、おかあさんになっちゃおう！　と大見栄を切った自分が恥ずかしかったし、自分が彼女にとって特別な存在でないということは、正直な話、少し淋しいことではあった。こうして、わたしはビィビから離れ、ムルシアからことばを教わることになったのである。

　ムルシアはかたわらのユーカリの枝から葉っぱを何枚かくわえてくるとわたしの前に置き、

「ムゥ？」

と聞いた。太陽は真上に上がり、そろそろお昼ごはんの時間だ。昨日食べたあの味が舌の先によみがえって、不覚にもおなかがグッと鳴った。おそらく「ムゥ」というのは「食べる」ということらしい。わたしは

「メェ（はい）！」

と元気よく答えた。

　つぎに彼女は足下に転がっていた石を鼻先で運び、

「ムゥ？」

と聞いた。わたしは大きくかぶりを横にふって、

「ヌッ！」

　これは打ち消しのことば「いいえ」である。

　それから「わたし」は「ウォ」で、「あなた」は「ニィ」であること、三人称は「メイ」、複数にするにはそれぞれ「メン」と、鼻に抜けるような音を出せばいいことを教わった。

　水は「ナァ」、草は「ンナ」、木は「モォ」、早いは「マォ」、良いは「モオ」などなど。この国のことばはさほど多くない。発音が子音はm、n、wの三音だけなのでまぎらわしいが、どの音もあまり唇を緊張させないで済むので、考えようによっては楽ともいえる。

　語いのほとんどは「動く」「止まる」「眠る」などの行為を表す動詞と「上」「風」「乳」といった自然や食べ物を中心とする名詞である。ただ、植物の名前だけはやたらと多いのが特徴だ。「大きい」「平らな」といった、ものの状態を表す形容詞はあるにはあるが、喜怒哀楽を表す形容詞と色を表す形容詞はほとんどない。名詞にしても、その大半は植物に関するもので、「自由」とか「平和」といった抽象語はまったくない。一

つのことばにはその背景となる生活がある。これらの事実は、おそらく、そうしたものがこの国の歴史にはないことを意味するのだろう。

　ある時、ムルシアと農園のはずれのアカシアの樹の下で休んでいたとき、わたしは「好き」というのをどう言うのか聞いてみた。彼女は首をかしげて、そんなことばはないと言った。そしてそれはどういうことなのか説明してと言った。わたしは、じっとムルシアの瞳を見つめ、軽く彼女のほほに自分のほほをすり寄せ、これが好きということなんだと言った。わたしは彼女がとても好きだった。その思いをどうしても口にしたい衝動にかられていたのである。

　そのとたん、彼女の瞳に何か忘れていたものを思い出したようなひらめきが走った。それからしばらくうつむいていたが、やがて頭を上げると、彼女のほほをわたしのほほにすり寄せた。彼女の目にはうっすらと光るものがあった。わたしは初めて自分の思いが相手に伝わる喜びにふるえた。彼女はわたしがビィビにしてあげたように、わたしの顔をやさしくなめた。彼女の舌はまるでオーラが出ているように熱かった。わたしは目を閉じて彼女の愛撫を受けた。わたしも彼女に同じことをした。彼女の体はいい匂いがした。わたしたちはアカシアの木の下でしばらくその感触を楽しんだ。

「こんなこと、初めて」

　少し驚きの感情をまじえて彼女はそう言った。

「これが『好き』ということなの？　まるで子供のころに帰ったみたい。この国では大人はこんなことしないのよ」

と彼女はつけ加えた。

　一週間くらい朝のすがすがしい時間に大好きなムルシアから受けたレッスンのおかげで、わたしはだいぶみんなとことばが通じるようになった。

「ニィ、ムゥ、ナァ？」（あなた、水飲む？）

「メェ！」（ええ）

「マォ、ウン」（早く、行こう）

といった具合だ。

　レッスンが終わってからも、ムルシアとわたしはよく連れ立

ってあちこちを散歩して歩いた。この国に色彩を表すことばがないことが気がかりだったわたしは、美しい景色を見るたびに、その感動を言い表した。レモンは黄色で、空は青、リンゴは赤で、木々は緑なんだと、わたしが鼻で指さすたびに、彼女はしきりに何かを思い出そうとするように目を細め、そのことばをくりかえした。いっしょに丘の上に立って遠くの山を眺めるときなど、わたしは人間のころにユミとふたりで山に登ってキャンプしたときのことを思い出した しかし、一日もすると、ムルシアはそれらのことばをすっかり忘れてしまう。やはり彼女の目に世界は色をもっていなかったのである。

一月もすると、わたしはすっかりこの国になじむことができた。一日の生活は朝、太陽が上がると同時に目をさまし、みんなでそろって農園に行く。雨はほとんど降らないが、地下水が豊富らしく、農園の作物はいつもあおあおとしている。山羊たちは満腹になるまでは食べない。一定の量をお腹に入れたあとは、口の中にもう一度送り返された食物を反すうする。そうして何度も反すうしていると、食べ物は口の中で唾液とまざってどろどろの液体になり、それをもう一度飲み込むと、たいした量でなくても満腹感を味わうことができるのである。

それから、種のある野菜や果物を食べるときに、その種を全部食べてしまわないこと。木の場合は樹皮まで食べ尽くさないこと。これはだれもが守らねばならないきまりだと教えてくれたのは、お祭りで最初に話した黒い山羊だった。彼女はマンバーという名前だった。どんなにお腹がすいていても、数粒の種ははきだして地面に埋める シナモンのようにどんなに香ばしくおいしい樹皮でも食べ尽くすことはない。そうしないと、つぎの収穫のとき、何も食べ物にありつけないからだ。わたしは見よう見まねで、みんなのやりかたに従いながら、その知恵の深さに驚いた。

太陽が沈むころになると、だれからともなく農園から広場へ向かう。広場のユーカリの木の下は自然の岩穴が無数に掘られており、そこが格好の寝ぐらだった。岩穴の中には、柔らかな枯れ草が敷き詰められ、清潔なベッドになっている。灯りなどはもちろんない。満月の夜になると、岩穴の入り口に月の光が

差し込むこともあるが、だれも夜の広場に出て行こうなどとする者はいない。夜はすべてが眠る。これはだれも疑うことのないおきてだった。しーんとした岩穴の中で聞こえるものといえば、みんなの寝息だけ。ときどき眠れぬ夜など、わたしはそっと起き上がって外をのぞいて見ることもあったが、黒々と広がる闇のぶきみさにぞっとして、自分の場所へすごすごと引き返すのが常だった。

ある夜のこと、わたしはどこからか耳慣れぬ音がするので目をさました。ブーン、ブーンという蜜蜂の羽音に似ている。久しぶりに隣で眠っていたビィビも目をさました。

「おかあさん、あれ何の音?」

「さあ、何の音だろう」

その音はどこか空の彼方からやって来て、どんどんこちらに近づいているらしかった。「空・早く・動く・もの」わたしの頭の中で、かすかな記憶がうごめき始めた。鳥に似た何か。昔、そんなものに乗ったことがある。「ヘリ：：」そこまで思い出せたがあとがつづかない。最近では、昔のことがどんどん記憶のかなたへ押しやられている。

バラバラバラバラ：：

何かが頭上で落とされる音がした。わたしはひやっとして首をすくめたが、何も起こらなかった。それから間もなくその音は遠ざかっていった。

「だいじょうぶ。明日の朝、早起きして見てみよう」

わたしはそう言って、ビィビの顔をなめて、目をつむった。

翌朝、広場に出てみると、アカシアの木や広場の石の上に、白い葉っぱが、たくさん舞い降りている。仲間たちはおっかなびっくりそのそばに近づいた。子山羊たちはもの珍し気にそれを鼻先にひっかけて、ひらひらさせておもしろがっている。そのうちにだれかがそれを食べたらしい。こりゃ、いけるよ、というわけで、みんな手あたり次第にその白い葉っぱをむしゃむしゃやり出したからたまらない。広場のあちこちに散乱していた葉っぱは、あっという間にみんなの胃袋におさまった。わたしはあわてて自分の岩穴の近くに落ちていた一枚を拾い、食べ

るふりをしてそっと口にくわえた。わたしはそれが食べるためのものではないと直感したのだ。わたしはそれを枯れ草の下に隠して、いつもの通り、農場へ向かった。

その夜、みんなが寝静まったあと、わたしは枯れ草の中から朝の白い葉っぱを取り出した。幸い満月の夜だった。月の光の中で葉っぱはかさこそと音を立てた。昔、昔、この白い葉っぱの束は、わたしにとってとても大切なものだった。わたしはそれが好きだった。葉っぱの匂いはわたしの記憶の扉をそっと叩いているような気がした。

そう思って葉っぱをじっと見ると、そこには黒く細かいものがびっしりと並んでいた。縦に走ったり、横になったり、丸くカーブを描いたり、これは一体何だったろうか。わたしは眉間に神経を集中して、懸命に記憶の糸をたぐった。

そうだ、それはわたしの何かを「動かす」ものだ。その黒い線が何かをわたしの心に「動かし」、わたしもその黒い線で何かを「動かし」た。そうだ。これは「もじ」。それからこの白い葉っぱは「かみ」だ。白い「かみ」の束は「本」だ。昔、わたしは「もじ」で「書いた」り「読んだ」りしたんだ。すっかり忘れていた。なつかしいことばの群れがわたしの心の奥底でむっくりと起き上がった。わたしは古い記憶を手がかりに、むさぼるようにそれを読んだ。

「センソウハオワリマシタ。

ヘイワガヤッテキタノデス。

オソレズニデテキテクダサイ」

つっかえ、つっかえやっと

そう読み取ることができた。

それは「人間」からのメッセージだったのである。

（つづく）

現代新生活事情こぼれ話

松本　泉

職場で右隣に机を並べている上司から

「ところで松本さん、いったい幾つになったかね」

と、話しかけられたときには、突然のことでそれが私の年齢をたずねる問いであることに気がつくまでに2秒以上はかかったかもしれないほど、なんとも牧歌的な雰囲気でその「大論争」の幕があいたのだった。それから向こう二週間もの間、よりによってこの私が彼、俊夫ちゃん（仮名、特に名を秘す）の執拗な質問と人生に対する彼の真摯な御考察を拝聴するというなんともアリガタイ役回りを引き受けるはめになろうとは予想だにしなかった。

重ねてきた人生の年月に私なりの愛着はあるものの、さして個人的なつきあいがあるわけでもない俊夫ちゃんにすんなりほほえんで答える気になるほど若くはない私である。はじめははぐらかそうと笑ってごまかしたが、なにやら真面目な口調につい つい調子をあわせて答えてしまった。なにを隠そう、今年三度めの巳年を迎える花の中年、思えば遠く来たもんだ。今ではかわいい相棒が、畑の向こうの新住宅地の我が家で私の帰りを待っている。もっともこういう暮らしぶり、当の私たちにはすこぶる楽しいものではあるが、いまだ世間において認知されるに至っておらず、私たちはルームメイトというわけで、それに違いはないけれど

「そうか、結婚するつもりはないの？」

という、いたって立ち入った質問にははなはだ無力なライフスタイルのようなのである。

いつものようにアメリカ留学中の自慢の娘の進路かボーイフレンドの話題であろうとたかをくくっていた私は、話の意外な展開に、「おっと俊夫ちゃん、私のことですか？」とちょっとびっくり、彼に興味をもたれるようなこと、なにかしたっけなあと考えたが最近思いあたることもない。

「はい、ありません」

と、当然のように答えると

「どうして？」

と、これまたかなりに立ち入った第三弾。

（なんであんたなんかにあたしがそんなこと答えなくちゃなんないわけ？）という内心のうっとうしさをおさえつつ、

「なんでですか？気になります？」

などとこのときはまだ泥沼の二週間など予期もせず、私も余裕の答えっぷり。

だいたい私の勤め先では親しい人は何年か前からもうこんな質問をしてくることもなくなって、というのはこちらの年齢の

せいもあるかもしれないが、私の女性解放論も多少は知られていて、雑談のなかで誰かにちょっと女性蔑視的な発言があったりすると、

「あっ、松本さん、怒れ！」

と、からかいもまじってとんでもない方向からゲキレイの声が飛んできたりということもある。けれど、これも永年つきあっていてもわからない人にはいっこうにわからないようで、最初に会った三年前から毎月二回くらいの割合で、いまだに私に「希望をもちなさいよ」となんともシンセツなことばがけをしてくれる吉沢さん（同じく仮名）のような人もいるから、まことに人の理解力もさまざまだ。

私が女性差別に怒りをおぼえるようになったのは、弟と違ってなにかといえば家の手伝いをやらされた子供時代からのことであったけれど、はじめのころから結婚を否定的に考えていたわけではない。ただ、高校生のころにあるキッカケがあって宮本百合子の「伸子」という小説を読んだ。夫婦が離婚という結論を出すその結末で伸子の夫の佃が飼っていた小鳥を放つと縁側に戻ってくるというシーンがあって、それを見た伸子が飼鳥になっては堪らないと思うという部分が非常に印象的だった。しかも、誰かが解説か何かにこの「佃」という夫の姓は伸子の「伸」という字の「申」の上と下を「田」というように縮めたものであり、それは結婚というものが多くの女にとって伸びようとする力をワクのなかに押し込められるようなものであって、この命名には作者のそういう思いが象徴的に表現されているとかなんとか書いてあり、私はそれにもえらく納得してしまったのだった。ついでにあるキッカケというのも白状してしまうと、それは偶然のことから「二つの庭」を読んで百合子に女性の恋人がいてなんとその人と暮らしているということを「発見」してしまったことだった。もちろんそんなことはだれのどの解説にも書いてなんかなかったけれども、私にはそうとしか読めなかったから、私はそのとき天地が引っ繰りかえるほどに驚いたものだった。もうそのころ、女性に対する恋慕を知っていた十七歳の私にとってそれははじめて読んだレズビアン小説だったと言える。しかも由緒正しい左翼の大御所の作品である。それまで三島由紀夫の「仮面の告白」などで男性のホモセクシャルのものしか読んだことのなかった私は「伸子」を読み、近所の図書館で「道標」を捜して読み、ついには全集まで買いそろえてそのころの日記やら手紙やらをあらかた読んでしまった。全くすぐ興奮して夢中になるのはこのころからの変わらぬ性癖だ。しかし、百合子が再婚してからの作品はほとんど読んではいないから、私の興味もずいぶん現金なものだ。この全集、いまは友達のところに貸し出されて彼女の研究に役立っているので、私の興奮ぶりも無駄ではなかったのだけれど。

さて、結婚のことに話を戻すと、ともかく男性に対して肝心

の感情が伴わないのだから、友達づきあいまではいいとしてもこの人と結婚したほうがいいとか結婚すべきだとか考えると、とたんに暗い気持ちになって落ち込んでしまうがオチだった。今考えれば若かった私が結婚したほうがいいんじゃないかとかいろいろに迷って、したくならないのはきっといままでの相手のせいだからだとお見合いまでして相手を捜そうとしたりしたのは、異性愛の社会が女性は結婚しなければ一人前でないかのごとくに思わせるからだということがはっきりわかる。しかし、こういう理解にたどりつくまでには私にも何年かは必要だった。結婚したくない人はしなけりゃいい、こんな簡単なことに気付くのに何年もかかるだなんて、世間もずいぶん罪なことをするものだ。私の性格が素直すぎたのかもしれないけれど、読者の皆さんのなかに、結婚についてまだ迷っている若い方がいらっしゃるといけないので言っておきます。結婚ってのは、したくなけりゃ我慢してまでしなくたっていいものなんですよ。ね、そうでしょ。ところがこんなことが齢を重ねたわが上司、俊夫ちゃんにも実はわかっていなかった。やっぱり人間は結婚したほうがいいと素朴に信じているわけだ。結婚についてのこの信仰をくつがえすこと、これがなかなか簡単なことではないのは我が身をふりかえってもわかることだが、一年間、机を並べてコーヒーをいれてあげたりあげられたり、ひどい雨の日には俊夫ちゃんのマイカーでもよりの駅まで送っていただくほどのよしみである。調子にのって

「知りたいですか、本当に？」

なんて答えてしまったのが、運のつき。

「あんまり言いたくないんですけど、本当に？」

と繰り返して聞くと

「うん、聞きたい」

とのことである。

「あんまりひとには、言わないんですよ。めったにね。結婚っていう制度にね、反対なんですよ」

と、ついに言ってしまった。

「ええーっ、そういう考えだとは知らなかった。男女平等とかそういうことには興味持っている人だとは思っていたけど、そう、そういう考え持っているとは知らなかった」

私自身、自分のこの考えが絶対正しくて、他人もぜひ結婚制度に反対するべきであるというふうに思っているわけではないことをここではっきりことわっておきたい。私はそう如才なく世渡りができるほど人間関係を作るのがうまくないし、どちらかといえば、ある部分社会性にも欠けていると思っている。だから、世の中の大部分の人がしている結婚というものに反対だなんてことを大きな声で言いだして、その結婚している大部分の人を論敵にまわすようなことはしたくないし、結婚しておおいに幸せだという人だってずいぶん多いのであろうから、そう

いう人の幸せに水をぶっかけるようなことも私の好むところではない。私は現行の結婚制度に疑問を感じているし、自分はしたくないけれど、人がしたいとか、守りたいとか思っている結婚を否定したり邪魔したりしようなどとは思わない。人には思想信条の自由と、幸福の追求の権利がある。それなのに私自身が今にいたるまで結婚に関して他人にあんまり干渉されてきたので、ついついその反動で言い方がきつくなってしまうのだ。こういう私だってこれほど世の中が法律婚一色にそまっていなかったら、法律婚ってなんか変な制度なんじゃないっていう疑問だってかえって持たなかったかもしれないと思うのだ。

　つい最近も新聞の投稿欄に結婚して数年たった女性が「子供はまだ？」というこころない質問にどんなに傷つけられるかということを書いていたけれど子供をつくらない事情だってできない事情だっていろいろある。結婚しない事情だって結婚できない事情だって結婚したくない事情だっていくらもあることぐらい想像もできないで、ひとの人生に干渉する御仁が日本にはいささか多すぎるのではないかしら。百人の女がいれば百通りの人生がある。百人ともが結婚して子供を二人産んでという人生を生きたいと思っているわけではないのだ。

「どうして結婚制度を否定するわけ？」

「それはですね、女性を抑圧する根源的な制度だからですよ。それに戸籍とか入籍とかいうのも変なものだと思いますしね。おかみに届け出るようなものじゃないでしょ。でも、こういうことは言ってもわかってもらえないですからね。ホントは言いたくないんですよ、だからほとんど言ったことなんてないし、ただ私はそういうふうに考えているってことです」

「そりゃねえ、そういう考えがあるってことはわかるけどね」

（へえ、わかんないかと思ったらわかるのか）

「だけどね、なにも松本さんがそういうふうに考えてね、そういうふうに生きることはないじゃないの」

「そうですか。たとえば戸籍なんて天皇家の奴隷台帳でしょ。私、戸籍をありがたがって、天皇制を積極的に支えようとは思わないんです」

「そりゃ、飛躍のしすぎですよ。天皇制なんてそんなこと。それにほんとにそんなふうに考えて幸せなのかなあ」

「だって、なにが幸せかってことは自分が決めることじゃないですか。だいたい私は男の人と恋愛するとか一緒に住むとかいうことまで否定しているんじゃなくて、籍を入れるとか、そういう結婚制度っていうのがいやなんです。それに自分の生き方を決める大事な権利を他人にわたしたくはありません」

「そういったら、元も子もないじゃないの」

「いいんじゃないですか、私の人生だもの。それにもし子供ができたら私は未婚の母になろうと思っているの。過激ですか？クビになっちゃうかなあ」

「まあ、クビにはならないだろうけどね、子供がかわいそうだよ。やっぱりね、父親と母親とちゃんとそろった家庭が子供にはいちばん必要なんですよ」

「子供を育てるのは両親そろっていたって母親だけだってどっちにしたってそれなりに大変なことなんじゃ無いですか。私に彼氏がいたとして、子供ができたって私がそのひとに責任とってもらわなくちゃならないことなんて何も無いもの。私ひとりで育てることできるし、いま、私生児差別を問題にして闘かっている人たちもずいぶんふえてきたんですよ。まぁ、彼氏が育てたいっていったら育てさせてあげますけどね。古いところでは平塚らいてうだって制度的には籍をいれないで子供を婚外子として産んで育てたんですよ」

「そりゃね、そういうこと考えてつらぬいた人だっていたかもしれないけど、それは平塚らいてうだからできたんであって、なにも松本さんがそんなに世の中に背を向けて生きなくたっていいじゃない。ぼくだってね、いろいろ考えているんだから」

（別に私のことなんかあんたに考えてもらわなくたっていいわよ、頼んでるわけでもないのにさ。なに言ってるの）

「どこが世の中に背を向けていることになるんですか？私こうやって仕事して社会参加してるんですけど。今の消費社会で世の中に背なんか向けたら一日だって生きていけませんよ」

「だからね、そういう考えがあるのはわかるけどさ、松本さんがそういうふうに考えて生きることがさ、ほんとに幸福なことなのかなあっていうことよ、ぼくはそうは思わないなあ」

いったいどういうふうに反応するだろうかという好奇心もあってここまでちゃんと話してきたけど、もうだいたいわかってきた。それに少々疲れてきた。

「じゃあね、どういえばいいのかな。今のはあとから考えた理屈ですよ。戸籍について知ったのだって最近のことだし、もっと簡単に言えば、この人となら結婚したいなあっていう人に会わなかったんです。いたことはいたけどその人にはふられたんです。それだけのことなんです」

「そうだろ、ぼくもそうだと思ったんだ。そんなこと、わかっているよ。そりゃ、そうだよ」

なんだ、はじめっからこう言えばよかった、やっと話が終わったと安心したのはあさはかだった。さらに話はあらぬ方向に展開しだした。というのは、彼、俊夫ちゃんは今度は私に、「これは大きな声では言えないのだけれど」と、彼がある知人と飲みにいったときに、その人が、「じつはぼくはひとり者なんです」と言ったという話をはじめたのである。

「ぼくが思うに彼は今まで地方勤務でなかなか女性と知り合う機会もなかっただろうし、それにそんなに背が高いほうではないんですよ。でも、そうだな、坂田くんぐらいはあると思うけどね。話していてとっても面白い人なんだよ、明るくってね」

と、俊夫ちゃんの話はえんえんと続く。つまりはお見合いのすすめなのであった。そうして結婚しないと老後は区の職員に訪問してもらうようなあじけないことになるんだとか、長い長いお説教を聞かされることになったのである。

それから二週間、俊夫ちゃんは私を改心させるべく、どうして結婚制度を否定するのか納得できないと言い続け、ついには私の考えを新興宗教と同じだと結論づけたのであった。

法律婚制度否定の私ではあるが、このときはさすがに彼女と結婚できていたらよかったのにと思ったのである。

さて、勤め先では私たちの女ふたりの暮らしぶりもある人たちには興味の対象になることもある。というのも、私の職業はなんといっても固いのと保守的なことでは筆頭の公務員、一方、彼女の職業は分野も専門もまるで違った自由業。「どこで知りあったの？」とか、「仕事は順調？」というようなことから、もっと生活のなかでの仕事の分担とか部屋割りとかまでかなり立ち入ったことを聞かれることもある。こういうことを聞いてくるのはたいてい女の人なので、俊夫ちゃんの場合はプライバシーなんてことで切ってしまうことでも、相手が女性だと私はつい聞かれないことまでしゃべってしまう。全部正直に答えなけりゃならないなんてことはないんだけれど、私としては「結婚」とは違った同性の友人同士のこんな暮らしかたの楽しさももっと知られてほしい気がするのだ。

「部屋代とかはどうするの？」

「割り勘ですよ。ガス代とか電話代とか食費とかも」

「みんなちゃんと書いておくの？」

「はじめはちゃんと全部書いていたんですけど、すぐダメになっちゃって。だいたい私たちおおざっぱだから、どんぶり勘定で半分くらいになっていればもういいの」

「えぇーっ、他人でしょ？よくそれでうまくいくわね」

「はあ」

（この質問している彼女だって他人と「結婚」してうまくいっているんですけどね。）

「だってさ、ふたりいれば気分が食い違うこともあるでしょ」

「そうですね、やっぱり忙しくて疲れているときとか、不機嫌なこともあるし、ケンカしますよ」

「ああ、ケンカできるからいいのね」

そうそう私なんか彼女泣かしちゃったり。ときどきいけない子になるのだ。でもそういうふうに自分を出せるということが私たちにとってはいいことでもある。相手にそのまま自分をぶつけられるのだ。けれど彼女が泣いてしまったら、私もとっても悲しくなるからやっぱりケンカは好きじゃない。

「このあいだは大勢でカラオケに行きました」

と言って

「そういうときも女の人ばっかりですか？」

と受けてくるのはかなり私たちの雰囲気をわかっている人だ。

休みの前の日に遅くまで残っていて、ある女性の同僚から

「これから彼女が迎えにくるんでしょ、いいわねえ」

と言われたときには思わず顔が赤くなった。この女性はクリスチャンで以前同性の友人と共同生活をしていたとかで、そんな友人同士の暮らし方の良さみたいなものをおのずから知っているのだろう。

そんなわけでわが新しきライフスタイルもそれなりの市民権を得るまでには時間がかかりそうだが、わかってくれる人というのはやっぱりいるものだ。ながながと続く「結婚」教の教えにすっかりしらけたり、思いがけないひやかしに赤くなったり、それでも少しずつ理解者をふやしていきたいと思っている。

それにしてもひとこと言っておきたいのは住宅問題である。首都圏ではもはや一生汗水流して働いても住宅は手にはいらない。それならば賃貸しはどうかというと、これまた大変な高騰状態で、ひとり暮らしの女の経済生活をかなり圧迫していることはまちがいない。私のように彼女とふたりで暮らすと、ひとり暮らしよりは住居費の負担がずいぶん軽くなる。といったところで適正と感ずるよりはかなり高い。ひとり暮らしだと住居費が収入の3分の1を越えるが、それがふたり暮らしになると4分の1になるというぐらいのことであって、やっぱり目をむくような高さである。ただただ借りるためだけに消えていくお金がこんなに高いのである。となると生活防衛のため、私たちとしても安い公的な住宅に住みたいものだと考えるのは当然のことだ。

あるとき、配達された県の広報紙を見ていた彼女が突然大きな声で言った。

「こんなの、憲法違反だわ！なんなのよ、これ」

私も広報紙を見せてもらうと、県営住宅の募集要項が載っていた。その入居資格に実にこまごまとした事項が並べられている。収入は仕方ないにしても家族構成までが夫婦または親子を基本にしたものであることと定められている。そういう「あたり前」な暮らし方をしないとこの国では公的な安い住宅に入居する権利もないのであろうか。市民のあるべきライフスタイルまでおかみが定めようというのであろうか。私も彼女に言われてみて、これは本当に「憲法違反もの」だと思った。

いまマスコミでは学校の校則問題がさかんに議論されているが、公営住宅の入居資格は問題にもされていない。しかし、今回の減税のことでも、「結婚」とか「専業主婦」とかいうような特定のライフスタイルをとっているものだけが、減税などの対象となるというのはどこかおかしくはないだろうか。それは市民に対してあるひとつの生き方を押しつけていることになる

のだ。このように生きるべしという強制力となっているのである。誰とどんな風に暮らすかという生き方に対して、経済的に優遇したり、冷遇したりという形で口をだすようなことを行政はできないはずだと思う。

どのように生きるかということはすべて人がその人自身で決めるべきことだ。ある特定の生活様式だけが特別に優遇されるというのは、基本的人権の侵害だと私たちは思っている。私は彼女が好きだから彼女と暮らしている。文句あっか！私のこの幸福追及の権利は公的住居への入居に際しても「結婚」している人と同じように守られて当然のことではないのだろうか。

情報あれこれ

「トゥワイス・ア・ウーマン」というレズビアン映画のビデオをダビングしたものをG市の読者の方から送っていただいた。過日、我が家に友人が六人集まってにぎやかに昼食会を持ったその日にみんなで見て、多いに楽しんだ。「宝島」や「れ組通信」にも紹介されていないが、コメディータッチでテンポも速く、絶対楽しめると思うので、ぜひお勧めしたい作品だ。離婚経験のあるローラが、宝石店の前でショーウインドウを見つめる、ジーンズ姿の決まった若いシルビアに話しかけるところから、ふたりの女の物語は始まる。

並んでアムステルダムの街を歩くふたりの女。まったく女ってなんて格好のいい美しい生き物なんだろうとほれぼれしてしまう。インテリで優等生的な生き方をしてきたローラに比べ、シルビアはなにものにもとらわれず自由奔放だ。どんな相手の前でも臆さず自分を表現する。性格も生きてきた世界も異質で対照的なふたりだが、見つめあう目、やさしくからみあう腕、女の愛は甘やかで互いを犯さない。白い毛布でふたりの世界を守るように包むシルビアのしぐさにローラの心はたちまち溶けていく。さて、そのあとに、ローラの別れた夫アルフレッドも巻き込んでそれぞれの家族に起こってくる葛藤。ローラとシルビアの家族に対する対処の仕方はまるで違っている。このあたりは見るほうの私たちの体験とも重なってはらはらしつつ、笑ってしまう。

あんまりあら筋を書いてしまうとつまらないのであとは実際にご覧ください。監督はウィリアム・ハワード。主演はベルイマン監督の作品でよく知られているビビ・アンデルセン。前夫のアルフレッド役にはアンソニー・パーキンス。シルビア役は新人のサンドラ・デュマス。ローラの母親と会う場面での小粋なギャルソンルックもバレエ鑑賞会で見せるドレッシーなロングスカート姿も魅力的だ。

3月8日、表参道に女性の本の専門店ミズクレヨンハウスがオープンした。二万五千冊の女性の本が一堂に集められているのを見るのはなかなかの壮観だ。

国際女性デーのこの日、イタリヤの女たちはミモザの小枝を贈りあうそうだ。

この習慣、いいなと思う。この夜の麻島澄江のコンサート会場を埋めたひとりひとりに、緑のリボンで束ねられたミモザの黄色い花飾りが手渡され、それはどの女にもよく似合っていた。来年のこの日、何色のリボンでミモザの花を束ねて彼女の胸を飾ろうか。

クレヨンハウスの三階では87年と88年に「女性の本展」が開かれ「女性著者の本」という女たちによるブックリストが作られてきた。このブックリストは何を読むべきかという情報を知らせてくれるばかりでなく、女が女を誉め、評価しあうということの貴重な試みになっている。女による女のための女の本のリストや書評は今後ますます重要になってくるし、文化を創造していく行為としても必要欠くべからざるものだ。D・スペンダーは「言葉は男が支配する」（れいのるず秋葉かつえ訳／勁草書房）という刺激的な本の最後で「女と書きことば」の章をもうけて「優れた著作とはどういうものかを定めたのは特定の階級の男たちであった。」と述べた。「女自身の価値尺度や、何が真実であるか、何が価値あるものなのか、あるいは、何が関連性をもった適切なことなのかについての女自身の定義」は女が話し、女が書くことによって育つのだと。そうでなければ女たちの活字は色あせ、女作家は忘れられ埋もれていく。出版も流通もコントロールしてきたのは男たちなのだから、それは当然のことであった。だからこそ、このコラム子もスペースは小さくても、もの言う女の確かな声のひとつとして、女の価値尺度を育てる試みを担いたい。

88年の「女性著者の本」で、私は若桑みどり「女性画家列伝」（岩波新書）を知り、12人の女性芸術家の生涯をそれぞれに興味深く読んだ。とりわけ彼女ら女性芸術家が家父長制社会において芸術家として自己形成していった過程で父親の果たした役割を若桑自身の体験をだぶらせてとらえている部分は迫力があり、感動的であった。家父長的権威を持つ父親が娘を「家庭の女」として育てるか、あるいは男と同じに自己の志を継ぐ者として育てるか、あるいは父親がいないか。だが、マリー・ローランサンやレオノール・フィニに対する評価には若桑の同性愛への偏見が色濃く見られる気がして残念に感じた。その点では、堀場清子「女たち創造者たち」（未来社）の深尾須磨子への視点や同性愛の軌跡を「愛の解放区」として女性解放の過程へ捉えなおそうとする提言にはパートナーとして女を選択する女への共感が感じられた。同じ堀場の「青踏の時代」（岩波新書）も労作で、青踏の時代を生きた女たちひとりひとりの個性的な姿まで描きだして現代を生きる我々を励ます。尾竹紅吉ファンならずとも読んでおきたい一冊だ。「女性著者の本」から読者はさらにさまざまで有益な情報を得ることができるだろう。

このミズクレヨンハウスを拠点に6月4日からエコール・ド・ファム（女の学校）が開校する。女の視点からの開かれた学校をテーマにまた新たな冒険が始まる。ここ数年の間にレズビアンがレズビアンとして存在できる場は確実にふえてきた。そういう場のひとつとなるであろうエコール・ド・ファムの発展に私たちも力を尽くしたい。なお「フェミナ」創刊号誌上の落合恵子の「偏愛的ブックレビュー」は海外の女たちの作品についての読み応えのある一篇となっている。この行動力あふれるフェミニストの休みない前進に心からの賛辞を贈ると共に、ミズクレヨンハウスを支えるスタッフのかたがたにも心からの声援を送りたい。

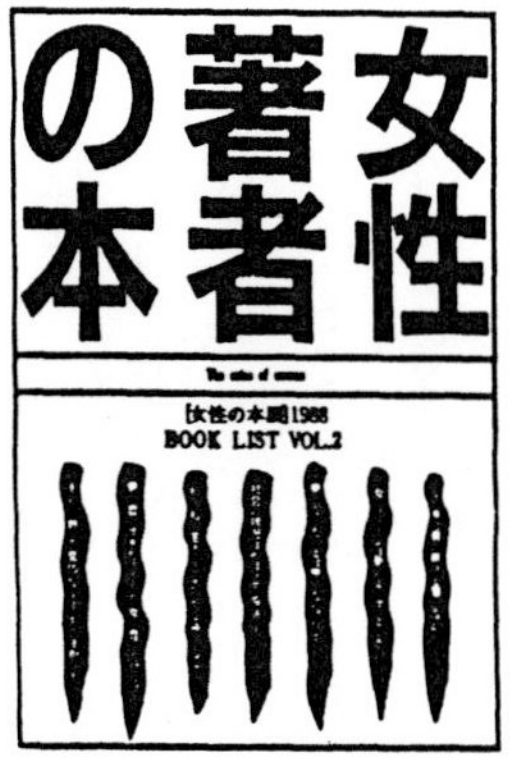

小倉千加子の「松田聖子論」（飛鳥新社）は芸能界を素材に、挑発に満ちたスリリングな文化論を展開している。七十年代のアイドル山口百恵と八十年代のアイドル松田聖子はそれぞれの時代を生きる若い女の子にまったく対照的な女の生き方を示して見せた。このふたりの女の生き方を、時代を象徴する記号として論じることを軸に、松本隆の詞、ニュー・ミュージック、少女漫画と次々にさばいていく手並みは見事だ。公式に堕さないフェミニズムの面白さを存分に味わうことができる。フェミニズムというのは、もともと男の公式を揺り動かすものなのだから、面白くて当然なのだが、この本の中で小倉は官製化するフェミニズムを強烈に皮肉っている。

（とまと）

＊文中敬称略

『現実性の政治学』(4)

マリリン・フライ著

〔……A……〕

＊編集上の都合により、第4号54〜60頁は一部、削除した。

お願い

瓢駒ライフは今号（４号）で一年間の購読期限が切れました。振替用紙を同封しますので、どうぞ継続の手続きを取ってくださいますようお願いします！

瓢駒ライフ編集部一同

輝け！第１回　ひょうこま大賞！

女が女を愛するという、新しい生の様式を求めて出発した『瓢駒ライフ』も、１周年を迎えました。新しい生の様式づくりとは、わたしたちが日々の生活の中で、心に育んだものを表現し、わたしたち自身の文化を創り上げていこうというものです。この大それた試みをおし進めるため、編集スタッフは、ユーモアの精神とビビらぬ勇気、そしてより高い芸術性をモットーにこの一年を過ごしてきました。

満１歳を迎えた『瓢駒ライフ』が、もっと多くの女達とつながり、さらに広がりをもったおもしろいものになることを願って、ここで（生意気にも！）「ひょうこま大賞」をもうけました。あなたもいっしょに「大賞ごっこ」を楽しみませんか？

<応募規定>

・応募資格　　女性であること。

・テーマとジャンル　　自由。

・枚数　　４００字詰め原稿用紙３０枚以内

（ワープロ原稿歓迎。Ｂ５用紙に縦２段組で２８字詰め２２行で）

・締め切り　　１９８９年9月３０日（当日消印有効）

・作品発表　　瓢駒ライフ６号誌上（１９８９年秋発行予定）

・賞品　　賞状・記念品（画家、渡辺みえこさんの絵）・作品掲載号１０冊

・受賞式　　１９８９年１２月にパーティ形式でにぎやかに行う。

☆渡辺みえこさんの紹介

渡辺さんは現在フランスで活躍中の画家です。日本で美術教師をしていた間も多くの展覧会で受賞しましたが、２年前ヨーロッパに渡り、ギリシア、モロッコ、イタリア等を旅して歩きながら、「海」や「女」をテーマにした絵を描いています。繊細な色調と力強い画面構成を特色とする彼女の作品は、パリのル・サロン展、サロン・ドートンヌ展につぎつぎと入選し、昨年開いたパリの個展や展覧会でも好評を博しました。彼女はまた詩人でもあり、著書に『南風』（ライオネスプレス）、『喉』（思潮社）があります。今回は、この春、一時的に帰国した彼女に協力をお願いし、快諾をいただいたものです。

編集後記

★今回は今までのような女性評伝の形にならなかった。シリーズ化してしまうと、それがかえって自分を縛る面があり、自由になりたい気がしたので、書きたいことを書くという出発点に戻って、最近、腹を立てていることを書いてみた。いかにもごつごつした会話だが、ほんとの話だ。文章にするときにはもう笑う余裕があったが、このときには笑っていられなかった。こういう展開は正面からぶつからなければ避けられるけれど、それだけでは事態はいつまでも変わらない。こんな体験はいろんな人がしているのではないでしょうか。（松本　泉）

★本業の忙しさと重なり、徹夜が続いたため、目がお岩さんのようにはれあがり、失明するんじゃないかと泣いたので、さらに一層はれあがって、なにやかやと悲惨な一か月でした。楽しみに待っていてくださった皆さん、発行がまたもや遅れてごめんなさい。（高橋瑛子）

★「はじめに」の欄に「ひょうこま連鎖」と書きましたが、東京少年にばったり会うなんて、これこそまさしく「ひょうこま連鎖」であると、つくづく思っています。何かを始めると、それが次の何かを生み、さらに次の何かに役立つわけです。新しい仕事につきだした私は、今、エネルギーいっぱいです。

（草間　けい）

★「たった一人の恋人にカッコいいと思わせるだけでなく、たくさんの他人にもっとカッコいいと思わせることが愛であり、仕事なんだ」という言葉を読んだ。自分の仕事がだれの心にどれだけ深く届くか。それは、こっちの料理のしかたと、むこうの腹の減り具合とにかかっている。腹はくちくなっても、心がいっぱいになることは少ない。ほかの人の心を満たすような仕事ができたら最高だ。そして、そんな仕事をしている人に多く出会いたいと思う。

（沢部　仁美）

☆「瓢駒ライフ」一周年を迎えるにあたり、忙しい中、毎回『現実性の政治学』を無償で翻訳してくださっている高瀬まゆみさんに編集部一同、心からお礼を申しあげます。

ひょうこま舎

『瓢駒ライフ』———購読申込方法

・購読料　　一部　　７５０円（郵送料込）
　　　　　　年間　３０００円（郵送料込）
・同封の郵便振替用紙に住所、氏名を記入のうえ、お近くの郵便局から振り込んでください。
・振替用紙の裏面の通信欄に何号希望、あるいは何号から希望と明記してください。

『瓢駒ライフ』———バックナンバー申込方法

・No.１——品切れ
・No.２　No.３　各一冊　７５０円（郵送料込）
・郵便振替で申し込んでください。
・ただし、No.２・３は残部わずかです！
　事前に往復ハガキ等でお問い合せください。

振替口座番号　　横浜３－５２７２１　ひょうこま舎

『瓢駒ライフ』は下記の書店等でも手にいれることができます。

東京方面———
・ミズ・クレヨンハウス　☎０３－４０６－６４９２
　〠107 東京都港区北青山３－８－１５
・リーブル・ド・ファム　☎０３－３７０－６００７
　〠151 東京都渋谷区代々木４－２８－５　東都レジデンス410
・模索舎　☎０３－３５２－３５５７
　〠160 東京都新宿区新宿２－４－９
・ミズ・データ・バンク　☎０３－２６９－７６５０
　〠162 東京都新宿区神楽坂６－３８　中島ビル505

関西方面———
・ウィメンズ・ブック・ストア　松香堂　☎０７５－４４１－６９０５
　〠602 京都市上京区下立売通西洞院西入ル
・フリーク　☎０６－８５５－３７４６
　〠560 大阪府豊中市岡上の町３－３－２４

瓢駒ライフ No.４

１９８９年4月30日
編集・発行　ひょうこま舎
〒213 川崎市高津郵便局私書箱７号
<振替>　横浜３－５２７２１
表紙　草間けい　　頒価　６００円

瓢駒ライフ No.5

―新しい生の様式を求めて―

はじめに

言葉というものは不思議なものだ。何気なく口にした言葉が、あとになって鮮やかな色どりをもって自分の胸に迫ることがある。わたしにとって、『瓢駒ライフ』の副題「新しい生の様式を求めて」も、その一つだ。

去年の五月、初めての号を出したとき、ミッシェル・フーコーの本からもらったその言葉は、とても魅力的ではあったが、わたし自身の充分な実感を伴っていたとは言えなかった。だが、五号を送り出す今、その意味は実にリアルなものとなった。

様式とは形あるすべてのものだ。言葉、音楽、絵、もの……しかし、いわゆる「文化」と呼ばれるものの大半がどれだけわたしたちの生の実感を代弁していたか。それらは本当にわたしたちの目で見、わたしたちの心が納得したものであったか。このことを問い返すことは大事なことだ。それは、とりもなおさず、わたしたちが本当に生きているのかを問い直すことなのだから。

一九八九年秋、あなたに心をこめて五号をお届けします。

目次

ストックホルムの町

（乾杯！）

スコーレ！ゲイ・パレード

草間 けい

前の晩は雨が降った。

「明日は晴れるといいね」とレナが言った。

レナは金髪に青い目を持った生粋のスウェーデン人だ。去年の春に彼女は友だちのマリーと日本を訪れ、私の家に泊まった。彼女たちと別れるとき、

「See you again!」

と言って手をふったが、その一年後に再び会おうなどとは思いもしなかった。けれど今私は彼女の家にいて、明日行なわれるゲイ・パレードが雨に降られなければいいがと、中庭の見えるキッチンの窓からちょっと機嫌の悪そうなスウェーデンの空を見上げている。レナが新聞を持ってきて天気予報の欄を私に見せてくれた。マークからするとたぶん曇り時々雨だ。「まあ、雨だったら傘をさせばいいだけのことよ」というような調子でレナが言ったので、私はしかたなく微笑んだ。

ベットに入ってからも「やっぱり晴れなきゃ困る」

と思った。少し興奮して寝付けなかったので、何人かの友人、知人宛てに葉書を書いた。「私の一ヵ月の旅もあと三日で終わります」とか何とか。日頃の無沙汰の埋め合わせを他国からの絵葉書でごまかす算段もあったが、あと三日間かと思うと、嬉しいようなせつないような不思議な感じがする。

翌朝も小雨が降っていた。私がキッチンへ入って行くと、レナが「雨だったわね」という表情で窓の外を指した。私は「それもしかたなし。雨天決行か」と、つぶやきながら食卓についた。

朝食はクネッケというクラッカーのように乾いていてサクサクとした固めのパンにチューブ入りキャビアかチーズかジャムをのせ、それとコーヒーか紅茶か牛乳かジュースかヨーグルトか好きな飲み物でいただく。私はこのクネッケとチューブ入りキャビアがとても気に入った。クネッケにもいろいろ種類があって、薄いピザ台のような柔らかいタイプやら胡麻つき、芥子粒つき、ごく薄、丸型、角型など食卓のバスケットの中に六種類ものクネッケがほおり込まれている。柔らかそうなパンに比べ、最初あまり食欲をそそられなかった私だったが、パリパリムシャムシャと食べているうちになぜかうまさが増すのだ。それから何といってもお勧めはキャビア・チューブ。キャビアといってもあの「海の黒ダイヤ」ではない。言わばタラコの塩辛みたいなものがチューブ詰めになっていて、クネッケにバターやマーガリンをぬった上にまるで歯磨きチューブをしぼるようにしてのせて食べる。これがクネッケのあっさりした味とよく合う。これも彼女の家の冷蔵庫には四種類も入っていて、マイルドタイプやスモークタイプなどチューブから指の上に少しずつしぼり出してもらっては全部試食した。このチューブからタラコが出てくるというのが、何とも愉快で気に入ってしまった。大きいのでも七百円くらいで買える。結局私は、十本のキャビア・チューブを日本に買って帰ることになってしまった。

＊

私がこのスウェーデン式朝食に熱中しているうちなんと雨も上がり、空は明るくなっていた。

クネッケ

「You, re lucky!」

レナが言った。私は大満足だった。

ゲイ・パレードは十二時に出発する。その前にキングス・ガーデンに集まることになっているから、十一時半に着くようにすればいい。十一時には私の日本人の友だちの遊さん（彼女は十日ほど前にストックホルムに来て知り合いの家に泊まりながら、こちらの社会福祉関係の施設の見学などをしている）がここへ来ることになっている。それまで少し間があるのでレナの兄弟姉妹で演奏したというジャズを聴きながら、のんびりと彼女を待つことにした。

今週はゲイ・リボリューション・ウイークということで、日曜日から次の日曜日まで毎日おもしろい企画による集まりが持たれている。その内容はゲイ新聞「KOM UT!」（スウェーデン全域配布、月二回発行）に細かく紹介されている。一週間前にヨーテボリ（西海岸にあるスウェーデン第二の都市）に行ったとき、そこに住む日本人の友だち靖子さんからお勧め企画をチェックしてもらった。そのいくつかをここで紹介しよう。

（注）一般にゲイ・パレードというふうに遣う「ゲイ」は、女も男も含めホモ・セクシュアルの意味である。分けて言う場合は「ゲイ・マン」と「レズビアン」になるが、ここでは「ゲイ」と「レズビアン」として記述する。

八月六日（日）
・オープニング・セレモニー
・女の本屋「Medusa」4周年記念行事
・個展のオープニング・パーティ

八月七日（月）
・ホモセクシュアルの歴史とアイデンティティの講演会と討論会

八月八日（火）
・保守党政治家たちとの討論会
・ポテトチップスを食べながらビデオを観る会
・思想史家Krin Johannissonがエイズとその歴史を語る。
・若い政治家グループとの討論会
・一人芝居

八月九日（水）
・レズビアン・セクシュアリティについて
・中高年のゲイの集まり
・電話カウンセリング
・ピクニック

・音楽と詩
・アイスクリームを食べる会
・労働運動の中のレズビアンとゲイの位置・討論会

八月十日（木）
・ザリガニを食べる会
・ミュークダンス
・ホモセクシャルの社会運動家を迎えて
・ソフトディスコ
・アネッタとマリアの歌と音楽

八月十一日（金）
・安全なセックスについて
・女のパブでダーツをしよう
・ヌード・ゲイ・フィルム
・ストックホルム市内観光とスウェーデン美術の鑑賞

八月十二日（土）
・パレードの前にいっしょに朝食を
・ゲイ・プライド・パレード
・パレードの後のパーティ
・一千人のディスコ
・アンチ・ディスコ

八月十三日（日）
・ビンゴをしながらお茶を
・日曜礼拝
・礼拝の後でお茶を
・レズビアン・コンサート

ここに挙げなかったものも含め、一日十から十五ほどの予定が立っている。この他「ホモセクシュアル映画祭」を、毎日組合せを変えながら十本のフィルム（その中に「ハーベイ・ミルク」や「アナザー・ウェイ」もあった）を上映していたし、ゲイ・ラジオは特集を組んでやっていたし、毎晩何処かしらでディスコ・パーティが開かれていた。私は週の前半にボールレンゲという町の女の学校（女の学校については、また別の機会に書くつもり）に行っていたので、木曜のレズビアン・ディスコと金曜の市内観光にだけ参加した。

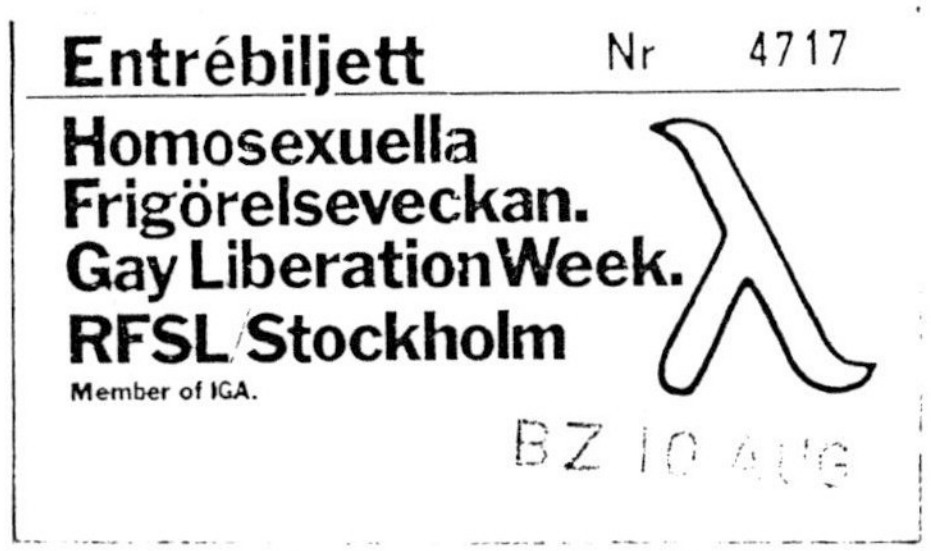

入場券（人がシンボルマーク）

＊ ＊ ＊

夜八時から始まるディスコは、たぶん九時頃からにぎやになるだろうと、夕食の後のんびりと出かけたのだが、なんのなんの体育館の半分ほどもある広いホールは見渡す限りの女たちでうまり、席を探すのも一苦労だった。ガンガン、ディスコ・ミュージックがかかっていておしゃべりもままならない。耳元でレナが「ここは今週だけ借り切っていて、普段は一般の人たちが来るディスコなの」と大きな声をはりあげて教えてくれた。向こうのダンス・プレースでは派手な照明の下、さながら満員電車のような混み具合で女たちが踊っている。その中へ入って踊るのは、ちょっと足がすくむような感じ。周りには若い人ばかりでなく、四・五十代くらいの女たちも多かった。レナも昔からの友だちに何人も出くわして、あいさつに忙しい。みな年一度のお祭りという雰囲気で出かけてくるのだろう。知らないどうしでもそばに座れば親しみが湧く。みんな思いきり楽しんでいる。

　私は前に座っていた女の子に誘われて踊った。そんなに広くないダンス・プレースで、みんなぶつかりあってもかまわずに全身で踊っている。体を離して踊っていてもおおかたは恋人どうしだということが二人の表情からわかったが、中には音楽を無視してディープ・キスばかりしているカップルもいて、私の相手が恋人でないのがうらめしくなったっけ。そのあとトイレに行って長い行列を待つ間、レズビアン・ウォッチングを楽しんだ。個性的なヘア・スタイルとファッションはその人なりの雰囲気によく合って、ヘタなファッション雑誌などよりもずっと洗練されていて新鮮に映った。

　金曜の市内観光もなかなかおもしろい体験だった。ゲイ・ハウスが集合場所になっているので、私はちょっと早めにそこへ行った。どうしてもこれには参加したかったので、バスからあぶれたら困ると思ったのだ。ゲイ・ハウスというのはゲイ・ウイークに限らず、年中ゲイの人たちのためのスペースとしていろいろな活動がそこで行なわれているらしい。初めからその目的を考えて設計されたと思われる、かなり大きなビルだった。一階の通りに面したところに本屋があって、ゲイ関係の本、雑誌類、ポスト・カードなど（スウェーデン語と英語のもの）が売られている。奥へ入ると吹き抜けになっていて中央に噴水があり、テーブルと椅子が何セットか置かれ、そこで何人かお茶を飲んでいた。ここは落ち着ける喫茶店になっている。突き当たりの階段のところにパネルがあって、今日の日程とその催しものの説明がびっしりと書かれてあった。市内

観光の見出しも大きく出ていたが、チケットのことがよくわからなかったのでそばにいた大学の助教授風の男の人に聞くと上の事務所だと言う。

　二階に上がって行くと大きな国旗が何本も立てられていて（日の丸はなかった）、吹き抜けを囲むように廊下があり、その回りがいくつもの小さな部屋になっている。廊下にはゲイ・ウイークの歴史が展示されたパネルやゲイ・アート（写真と絵画）がずらっと並んでいた。ミニコミや雑誌の置かれた棚のある部屋は集会室のようだったが、中にビラやポスターなどの整理をしている男たちがいた。

ゲイ・ハウスの中

「入って見てもいい？」

と聞くと、

「もちろん、どうぞどうぞ」

とやさしい響きで答えてくれた。ゲイの男たちは日本人の女が狭い部屋にひょっこり入っていっても、ジロジロニヤニヤ見たりしないし、ゲイどうしの気楽さもあって変な気を使わないで済む。

　二階にもティー・ルームがあって、正面の小さな部屋が事務所らしい。入っていくと男と女一人ずつ机の前にすわって仕事をしている。もちろん私は女の子の方に、

「ゲイ観光バスのチケットはここで買えますか？」

と聞くと、

「いいえ、チケットはバスに乗る前に買ってください。この建物の前で待っていればバスが来ます」

と教えてくれた。礼を言って下へ降りたが、まだ正午の出発までは間がある。本屋に入りポスト・カードを選ぶ。ゲイのための下半身クローズアップや黒人ムキムキマンのヌードが多く、レズビアンのためのカードは少なかったが、美しいのと少しエッチなのを数枚買った。

　そうしているうちに何人か人が集まってきて、チケットを売り始めた。六百六十円だった。バスに乗って

みると、三十五人のうち女は四人だけ。ぴったり寄り添ったカップルが一組に、エキゾチックな服を着た憂鬱そうな女の人と私だった。シティ・ホールや王宮、オールド・タウンと見晴らしのいい公園を回りながら、人の良さそうな冗談好きのゲイのガイドが始終英語で説明してくれた。といっても私にはほとんどわからなかったので、何も考えずに和気あいあいとした雰囲気と車窓の景色だけを十分に楽しむことができた。ただ観光案内の中に「ホモセクシュアル」とか「レズビアン」とか「ゲイマン」とか「スキャンダル」とかいう言葉が頻繁に入ってくるので、時々注意して聞いてみることもあった。何やらスウェーデンの前代の王様はホモセクシュアルで相手の男が何かに書いてスキャンダルになったとか言っていた。そんな話ばかりのようでバスの中は笑い声が絶えなかった。

私はバスの中でアイルランド人のゲイの人とよく話をした。彼は、

「私は日本語を勉強しています」

という一文だけはっきり言えた。それでも日本にとても興味があるらしく、「日本のゲイはどうか」などといろいろ質問した。ぽっちゃりした体形の金髪のやさしい感じの青年だった。私が、「明日のゲイ・パレードに参加するの？」と聞くと、「もちろん！」と満足気に答えた。

最後にノルウェーの画家ムンク（彼もホモセクシュアルだったと聞いた）のコレクションのある私立美術館を見学した後、いつのまにかみんなバラバラになって、三時間のおかしなおかしなバス・ツアーは終わった。

キングス・パークで

＊　＊

「ブー」

「あっ、遊さんだ」

ドアを開けると、晴れ晴れとした顔で彼女が立っていた。レナとあいさつを済ませ一服すると、三人とも「いざ、われらゲイ・パレードへ行かん！」の勢いで立ち上がった。キングス・ガーデンのバス停で降りると、

もうそこここにシンボル・カラーの紫とピンクの風船を持った若者たちが、数人ずつかたまってはしゃいでいる。私たちはまず、シンボル・バッチを売りに来た女の子から、私はピンクの小さな三角のものを、遊さんは漢字の「入」に似た小さな金色のものを買った。お金を払うと、その女の子は高齢の遊さんに「記念だからプレゼントします」と言って、私と同じバッチをもう一つよこした。思わぬプレゼントに遊さんはびっくりするやら感激するやら、よほど嬉しかったようだった。さて、次なる小道具は風船である。しかし風船屋は混んでいて、買いにいってくれたレナもあきらめて帰ってきた。そろそろお昼、公園に散り散りになっていた人たちがパレードの列に並び始めた。

私は公園で、たくさんの知り合いに会った。もちろんスウェーデン人である。公園の入口の所で昨日のバス・ツアーでいっしょだった中年の紳士に会、「へーイ」（へーイはスウェーデン語でこんにちは、さようならはヘイドー、ありがとうはタック、どれもみな簡単で覚えやすい）と声をかけ、レナに紹介した。行列の近くに行くと、ヨーテボリのゲイ・ディスコで知り合ったロック・バンドをやっている女の人にも再会できて、やはりレナに紹介した。彼女がレナの友だちのマリーをよく知っていたので、話が弾んだ。

どこからか楽隊の音がし始めてそちらを見ると、十人ほどの女たちが手に手に楽器を持って、音楽ならぬにぎやかな音を出していた。あら、太鼓をたたいている坊主頭の女の人は、女の学校に小さな息子を連れて来ていた彼女だ。それをレナに教えると、

「あなた、スウェーデンにずいぶんたくさんの友だち持ってるのね」

とひやかされた。

その後もあいさつをかわすだけの知り合いだったけど、何人かのスウェーデン人に声をかけた。さほど積極的でもなく言葉もろくにしゃべれない私が、「へーイ、へーイ」と見境もなくいろんな人にあいさつしていたのだから、よほど興奮していたに違いない。

行列が動きだした。いよいよパレードだ。何か不思議な気持ちがわきあがる。この気持ちはただのお祭り騒ぎの興奮状態とは違う。組合のデモ行進に初めて参加したときもいくらか興奮したけれど、そんなんじゃないし、きっとブラジルに行ってリオのカーニバルに参加できることになっても、やっぱりこの気持ちとは違うと思う。他国とはいえ、カムアウトすることの嬉しさと誇らしさが感じられるからだ。

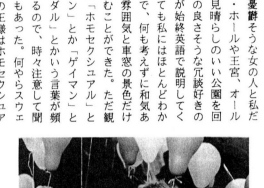

そんな私たちのようすを見ていたレナが言った。「もし私たちがお互いにはぐれたら、出発点のキングス・ガーデンの塔の前で待つことにしましょう」

　さすがゲイ・パレードのベテランである。彼女は今までにストックホルムで四回、マルメ（スウェーデン南端の都市）で三回、デンマークのコペンハーゲンで三回、サンフランシスコで一回、合計十一回の参加経験を持っている。彼女はジャーナリストだが、この七月から新しい職場に変わったばかりと聞いた。歩き始めてから、私はちょっと心配になって彼女に尋ねた。

「職場の人は、あなたのセクシュアリティを知ってるの？」

「いいえ、話してないわ」

「パレードに参加しているところを彼らに見られたら問題にならない？」

「いいえ、たとえ見られても何も起こらないわ。仕事とは関係ないことだもの」

「うーん」と私はうなってしまった。

　確かに理屈はその通りだ。しかし、日本では道理の前に、偏見と差別と感情という古くて馬鹿デカイ堅牢な城壁が立ちはだかって、それを通そうとはしない。それまで、スウェーデンの政治や経済のしくみ、教育哲学、充実した福祉、美しい街並、恵まれた住宅事情、とりわけ国民投票による原子力発電所の近未来廃止の決定などを耳にして、あらゆる物事に対して「きちんと理屈を通そうとする」国民性が感じられ、自国の政治のあまりの道理の通らなさに呆れ返っていた一日本人の私としては、ただただ感心してばかりであったが、ついにここへ来ては、うなり声を上げざるをえなかったのである。極めて個人的な性志向の分野で道理が通るということは、特に日本では難しいと考えられるからだ。もちろん、スウェーデンとて様々な問題を抱えていないはずはないのは承知の上であるが、この差はいったいどこから来るのだろう。

　パレードが市の中心街にさしかかった頃、何台もの観光バスとすれちがった。その中に日本人を大勢乗せたバスがあって、きっとガイドが「この行列はホモセクシュアルのパレードです」と説明したのだろう、みんな一斉にたまげたような顔をして、こちらを見ている。まるでサファリパークのバスに乗って、「初めて見る動物だ」と言わんばかりの表情である。私は何となく可笑しさがこみあげてきて、手でも振ってもう一発驚かしてやろうかなんて思った。

　そこへいくと、ストックホルムの人たちの表情には

余裕がある。路上でニコニコと腕を組んで見物しているアベックもいれば、橋の上から覗きこんでいる家族づれ、パレードのために渋滞して止まっている車の窓から配られたゲイ・プライド・メッセージのビラを読んでいる運転手もいる。もうここでは、立派な年中行事になっているらしい。後でレナが言っていたが、夕方のテレビニュースでは他の出来事におされ、放送されなかったらしい。確かにテレビやラジオの取材は行なわれていたのだが、特に新しいニュースでもなくなってきたということなのだろう。

キングス・パークで

＊　＊　＊

　パレードの先頭には、それぞれ参加グループの代表がゲイ・ハウスにあったいろいろな国の旗を持って歩く。その後にゲイ・パレードの大段幕を数人の男女で持っていく。特に並び方の指示があるわけではないようだったが、だいたい四列縦隊で、始めの方を派手な女装をしたきれいな若者たちやごついカワジャン姿のお兄さんたちのゲイの集団が行き、中ほどを楽隊の音をドタバタとさせながらレズビアンの集団が行く。その後に比較的穏やかなゲイの人たちが続くといった構成だった。全体の歩調はゆっくりだが、口々にスウェーデン語のシュプレヒコールを大声で繰り返している。総勢二千八百人の大パレードである。

　女がいて男がいて、背の高い人がいて低い人がいて、黒人も白人も黄色人もいて、車椅子で参加している人もいるし、乳母車を引いている女もいる。落ち着きある中年族もいれば、パンク・ファッションの若者もいる。道端でパレードを見物している人たちと何ら変わりはしない。言うまでもないことだが、同じ世界の人間である。ただ異なっていることがあるとすれば、彼らは手に紫とピンクの風船を持ち、胸に三角形のピンクの小さなバッチをつけ、胸に誇りを抱いているということだろう。自分を偽らず、社会の通念に屈せず、

真に人を愛することを知っているという誇りである。

彼らの中にはエイズの恐怖に怯えている者もあるだろう。親兄弟姉妹たちに受け入れてもらえない者もいることだろう。しかし、ストックホルムの青空の下、彼らの表情は皆明るい。

二キロメートルほど市街地を廻り、パレードがキングス・ガーデンにもどるとすぐ、野外ステージでレズビアンとゲイの代表が喝采の中でメッセージを読み上げ、ショー・タイムが始まった。ゲイのコーラス・グループやレズビアンの歌手（どちらもプロ）が出て、アンコールがでるほど会場は盛り上がった。その後、さっきまでのお祭り騒ぎがうそのように会場は静まりかえり、緊張した雰囲気が流れた。私にはほとんど理解できなかったが、「エイズ」「ホモホビア（同性愛嫌悪）」などの単語が聞き取れた。レナに聞くと、エイズ問題に関するこの一年間の報告と、私たちがまだ抱えているさまざまな問題についての投げかけなのだと言っていた。明るさばかりが感じられるこの地においても、やはり深刻な問題は存在していた。

このゲイ・プライド・ウィークは普段一人ひとりがそれぞれに感じている光と影を、みんなで一緒に感じ合える一週間なのだと思った。

私たち日本のレズビアンやゲイが東京の空の下でパレードする日は、いったいいつのことになるのだろうか。キングス・パークの空に一斉に放たれた紫とピンクの風船をぼーっと眺めながら、私は考えていた。

それぞれに楽器や風船を持って

輝け！第１回　ひょうこま大賞！

女が女を愛する、新しい生の様式を求めて出発した『瓢駒ライフ』も、１周年を迎えました。わたしたちが日々の生活の中で、心に育んだものを表現し、わたしたち自身の文化を創り上げげていくこと、それが生の様式を創ることだとわたしたちは考えています。この大それた試みをおし進めるため、編集スタッフは、ユーモアの精神とビビらぬ勇気、そしてより高い芸術性をモットーにこの一年を過ごしてきました。

満１歳を迎えた『瓢駒ライフ』が、もっと多くの女達とつながり、さらに広がりをもつものになることを願って、ここで（生意気にも！）「ひょうこま大賞」をもうけました。あなたもいっしょに「大賞ごっこ」を楽しみませんか？　ふるってご応募ください！

＜応募規定＞

・応募資格　　女性であること。

・テーマとジャンル　　自由（漫画・イラストも可）

・枚数　　文章の場合は４００字詰め原稿用紙３０枚以内。漫画などはＢ５で１０枚以内。（ワープロ原稿歓迎。Ｂ５用紙に縦２段組で２８字詰め２２行で）

・締め切り　　１９８９年１１月３０日（当日消印有効・期日を２ケ月延期しました）

・作品発表　　瓢駒ライフ６号誌上（１９８９年末発行予定）

・賞品　　賞状・記念品（画家、渡辺みえこさんの絵）・作品掲載号１０冊

・受賞式　　１９８９年１２月に忘年会もかねてにぎやかに行う。

☆渡辺みえこさんの紹介

渡辺さんは現在フランスで活躍中の画家です。日本で美術教師をしていた間も多くの展覧会で受賞しましたが、２年前ヨーロッパに渡り、ギリシア、モロッコ、イタリア等を旅して歩きながら、「海」や「女」をテーマにした絵を描いています。繊細な色調と力強い画面構成を特色とする彼女の作品は、パリのル・サロン展、サロン・ドートンヌ展につぎつぎと入選し、昨年開いたパリの個展や展覧会でも好評を博しました。彼女はまた詩人でもあり、著書に『南風』（ライオネスプレス）、『喉』（思潮社）があります。今回は、この春、一時的に帰国した彼女に協力をお願いし、快諾をいただいたものです。

遠い山羊の国（連載・その三）

沢部　仁美

＊前号までのあらすじ

ある秋の日、「わたし」は何気なく訪ねた牧場で山羊に変身し、ビィビという子山羊の案内で、雌山羊の国にまぎれこむ。山羊たちはわたしを歓迎してくれた。わたしはムルシアという茶色の山羊から言葉を習い、次第に原始共産制のごとき暮らしに慣れていく。そんなある日、どこからかヘリコプターがやって来て紙をまき散らしていった。そこには「オソレズニデテキテクダサイ」という、人間からのメッセージが書かれていた。

＊

ムルシアとわたしは一日の終わりになると、広場の下の小川で待ち合わせては水を飲んだ。小川のほとりには柔らかな草でおおわれた場所があり、そこでわたしたちは太陽が沈むのを眺めながらよく歌を歌った。この国には歌というものがなかったが、わたしが口ずさむ歌をムルシアはすぐに覚えた。穏やかな山羊の国にはゆったりとしたメロディがふさわしかったのだろう。わたしの口をついて出てくるのは、小学校のころ覚えた「故郷」や「秋」といった唱歌ばかりだった。ムルシアはとくにドボルザークの「別世界」が気に入ったようだった。

「遠き山に日は落ちて、星は空に輝きぬ。

今日の業をなしおえて、心軽く安らえば、

風は涼しこの夕べ。いざや楽しきまどいせん。まどいせん」

ときにはムルシアがわたしの歌に合わせて草笛を吹いてくれた。わたしたちがいっしょに歌っていると、最初は子供の山羊たちが、それから大人の山羊たちが、だんだんわたしたちの周りに集まってくるようになった。みんなも歌が好きになった。

彼女たちは歌詞はなかなか覚えられなかったが、メロディーにはすぐになじんだ。あたりが黄金一色に染まるころ、たくさんの山羊たちが沈みゆく夕陽にむかってハミングする姿は美しかった。そんなとき、わたしは泣きたくなるほど幸せだった。

山羊の国を愛し、この平和な暮らしが永劫につづいてほしいという願いが強まれば強まるほど、わたしはあの白い葉っぱのことが気になった。一体ここには何が書かれているのだろう？

洞穴に帰ると、わたしは毎晩のように、弱まりゆく記憶をふるい立たせながら、月の光に浮かび上がる線の塊から意味を汲み取ろうとした。

＊

「十年間におよぶ長く悲惨な戦いは、先月、旧モホラ共和国政府首脳部との平和条約の締結をもって終了致しました。わが国が新たな国家として再出発するため、この地域一帯は第一次開発推進地域に指定され、強大な原子力発電所が建設されることになりました。着工は来年早々の予定です。戦時中、この地域に避難した旧モホラ共和国民は至急退去し、トストーレ人民共和国の国民として登録の手続きをしてください。諸君は、わが国の誇る平和憲法にのっとり、手厚く保護されます。

トストーレ人民共和国元年九月×日

トストーレ人民共和国大統領　スタレオン・マオトン」

＊

一月近くもかかって解読した内容は、そのようなものだった。わたしは長い夢から醒めたように、さまざまな考えをめぐらした。ここには原発に必要な水源もたっぷりある。おまけに住んでいる人間ときたら少数の敗戦国民だ。「多大なエネルギーを安全に確保する」という大名目のためには格好の場所だ。だから彼らはこの地域に目をつけたんだ。

彼らはある日突然やって来る。ブルトーザーを入れて密林を切り開き、ダイナマイトで山を切り崩し、空からは枯れ葉剤をまき散らす。ここの自然はあとかたもなくぶちこわされるだろう。山羊たちは追い払われる。抵抗すれば殺されるだけだ。連中は人間以外の動物なんて「へ」とも思っちゃいない。大変だ。急いでこのことをみんなに知らせなきゃ。

翌日、農園に出かける途中、わたしはムルシアを呼びとめ、さっそくこのことを話した。

「そう、あの葉っぱにそんなことが書いてあったの。それは一大事ね。いっときも早くみんなに知らせて、何とかしなくちゃ」

彼女は目を丸くしてそう答えたが、どこか納得いかないように首をかしげた。

「何かひっかかることがあるの？」わたしは尋ねた。

「いえね、どうしてあなたにはそのニンゲンという生き物の言葉がわかるのかなって、不思議に思ったのよ」

　わたしはハッとした。そうか、山羊になる前、自分が人間であったことは、まだ誰にも話していなかったのだ。ムルシアはこの国でただひとり、わたしのことを理解してくれる、わたしと言葉の通じる山羊だった。だから、いつの間にかわたしは彼女を自分と同じように考え始めていたのだった。

　本当のことを知ったら、彼女はきっと驚くだろうな。あんまり驚いて、わたしを避けるようなことになったらどうしよう？　でも、彼女以外にこのことを伝えられる相手はいない。わたしはしばらくあれこれ考えてから、思いきって話すことにした。

「実はね、今まで話してなかったけれど、わたしは昔、そのニンゲンだったことがあるんだ。ここに来る前」

　案の定、彼女はぎくりとしたようだった。立ち止まって、背中から何かをふるい落とすように身ぶるいをすると、大きく息を吸い込み、ふうっと吐いた。彼女の息でわたしのあご髭がゆらゆら揺れた。

「そうか。やっぱり、そうだったんだね。前からわたし、あなたはみんなとどこか違うな、と思っていたのよ。それで、ニンゲンってどんな生き物？」

「あなた、猿は見たことあるでしょう？　あれを裸にしたような動物。山羊みたいに毛皮はないし、鳥のように羽もないの。毛皮や羽の代わりに服というものを着て寒さをしのいでいる。頭と性器以外にはあまり毛が生えていなくて、二本の足で立って歩くんだ。その代わりに手が二本あって、ものを作ったり、壊したりする」

　奇妙な動物だと思ったのだろう。くすくすとムルシアが笑った。わたしもつられて笑った。

「この国にはメスしかいないけど、ニンゲンにはメスとオスとがいる。両方いないと子供ができないのよ」

　ムルシアは再び驚いたような顔をして言った。

「メスとオスとは種類が違うの？」

「いや、全然。でも何といったらいいのかな。正確にはニンゲンっていうのはオスのほうをさすの。メスというのは言ってみ

れば一種の奴隷ね。すべてのエネルギーはオスのために役立てられるようにできているのよ」

「ふうん。変わってるのね。それから？」

　彼女の目は好奇心に輝いていた。わたしはつづけた。

「ニンゲンは山羊にくらべると欲深でとても嫉妬深い動物ね。とくにオスはそう。彼らはメスに子供を産ませて育てさせているうちに、白い葉っぱをたくさん貯めた。そこに自分勝手な理屈をやたらとこねくり回して、世界は自分たちのものだと思っている。彼らの言葉はあなたと話す言葉とは全然違うものだわ」

　自分でそう言ってから、わたしは確かに彼らの言葉とムルシアと話す言葉はまるで違うと思った。彼女と話すとき、言葉は単なる伝達手段以上のものだった。言葉は互いの霊感を呼び起こすという、おそらく言葉が本来もっている働きを取り戻した。わたしは彼女と言葉を交わすといつも、忘れていたものを鮮やかに思い出すことができた。

　ムルシアはわたしの話を黙って聞きながら、一生懸命頭の中にそのイメージを描いているようだった。

　わたしたちは夢中で話していたので、すぐ後ろをベンガルという黒山羊が歩いているのさえ気がつかなかった。「おはよう」とムルシアが声をかけると、彼女は「へへっ」と妙にずるそうな笑いを浮かべて、そそくさと先に行ってしまった。

＊

　まもなくわたしたちは農園に着いた。今日からは第三の農園の収穫と耕作が始まる。ここは第一、第二の農園とくらべてかなり高所にある。生えている木々も白樺やダケカンバに似た落葉喬木ばかりだ。仕事場でおしゃべりはできない。みんな黙々と葉っぱを食べる。首を伸ばして地面に近いところの葉っぱを食べ終えると、今度は蹄を使って木に登り、より高いところの葉っぱに挑戦しなくてはならない。わたしは足をすべらせないように、ひやひやしながら木に登った。下を見るとめまいがしそうなので、できるだけ葉っぱだけを見るようにする。

　人間の子供時代に、わたしは木から落ちて大けがをしたことがある。わたしは近所でも有名なおてんばだった。女の子とままごと遊びをするのも嫌いではなかったけれど、男の子といっ

しょに木に上ったり、近所のあばら家を探検するほうが胸がわくわくしたものだ。

　その日は夏の始まったばかりの暑い日だった。ヤゾウコゾウという、大人の背丈ほどの木に登ると、遠くに畑仕事をする父母の姿が見えた。空は青く、ところどころに白い雲が浮かんでいた。汗をぬぐおうとして右手を額にもっていった拍子に、どうした具合か体のバランスが崩れた。わたしの下にはまだ青臭い匂いのする、白いむき出しの切り株があり、わたしはその上に落ちた。下半身に鈍い痛みが走った。暖かなものが股の間から流れ出るのがわかった。誰かが父母を呼んできた。わたしは病院に運ばれた。

「子宮……ぱっくり……ザクロ……子供……できない」

　部屋のすみで白い服を着た男の人と母の話す声が、とぎれとぎれに聞こえた。

＊

　この国では雄山羊の精子を必要としない。子供たちはすべて単性生殖によって生まれていた。年に一度、十数頭の山羊（全体の五パーセントくらい）が母親候補として長老会議で選ばれる。若さ、健康、性格などの点で太鼓判を押された彼女たちは、「出産」という名誉を得ることができた。

　春先に彼女たちは国の外れの「子供の森」へ連れていかれる。そこで行われる儀式の内容は秘密になっていたが、ムルシアの話によれば（彼女は一度だけその儀式に出たことがある）、そこには特別な針をもった草が生えていて、彼女たちはその上に長老に言われるままに座ったそうだ。どうやらその針とそこから出る特殊な液体によって卵子に細胞分裂が起こり、母親とそっくりな子供（もちろん雌）が生まれるらしい。そのあとは元どおり仕事に戻り、出産まで働くのである。彼女たちの出産はいたって簡単で、いつでもどこでも子供はあっという間に生まれた。母親は子供と羊水をなめるとすぐに仕事に戻った。子供はビビがそうであったように、誰をも「お母さん」と呼んで育つ。つまりいわゆる「国の子供」として育つのである。

　ムルシアの場合は、この国にはごく珍しい死産で、それっきり彼女が母親候補に選ばれることはなかった。その代わり、彼

女は言葉を教える役目を与えられたという話だった。この国にやって来たときからすでに老いぼれていたわたしには、もちろんそんな話がかかろうはずはなかった。

＊

　太陽が西に傾きかけたころ、山羊たちは誰からともなく葉を食むのをやめ、ぞろぞろ連れ立って帰り始める。夕陽の中を何百頭もの色とりどりの山羊たちが数珠つながりになって歩く姿は、このうえもなくのんびりとしていて平和であったが、わたしにはなぜか、それがまるでナチスの収容所に向かうユダヤ人のように感じられることもあった。ときどき誰かが思い出したように、すっとんきょうな声で「メェェ」といななくが、それもザクッザクッという足音にかき消されてしまう。

　あたりに薄暮がたちこめるころ、わたしは小川で水を飲んでいたムルシアと朝の話のつづきをした。

「ねえ、あの話、早くみんなに話したほうがいいと思うんだけど。黙っていたら連中はすぐにもやって来るはずよ」

「うーん、わたしも一日中考えていたんだけどね」

　いつも陽気なムルシアが今日はやけに深刻である。

「たぶんみんなもわたしと同じ質問をあなたにすると思うのよ。そうして、あなたが本当の山羊じゃないってことを知ったら、きっと驚くでしょう。そのときが問題ね。あなたの話をそのますんなり受け入れてくれればいいけど」

「わたしの話を信用してくれないってこと？」

「いずれにしろ、これまで通りにはいかなくなると思うのよ」

「じゃあ、一体わたしはどうすればいいのかしら？　このまま黙っていることはできそうもないし」

「そうだ、じゃあ、こういうのはどう？」

　ムルシアは急に元気づいて言った。

「この国の最長老のエタワに相談してみるのよ。彼女なら色んなことをよく知っているから、きっといいアドバイスをしてくれるはず。今夜いっしょに訪ねてみましょう」

＊

　エタワの住む洞穴は広場の外れの高台にあった。月の光が洞穴の入り口から差し込んでいた。彼女がそうとう高齢であるこ

とは一目でわかった。彼女は銀色の山羊だった。頭の後方へ鈍く光る角がうねり、うさぎのように長い耳が両側に垂れさがっている。周りを黒い毛でおおわれた瞳を閉じたまま、静かにうなづきながらわたしの話を聞いてくれた。ときどき眠っているんじゃなかろうかと心配になることもあったが、すぐにそれは無用だとわかった。わたしが一部始終を話し終えると、エタワはうっすらと目を開けて、低いかすれ声で言ったのである。

「よう話してくださった。ニンゲンの話は昔、わしが子供のころに一度だけ長老様から聞いたことがある。なんでもあまり近づかんほうがええ動物だそうじゃの。

　とにかくおまえ様はわしらの救い主じゃ。さっそく他の長老に相談して緊急の大会議を打つことにしよう」

　そういうと、彼女は再びうとうととまどろみの中に入った。わたしとムルシアはそっと彼女の洞穴を出た。

　中天には丸い月がかかっていた。「仲秋の名月」という言葉がふっとわたしの記憶によみがえった。わたしが河原で折ってきたすすきを、おだんごといっしょに縁側の小さな机にお供えして、母とながめたことも思い出された。

　ああ、これでよい。わたしはひとつ大きな仕事をしたときのようなとてもすがすがしい気分でムルシアと崖をくだった。山羊の国はすっかり寝静まっていた。この国に来てからもう何年もたったような気がした。

＊

　それから一週間ほど後の朝のことだった。わたしはだれかのわめき立てる声で目を覚ました。外に出ると、木々の上では小鳥も負けじとさえずっている。声は広場の真ん中の丸い石のところから聞こえた。連絡係は若くたくましい黒山羊である。彼女の黒光りした体のように声は強く、あたり一面に響き渡る。

「今日は緊急大会議が行われまーす。仕事はお休みでーす。みなさん広場に集まってくださーい！」

　あちこちの洞穴からねぼけまなこの山羊たちが顔を出した。広場から離れた遠くのほうでは、これまた黒い山羊たちがこの連絡を各洞穴の入り口にふれまわっているのが見えた。どうしてこう黒山羊ばかりが目立つのだろう？　そんな疑問がチラッ

とわたしの頭をかすめたが、そのときはさほど気にもならなかった。エタワがさっそく手を打ってくれたのだ、という喜びのほうが大きかった。

　わたしは念のために空から撒かれた紙を乳のすきまにはさみ込んだ。行きがけにムルシアを誘い、ふたりで広場の端のアカシアの木の下に席を占めた。風が吹くたびに、アカシアの葉の甘い香りが漂った。太陽の日ざしがまぶしく感じられるころには、広場は数百頭もの山羊で埋めつくされた。足の踏み場もないような混雑ぶりである。

「まったく何ごとだい、急に。びっくりするじゃないか」

「お祭りじゃないかね。誰かまた新入りがやって来たんだろ」

「まあ、仕事が休みになっただけでもうけものよ。ひさびさに昼寝ができるってわけさ」

　何も知らない山羊たちはてんでに勝手なことを言っている。

「やあ、おふたりさん。今日もいつものあの歌、後でいっしょに歌おうよ」

　わたしたちの姿を見るたびに、歌の仲間が親し気に声をかけた。わたしたちもにこにこしながらいななき合った。

＊

　白い石の近くには三頭の長老たちが入ってきた。エタワを先頭に、温厚な性格で信頼の厚い茶色のソコト、最後にマンバーがつづいた。山羊たちのざわめきも次第に静まった。

　マンバーはわたしがこの国に着いた日、やはりあの丸い石の上で初めの挨拶をした山羊だ。彼女が姿を現すのは、決まってこうした会議の席だった。彼女の姿を農園で見かけることは少なかった。ときどき姿を見かけても、たいていは誰かと小声でひそひそ耳打ちをしていた。この前の朝、ムルシアにわたしが人間であったことを話したときに、わたしたちの後ろにぴったりとついて歩いていたベンガルもよく彼女と話をするひとりだった。

　マンバーの背は群を抜いて高い。しかも、白い石の上に黒い彼女の姿はよく映えた。ああ、彼女はまるで法衣を着た裁判官のようだとわたしは思った。そのとき、重々しく威厳にみちた彼女の声が広場に響いた。

「本日、緊急大会議を開きましたのは、わたしたちの国が重大な問題に直面しているとの情報が入ったからです。わたしたちの前途を決定する話し合いですから、ぜひよく考えていただきますように、みなさんの協力を要請します。今日の会議の進行をどなたかお願いできますか？」

　会場全体が一瞬首をちぢめた。大勢の前で話した経験をもつ山羊なんて、ほんの数えるくらいしかいないのだ。

「それでは、わたくしが議長を務めさせていただいてよろしいでしょうか。賛成のかたは承認してください」

　会場のあちこちに散らばっている黒山羊たちが申し合わせたかのように、いっせいにドンドン足を踏み鳴らした。みんなもこれで難を逃れたという顔をしてそれに合わせた。わたしは足を動かさなかった。隣のムルシアを見ると、彼女は目を閉じて考えごとをしているようだった。

＊

「では、最初に最長老のお話をうかがいましょう」

　エタワが石の上に立った。この前の晩、洞穴に差し込む月の光で見た彼女の銀色の毛皮は、太陽の光にさらされると、心なしかくすんだ灰色に見えた。足が相当弱っているのだろう。四本の足でやっと自分の体を支えている姿からは、やがて消え入ろうとする者のもつ哀愁が感じられた。彼女は大丈夫話せるだろうか。わたしは少し不安になった。

　彼女はとつとつと、しかし自分の持てる力をふりしぼるように話し出した。

「みなの衆、よう集まってくださった。大事な話じゃ、よう聞いておくれ。実は最近、わしはある仲間から、この国がニンゲンという生き物に壊されかけているという話を聞いた。わしの小さかったころ、長老様にニンゲンの話を聞いたことがある。わしらとは違って大変争いごとを好む動物だそうじゃ。とにかく連中には近づかんほうがええと、わしらは教わった。そのニンゲンがこの辺りにあの空の太陽を連れてくるというのじゃ」

　みんなの頭がいっせいに空をふり仰いだ。

「太陽は燃える火のかたまりじゃ。火は赤くて熱い舌をもっている。そいつは大地を木々をくまなくなめ回し、あっという間

にわしらを灰にしてしまう、恐ろしく怖いものじゃ。

　やはりわしの若いころ、雷が火を連れてきたことがある。そのときわしの仲間は大勢死んだ。幸い雨が降って火も死んだが、今度はどうやら雨の力にも頼ることもできそうにないという話じゃ。この国を捨て新天地を求めるか、それとも何か他によい考えはないか。よう話し合ってもらいたい」

＊

　会場はしばらく水を打ったようにしーんとしていたが、ものの二分もせぬうちに、あちこちでざわめきが起こった。

「いややわ、怖い。どないしょう？」

　わたしの近くに寝転んで話を聞いていた白黒ぶちの山羊が、困り切ったおばさんの顔でそう言った。その隣の白に茶色のまだら模様の山羊が少したしなめるように答えた。

「まあ、そうあわてんといて。まだ死ぬと決まったわけやないやろ？　直接その話を聞かんことには、ウチようわからへんわ」

「ねぇ、あたし思ったんだけど、しばらく見ないうちに、エタワ様ときたらずいぶんよぼよぼになっちゃったわね。こう言っちゃなんだけど、年取って悪い夢でも見たんじゃないの」

　ヒソヒソ声でそう言ったのは、野豚にまちがえられてもおかしくない黒山羊だった。

「みなさん、お静かに願います。それでは質疑応答に移ります。わかりにくい点があったら質問してください。ただし、必ず議長の許可を得てからにしてください」

　マンバーの一声でみんなのおしゃべりはやんだ。

「議長、質問します。さっきの最長老のお話で、そのニンゲンという生き物が太陽をこの国に連れてくるということですが、それは本当の話なんですか。一体、誰がそのことを最長老に伝えたんでしょう？　最初にその点についてうかがいたいと思うんです」

　若い白黒まだらが立ち上がってそう質問すると、会場は再びガヤガヤし出した。

「そうよ、もしその話がうそだったらどうなるのよ、ねぇ」

　さっきの黒野豚がわざと大きな声で言った。すると、みんな

のガヤガヤはいっそう大きくなった。

「お静かに！　お静かに！」

　マンバーは歯ぐきが見えるほどいなないて、それから隣のエタワに何か耳打ちをした。エタワが再び石の上に立った。

「今のご質問だが、それはわしの口からは答えるわけにはいかん。今、誰が言ったかということは大した問題ではない。確かに彼女の言葉にうそはなかった。それはわしが保証する。みなの衆がわしの言うことを信じてくれるかどうかしかないということになるかも知れん」

　広場には不穏な空気が漂った。質問に立った山羊のすっきりしない表情も見えた。わたしは隣のムルシアに小声で聞いた。

「どうしよう。このままじゃ、話は進まない。やっぱり、わたしの口から直接みんなに話したほうがいいだろうか」

「うん、このままだとエタワが気の毒ね。今日はなんとなくいつもと雰囲気が違うわ。今までにエタワに対してあんな口のききかたをした山羊っていなかったもの。どういうことかしら？」

　確かにこの国でのエタワの権威は失墜しかけていた。若い山羊たち、その中でも黒山羊たちが、別の新しい力を持ち始めていた。そのかげでマンバーが糸を引いているのは明らかだった。

＊

　ここで名乗りを上げることがわたしを難しい立場に追い込むことはわかっていた。エタワもそれを配慮してあんな風に言ったのだろう。だが、わたしはやはり黙っているわけにはいかなかった。わたしは勇気をふるい起こし、朝、乳の間にはさんできた例の紙を口にくわえ、立ち上がった。

　みんなの目がいっせいにわたしに注がれた。

「最長老にこの話をしたのはわたしです。わたしはこの国に来る前、ニンゲンでした。ですから、彼らの言葉がわかります。少し前、空から白い葉っぱが降って来たのを覚えていますか。ほら、この葉っぱです。ここには今、最長老が話してくれたことが書いてあるのです。わたしは何としてもそれをみんなに伝えなくてはならないと思いました。それで相談に行ったのです」

　わたしは息もつかずにしゃべった。しゃべり終えてもとの席にすわってからも興奮で体中がガクガクふるえた。


「意見を発表する場合は、ちゃんと議長の許可を得てからにしてください。勝手に話が進むと、会議が混乱します。ルールは守ってもらわなくてはなりません！」

　マンバーが冷静な口調でぴしゃりと言った。こんな場合にルールも糞もあるものか。あいつはわたしの出鼻をくじこうとしただけなんだ。わたしは舌を打った。

　最初に質問に立った白茶まだらが、わたしに答えた。

「そうだったんですか。わかりました。会議を続けてください」

「議長、質問があります！」誰かが広場の端で立ち上がった。

「どうぞ」マンバーがぞっとするほどにこやかに答えた。

「今の白いかたに質問があります。ということは、あなたはこの国に来てからも、ニンゲンという生き物と交信をつづけて来たのですか」

「どういうことですか。もう少し具体的に話してください」

　マンバーが聞き直した。質問したのはやはり黒山羊だった。

「つまり、その、あなたがこの国に来てからも、この国の中のことをニンゲンに伝えたことがあったのか、ということです。もし、そうだとすれば、あなたはわたしたちの本当の仲間とはいえないからです。

　あなたは小川のほとりでよく歌を歌っていましたね。この国ではあんなことは、あなたがやって来るまでは見られない習慣でした。ああいうことが続けばみんなの労働意欲はなくなり、この国を滅ぼすことになります。マンバー様もそれを心配なさっていたけれど、これまでは大目に見ていられたのです。あなたたちの歌声をニンゲンが聞きつけたということはないのですか？」

　このときになって初めて、わたしはマンバー一味の反感に気づいた。わたしがムルシアや他の山羊たちといっしょに楽しそうに歌を歌っていたことが、たぶん彼女らの気に入らなかったのだろう。わたしは広場の空気が急に冷たくなり、自分の足下がぐらんと揺れるのを感じた。

「奴はスパイだ！」

　誰かがやじを飛ばした。会場は蜂の巣をつついたようになった。


（つづく）

"佐伯かよの"の世界の姉妹たち

高橋　瑛子

人生という長旅にゃ
連れがある時もあれば
ひとり行かねばならん時もある
（口紅コンバット③「メモリアルII」より）

人生の最初の連れとなるのはたぶん親。そして人は親と別れ、また別の連れと——魂の呼びあう相手と——出会ってゆく。

ニューヨークの街で両親を行きずりの強盗に殺され、みなし児となったリエは中国人の老人・周に拾われ成長する。ある日、身元の知れなかったリエの前に日本からの迎えが。唯一人、血のつながった従姉が彼女を待っている。いままで連れあって来た周老人を失い、またひとりぼっちになったリエだが、今度は従姉・忍を連れに新しい人生に歩み出していく。

人生に連れ合う相手は様々だろう。いま、あなたと連れ合っているのは誰ですか？それともあなたの連れあいはあなた自身ですか？

「連れあい」という言葉は主に男女間で配偶者の呼称として使われている。しかし私はこの佐伯かよのの「メモリアルII」を読んで「連れあい」のイメージを新たにした。それは、私の人生観をいいあてたようでもあり、うれしかった。「結婚」か「独身」か、そんな単純な選択枝以外にも、もっと多様な生の様式があっていいはずだ。親子・姉妹（兄弟）・友人同士・異性のあるいは同性の恋人同士・あるいは周老人とリエのように国籍も世代も違った人間同士だって、人生のそれぞれのシーンにはあらゆるかたちの人と人との棲み方があっていいのではなかろうか。連れあう相手は必ずしも結婚した異性とは限らない。

人は様々な相手と連れあい、あるいはひとりで暮らしながらまたべつの人々とも人間関係を結んでいく。その関係が助けあい高めあっていくものであれば、それはうれしくステキなことだ。佐伯かよののまんがにはそんなうれしくなる世界がいっぱいつまっている。

人には好き嫌いがあるから他の人の評価は知らないが、私はここしばらく佐伯かよのに凝っている。理由は簡単。小難しいこと考えっこなしに楽しんじゃえばいいまんがだから。大胆で型破りな設定もまんがの醍醐味を思い出させてくれる。そこに登場する女たちがまた大胆で小気味いい。この女たちについ魅せられてしまう。魅力的な男の登場する少女まんがはあたりまえ、でも魅力的な女となるとなかなか少ない。

というわけで、今回は独断と偏見の「佐伯かよの」なのだ。

実をいうと、佐伯かよのに凝りだす前には、彼女の夫君・新谷かおる氏の描く「ふたり鷹」（小学館サンデーコミックス）というオートバイレースのまんがのファンだったりした私なのだ。ここに出てくる主人公の母親がいいんだよね。粋なスーパーレディでカッコイイ。この母、実は佐伯氏がモデルなのではなんて勝手に想像したものだ（彼女は三人の子の母）。さておき二人の描く女たちにはどこか共通するものがある。ともかく元気で威勢がいい。彼女たちの活躍をみていると元気がでてくる。

それからもうひとつ、佐伯かよのの描く女は何故かみんな女たちにとてもやさしい。というよりキャラクターを描く佐伯さんの目がやさしいというべきか。

「燁姫《あきひ》」はプチセブン（小学館）に長年にわたって連載されているシリーズだが、その第一話はこんな物語だ。

瀬名生《せのう》燁姫《あきひ》はふだんは目立たない高校生なのだが、銀座で名高い画廊「燁姫」のオーナーで有能な画商というもうひとつの顔をもっている。それは亡き父が描いてくれた自分自身の肖像画を探しだすため。彼女はまた贋作《がんさく》の天才でもある。

燁姫が学校で所属している美術部では部員たちが美術展にむけての作品製作に余念がない。そんな中、部長の橘花梨《かりん》が多《た》田《だ》茜《あかね》のキャンバスを突如引き裂いた。花梨は茜の絵が父・橘《たちばな》　廉《れん》の盗作だと主張する。橘　廉はいまをときめく売れっ子の画家で花梨は父を尊敬し誇りにしていたが、プライドの高い彼女の態度はときに尊大である。

茜があの絵は確かに盗作には違いないが、それは自分の父・

多田耕三の遺品としてたった一枚残っている絵をマネたのだとボーイフレンドに話すのを小耳にはさんだ煒姫はこの事件を調べることにする。その結果、茜の父の遺作を借金のカタにとった橘がそれらの絵を贋作し発表して名声を得ていたことが判明する。問題の絵は同じ構図のものが二枚描かれていたのだった。

こうして橘は失脚し、茜は汚名を晴らしてめでたしとなるのだが、私がこの作品を挙げた理由はこの先にある。

いつか必ず
この私が
彼女の絵に値段を
つけることになる
でしょう

あの花梨はどうなったのか？はっきりいって私はここまで読んできて、お高くとまり才能と父の名声をひけらかすこのファザコン娘の花梨に好感を抱いていなかったから、父の失脚とともに、彼女もまた世間から葬り去られるのだろうと読んでいた。しかし佐伯かよのは彼女にも未来を用意していた。

「花梨さんヨーロッパへ行ったそうよ
一からやるといって……
いつか必ずこの私が彼女の絵に値段をつけることになる
でしょう
きっとそう遠い日ではないはずよ」

煒姫は花梨の態度がどうであったとしても彼女の才能を見限りはしなかった。むしろ彼女の再出発に影ながら励ましを送り、そしていつの日か自分が彼女の才能を評価する日が来ることを楽しみにしている。花梨もまたただのファザコン少女ではなく、父を乗り越えて雄々しく自分の道をきり開いていく女であったのだ。こういう結末を煒姫と花梨に与えた作者に私はつい拍手をおくりたくなってしまった。

恋愛ものは苦手だというこの作者にはなぜか女二人を主人公にした作品が結構多い。ふたりが協力して何かを成し遂げていくとか、ライバルとして競争しあってお互いを高めあっていくというようなスタイルのストーリーだ。

いま、MISSY（主婦と生活社）連載中の「星恋華《ほしれんげ》」はそのもっとも典型といえる作品だ。芸能界を舞台にくりひろげられるこのお話にはトップ歌手をめざす少女とマネージャーの主人公ふたりをとりまいて、実にいろんなキャラクターの女たちがそれぞれに女たちのいい関係をみせてくれる。女と男のラブストーリーは調味料、これを軸にしていないから女たちの関係がのびやかに描けるのかもしれない。もちろんストーリーの構成上、主人公のいじめ役にまわる女たちもいるわけだが、そんな女たちも徹底的な悪役としては描かれない。彼女たちの長所もさりげなく見せてくれる。女に対するそういう作者の目のやさしさが私を安心させてくれる気がする。（男にも冷たいわけじゃなく、人間みんなにあたたかいんだけど）。そして、女たちがいつも前向きに肯定的にとらえられているのも気持ちいい。

私は佐伯かよのという作家を姉妹愛――シスターフッドの人だと思っている。女の友情を描ける数少ないまんが家のひとりだと思っている。以前、「まんがの中のホモセクシュアル考」で彼女の「だまし絵の街」という作品をとりあげた（『瓢駒ライフ』第2号を参照）。あれはまさに女同士の友情と恋愛の狭間を描いた作品であった。一連の彼女の作品をみて思うのは、友情（フレンドシップ）――姉妹愛（シスターフッド）――レズビアニズム、これらはひとつの流れのなかに混じりあって存在しているのだということ。

私はレズビアニズムを、レズビアン＝女と寝る女・女とセックスをする女というような狭義の定義ではなく、もっと心情的な部分に根差した女たちのつながりの中で捉えたいと思っている。そこで私がキイワードとしているのは「姉妹愛（シスターフッド）」であり、「ウーマンラビング（女を愛すること）」である。男優位の社会においては女は女を嫌うように仕向けられてきたと言われる。すなわち「ウーマンヘイティング（女嫌いなこと――嫌女志向）」の社会なのである。たとえば、女に属すると考えられている欠点をあげつらい、職場や世間の女の悪口を得々といいつのる女たちを往々にして目にすることと思う。彼女らは男たちが植えつけた「ウーマンヘイティング」の思想に毒されているのだ。これに対して、女が女を肯定的に親好的にとらえる姿勢が「ウーマンラビング」といえる。

そして、「シスターフッド」・「ウーマンラビング」の原点を成しているのが「友情」である。ちょっと乱暴かもしれないが、私は親子・姉妹兄弟・ともだち・恋人・カップル・夫婦・名付けがたい諸々の関係、そういったすべての人間関係は共通の根である「友情」といわれている感情（愛情）に還元されると考えている。いかに相手と異性のあるいは同性の友人としてつきあえるかが、人間関係を不毛にしないための鍵を握っている。友だちとしても成り立つ関係。そう成り得

ない関係はどこかに対等の人間同士に成り得ていないイビツさ、ヒズミをかかえているに違いない。親しさと相手を飲みこんでしまわないで客観視できる距離。そのバランスの上に「友情」が、そして実りある人間関係が成り立つのだと思う。

やはり佐伯かよのの作品、「緋の稜線」はＥｌｅｇａｎｃｅイブ（秋田書店）に連載されているもので、戦中から戦後の動乱期を生きる主人公・瞳子の物語だ。ここには瞳子をふくめ三人の女が登場する。

瞳子の姉・寿々子は戦時中に、反戦活動家だった恋人を殺され、自らも手酷い目にあわせられるが、かろうじて生き延び終戦を迎える。戦後は戦争の傷跡を告発していこうと新聞記者になる。瞳子の義妹・和音は父が死に、瞳子の夫である兄を戦地に送ったあとの女所帯を、瞳子と二人、もちまえの明るさとたくましさでのりこえ、いまは女優として活躍している。

この二人に対し、瞳子の方は戦地から戻った夫との甘い新婚生活の幸せにひたりきっていた。

夫に頼りきり貞淑でかわいい妻になっている妹をみて寿々子は「あの手放しの幸せな顔はあの娘らしくない」とあやぶむ。

「体ごとどっぷりつかって
その心地良さに何かを忘れかけている……」

「瞳子　あなたの瞳はすでにそれが見えなくなってる
昇吾さん以外見えてないんじゃないの」

和音もまたそんな瞳子が気に入らない。

「あの人ほんと最近変わったわね
兄さんにべったりよりそっちゃって
全身幸せって顔しちゃってさ
しっかり普通の奥さんしてるじゃない
兄さんが帰って来るまでのあの迫力はどこ行ったのよ」

しかし和音に対し、母（瞳子の姑）は言う。

「何言ってんの
女の幸せは夫に尽くして愛されることよ
瞳子さんのあの昇吾を信じ切った女の瞳は

幸せな女の瞳ですよ
これからは昇吾の妻として立派に家庭を守ることが
一番大切なことなんだから」

和音はそんな瞳子に対するいらだちを寿々子にもぶちまける。

「あの人　今　だれきってるもの
幸せに酔っちゃって
何もかも見えなくなってんじゃないかしら」

「私…　あの人好きじゃないけど
それでも一時は見直してたのに」

「女になるってあんなものかしら
だとしたら私…
女になんてなりたくないわ」

「今のあの人なんだか危なっかしくて…
もう少ししっかり足元みてないところぶわよ」

和音はブラザーコンプレックスで、兄をとってしまった瞳子に憎まれ口ばかりきくのだが、その実、こうやって瞳子を心配している。（かわいいヤツだ。私はこういうキャラクターが好きです♡）

男に頼りきった女の幸せの幻の危さを感じ取ったふたりの感覚はすばらしい。彼女らは女のいちばん美しいときを、その瞳の輝きを知っている。佐伯かよのは知っているのだ。地に足をつけ、男の自己実現に己れの存在をゆだねるのではなく、自分自身の可能性に挑んでいく女の美しさを。幸せにしたはずの主人公にものたりなさ、はがゆさを作者自身感じたに違いない。描いていて、作者は瞳子に感情移入できなくなっていたのではないか。主人公の瞳子に主人公たらしめるために、作者は寿々子と和音の口を借りたのだ。それは、作者の瞳子への友情であり、そして読者である女たちへの友情でもある。

前述のふたりの言葉にも彼女らの瞳子への友情を見出さないわけにはいかない。寿々子のそれは妹への肉親愛でもあるわけなのだが、もっと客観性を帯びており、ひとりの同性の人間に対する「友情」といった方がふさわしい。屈折した和音の中には友情とともに自分自身の性を肯定しようとする強い意志が見える。自分と同性である瞳子には、どうしても毅然と生きて欲しいのだ。そして読者諸姉にも。

女たちが友情に支えられた女との関係を広げて行くとき、その地平線に、レズビアニズムの姿が浮かび上がってくるに違いない。

口紅コンバット・最終巻――忍のもとで暮らし始めてから2年の月日がながれ、リエは愛するひとにめぐりあい、そのひとを伴侶に新たな日々へ旅立とうとしている。そして、忍もまた……。リエの結婚式を目前に控えたある夜。ふたりの寝室。

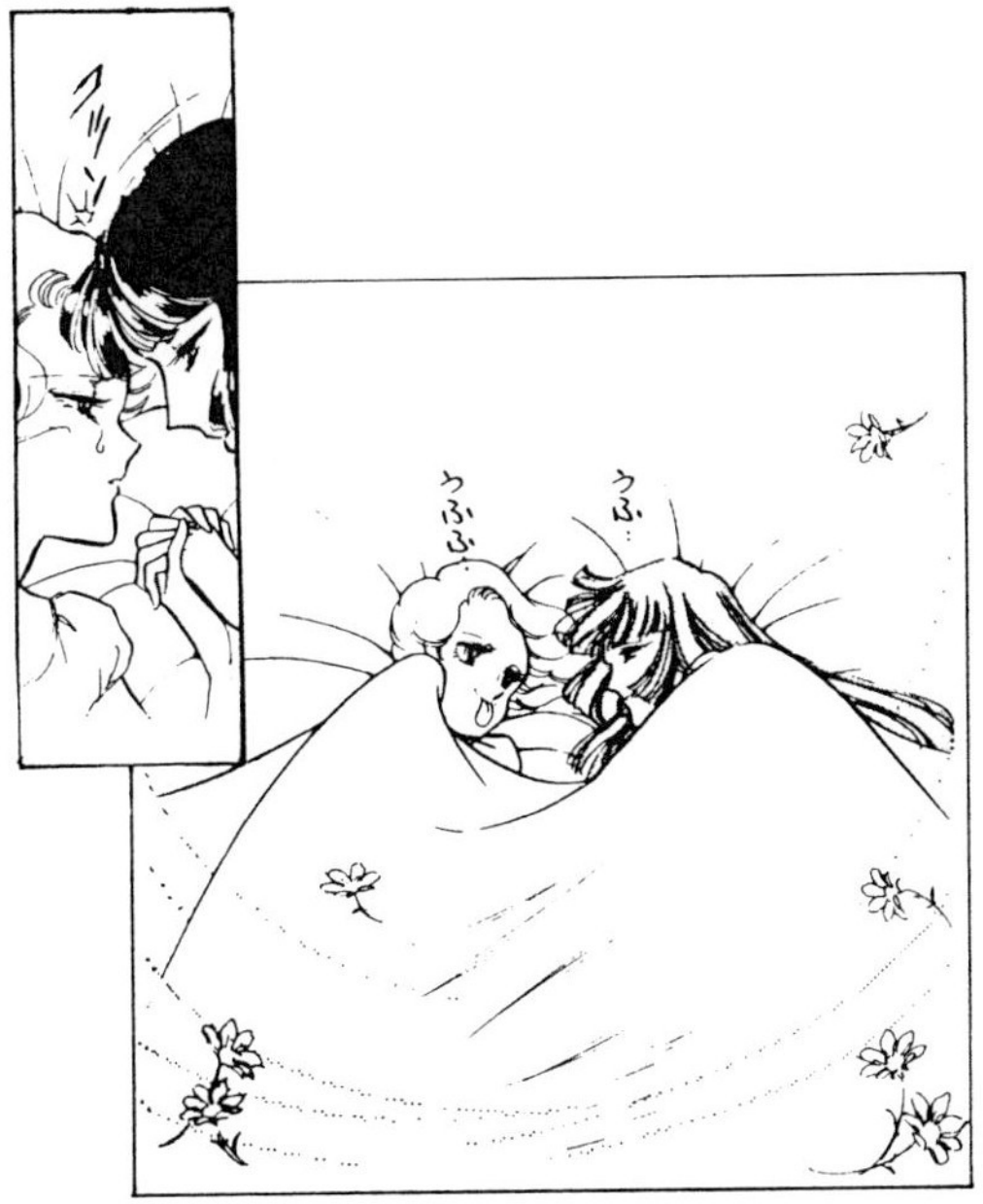

「ねえ忍
そっちへ行っていい?」
（リエ、忍のベッドにもぐりこむ）
よくこうやって一緒に寝たわね」
「はじめてあなたがこの家に来た日もそう…
こうやって手を握って… 朝までずっと…」
（中略）
「このままずっとこうしていたい
いつまでも今のままで　忍と一緒に　こうやって」
（中略）
「どんなに離れてたって変わらなくてよ
あなたへの気持ち…」
「あたしだって」

あなたがどこでだれと暮らそうとも、わたしはあなたのことを思っているわ。ずっとずっと見守っていくにちがいない。どんなに離れようと変わらない、あなたへの気持ち――あなたへの友情、あなたへの愛。

ここにわたしは女がみな、その内に秘めているはずの女への想いを見出す。「女を愛する女」――それはなにも特別な存在ではないのだ。だれしもがみな、その心のうちに、からだのう

ちに、抱いているはずの愛。女は男を愛するためだけに生きているのでは決してないのだということをこのシーンは語ってくれる。もうひとつの可能性――女同士の心の通いあい、友情。それがどんなにレズビアニズムに近いものかを読者はその画面から自ずと知るだろう。ヘテロセクシュアル（異性愛）の女の内にもレズビアニズムは存在する。また、存在してほしい。なぜならそれこそが、女たちを自由の空間へとはばたかせる力になるのだから。

それゆえ、これからの少女まんがやレディースコミックにそんな女同士のふれあいといったテーマがもっともっと取り上げられていってほしいと思う。

佐伯かよのはフェミニズムの運動家でもなんでもない。ただウーマンラビングの目をもったひとなのだ。彼女は彼女の目で自然に女たちを描いているだけなのであろう。彼女と同じ眼を持った、女にやさしい女たちを。これからも彼女にはステキな姉妹たちを描いていって欲しい。若い世代の女たちに元気のでる贈り物として。

・ここにあげた作品はそれぞれコミックス（単行本）としてでています。
『口紅コンバット』全4巻（小学館フラワーコミックス）
『燁姫』①～⑬続刊（小学館フラワーコミックス）
『星恋華』①～⑧続刊（主婦と生活社ミッシーコミックス）
『緋の稜線』①～⑤続刊
（秋田書店アキタレディースコミックス）
「だまし絵の街」――『熱帯椿』所収
（秋田書店アキタレディースコミックス）

ひょう子さんの元気日記

—共同生活編—

草間けい

葉っぱのかみさま
——西川紀子さん追悼

松本　泉

西川紀子さん、あなたの生命と愛を傾けた美しい作品があなたの姉妹たちに永久に愛されることを願って、あなたとともに過ごした日々を私は語りたいのです。

Ⅰ

葉の裏に墨をぬって、紙に葉姿葉脈をうつしだす葉拓。葉の形も、葉脈の描く模様も一枚一枚異なっているそれら葉拓に、小鳥のうちわ、ハートのつめあわせ、魔法使いのとんがり帽子と、それぞれにふさわしい名前をつけ、見開いた右のページの中央にはその名前を、やや大き目の活字で印刷してある。左のページには、葉拓を一枚ずつと、さんきらい、へくそかずら、はんげしょう等と、それぞれの植物の名を下に小さく印刷してある一冊の本。

表紙はうすみどり色で、題名と著者名と一枚の葉拓が墨で印刷されているだけの簡素な装丁。葉は桜だろうか、偶然の作用でか、葉の中心には背の高い仏像のような白い人型の影が浮かび出ている。本の題名は「葉っぱのかみさま」。百ページにも満たない小さなその本は、西川紀子（としこ）さんの遺著である。

巻頭には花畑に立つ紀子さんの遺影、文芸誌に載せられたという、まるでこの本のために書かれたかのような随筆「葉っぱのかみさま」と、ウィリアム・ブレイクの次のような詩の一節がおさめられている。

ひとつぶの砂に
　ひとつぶの世界を見
ひとつの花に
　ひとつの天を見る者は
なれのたなごころに
　とこしえを見
ひとときのまに
　えいごうをいだくぞかし

一枚一枚の葉拓を見ていると、それぞれの葉が、なんと微妙にも精緻に創られていることかと思う。「とんでみようかしら」と名付けられているのはえびづる、「かごめかごめ」と名付けられているのはむらさきかたばみ。これらの名付けと葉拓の一枚一枚を見比べるのも、なんとも楽しい。なんとなくそういう

感じというのもあるし、何度となく見ているうちに、「あっ、そうか」とようやくネーミングの理由に気付いて思わず微笑してしまうのもある。このごろやっとわかったのが「きつねのかくれんぼ」と名付けられている「かぢのき」。何度も見ていたのだが、やっときつねがかくれているのがわかって、ここにもいる、こっちにもいるとはしゃいでしまった。

新川和江さんに「名づけられた葉」という美しい詩があって、そこでは私たち人間ひとりひとりが名付けられ呼ばれる存在である喜びが誇り高く歌われている。西川紀子さんのこの本のなかでは、まさに葉の一枚一枚が名付けられている。「小さな小さなかみさまが、桜光背、欅光背を背負って、葉の中から浮かぶように立ち顕れてくる。葉っぱのかみさま、とそっと呼びかけたい気がする」と紀子さんは記す。「葉っぱのかみさま」、なんと彼女らしい感じかた。私はこの本を幾度見返しても見飽きない。葉と語り、木と語り、紀子さんと語っている気がする。

西川紀子さん。紀子さんはこれらの葉拓を百二、三十集め、ひとつひとつにミニ童話を作って、五冊の本にまとめたいという願いを持っていた。その願いはかなわなかったが、遺言に託されて、この一冊の小さな本となった。

西川さんが四十四歳という若さで亡くなるなんて、私には思いもかけない衝撃だった。いつも連絡をとりあう良き友人というのではなかった私が紀子さん死すの報に接したのは、逝去の日からすでに二週間以上経った去年の六月半ば。夜遅く帰宅すると、留守番電話に、実家の父からの伝言がはいっていた。「どうして。そんなはずはない」と思い、聞き返してみるが信じられない。驚きすぎてどうしたらいいのかわからない。

おそるおそる共通の友人であるTさんに電話してみたのは、翌日だったろうか、もっと日が経っていただろうか。確かめるのが恐かった。告別式もとっくに終わっている。「なぜ知らせてくれなかったの?」とは、とても言えない。知らせたくないという気持ちもわかるような気がする。知らせなかったのは私のもろさも弱さも含んでのことだったかもしれない。「告別式に出ているすべての人が、ひとり残らず全部の人が悲しんでいる、そういう告別式だった」というTさんの言葉が胸に響く。そうだろうと思う。あの西川さんならば。

「あの西川さん」そうだ、西川紀子さんを知るすべての人に私にとってと同じように、ひとりひとりにとってかけがえのない「あの西川さん」がいるにちがいないと思う。西川紀子さん、本当にすばらしい女性だった。

毎日のように会い、電話しあっては笑いあい、おしゃべりした私の学生時代。西川さんは十も下の学生たちに人気のある聴講生で、先生がたにも一目おかれていた。読書会で御一緒したり、先生や友人と千葉市郊外の土気町の御自宅を訪ねたり、花や海を見に誘いあったり…。主婦と学生、それでもあっという

間に打ち解けた。長い長い卒業祝いの電報は、私が受け取った唯一のデンポウというもの。春の花がいっぱいの西川さんの家の庭で一緒に写っている一枚の写真はカード入れに入って、今も私の机の上にある。整理が悪くて、なんでもごちゃごちゃにしてすぐ失くしてしまうこの私の手元に、春の楽しい一日の思い出がちゃんと残っているのは、西川さんがこの写真をカード入れに入れて手渡してくださったからだ。そのために、この一枚は十余年の間、いつでもどこに引っ越しても、私の机の上にあった。そして、私の名前を呼ぶときのあの抑揚、あの調子。紀子さん亡きあとの出版記念会ではじめてお目にかかったお母さまから紀子さんそっくりの調子で自分の名を呼ばれたときには胸が震えた。

　春を待ちかねて近くの山へ山菜を摘みに歩いたこともある。のびる、つくし、わらび、こごみ、ふきのとう、うど…。おひたしにしたり、てんぷらにしたり、和え物にしたり、佃煮にしたり、それでも食べ切れない分は帰りのおみやげだ。東京で生まれ育った私にはどれもこれも驚きであり、自分で野山を歩いて探し、とって食べるというれしさ、おいしさの体験はひときわ鮮かだった。西川さんといえば、なんといってもこの山菜摘みを欠かしては語れない。青春時代に西川さんと出会い、こんなひとときを共に過ごすことができたのは私の一生の幸福だ。そしてこういう輝くように美しいときをどんなにたくさん紀子さんとともに過ごしたことだろう。

　それだけではない。時折りいただくお手紙のこまやかな心づくし、美しさはとびきりだった。特に、私はみかけによらず病弱で社会人になってからも何度か入院を繰り返している。そんなとき何か月ものあいだ、忘れず送ってくださる美しい御葉書やお手紙がどれほど私を慰め、支えてくれたことか。あるとき、葉書の余白にふと添えてくださった俳句を私が大層気に入ったことを知ると、しばらくのあいだはいつもいつも、さまざまな俳人の季節にふさわしい俳句を添えてくださるのだった。

　母が胃癌で亡くなったときに父や私に示してくださった真情も忘れることはできない。西川さんは父に心のこもった慰めのお手紙をくださった。その手紙のなかにこういう一節がある。

　――私共は、夫婦としてまだ歴史も浅うございますけれど、若い時の別れは時間をかければ又立ち直ることもできましょう。老いてからの別れなら、少しは諦めや覚悟ができてもいましょう。そうでない別れはどんなに辛いかとお察し申し上げております。

　このとき、母は四十九歳であった。どうして十年後に紀子さんまで同じ病気で亡くならなければならないのか。しかもこのときの母よりなお五つも若くして…。

　母の死と紀子さんの死を、私はどうしても重ねて思わずにはいられない。同じ時代に同じ日本で生き、同じような年代で同

じ病気で逝った二人の女。私にとってかけがえのない女性だった。

「はばたき」
おどりこそう

II

　母に対する私の思いは今もなお複雑だ。母の、ひとりの女としての人生に対するいとおしさと、でも母のような人生を私は生きたくはないという思いと、それでもなお、私を産み育てたその女性に対する肯定したい思い。

　自分自身であることよりも妻であり母親であり嫁であることのなかだけで生きられてしまった彼女の人生。私は彼女が元気なときに、本音で話し合ってみたかったと思う。彼女が本当はどんなふうに生きたかったのか。なにをしたいと思っていたのか。

　母が生きさせたいと願う「女」の人生こそ、私が最も生きたくない生き方だったから、私はいつもいらだった。女の子らしい服装をさせようとすることにも女の子としての進路を歩ませようとすることにも徹底的に逆らった。門限など無視しまくり、母とは距離を取り、あまり家にいつかない時期さえあった。男のように大酒を飲み、つぶれては騒ぎを起こした。警察ざたになることもあり、女の子の枠には到底納まらないすさまじい荒れかただった。だいたい自分で自分を「女の子」だなんて思っていなかった。なんであんなに荒れたんだろう？あれはデモンストレーションだったのだろうか。自分で今思いだしても凄惨な気がするほどだ。苦しかった。でもやめようと思わなかったし、自分ではブレーキがかからないのだった。狂暴な若さを自分でももてあましていた。母親だったら、いったいどんな気がするだろう。寿命が二、三十年縮まるくらいいわけはあるまい。

　父は一人息子で十九歳のときに自分の父を亡くし、私の祖母と戦後の下町で何もない焼け野原から、家業だった運送業を再興する。朝鮮戦争、レッドパージと、父の上にも時代の嵐が吹き荒れた一九五一年に結婚。母の実家も近所で同業、父は幼なじみだった母をかなり早い時期から意識していた。母は結婚を

迷ったようだ。祖母は近所では有名な強い性格の女性だった。

少女期の私は毎日聴かされる祖母への不平不満に母への心をすっかり閉じてしまった。共感よりも母の生き方への反発が育ち、とげとげしい口調で辛辣な批判を返した。あの見事なほど強い祖母が姑で、昼も夜も一緒だったらどんなに大変か、大人になってみればわかるけれど、私だって子供だったのだ。母と距離をとった分だけ、父とは友人のように近しくなった。男のように世界を論じ、人類一般を憂えたのに、父と同じように母の家庭での痛みには見て見ぬふりをした。知っていて、知らないふりをした。女同士のこまやかなふれあいを持とうとはしなかった。男と同じ視点から世界を見ていたにすぎなかったのである。

私の傾倒する教師にも、夢中になる年上の女性にも、あなたはいつも不安そうな視線を注いだ。そういうふうに私には感じられ、その心配そうなまなざしがうるさく、うっとおしかった。あなたの守備範囲ではない世界へ娘の私が出て行くことを、不安そうにおびえて見ていたあなた。

外へ、外へ、外へ。あたしはお母さんの身代わりじゃない。お母さんとおんなじように生きるなんてまっぴら。

そして、あなたの最期の三カ月。私たち家族に出来るのは、病名を隠すことだけだった。あなたが真実に向き合わないようにすることだけだった。手術の説明も、退院したらと励ます言葉も、うそ、うそ、うそ。すべて、うそ。私ははじめてやさしい娘になった。

ひとりではもう病院の風呂にもはいれないあなたを介助して、背中を流し、脚を洗う私にあなたはつぶやいた。

「女の子を産んで本当によかった」

あなたの女の子であることをあれだけ激しく拒んだ私なのに。病院で病人を看護するのは本当に女ばかりだった。

「お母さん、戦争終わったあと、ほんとは英語を勉強したかったんでしょ。もし、お父さんと結婚しなかったら全然別の人生を歩んでいたのかもしれないね」

私の言葉を否定しなかった母はそのとき、生きられたかもしれないもうひとつの人生を一瞬思い浮かべたのかもしれない。

確執の多かった祖母は晩年はまるで幼児のようにボケて八十六歳で亡くなった。その死は母の死に先立つこと、わずか二週間。黄疸で苦しんでいた母は、それでも病院のベットで祖母の告別式を心配していた。

母は一篇の詩も童話も随筆も遺さなかった。実人生を生きたいように生きたのでもなかった。あまりにも多くのふつうの女が生きたように妻であり、母であり、嫁である役割を生きた。

娘としての私が母の人生を振り返って悔しく思うのは、彼女

が自分の人生の舵を握っていなかったのではないかということだ。もちろん、父には夫としての言い分があろう。それを聞く耳を持たないわけではない。けれども娘の視点から見て、父が自分の人生の中で自己決定権を持っていたのに対し、母の持つ権利はより小さなものだった。酒やギャンブルや暴力とは父は無縁だったけれども、結婚という制度のなかで彼は暴君ではないにしても、結局はやさしい王様だったのだ。そのことは意識にのぼりにくいほど当然のこととして父にも母にも前提とされていたのである。

母が、妻という役割、母親という役割、嫁という役割を生きることに終始したのに対し、父は夫という役割や父親という役割のなかに閉じ込められてなどいなかった。書いたものなどなにも遺さないにせよ、彼は彼自身の人生の舵を自分で握って、まずなによりも彼自身を生きている。青春期の私は父に同一化し、彼の志を自分の志とすることで自己形成した。女同士の葛藤の外側にいる父がいちばんカッコよく見えたから。右往左往さえしないほど、彼は男性原理そのものを生きていただけなのに。

もしも、私が息子であったなら、母は自分の人生を犠牲にしてまでも私たち家族に尽くしてくれたと美化することが出来るのかもしれない。この世のおおかたの男たちが母親をたたえ、母性愛を賛美してきたように。だが、私は母の娘だった。同じ性を持つ女として私は彼女が生きられなかった彼女自身の人生を惜しむ。彼女が私にも生きさせようとした「女」としての人生をにくむ。

アドリエンヌ・リッチは言う。

「母親のアンビヴァレンスについて語ること。母—娘関係のはげしい感情的葛藤と多義性や、娘には従属を、息子には支配をおしえこむ母親の役割を吟味すること。母親のせいではなく社会のせいで起きた手にあまる失敗について、彼女たちが感じさせられている罪悪感は何なのかをみきわめること。（中略）これらは深く埋めこまれている恐怖症（フオビア）と偏見に挑戦することである」

私は、結婚しそうもない女や、いい年をして結婚していない女や、離婚した女や、子供のない女と充分に親しかった。そのことだけでも、当り前の主婦である母にとって、うたがわしく、うさんくさいことであったろう。この社会ではすべての女が母親になるように圧力を受けるとリッチは言う。母親ならざる女性や女性に一体感をもつ女性は否定され、「すべての女の子を異性愛ロマンスと出産にむけて教育する社会化は、たぶんいまでも、全体としての社会がおこなう最も強烈な社会化だといえるでしょう」と。

わが娘を「異性愛ロマンスと出産にむけて教育する」責任を負わせられている母親にとって、独立心が旺盛で反抗的な娘は

少なからず手にあまったにちがいない。いっこうに思い通りにおさまらない娘に対して、内心罪悪感まで感じていたのではなかろうか。私は母親の病的な清潔好きが息苦しく、よくいらいらしてどなった。愚痴と心配性にはつきあいきれないと思っていた。弱い生き方に憤っていた。

母性が政治的制度として分析されえることになど、思いいたらず、私を縛ろうと、不安げに見つめる母親のまなざしがうるさくてならなかった。私はあなたを憎んでいたのではない。でも、あなたの生き方に同意することはできなかったのです。あなたにそのように生きることを強いる父権制社会の力がまだ見えなかったのです。

母が亡くなったあと、私は母の女学校時代の同級生のかたから、友人宛ての母の古い葉書を幾枚かいただいた。そこには、ちょうど私を産んだばかりで、なれない育児にてんてこまいしながら、若い父を支え、姑と折りあって家業を切り盛りする二十代の母の毎日が記されていた。

女として女の目で母の人生を見ることができたのは彼女の亡くなったあとであった。

Ⅲ

西川さんは体が丈夫なほうというのではなかったが、私がよく病気をすることもあって、どうしても気持ちの上でたよりがち、甘えがちになった。母が胃癌だったことも御存知だったから、紀子さんの胃に不調があらわれたときも、心配しないようにと御自分のことはほとんどおっしゃらなかった。

私が社会人になってからは、土気（とけ）のお宅を訪ねる機会もめっきり減ってしまったが、時折りの葉書や手紙や電話でのおしゃべりはなつかしく、楽しかった。なによりも土気に西川さんがいらっしゃると思うと、そのことで心がふっとあたたかくなって安心するような気持ちになる、そんな存在だった。ちょうど西川さんの代表作「一平さんの木」のように。

「女性が女性をほめたり、応援したりしているのを見るのは、ほんとに気持ちのいいものねぇ」というのが、私のカムアウトへの紀子さんの感想だった。その時は拍子抜けするぐらいあっけない、なんでもない言葉だと思ったのだが、あれから十年余り、私はようやくわかってきた。いまになって思えば、レズビアニズムもフェミニズムも、女にとってとりたてて特別なものでも大仰なものでもない。女と女とが、前進的な創造的な、支えあう関係を持てるかどうかということが肝心なのであって、紀子さんは、まっすぐその肝心なところに光をあてて、私の真情を支持したのだと思う。これはとても大切なことではなかろうか。

劇作家で「美人伝」の評伝でも知られ、雑誌「女人芸術」を創刊した長谷川時雨に「女が女の味方をしないでどうしますか」

という言葉があるのを知ったとき、私は西川さんのこの「ほんとうに気持ちがいいものねぇ」という言葉を真っ先に思い出した。西川さん自身が、ほんとに気持ちよく女性の力になり、女性を励まし応援する女性だった。

フェミニズムという言葉も姉妹愛（シスターフッド）という言葉も、紀子さんが使うことはなかったけれど、彼女の存在に支えられていた姉妹たちがどんなに多かったかは想像に難くない。紀子さんの場合、ただ文字通りの女というにとどまらず、いわば社会的により弱い立場に置かれた人間のことでもあり、老いた者、体の弱い者に対する思いやりに通じる広く深い愛情だった。そもそも、葉っぱにかみさまを見出す感受性というのこそ、より弱い者、より小さい者のかたわらに立ち、他者の痛みに心をかよわせていくという最も紀子さんらしい姿勢、資質の根本にあったのだから。

紀子さんは、書く人間として児童文学というジャンルに出会えた喜びを繰り返し語られた。「どうして児童文学なのですか」と尋ねたことはなかったけれど、最もかよわい者に寄り添っていく彼女の姿勢を思うとき、なるほどそうであろうとうなづける気がするのだ。

「まほう屋がきた」は、母と二人暮らしの男の子、のぞみが主人公の童話だ。海へ行こうと楽しみに約束していた日曜日、お母さんは知人の病気でお見舞いに出かけなくてはならなくなる。アパートの部屋で、「お母さんの、うそつき」とつぶやきながら、ひとり留守番をしているのぞみのところへ、まほう屋と名乗る不思議な男が訪ねてくる。

男の持ってきたかばんにはたくさんの美しい色の箱がつまっていた。そのなかの青い小さな箱をのぞくと、そこには、お父さんとお母さんと一緒に行った田舎の海がすぐそばに見え、三人は砂浜で波とたわむれ歓声をあげているのだった。そこは交通事故で亡くなったお父さんのふるさとの南の島の海だった。

楽しいひとときが透明感に満ちた簡潔な文体でなんと生き生きと描写されていることだろう。魔法がとかれ、海もお父さんも一瞬のうちに消えてしまうと、読んでいる私の胸には、なんともいえないせつなさがいっぱいに広がる。紀子さん。あんなにも楽しい日々を贈り物のようにもたらし、一枚の写真をカード入れに遺して忽然と去ってしまった紀子さん。なにもかも知っていて作品という魔法の箱まで用意していってくださったのだろうか。

西川さんの遺したたくさんの童話や詩や「葉っぱのかみさま」を開くとき、私は幾度でも彼女と語り合うことができる。電話で作品のアイディアを語っていた声、その話の内容や私の名を呼ぶ声、笑い声がよみがえる。同じ作品でも繰り返し読むたびに、忘れていたたくさんの思い出のディテールが鮮かによみがえってくる。

私は、はじめ西川紀子さんについてだけ語ろうと思っていた。4号に載せるつもりで何度か書き直したが、書物の上で知った女性ではないだけに、距離のとりかたがわからなくなって、筆がとまってしまった。

「どうも書けない。あんまり距離が近すぎて。西川さんのご家族ともつながりがあるし、西川さんのことなら、自分が本名で書くべきだとも思うし……」

4号で、突然女性評伝が漫談調こぼれ話に変わってしまったのには、そういう事情があった。紀子さんのエピソードの一つとして触れるつもりだった手紙の一節から、自分の母や家族のことをこんなに書くことになるとは思ってもいなかった。けれど、母のことを書き始めてようやく距離が定まった気がして、これなら西川さんのことも書けると感じた。

紀子さんは亡くなる一ケ月前、癌の告知を受けたあとに、五月締め切りの日本児童文学者協会「平和を願う詩と短編」に応募を決めた。痛みや吐き気をおし、病室で徹夜して「世界で一番大きな家」を書き上げる。欲深なきもぐろが世界一の大きな家を建てようとした結果、さてどんな家ができたか。きもぐろの途方もなく大きな家にはかべもかきねも天井もない。それできもぐろは、毎日心配になって、妻に「わしの家はほんとうにあるんだろうね」とたずねる。「どこまでも、あんたのおうち」と答えてもらうと、きもぐろは安心してつぶやく。

「わしの家は、世界一。天井は、空のかなたに、かべは、地面のはしに、かきねは、山また山また山のむこうに。つまり、そういうことなんだわさ」

ずっと病室に付き添って看病していた小学校以来の親友の女性が、話の面白さに思わずベッドのわきで笑うと、「そう、おもしろい?よかったわ」とほほえんだという。

この作品を書き上げて一週間後、五月二十七日に紀子さんは亡くなった。夏、入選の知らせが届き、この作品は「日本児童文学」8月号に掲載された。十一月には都内の小さな出版社から、代表作を編んで、三冊のファンタジー作品集も出版された。この作品集は、本年五月に産経児童出版文化賞の「推薦」を受賞している。

日本児童文学者協会が国土社からの協力を得て公募してきた短編創作童話集のシリーズ「夢はいろいろ」にも紀子さんの短編「つりうさぎ」が七百篇近い応募作品の中から入選し、第八巻に収録されることが決まっている。西川さんは早い時期から公募に力を入れられ、紹介や人の後押しによるのではなく実力でいくつもの賞を得られたが、亡くなったあともこのように着々とその真価が認められているのである。この「つりうさぎ」は私が一昨年秋、病気入院中に、掲載雑誌を送っていただいた作品で、そのときに病院からお礼の電話をしたのが紀子さんと話した最後になった。よもや、その翌年の春、紀子さんが帰らぬ人となろうとは……。甘えることになれきっていた私は創刊したばかりの「瓢駒ライフ」に紀子さんがどんな反応をしてくださるだろうと、御病気のことなどつゆ知らず、創刊号をお送りしたのだった。私たちが発送作業にはりきっていたころ、紀子さんは最後の作品に全力を注いでいらしたのだ。

西川さんの亡くなった知らせに、私は全身の力が抜けるほど驚愕した。一周忌がすんだ今でも、時折、電車に乗っていたり、全く関係のないようなことをしている最中に、ふと涙があふれてきてしまうことがある。

私は西川さんのことをひとりでも多くの女性たち、子供たちに伝えていきたい。思えば児童文学という最も男性の言説から遠い所で彼女は、私たち女や子供に向かって語ったのだ。

宮沢賢治が亡くなったとき、彼は地方の一詩人にすぎなかった。だが、今、彼を知らない人はいない。彼の遺した未刊の膨大な量の原稿を世に出したのは、彼を直接知る人々、弟であり、友人であり、教え子であり、彼の作品を読んだ読者たち、男性たちであった。男性はかつても今もこのようにして彼らの文化を守り、育ててきた。

今、西川紀子さんを女性たち、子供たちに伝えていくのは誰か。それは私であり、あなたではないだろうか。私たち女が伝えあい、語りあうことによってこそ、彼女の生命は私たちの内で輝き続ける。

そして私たち女が言葉にしなければ決して表現されることのない女たちの物語もともに語ろう。私たちの祖母たち、母たち、姉妹たち、私たち自身の人生を。私たちが自分自身を取り戻し、私たち自身の人生を生きるために。「選ばれた少数ではなく、すべての女の全体性が、文化のあらゆる面で尊重され有効性を発揮できる世界を要求する」私たちすべての自由のために。

西川紀子さんの著書

「わたしのしゅうぜん横町」あかね書房・一九八一

「花はなーんの花」小学館・一九八四

「しりたがりやの魔女」ポプラ社・一九八五

「一平さんの木」らくだ出版・一九八八

「かしねこ屋ジロさん」らくだ出版・一九八八

「まほう屋がきた」らくだ出版・一九八八

テーマ こども

風

わが国では出生率が低下し続けており、それに対する政策を求める声が起こっている。しかし人口調整のための政策というものはどこか不気味だ。

巷では女は結婚して子供を産んで一人前という意識がまだまだ根強い。人口増加政策が女を「産む性」に追い込んで行く可能性は充分考えられる。この種の政策の中で、「産む女」に対する何らかの優遇措置がとられることによって、それが助長され、人々が自由に選択すべきライフスタイルがひとつの型に押し込まれていく危険性を懸念する。

例えば所得税における配偶者の特別控除などもその例であろう。妻が働けば働くほど減税の恩恵に浴しないというやりかたは、女に社会にしゃしゃり出ていくなと言っているのと同じである。

ちなみに中高生に対するアンケートにおいて、女子では30歳以降も職業に就きたいとするのは四人に一人で前回の調査よりも比率が低下したと新聞は伝えている。教育費を捻出するためにパートで働く母たちの労働条件は劣悪、生き甲斐を見入だせるような仕事でもない。所詮、女の仕事はこんなもの。それなら玉の輿結婚して専業主婦して減税の恩恵にあずかった方が得策ではないかと彼女たちが考えたとしてもしかたあるまい。

このうえ、出産育児のための有給の休業制度の整備などをなおざりにしたまま、人口増加政策がとられれば、ますます女を家庭に閉じ込めていくことになるだろう。

さらに、子供を産む自由、産まない自由、しかも婚姻内で産まない自由と婚姻外で産む自由が保障された上での優遇措置でなければ意味がない。そしてその恩恵は本来、産んだ親にではなく、生まれてきた子供たちにこそ与えられるべきものなのだ。

戸籍、住民票あるいは法律上の婚外子差別の問題は出産優遇措置を云々する以前に早急に改正されねばならない課題であろう。先頃、田中須美子・福喜多昇夫妻の起こした「住民票続柄裁判」が一周年を迎えたが、夫婦別姓・婚外子差別に関するこの裁判の行方に注目したい。

朝日新聞のテーマ談話室「こども」欄では、子のない夫婦、子をつくらない夫婦をめぐっての意見がかわされている。子をつくらない女が、子を持った女から「勝手なあなたたちの面倒を

見るのは私たちの子供なんだ」と批判された話が載っていた。一方「子育てに手間ひま掛けずに済んだのでひと財産築き、そのうえ、老齢年金として他人の育てた子供のカネまでもらえる。子育てに四苦八苦している連中の顔がみたい」と豪語する男の話が載っている。

こういった社会全体の相互扶助の視点を欠いた「私――家族」中心の考え方もいまだに根強い。なぜこういう狭量な見方しかできないのか。また、子を合法的に産み出さない関係や生き方を選んだ者に対する風当たりがなお強いこともこの論争からうかがえる。ホモセクシュアルの人々はこの「子を産み出さない関係」ゆえに、非社会的として糾弾されるのが常である。

だが、血のつながった自分の子孫を世に産み出し育てあげることのみが社会に貢献する唯一の道なのであろうか。自分の子供のあるなしにかかわらず、社会や次世代に（日本ばかりでなく世界的視野にたって次世代に）貢献する方法は他にいくらでもあるのではなかろうか。「子を持つ」人々にも「子を持てない」人々にも、そして「子を持たない」生き方を選んだ者たちにも考えてもらいたいテーマである。

女を愛する女たちの中には積極的にレズビアンマザーをめざすものもいる。またレズビアンマザーとカップルを組んで子育てをしている人たちもいる。私と相棒は「フォスタープラン」という海外里親運動に参加し、アフリカのセネガルに女の子を持っている。ほかにも「保育ママ」というような形で、セクシュアリティを問わず他の女たちの育児を手助けしてあげるというようなこともできるだろう。

子を産む自由と産まない自由は女たちに（そして男たちにもつくる自由とつくらない自由が）、確保されねばならない。しかし、生まれてきた子供は、人類すべての宝であり、わたしたちはみんなその子供たちに責任を負っているのだ。

日本一国の出生率を云々するより、飢えた人々を何億とかかえる地球に目を向けてはどうだろう。はたして日本の人口の減少は血統書つきの日本人でまかなわねばならないのか？難民問題、環境汚染など、地球規模で考えていかなければならない問題が子供たちの、そしてこれから生まれ来たる子供たちの未来に立ちはだかっている。（E）

あなたも意見を発表してみませんか？
今回の風欄「こども」に対するあなたのご意見・ご感想を原稿用紙2・3枚程度にまとめてお送りください。
〒213川崎市高津局私書箱7号
ひょうこま舎・風欄「こども」係

『私は人魚の歌を聞いた』評

〔……A……〕

＊編集上の都合により、第5号48〜54頁は一部、削除した。

＊　＊　＊

＊訳者の〔……A……〕さんの都合により、今回、マリリン・フライ著『現実性の政治学』はお休みです。次号をお楽しみに。

（編集部）

編集後記

★遅れに遅れたが、ようやく編集後記にたどりついた。本当にどうもお待たせしました。いま、西川さんの詩や童話を女性たちの集まる場所で声に出して読み聞かせることをはじめている。女の私が女の言葉を語りたい。女の声で、女の話を、女の人に聞かせたい。そう思ってまわりを見まわすとあちこちに女の口承文化が息づいていることに気付いた。なつかしくここちよい女たちの声の響きのなかで、時代が確かに動いていくのを感じている。

（松本　泉）

★前号で原稿執筆が遅れて、みなさんや仲間に迷惑をかけてしまったので、今回はがんばりました。でも、やっぱり発行がおくれました。仕事かたわらの同人誌活動、どうか気長に応援してやってください。名古屋のデザイン博と横浜博に行って来ました。両博のゴミの処理の違いが印象的。デザイン博会場で感じたこと――ゴミの落ちていない通りにはゴミのポイ捨てはしにくい。社会や政治の汚濁も同じかも…。男の論理で汚染された社会のゴミ拾いを女の手でしていきたいね。

（高橋　瑛子）

★この夏、一ケ月ヨーロッパを旅行して、多くの素朴であたたかな人たちに会って来ました。生き生きとして魅力的な女の人の写真もたくさん撮れました。今は写真を整理をしたり、手紙の返事を書いたりと、なつかしくて忙しい毎日です。ゲイ・パレードでの興奮と感動をうまく伝えられたでしょうか。今回の旅行のスライド映写会をいつか開きたいと思っています。その時は見に来てください。

（草間けい）

★去年の秋から「遠い山羊の国」に迷い込んだ「わたし」は、今号こそ決着をつけようと思っていましたが、編集スタッフの厳しい要請により、もう少しそこに踏みとどまることにしました。早く土星の影響から抜け出たいと思う気持ちは山々ですが、なかなかそうは問屋が卸してくれなさそうです。ともあれ、やっと五号が出せたのは、なんともうれしい限りです。一生懸命創りました。どうぞあなたの大切な友達にも勧めてください。そして「ひょうこま大賞」への応募もよろしくお願いします。『瓢駒ライフ』が生き延びるためには、あなたの力がどうしても必要なのです。さて、次は六号だ！

（沢部仁美）

『瓢駒ライフ』―――購読申込方法

・購読料　　一部　　７５０円（郵送料込）
　　　　　　年間　３０００円（郵送料込）
・同封の郵便振替用紙に住所、氏名を記入のうえ、お近くの郵便局から振り込んでください。
・振替用紙の裏面の通信欄に何号希望、あるいは何号から希望と明記してください。
＊会費切れの方、継続もお忘れなく！
　封筒表の宛名欄、右下の右側の数字が納入済み最終号です。

『瓢駒ライフ』―――バックナンバー申込方法

・№１――品切れ
・№２～№４　各一冊　７５０円（郵送料込）
・郵便振替で申し込んでください。
・ただし、№２・３は残部わずかです！
　事前に往復ハガキ等でお問い合せください。

振替口座番号　　横浜３－５２７２１　ひょうこま舎

『瓢駒ライフ』は下記の書店等でも手にいれることができます。

東京方面―――
・ミズ・クレヨンハウス　☎０３－４０６－６４９２
　〒107 東京都港区北青山３－８－１５
・リーブル・ド・ファム　☎０３－３７０－６００７
　〒151 東京都渋谷区代々木４－２８－５　東都レジデンス410
・模索舎　☎０３－３５２－３５５７
　〒160 東京都新宿区新宿２－４－９
・ミズ・データ・バンク　☎０３－２６９－７６５０
　〒162 東京都新宿区神楽坂６－３８　中島ビル505

関西方面―――
・ウィメンズ・ブック・ストア　松香堂　☎０７５－４４１－６９０５
　〒602 京都市上京区下立売通西洞院西入ル
・フリーク　☎０６－８５５－３７４６
　〒560 大阪府豊中市岡上の町３－３－２４

瓢駒ライフ No.5
１９８９年１０月１５日　初版発行
編集・発行　ひょうこま舎
〒213 川崎市高津郵便局私書箱７号
＜振替＞　横浜３－５２７２１
表紙　草間けい　　頒価　６００円

ひょうこま舎

女 の 美 術 館

渡辺みえこ画

瓢駒ライフ No.6.

—新しい生の様式を求めて—

今号から「女の美術館」と題し、女性作家の作品や女同士の関係性を表現した作品などを紹介していきます。

第一回は「ひょうこま大賞」の賞品として描いてくれた渡辺みえこさんの油絵です。水色とピンクと黄色とで幻想的に混色された色彩の中に、強くおおらかな女性の姿が描かれた美しい作品です。モノクロ印刷のため、そのすばらしさを充分に紹介できないのが残念です。

目次

第一回ひょうこま大賞受賞作品

「フレンズ」

二本木　由美

かちり、とかすかな音をたてて、カーコンポがカセットのサイドを変えた。無音のリードテープが走行する奇妙な静寂のなかで、それまで黙っていた絵里がふいに言った。

「あたし、ね。お見合いすることになったんだ」

しばらく、麻子にはそのことばの意味がよく分からなかった。気がついて、えっ、と息をのんだその声を、ＮＯＫＫＯのシャウトがかき消したので彼女は少しほっとした。

「よくいるでしょ。お見合いのセッテングに命かけてます、みたいなおばさん」

ははは、と力なく絵里は笑った。

「ひとの人生にちょっかい出すなっつーのよね。……あーあ、やだなあ」

「そんなにやなら、そう言えばいいじゃない」

「言ったよお」

勢いよく流れ去る光を背景にして、絵里のシルエットが口をとがらせた。

「だって、相手はあたしの二倍も生きてるんだもん。それにさ、親はもちろん、弟までいっしょになって『見合いしろー、見合いしろー』って言うんだぜ。ちょっと勝てないよ。ほら、あたし、気が弱いから」

「……ほー。最近、『気が弱い』ってことばの意味、変わったのかなあ。知らなかった」

「ぬかしてろ」

「ま、話の種にはなるんじゃない」

絵里は麻子のことばにしばらくうなっていたが、突然照れたようないたずら笑いをうかべた。

「そうだ。ねえ、麻子。お見合いぶちこわしに来てよ。バイクか何かでどぉーんと乗り込んで、さ。ヘルメット投げて『絵里、おいで』とか言ったりして」

「ばか。あたし、バイク乗れないもん。そういうことは彼氏にやらせなさい」

対向車のライトに照らし出された絵里の顔から笑みが消えた。

「わざと、言ってるでしょう」

「え？」

「何を」

「ほら、すぐそうやって知らないふりをする。臆病なんだもんね、麻子は」

そう言ったきり、絵里は黙りこくってしまった。麻子もその沈黙を破るつもりはなかった。絵里がそれ以上のことしゃべるの、聞く勇気ないもの。そんなこと、もう、早く忘れてよ。あなたが私を愛してる、ってこと、思い出させないでよ。

横目で見ると、絵里はまっすぐな黒い眉をなおさらまっすぐに寄せて、助手席の方なんか死んでも見てやるもんか、とでもいいたげに前をにらみつけている。しかし、それが本当は「見ているふり」だということを、麻子はよく知っていた。

絵里は、時々こんなふうにすねて、誰が何と言おうとほとんど耳をかさなくなることがあった。その状態を本人は「心がかぜをひいたみたいなもん」だと言っていたが、実にささいなことから絵里は「かぜ」をひいた。

初めて「かぜひき」の彼女を見るまで、麻子は絵里と話したこともなかった。同じ国文科だったけれどゼミは違っていたから、講義なんかで時々見かけるだけだった。彼女は少年のような口をきき、少年のように歩いた。後で束ねた髪さえ、ロックをやる男の子が時々しているヘアスタイルのように見えることがあった。快活で頭が切れる彼女を見るのは、心地よかった。話をしてみたいな、と思いはしたけれど、なかなか機会はなかった。しかし唐突にそれは来た。そしてその時絵里は、最悪の状態だった。

大学二年の冬だった。麻子は家でより大学で勉強するのが好きだったし、第一、資料がそろっているので、日曜でも大学に出ていくことがあった。しんとしたゼミ室に電気ストーブをつけて、その日曜日も麻子は一人でいた。「伊勢物語」の演習のために、あちらの辞書、こちらの論文、とひっかきまわして資料をあさっていると、廊下を荒々しく近づいてくる靴音があった。何だろうと思って手を休め、耳をすました。

靴音はとなりの近代文学ゼミ室の前でぱたりと立ち止まったようだった。乱暴にノブを扱うみたいな物音と、舌打ちが聞こえたかと思うとものすごい音がした。麻子がいる古典語ゼミ室のドアまでびりびり震えた。どうやら足音の主はドアを蹴ったらしい。近代ゼミ、男の子いたっけ？　しばらく間があって、足音の「彼」はやおら歩きだし、すぐ立ち止まった。今度は麻子のドアの前で。

それが開いた。勢いよく。しかし今度は音はしなかった。

彼は入口で小さく息をのんで、立ちすくんだ。麻子の目とその人の目は、まともに合った。それが絵里だった。

「…高倉さん、髪、切ったの」

なぜ、まっさきにそう言ったのか、麻子本人にもわからない。ポニーテールにできるほど長かった髪を、しかも真冬に惜し気もなくショートカットにしてしまった絵里に驚いたせいかもしれなかったが、それにしてもあの状況では少し間抜けたセリフだったな、と麻子は思っている。訊かれた彼女の方も、ぽけんとしてたもの。

「う…ん」

聞こえるか聞こえないかというくらいの声で絵里は答えた。相変わらずノブに片手をかけたまま、入口につっ立っている。

「ね、そこ。寒いから閉めちゃって。コーヒー、飲む?」

「え?」

「コーヒー。紅茶もあるけど?」

「あ、え。あ…うん。ください」

絵里は混乱していた。なんでこの人、コーヒーなんて言い出すんだろう。髪のことなんかも訊くし。まさかこの部屋に誰かいるとは思わなかったな、まずっちゃった。——しかしその当惑がおさまると、また彼女はいら立ちはじめた。部屋のソファにたどりついた時には、もうすっかり「心のかぜ」がぶりかえしていて、絵里はつい「くそったれが」と悪態をもらしてしまった。

麻子は背中でそれを聞きながら、自分が「高倉さん」の笑顔しか知らなかったことに気づき、そっと苦笑した。なんて単純な私。

「ね、どうしたの」

「え…」

麻子は絵里をふり返った。濃紺のダッフルコートにくるまり、ぽつんと広いソファに座っている。冷たい風に上気した顔の中で、眉はひきしまり、つやつやした黒い瞳がもえている。短い髪は冬のつむじ風がもてあそんだ形のままに、整った顔にかかっていた。麻子は、馴らされていない野性のけものとむかいあうように、絵里に向きあったのだった。「伊勢物語」の作業に戻るふりをして、少し離れたその場所に座り、しかし何の作業も再開せず麻子は返事を待った。——どのくらい待ったろう。コーヒーを淹れるために火にかけたやかんが、ことことささやき始めたころ、絵里はぼそりとつぶやいた。

「…かあさんと…けんかしたんだ」

「うん」

麻子のあいづちに気づいて、その野性の少女は顔をあげた。


「何でもないことなのに、ついかっとしちゃうんだ。ほんとにちょっとしたことで」

麻子は絵里と目を合わせて、軽くうなづいた。

「帯刀さん…だよね。けんかしたことある? 親と」

「しょっちゅうよ」

「だめなんだ、あたし」

絵里はついと目をそらし、燃えたちゆらぐガスの炎を見つめた。

「好きな人に、かえってひどくあたっちゃうんだ。何か、すごい、幼くって。ものすごく好きなのに、ものすごく残酷なこと、しちゃってさ。てんで、だめなんだ」

麻子もガスの炎を見つめつづけた。しばらく二人は同じその炎を見つめつづけた。それから、髪の長い方が静かに言った。

「それじゃ、伝わらないよね、好きな人に。高倉さんがその人を好きだ、って」

「うん…そうだね」

絵里は微笑んだ。「そうだよね」うれしそうでいて、同時に悲しそうで、おだやかな笑みだった。そんなふうに笑う人を、麻子はこれまで知らなかった。

「ね、そのコート」

麻子はさっきからずっと思っていたことを口にした。

「ダッフルコート、さ。あなた着てると、パディントンみたいね。くまの、パディントン」

　絵里は寄せていた眉をひょいとあげて、一瞬とまどっていたが、何のことか理解すると、照れたように笑った。

「どうせ、くまみたいですよ」

「ね、パディントン、って呼ぼうか、高倉さんのこと」

「やめようよ。どうせ『長くて呼びにくいから、ちぢめて"パー"くんにしようね』とか何とかなっちゃうに決まってるから。たー坊でいいよ。あ、健さんでもいいよ。時々そういわれるんだ」

　麻子はすっかり楽しくなって、笑いながら言った。

「あたし、麻子、でいいよ。麻子って呼んで」


「…さこ、あさこ。ねえってば、麻子お嬢様」

「――え？」

　夢ではなくて実際に名前を呼ばれていたのにやっと気づいた。絵里が肩に手をおいて、静かにゆすっている。

「お目覚めあそばされませ。お屋敷に着き申しました」

「あ…ありがとう。ごめんね、眠っちゃって」

「いいよ。仕事、きついんでしょ。四人揃うの、今日しかなかったから、無理させちゃったね、スケジュール」

「私立高の国語教師のスケジュールなんて、知れたもんでしょ。たー坊こそ、忙しいくせ」

　絵里は、にこりと笑った。いつもの笑顔だった。それからふと真顔になって、

「あのさ、さっきはごめんね。ひどいこと言って」

「気にしないで」

　麻子の右手がすっと伸び、自分でも驚くほど自然に絵里のほおをなでた。けれど、お互いにあっ、と思った時には、もう麻子はドアをあけ、十二月の夜気の中へすべり出していた。

「くじけないで、原稿取りがんばるのよ」

「うん。楽しかったよ、麻子。またね」

　排気ガスを残し、ミニカ（"ダンガン"だ。実に絵里らしい）がすっ飛んで行ったあと、麻子はしばらくそこへ立っていた。港を見おろす高台なので、街の夜景が美しかった。夜空もおどろくほどきらびやかで、麻子はちょうどその星々のまん中にいた。輝きは豪華で、そのくせ不思議な静けさをたたえていた。うれしいのだか、寂しいのだかうまく言えない、もどかしくせつない気分。一年のうち一番星空が美しいのはクリスマスの夜だって言ってたのは、確か絵里だった。今年のクリスマス、絵里は誰と過ごすのだろう。――そこまで考えて、麻子ははっとした。絵里は、いつ、どこで、だれとお見合いするんだったっけ。しまった、訊くの、忘れた。相手は（男に決まってるけど）どんな人なの？

＊　＊　＊

　絵里から、あの電話がかかってきたのは去年のクリスマスだった。忘れようったって、できるものじゃない。

　大学卒業以来、月に一回くらいのペースで絵里がかけてくる電話を、麻子はわりと楽しみに待っていたけれど、自分からかけたことはほとんどない。仕事が忙しいせいでそうなのだ、と自分では考えていた。――あの時の電話だって、いつもと変わらなかった。お互いの仕事のこと、友人のこと、しなくってもいいような話ばかりで終わるところだった。正月に会おうね、と約束して電話を切ろうとすると、絵里がひきとめた――あのね、麻子。

「あのね、あいしてる」

　それでおどろいたわけではない。以前から絵里はいつだって「麻子、好きだよー」とか「やっぱりきみは最高さ」とか、冗談みたく言ってたから。それで、麻子も日頃、絵里のそうしたことばに出会うたび口にし、また自分にも言いきかせてきたことばを言い、笑った。

「また、そーゆー冗談をやる」

　電話口の相手は沈黙していた。それが麻子をおそれさせた。

「冗談こいてないで、早く寝な」

「ちがうよ」

「え…？」何がちがうのよ。

「冗談って、それですませないで」

もしかすると、冗談でないかもしれないとは、ずっと本当は知っていたのだ。でも見ないことにしていた。信じないことにしていた。あの時、私の声はきっと、ふるえていたにちがいない。

「いっしょにいて、気づかなかった？」

「…あ、わたし、あの…。友情の表現だって、思ってたから」そう思おうとしていたから。予め、注意深く、この真実は暗示されていたのに。私は認めたくなかったのよ。あなたのいう通り、臆病だから。

　絵里の声はふるえていたから、あの子は泣いていたのだろう。笑った時が最高に敵な子が、どんな顔して泣いているのだろう。

「私、わからない、そんな気持ち。私、ちがうもの」――そうよ、私はちがうもの。誰も好きになったことないんだもの。

　絵里はしばらく何も言わなかったが次に話しはじめた時、その声は自信にあふれ、落ち着きはらっていた。

「じゃあね、どうして私があなたを好きか、教えてあげる。

興味あるでしょ。

——あのね、あなたが最悪の状態をまともに受け入れてくれたからだよ。あたしが荒れ狂ってる時、麻子ほんとにやさしかったもの。あたしのいちばん悪い時に、麻子、いつもそばにいてくれた。拒むんじゃなく、抑えつけようともせず、ただいつもそこにいて、話を聞いてくれた。他の人は、いくら私のすぐとなりにいようと、心は閉ざしていたもの。目をそむけたり、頭ごなしに叱りつけたりね。そうすればするだけ、私の状態をひどくさせるだけだってこと、わかろうともせずにね。

　あなただけだった。あなたは私をこわがらなかった。背をむける群衆の中であなただけが、真正面からこちらを向いて、静かに笑って立っていた。だから、私、あなたが好きになったんだよ。わかる？　私のいってること。あなたを愛して、ほんとによかったと、思ってる。麻子、素敵だもの」

　口には出さなかったけれど、麻子はショックを受けた。

——なぜ、そこまで言いきれるの？私を愛してほんとによかった、って。なぜ。してはいけない恋のはずなのに——

それは、「好きだ」と言われたこと以上に信じがたく、大きな驚きだった。

　つけっぱなしのテレビが、ワープロのCFを流しはじめたので、麻子は我に返った。作家の仁科かほるが出てる。ショートカットの知的な美人で、最近麻子はこの人が気になってしようがない。本屋に行けばかほるの本が目につくし、今みたいにCFが映し出されるとBGMの出だしを聞いただけですぐそれとわかる。どうしてだか気になっていたが、海辺のリゾートでワープロをたたく彼女の横顔がアップになったとたん、そのわけがわかった。

　絵里だ。

　絵里を思い出すのだ、仁科かほるを見ていると。

　つい最近、トークショーにかほるが出ていた時にも感じたのだ。雰囲気は少しちがうけど、しぐさや表情や、話し方が絵里を想わせる。それに絵里は、仕事で二、三度仁科かほるに会ったことがある、と話していたじゃないの。……絵里だったんだ。私が気になってたのは。ほとんど一年の間、絵里を気にしつづけていたんだ。


　いきなり、電話が鳴った。受話器を取ってもまだ、心臓がどきどきはねている。絵里の明るい声が響き、なおさら脈は激しくなった。

「麻子？　あたしだ」

「絵里、びっくりした。どうしたの、こんな平日に、めずらしいね」

「うん、見合い写真が来たのさ。それで。ちょっとおちこんじゃったんで」

「どうして」

「見合い、したくないって言ったろ」

「そんなこと、今さらあたしに言って、どうなるのよ」

「……わかってるよぉ」

　二人はしばらく回線の向こうはしとこちらはしで、黙りこんでしまった。

「いつなの？　どこであるの？　お見合い。」

「今度の土曜。ホリディ・インの二階。五時から」

「……がんばってごらんよ。とりあえず」

「……うん。じゃ」

「もうだいじょうぶなの？」

「うん。声、聞きたかっただけだから。ごめんね」

　その声のトーンとセリフに、麻子ははじかれた。ほんとに、このまま切っちゃっていいの、麻子。何か、してあげたいんじゃないの？　でも、それが何か、わからないままに、絵里は「またね」と言って電話を切ってしまった。麻子は、シーソーのこちらはしにぽつんと残されて、ただ発信音を聞きつづけていた。私、宙ぶらりんだ。絵里もそうだ。このままじゃいけない。

＊　＊　＊

　絵里のお見合いのその日、麻子は髪を切った。仕事を終えて（私立高の国語教師は、土曜の午後はひまだ）その足で行きつけのカットハウスへ向かった。

「いいのー？　ほんとに、こんなに切って」

絵里に少し似たショートヘアの店員が、五回目の「いいの—？」を鏡の中から投げてよこした。ことばとうらはらに、何だかうれしそうな顔をしている。

「いいんです。少し重いし」

背中にかかる髪に鋏が入り、すっと頭が軽くなった。あごの線でそろえられていく髪を見ながら、麻子はきゅっと下唇をかんだ。

店を出ると、もう夕方近かった。首すじがすかすかして頼りなかったが、確かに軽やかだった。土曜の午後の雑踏の中を、麻子はただ前を見すえて進んだ。誰も私をふり返る人はいない。私は一人だ。群衆の中でただ一人、傷つくことをおびえて身をすくめるけものだ。でも、ほら、あそこにたった一人、背をむけず、こちらに両手をひろげて立っている人がいる——絵里。

ホリディ・インの前を、こちらに歩いてくる一団。看守めいたおばさまにわきを固められ、少し傷ついたようなまなざしをして。

「絵里！」

呼ぶと、彼女はすぐさま顔をあげた。目が丸くなり、次に細められ。

「麻子……髪、切ったの？」

なんて間抜けたセリフだろう、こんな状況で、と麻子は笑い出しそうになったが、できるだけ深刻に見えるような表情をむりやり作った。

「たいへんなのよ、帯刀さんが」

「えっ？」

「事故なの。絵里に会いたがってるの。もうあぶなくって、どうしても会いたいって」

絵里の目が、いたずらっぽく輝いた。彼女は向きなおると、おばさん連にむかって、悲痛な叫びをあげた。

「おばさま、昔の、私の彼が、死にそうなの、私、行きます！」

抗議の声をあげようとするおばさまを尻目に、絵里は麻子の腕をひっぱると、ハイヒールを手にもって、駆け出した。走りながら右目をつぶってみせ、一声大きく叫んだ。

「行こ！」

麻子は絵里と並んで人ごみの中を走り抜けながら、彼女の耳もとでわめいた。

「絵里、大好き！」


（完）

イラスト／ももすもも

〈ひょうこま大賞奨励賞〉
水無月　怜

『神威《カムイ》の星』に寄せて

高橋瑛子

先頃、新聞紙上に報道写真で活躍する写真家の女たちについての記事が掲載された（朝日新聞4月29日付家庭欄――東京本社版）。講談社出版文化賞の写真賞を受けた大石芳野さんをはじめ、天安門事件の写真がライフ誌に載った大塚敦子さん、パレスチナのイスラエル占領地で人々を撮り続けてきた古居みずえさん、フィリピンのスラムを追い続けている石川千恵子さん、昨年の日本ジャーナリスト会議ＪＣＪ特別賞を受賞した吉田ルイ子さん等が紹介されていた。

これらの女性たちとは分野を異にするが、ここにもうひとりある賞を受賞した写真家がいる。写真集『神威の星』で第三回ＪＲＡ（日本中央競馬会）馬事文化賞を受けた内藤律子さんである。この賞は報道・文筆活動などを通じて馬事文化の普及発展に著しく貢献した人や団体に贈られる賞である。

私は最近、ある雑誌の仕事で競馬を扱った作品を書くことになった。馬の好きな私は喜んで引き受けはしたものの、競馬についてはテレビの中継を観る程度でほとんど知識を持ちあわせていなかったから、その関係の雑誌などを買い込んでみたりしていた。そして、その中の一冊に内藤さんのインタビュー記事を見つけ、彼女の馬事文化賞受賞を知ったのだった。

一昨昨年の誕生日に私はＭさんから内藤さんの写真集『愛しのサラブレット』（グラフィック社）をプレゼントされた。本屋の店先でとても欲しそうな顔をしていた由。写真集というのはなかなか値の張る品であるから、そのころ窮乏生活をしていた私は買ったものかどうか何日か躊躇していたのである。というわけであったからその一冊はそれ以後私の大切な一冊になっていた。もちろんこの馬の写真集の著者――内藤律子――の名前は私の頭にしっかり記憶されていたのである。開いた雑誌の中にこの名前と内藤さんの写真を見つけた私は嬉しくてページを繰った。そして彼女の受賞を知り、またまた嬉しくなってしまった。内藤さん、ほんとうにおめでとうございます。

十余年にわたって、競馬界の周辺で地道に馬を撮り続けてきた結果である。それにしても、「男の世界」といわれた競馬界における女性の受賞はやはり喜ばしい。

いまやおじさんのメッカといわれた競馬場にも女性の姿がめだってきたという。武《たけ》 豊《ゆたか》というアイドル騎手の存在のなせるところというがそればかりではないだろう。「をとこもすなる競馬といふものを、をんなもしてみむとて、するなり」という女たちが現われたのは時代の必然といえよう。ギャンブルを奨励するつもりはさらさらないが、「親父ギャル」といわれる彼女たちの行動は悪くないって気がする。男並みと肩肘はるのでもなく、気軽に「男の世界」に出かけてみる彼女たちを「男の世界」も無視できなくなっているのだ。おじさんたちだけの汚れた競馬場は彼女たちのために競って、トイレをピンクのタイルにしたりの改装を始めたとか。確実にひとつずつ、「男だけの世界」がなくなっていく。

競馬といえば、すぐ名前を思い出す女性が幾人かいる。あの『花物語』の吉屋信子さんが馬主だったことは有名だ。そして、何と言ってもこの人――『気がつけば騎手の女房』で85年に大宅壮一ノンフィクション賞を受賞した吉永みち子さん。じつは私は吉永さんのファンでもある。テレビなどでのコメントやしゃべり口も気風《きっぷ》がよくて小気味いい。彼女の新作の小説『繋がれた夢』もとてもおもしろい。好きな騎手になるために、男装までしてかの「男の世界」に挑み、夢果たせず病に倒れた女の物語である。女の人との暮らしも描かれているので、是非ご一読あれ。この物語の時代に比べたら、女性騎手も地方競馬に十五人を数え、海外から女性ジョッキーを招いてのインターナショナル・レディース・ジョッキー・シリーズなども開催されるというような時代になってきた。しかし、まだまだ女の騎手は希少価値の存在である。だが、この世界にもこれからはどんどん女たちが進出していくだろう。

そういえば、取材中に知ったのだが、船橋の中山競馬場の壁画を描いたのも田村能里子さんという女の人だという。なかなかステキな絵なのでこの絵を観に競馬場を訪ねるのも一興。このように「男の世界」と言われた競馬界で女の人があらゆる重要な役割を果たして来つつあるのだ。もちろ

んいままで目立ってとりあげられたことはないだろうが、サラブレットを生産する牧場の女たち、トレーニングセンターに暮らし競馬界を影で支えて来た女たちの果たして来た役割を忘れてはなるまい。だがこれからは彼女たちの中からも、影ではなく、陽の当たる世界――いままでは男だけのものだった世界――にはばたくものが現われるに違いない。騎手、調教師、獣医などとして。もはや競馬界は男だけの職場ではなくなった。私は女性騎手が中央競馬のクラシック・GIレースを制する日を心待ちにしている。

そして、そういった女たちのはばたきの一翼として、私は先に挙げた内藤律子さんの馬事文化賞受賞を祝いたい。やはりひとむかし前までは「男の世界」だった写真界でも、前述したようにあらゆるテーマに女たちが挑み、その成果を挙げている。内藤さんもそのひとりなのだ。

写真集『神威の星』――一頭のサラブレットの誕生からデビュー戦での勝利までの四年余りを追ったこの内藤さんの労作に佐藤愛子さん、牧 羊子さん、同じように馬を愛するふたりの女性がそれぞれ前文と詩を贈り花を添えている。ひとりでも多くの女たちの手によってこの本が開かれんことを期して。

百合子、ダスヴィダーニヤ

湯浅芳子の青春

Юрико, до свидания

沢部仁美

中條百合子と湯浅芳子。1929年5月、ウィーンにて

沢部仁美著「百合子、ダスヴィダーニヤ―湯浅芳子の青春―」が文芸春秋社から上梓された。快著だ。文学史を書き換える新事実の数々。セクシュアリティ、ふたりの女性の友愛の意味についての真摯で独創的な考察。これらは一読どころか、再読、再々読の価値を持つ。今後、田村俊子、宮本百合子ら、この時代の文学を論ずる場合、欠かせない古典的な一冊となるだろう。

店頭に出ると聞いていた2月16日、大きな書店で、キャリングカーに三冊乗っているのを見たときは、ついにやったと目頭が熱くなった。私たちの仲間からノンフィクション作家誕生の日である。買って帰る途中、あとがきを読んでいるときにはいよいよ涙が出てきてしまう。困った。

うちに帰って、夜中にもティッシュペーパーでグスングスンやりながら一気に読んだ。こういうのを一気読みというのだそうである。

特に「第五章　北村セイとの恋」ここは涙なしでは読めなかった。わずか十一歳で芸妓に売られてしまった北村セイはろくに小学校にも通えなかったのであろう。東京にいる芳子への手紙はほとんど平仮名ばかりである。その平仮名ばかりの長い長い手紙の「あいたい。くるしい。」の連呼におおいおいと泣いてしまった。自分以外の誰も起きていない夜中に、読んでは泣き、読んでは泣いた。本というものにこれほどの力があるものかと、夜中ひとり泣いて読んだ。

「この本にこうしてさわりたかったのよ」という中村遊さんの大きな信頼と賛辞。仕事でうまくいっていなかったこの時期の私の自尊心を支えてくれたのも、この本の存在だった。あとに続くのは私だ、私たちだと鼓舞してくれる力を持っている本なのだった。装丁もすっきりしてしゃれている。中村さんがしばらくの間は寝る前に枕元に置いてさわっていたというのも私の気持ちと通じるものがある。

「第六章　モスクワの日々」も昨年の夏のソビエト取材が生きていて筆力のさえを感じさせる。モスクワでふたりの心がちぐはぐになっていく過程も要所要所がていねいにとらえられており、エロスの問題の考察も鋭く、説得力に富んでいる。

最終章の「第七章　百合子との別れ」も涙だった。チェーホフ博物館を著者がおとずれるくだりは文章も叙情的で歌うように美しい。

湯浅芳子というひとの本当の偉さは百合子と別れたあとの仕事ぶりに表われている。湯浅の翻訳の仕事の代表的なものはゴーリキイのものもチェーホフのものも百合子との別れ以後になしとげられている。今度はここが読みたい。青春以後の湯浅の足跡を今度は書いてほしいものだと思う。

（松本泉）

『現実性の政治学』(5)

マリリン・フライ著

〔……A……〕

＊編集上の都合により、第6号22～27頁は一部、削除した。

*

*

*

＜図書室のつどい＞

湯浅芳子と宮本百合子

お話　沢部仁美

（『百合子、ダスヴィダーニヤ
――湯浅芳子の青春』著者）

湯浅芳子と宮本百合子は互いを高めあう女同志の愛で結ばれ、大正14年から7年間生活を共にしました。

宮本百合子の『伸子』には湯浅芳子をモデルとした人物が登場します。

今回沢部仁美さんは、初めて公開される日記や手紙をもとに二人の出会いから別れまでを本にされました。この本は文学史的に価値の高いものであり、同時にこの時代の女性知識人の生き方を示す女性史の面でも興味深いものです。

ロシア文学者の湯浅芳子は93歳で健在です。そのユニークな生き方についてもお話しくださいます。

※『百合子、ダスヴィダーニヤ』は文芸春秋刊です。

とき　6月22日（金）夜7時半～9時半

ところ　公民館講座室

※　どなたもご自由においでください。

国立市中1－15－3
0425・72・5141
国立市公民館

国立市立公民館発行「図書室月報」（'90.6.5.新）より転載。

S郎と池袋

草間　けい

S郎とは大学がいっしょだった。S郎が先に私を好きになった。それでも彼はストレートに表現せず、ちょっかいを出すといった感じで、私の周りをうろちょろしていた。私は大いに気にはなったが、惹かれるという感情はなかったと思う。

その頃の私は何人ものカッコイイ男の子に片思いをして、スマートな恋愛を思い描いていた屈託のない女の子だった。

一年の冬休みが始まる前、教室のハンガーに掛けておいたジャケットをはおって、何気なくポケットに手を入れると、くしゃくしゃの紙切れが出てきた。

「きみのことがすきなんだ」

ドキンと胸が鳴った。差出人の名前もなく、ただその一言だけ。文字は左手で書いてあった。こんないじけたまねをするのはS郎に決まってると、私は思った。だけど左手で書くってことは、知られたくないってことだから、もっと意外な人かも知れない。その晩、友だちの家に大勢で集まった時もS郎の様子は普段と変わらない。それどころかオナラの話なんかしてる。私はさっきのあの手紙の主のことばかり考えていた。左手書きの文字という深刻さが、その後も数日私を憂欝にさせたが、姿を現さない相手じゃ話にならんと、いつもの私らしく忘れることにしたのだった。

その頃私は仲の良い女の友だち三人と学校の近くにアパートを借りた。おんぼろアパートの二階の四畳半、トイレと炊事場が共同で四千五百円だった。インスタントラーメンなんかをすすりながら、とにかくゆっくりおしゃべりができる場所が欲しかったのだ。四人とも自宅から通っていたから、泊まることはほとんどできなかったが、親に内緒で部屋を借りるというスリルは最高の喜びであった。しばらくは、そのアパートにいろんな友だちが出入りしてにぎやかだった。

二年生になった。新入生歓迎コンパで大騒ぎをして、私の周りではうまくくっついたカップルもあり、ブロークンアウトしたカップルもあった。私の生活は一応楽しかったが、一人になると胸のあたりに三分の一くらいの穴がポカリと開いたような感じがいつもするようになった。恋にも夢中になれそうもなかったし、大学の勉強も目的が見つからなくてつまらない。友だちの色恋ざたを見ていても、こんなもんかなと思った。一人でアパートに行ってタバコを吸ったり、電車の乗り換え駅まで、雨の中を二時間ちかく歩いたり、体の中の何かがぶすぶすとくすぶり始めていた。

夏休みに入るとまもなくS郎から電話があって、私は池袋へ出て行った。S郎はそこに住んでいたし、私は西武池袋線の利用者だったからだ。

池袋は山の手と下町の中間に位置し、そのどちらの良さも見いだせない、限りなく埼玉に近いといったイメージを払拭できない街だ。小泉麻人の「街のオキテ」(新潮文庫)で東京二十三区の偉い順をみると、豊島区は十五位と中の下につけているものの、コメントを見ると「目白票伸びたが、池袋のダメージ強し」とある。品のある銀座、育ちの良い渋谷、歓楽街の帝王新宿、下町人情の浅草、文化と下町の香り高い上野、それぞれが定評をもっていて「買物はここでなくちゃ」というファンも多い。しかし池袋の場合は、人々に愛着を感じさせる個性に乏しい。目玉のサンシャイン60は駅からちょっと遠い。西武がウェイブ館やリブロなどで若者うけを狙っているが、野暮ったいおじさんがけっこう目につく。全体の統一感がなく相変わらずごちゃごちゃした「中の下」の街である。しかし埼玉県人の私にとって、池袋は一番近くて思い出の多い東京の街だ。

最初に会った時のことは、あまりはっきり覚えていない、というよりほとんど思い出せないが、多少はときめいたのではないかと思う。たぶんその日は、喫茶店へ入ってから近くの公園に行ったのだろう。おしゃべりだけでキスはしなかったと思う。どうして何も覚えていないのだろう?

一週間後くらいに井の頭公園で会った。ここは大学に近くて馴染みがあった。S郎は深刻に家族の話などをした。ちょっとショックな内容だったから空気は沈みがちになるし、ことばも少なくなるしで、自然に体を寄せ合う雰囲気。S郎との真面目なキスはこの時が最初だった。

前にコンパの時、酔っ払ったS郎にキスされたことがあったけれど、やはりデートでするキスの味というのはたいしたものだった。この「家族の話」と「キスの味」が、私をジーンとさせてしまった。私はそれまで、家族とも友人とも面と向き合って話をしたことがなかったから、向き合って話せる相手ができたことは重大なことだったのだ。本当は、相手に向き合わされて聞かされただけだったのだが、たぶんその時はかわゆくも「人生」を感じてしまったのだと思う。

それからは、一週間おきに池袋でデートした。曜日も決まっていたし、デートのメニューもいつもだいたい同じだった。二時間くらい喫茶店にいて、その後公園へ行って、また話をして、暗くなってくると密度の高いキスやらペッティングやらに夢中になった。私には二度目のデートでの「家族の話」はとても心に残ったのだが、三度目以降は話をする時間がだらだらと長くつまらなかった。私は話をするよりも何かをいっしょにしたかった。たとえばちょっとした旅に出るとか、遊園地に行くとか、映画を観るとか。しかし彼は理屈屋でアナーキストきどりの禁欲主義者だった。（最初はそんなところに惹かれた私ではあったが）

「普通のカップルのように高原に行って二人用自転車をこいだりするのなんかは、恥ずかしくてできないんですよね」などと言うのだ。たぶん私がそれをしたがると承知していて、先手を打つ。一事が万事その調子で、私は「こんなことがしたい」と、気軽に言えなくなっていった。

「たまには映画を観ようよ」と誘ったものの、テーマに問題意識のある映画にしたほうがいいかななどと気を遣い、結局、観終わった後の二人の関係は、いっそう救いようのないものとなった。私はどっぷりの恋愛物か底抜けドタバタ喜劇を、ほんとうは観たかったのにと後悔する。そうやってS郎とのデートが重なるにつれ、私のエネルギーは重い雲に覆われていったが、それ以外の生活では彼に縛られまいとするように明るい自分を大切にした。

　そんなふうに私とS郎は昼間の明るさを共有することができなかった。たぶん二人のデートに夜の部がなかったら、すぐに破局は訪れてくれていたにちがいない。私は昼の部の生産性のないつまらない話（彼のマイナーな話に私は共感できなかった）を早く切り上げて、公園へ行ってキスがしたかった。S郎はあたりが暗くならないと手もつながないほどの恥ずかしがり屋だった。喫茶店からやっと出られても、夏の陽は高くS郎が私の肩に手をまわせるような夕闇にはなかなか包まれなかった。私の心はじりじりうなっていたが、「される」役に徹し、自分からしなだれかかるような惨めなまねは、決してしなかった。求められれば応じるという体裁をなぜか守るようなところがあった。

　大学に入りたての頃、私は同じ授業を受けていた少年に一目惚れをした。彼は私が幼いとき日曜学校に通った教会の、壁に掛けられていたキリストの肖像画にそっくりの美しい少年だった。私はその授業の時は必ず彼の斜め後の席を取り、うっとりと眺めては楽しんでいた。二ヵ月ほどたったある日、私は彼を映画に誘った。彼とはあいさつをかわすくらいになっていたから、映画の券をあらかじめ自分で買っておき、「もらった券なんだけど、今日までだからつきあってくれる人いないかな？」と、さも偶然のように話を持ちかけた。「風邪ぎみだから」という彼を、「行こう、行こう！」と誘って、何とか中央線に二人で乗り込んだ。

　ここまではとんとん拍子、筋書き通りだった。しかし憧れの君を前にして喜んだのも束の間、ピカピカに輝いていた私の恋は、何と十分にしてふにゃふにゃになってしまっ

たのだった。わが心のキリストにものを言わせてみると、

「ツッツ、ツッ、ツマラナイ！……」

　有楽町に降り立つ頃には、あまりの落胆で、もう映画なんかどうでもよくなっていた。誘っておいて観ないで帰るとも言えず、映画館に入った。

　映画は「ライアンの娘」だった。内容もよく知らずに、新聞の宣伝文句で決めた。不幸にも三時間の大巨編であった。年の離れた恩師と結婚した女が、その性生活に満足できず若い情熱家の将校との恋に落ちていくというストーリーだったと思う。息を飲むような将校との密会のセックス・シーンで、私は初めてセックスって激しく腰を使うものだということを知った。私は驚きと発見で、すっかり感心して映画館を出てきたのだったが、隣のお兄さんの方は別の興奮で、私を見るというか見つめる目付きがさっきまでと全然違っているではないか。私は早々にさよならした。

　その後、学校で彼を見かけても胸ときめくどころか、わが内なるキリストの転落ぶりを見るに忍びなく目をそらしてしまう私だった。それでもこのことは、「外見のイメージ」に頼りすぎた私の大きな教訓となった。

　S郎はキリストくんよりは、話が面白かった。友だち関係の時期もあったし、よく本を読んでいたし（私は読書家にコンプレックスを持っていた）、まじめな話もできたから、良い刺激を受けることもあった。それに何より、キリストくんの布石がきいていた。S郎は私の好みの男の子ではなくて、待ち合わせをして会うたびに彼の洋服の趣味にがっかりした。でも私は「外見のイメージ」になるべくこだわるまいと努力して、「いやなものはいやだ」いう感情を殺していた。何と前の失敗から生まれた教訓をもとに、更に私は間違った観念を育ててしまったのだった。

　洋服の趣味はともかくとして、S郎とのおしゃべりに私がいらいらするわけは、実はS郎に興味があったのではなく、大きな声では言いにくいが、セックスに興味があったからである。だから私はデートの一時の待ち合わせを三時にしてもいいと思ったが、それではあまり露骨すぎるので、いつもながーく感じるおしゃべりの時間をもてあましていた。しかし、その真意に不覚にも私は無自覚であった。この大いなる真意を当時の私が知っていたら、もっと気が軽くなったと思う。

　二学期が始まり学校へ行ってクラスメートの間で、私もS郎も特別な関係をもったようにはふるまわなかった。よく男の子たちが女の子の噂をしたりする時に、「誰だれの彼女だよ」なんて言っているのを聞く。私のことを「S郎の彼女だ」なんて言い方されるのは、絶対ごめんだった。

それでもそうやって噂はされていたのだろうけれど、昼の私とＳ郎は赤の他人のようだった。だから私は他の男の子たちとも仲良くしたし、気を遣わないですむのでかえって気軽で楽しい気分になれた。

　依然として昼のおしゃべりと夜の抱擁のたった二つのメニューでデートは続いていた。私はいつそう決めたのか忘れたが「十代で処女は捨てる」と胸に誓っていて、できればなるべく早くと思っていたから、体も気持ちも“Ｓｔａｎｄ　ｂｙ　ＯＫ！”だった。しかしＳ郎がそれ以上のメニューを私に要求する気配は、いつになってもみられそうもなく「これは私がお膳を運ばなくてはだめだ」と悟り、計画の遂行にあたったのだった。Ｓ郎にかぎらず男は最後の決断を女に預けたり、その前で二の足を踏んだりすることが多い。それは始まりの時と別れの時に顕著となる。ずるいと言えばずるい、気が小さいと言えば全く気が小さい。

　そこで私は「処女の正しい捨て方」の実践に移ったのである。まず避妊法について詳しく書いてある信頼できる本を一冊買った。「花の命は結構長い」のだから、スタート地点でしっかりした知識を身につけておかなければならない。

　一番一般的で安全性が高い避妊方法はコンドームだが、いくら計画的にといってもコンドームまで携帯していたら、一生に一度のだいじな夜の演出も興醒めとなってしまう。やはり初夜は荻野式がいいと思った。しかし荻野式は規則正しく毎月の生理が訪れてくれる人でないと危険なので、生理不順の人には向かないという。私は毎月順調な方だった。それで、とりあえず荻野式でいくことに決めた。

　さて次は日どりである。もちろん生理一週間前をねらい、家族には前もって「ユッコの家へ泊りにいくからね」と言っておく。なるべく事前に処置できる障害は取りのぞいておいた方が、当日目的に向かって全神経を集中させることができる。

　最後に残った問題は、場所である。アパート住まいならば、こんなことを計画するまでもなく、なしくずしに処女を失うことが多いのだが、家族同居の場合は真剣な問題となる。私の場合、友達だちどうしで借りていたあのボロ部屋がやっと役にたつ日が来たのだった。

　その日私は一番お気にいりの子ワニのプリント入りパンティをはいて家を出た。計画どおり学校の帰りにＳ郎を誘う。いっしょに夕食を食べてから、なんだかんだと例のおしゃべりをして十時になった。Ｓ郎は今日はこのまま帰るしかないなと思い始めていた。そこで私は、

「今日は帰らなくてもいいんだ！」

と明るく言い出す。

「私たちの部屋へ行かない？」

　もちろんＳ郎はいやと言わない。ふかふかの布団というわけにはいかないが、いつもの公園の木にゴリゴリと背中を押しつけて抱き合うことを考えれば恩の字である。私にとって「場所」や「相手」は特に大きな問題ではなかった。私は目の上のタンコブのような「セックス」や、知らないがゆえに描く男に対しての幻想を取り去りたかったのだ。いつも「行き着きたい、行き着きたい」と思いながら、快感は公園の木の枝にちゅうぶらりんの状態でぶらさがったままだったけれど、今夜はきっと行き着ける。私の胸は未知への期待に踊るのだった。

　計画は万全だった。次の日私はすっきりとした気持ちで、新しい自分を感じた。セックス自体には特に感動しなかったし、Ｓ郎と秘密を共有できたという喜びとか親近感とかも感じたりしなかった。とにかく障害を一つクリヤーしたようでうれしく、そしてちょっと得意だった。

　Ｓ郎はいつも池袋駅の改札口で私を待っていた。いつもの曜日にいつもの時刻。あれからメニューは一つ増えた。昼間は喫茶店、夕方は公園、夜は旅館でご休憩。二人でいる時でも、生活の共有も気持ちの共感も将来の展望もなく、まして強い愛情に満たされることもない。もやもやしたものを吐ききれずに、おとなしい恋人たちは会って抱き合ってさよならを言った。

　女と男はそんなもんで、ムードだけを大切にしていればいいのかしら？　「私のこれは」「あなたのそれは」などと言ってラッキョの皮をむくようなまねはしないほうがいいのかしら？　愛していなくても会うの？　愛しているから会うの？　この割り切れない気持ちはなんだろう？　「対等な人間関係」じゃないから？　それ以前の問題でしょ。だって二人は同じ地面に立ってない。比重の違う世界に住んでるみたいだもの。体当たりで跳び膝蹴りをくらわそうと思っても、フワァーとなっちゃうんだ。その二つの世界を繋ぐものがムードっていうものなんだね。じゃあ、ムードの実体ってなんなの？

　こんな自問自答を繰り返しながら、何年もかかって私は私が一人であることを確かめることができた。自分で縛っていたくさりは自分の手で解かなければ始まらないことに私はやっと気づいた。

　もう池袋でデートすることはなくなったけれど、そして今も池袋が好きというわけではないけれど、私はやっぱりこの街を通らないと都には出られない。なんだかんだと言いながら、私は池袋とけっこう仲良くしている。

思い出の百人一首

松本　泉

小学生の頃、友だちの家ではじめてやった百人一首という遊びは、なんだか心をしびれさせるような、今思えば蠱惑的とでも言うような雰囲気を持つものに感じられた。

蝉丸だとか猿丸大夫だとか素性法師だとか子供の私にとっては、えらく怪しく感じられる不思議な名前の僧の絵や、伊勢だの赤染衛門だのという、いかにも華やかな名前の十二単衣に長い髪の姫たちの絵は、奇妙に心をたかぶらせるものがあった。それに、ほとんど意味がわからないながらも、なにやら恋というものを歌っているらしい三十一文字を節をつけて詠むというのも、なんとも言いようもなく変わったものに思えた。旧かなづかいというのも、ふしぎだった。

おまけにやり方もわからないのに知ったかぶりで加わったのだから、いともたやすく札をとっていく同級生に驚きの目を見張ることになる。いったいこれはなんだというような体験だったのだろう。早速、うちでもやってみたがったとみえて、まもなく歌留多をかってもらったような記憶がある。けれども家では毎年恒例の遊びにはならなかった。そういう文化の香りのする優雅な遊びとは無縁な階層だった。こんな遊びをする家庭に、私は今でもうらやましいような、劣等感を感じるような、いいなあという思いを抱いている。

中学生になって、よく遊びに行っていた悪友の家に清子さんという、目の覚めるようにきれいな高校生のお姉さんがいた。背は高いし、頭はいいし、国立大の付属高校に通っている。天は二物を与えずなんて、うそである。「わあ、きょうは清子さんと話しちゃった。」と、数日幸せになってしまうほど素敵なお姉さんだった。

あるとき、百人一首を話題に話がはずんだ。というより、彼女がいろいろ話してくれた。「泉ちゃんは、どの歌がいちばん好き？」などと聞かれたのではないかと思う。私は答えられるほど、この遊びに親しんではいなかった。せいぜい持統天皇のあの有名な

春過ぎて夏来にけらし白妙の
衣ほすてふ天の香具山

という歌をあげられた程度だっただろうと思うが、どう答えた

のやら、自分のほうのことはすっかり忘れている。

「清子さんはどの歌がお好きなんですか？」

このときの彼女の答えのほうだけは、実に鮮やかにはっきりと記憶している。

人はいさ心も知らずふるさとは
花ぞ昔の香ににほひける

今も、紀貫之のこの歌を詠むときは清子さんのあのときの表情までよみがえってくる。

こんな誘因もあって高校生になると、古文の勉強に、百人一首の参考書を買った。なんといっても百人一首だけは覚えなくちゃならないような気がしたのだ。いちばん最初にその参考書で覚えたのは

瀬を早み岩にせかるる滝川の
われても末に逢はんとぞ思ふ

の崇徳院の歌だった。「連用形＋み」は理由を表わすという説明で、これを覚えればなにがなんだかわからない古文に少しは希望がもてる気がして

風をいたみ岩うつ波のおのれのみ
砕けて物を思ふころかな

というのも一生懸命覚えようとした。ただし、この重之の歌にはまだ感情移入できるだけの素地がなく、そのときはまだ字句を追うばかりだった。片思いの苦しさはその後、たっぷり味わうことになる。

あひ見ての後の心にくらぶれば
昔は物を思はざりけり

なんの体験もないのに、かえってこの歌があやしく響く年頃だった。全く「昔は物を思はざりけり」とは、よく言ったもんだ。年を経るほどに、この歌には感心させられる。（誰ですか？読みながら笑っているのは。いたって真面目に、あなたもそう思われませんか。）

そんな高校生だったころ、清子さんは東北大学の医学部で学んでいて、彼女の妹である親友と私は、清子さんがルームメイトと借りているアパートを根拠地に東北旅行をすることになった。松島や平等院や毛越寺、芭蕉が「静かさや岩にしみいる蝉の声」と詠んだ山形の山寺やらを巡る楽しい旅だった。清子さんの案内でバスに乗って大学構内を見て歩いたのも楽しかったし、なによりも大学の構内をバスが走っているなんて驚きだった。東京ではとても考えられない広さだ。

清子さんの部屋では、彼女が上手に鍋で炊いてくれた御飯が

おいしかった。鍋でも御飯が炊けるとは私はそのときまで知らなかった。部屋の外に小さな箱が置かれていて翌日開いたところによると、それは人骨だということだった。医者ってそんなことまで勉強しているのだなあと思った。私達がこわがらないように前の日にはいわなかったのだ。彼女は今、基礎医学の研究者と結婚して子供さんもいるけれど、医者として活躍している。親友のほうは薬剤師になったが、今は子育てで忙しい。

さて、どういう風の吹きまわしか、毎年、季節が来ると百人一首を詠まなければならなくなるという勤め先で、五年が過ぎて、ようやく遅ればせながらこの遊びに慣れ親しんだという気がしてきた。

それにしても、もう一首、決まってある女性を思ってしまう歌がある。

その女性とはたった一度会っただけなのだが、何時間も一緒にいて、かなり込み入った複雑な身の上を聞いた。女を愛する女だった。しかし彼女は結婚していた。年齢も私とは同じくらいだった。女性との同棲や別れ、自殺未遂、その後の結婚しなければならなかった事情。兄のように思っているという夫への感情。それらが私にも理解できるのだった。好きになりそうで苦しかった。私にはステディが必要だった。しかし、結婚は大きすぎる障害だった。

彼女にしても、あらん限りの勇気を奮ってある会に連絡をとり、紹介されてきたのだ。私たちは会の紹介で会う前に、すでに毎日、長電話をしあって話がはずんでいた。お見合いの会だなんて馬鹿にするなかれ。レズビアンはレズビアンにめぐりあわない限り、レズビアンになれないのだ。自分が何者かということを知ることもできないのだ。

一度会ったあと、私たちがまたどれだけ会いたかったか。手紙と電話で、私たちはもう一度会える日を確認しあっては指折り数えた。電話では夫が出て取り次ぐこともあったが、もちろんただの友人だと思っている。お互いの仕事のせいで、思いの外間隔があいてしまったのだった。

けれど、そんなにも待ちこがれていながら、私たちがもう一度会うことはかなわなかった。

彼女が妊娠していたのだ。

「前に流産しているから、今度はどうしても産みたいの。もうあなたには会えない。どうなってしまうか、わからない。会うのがこわいの。」

私たちは電話口で泣いた。

「手紙はいくら書いてもいい。けれど電話だけはしないでほしい。声を聞いたら決意がくずれてしまいそうだから。」

と、彼女は言った。

私は手紙を書いた。「さようなら。幸せになってください」と。それから二度と彼女には連絡をとらなかった。

お互いに好意を持ちながらも、いや、好意を持ちあうからこそ、続けられない関係があるということを私はこのとき初めて知った。

ちょうどその頃、ある紙上で右京太夫道雅の歌の記事を読んだ。私はそのページを切り取って、長いこと胸のポケットにしまっておいた。この歌を詠むときっと、彼女と、会ったこともない彼女の幼い娘が浮かんできてしまう。もちろん子供は男の子だったかもしれないのだけれど、やっぱり女の子が浮かんでくる。

今はただ思ひ絶えなむとばかりを
　人づてならでいふよしもがな

もうあの娘は幾つになっているだろう。私には彼女と彼女の娘が、私に笑いかけているような、そんな一枚の写真が思い浮かんできてしまうのだ。

＊おねがい＊おねがい＊おねがい＊

おはつにお目にかかります。二本木由実と申します。実は私、ある日の午後、映画「1999年の夏休み」について無性に何か書きたくなり、書くことにしました。

しかし時期を逸したものの悲しさ、パンノ、映画紹介etc.の資料を持ちません。「1999年の夏休み」に関する資料をご紹介ください。コピー代等はできる限り負担させていただきます。(パンフは手に入りましたので他のものを!!)

よろしくお願いします。資料一切無し、で書くのもかっこういいとは思いますが。資料が多ければ多いほど想像力貧困な二本木は喜ぶのです。送付は下記の宛名で。

〒213 川崎市高津郵便局私書箱７号
ひょうこま舎気付　二本木由実

遠い山羊の国（最終回）

沢部仁美

*これまでのあらすじ

人間から白山羊になった「わたし」は山羊の国の一員となって平和な日々を過ごしていたが、ある日、空から降った白い葉っぱで、ニンゲンたちがこの国に原子力発電所を作ろうとしていることを知る。早くこのことをみんなに知らせ対策を練らなければと、最長老のエタワに頼んで緊急の大会議を開いてもらった。しかし、期待はみごとに裏切られ、「わたし」はスパイ呼ばわりされてしまう。

*

わたしはいきなり頭から水をぶっかけられたような気がした。このわたしがスパイ？　わたしはみんなにこの国の危機を知らせようとしただけなのに。もうすぐニンゲンがこの国を壊しにやってくる。ここにとどまることは何もしないで死を待つに等しい。ただそれだけを伝えようとしただけなのに。わたしの体内で血液が音を立てて逆流した。

「なぜわたしが仲間を裏切らなくちゃならないんだよ！」

わたしは金切り声を上げた。ところがそのわたしに返されたのは、どんよりと灰色に曇った山羊たちの目だった。今しがたまで見えていた青や黄色のまなざしはどこにもなかった。不信と侮蔑に満ちた無言の目、目、目。そのあまりに急激な変化に、わたしはへなへなとその場にしゃがみ込んだ。わたしは自分の立っていたはずの地面に急にぽっかりと穴が空き、その中へ引きずり込まれるのを感じた。

そうして初めて気がついたのである。

わたしは図られたのだ。マンバー一味の陰謀に。彼女たちはわたしにニンゲンの言葉がわかるということ、とくに文字が読めることが脅威だったのだ。文字が読めるということはそれが書けるということを意味する。文字は遠く離れた相手にも言葉を伝えることができる。いつの日か、わたしがこの国の内情をニンゲンに知らせることがありはしないかと危ぶんだのだろう。しかもわたしは、働くことしか知らないこの国の生活に「歌」を持ち込んだ。歌を覚えた仲間はとても楽しそうだった。それが労働意欲をそこなうと言って非難したのもマンバーだった。自分の思いどおりにならない山羊たちが増えていくことが、彼女のしゃくの種になったのだろう。

最長老のエタワは年老いてもう先がない。この機会にこの国の実権を握ろうとしているマンバーにとって、わたしは邪魔でしかたがなかった。それでこの事件を口実にわたしをこの国から追い出そうとしているのだ。なんてバカげ

た卑劣な奴だろう！　わたしはちっとも権力なんてほしくないのに。わたしはずっとこの先もみんなと仲良くこの国で暮していこうと思っていたのに……。

黙りこくったわたしの代わりに、ムルシアが立ち上がった。

「わたしは彼女の親友です。最初に彼女からこのことを聞かされたとき、確かにわたしも少し動揺しました。彼女がニンゲンだったということを知ってです。でも昔ニンゲンだったからといって、それが今なぜ問題にならなくてはいけないのですか？　今いちばんの問題はわたしたちの国を大きな不幸が襲おうとしていることです。一週間前、空から降った白い葉っぱ……あんなものにそんな大変なことが書いてあったなんて、だれも気がつきはしなかったでしょう。わたしもムシャムシャ食べたひとりです。でも、彼女の話を聞いていると、わたしの目には今にもこの国の空から石が降り、木々が火の真っ赤な舌になめまわされ、だれもが泣きながら逃げまどう姿が目に浮かんでしかたがないのです。だから、わたしは彼女の言うことが嘘ではないと思うのです。彼女の言葉を信じて行動を起こすしか道はありません！　ああ、どこかでこげ臭い匂いがする。もう時間がないのです。早く議事を進行してください！」

おだやかな彼女がいつになく激しい口調で言った。わたしはこのとき「信じる」ということが、どんなに想像力のいることか改めて思い知った。想像のつばさを動かすものは言葉だ。その鳥は目に見えない。それは頭の中を飛ぶ。目に見えない鳥が見えること、そしてその鳥がこちらを目指して飛んでくるのが見えること、それが信じるということなのだと。

*

そのとき別の山羊がおずおずと立ち上がって言った。

「あのう、今まで黙っていたんですが、実はわたしも以前その……ニンゲンだったような気がするんです」

そう話したのは、農園の行き帰りにときどき親しく挨拶を交わしたバルカンという白黒の山羊だった。

「へぇ、あいつもニンゲンだったんだってさ、あきれたね」

わたしの近くの黒山羊が聞こえよがしにつぶやいた。すると隣のもう一頭の黒山羊がそれに答えた。

「あのムルシアってのも怪しいもんさ。ちょっとごらんよ。さっきから連中の話を真剣に聞いている奴って、みんな変わった連中ばかりじゃないか。ほら、バルカンの隣にいる奴も、あそこの木の下でうなづいている奴も、みんなあの白山羊とよく川原で歌を歌っていた連中ばかりだ。奴らはグルなんだよ」

その声はささやくようでありながら、周りの山羊の耳に

はっきりと伝わり、彼女たちの臆病心をあおった。頭を上げてバルカンの話に聞き入る山羊の数は次第に少なくなった。それでもバルカンはひるまずに言葉をつづけた。

「こんなことを言ったらみんなにつまはじきにされると思ったから黙っていたんだが、わたしの目にも焼け野原になったこの国の姿がちらついてしかたないから、思い切って話すことにしました。それにわたしは今でもたまにこの国とは違う場所で、違う暮らしをしていたことを夢に見るから、きっとニンゲンだったんだろうと、今日の話を聞いて思ったのです」

　このときマンバーが「ニンゲンのころどんな暮らしをしていたのか？」と質問した。バルカンは勢いづいて話し出した。

「そのころわたしは二本足で立って歩き、毛皮は頭と体の二、三カ所にしかなかったので、毛皮の代わりに何かもっと薄い、葉っぱのようなものを身につけていました。寒くなると他の動物の毛皮を着ていたように思います。わたしは野菜や果物だけでなく、確かニクというものも食べていました」

「ニクってどんなものですか？」

　だれかがすっとんきょうな声を上げて聞いた。

「そ、それは・・・動物です。例えば豚とか牛の・・・」

　そう言ってから彼女は自分がまずいことを言ってしまったと気づいたらしい。語尾をにごすと、気まずそうにうつむいた。

「おお、恐ろしい！　それじゃあ、あなたはわたしたちの仲間も食べたことがあるの？」

　みんなからギャバと呼ばれている山羊が悲鳴を上げた。会場にどよめきが起こった。バルカンの返事は聞こえなかった。

「悪魔だ！　ニンゲンは悪魔だ！　ニンゲンだった奴らはみんな悪魔だ！」

　だれかが興奮して叫んだ。わたしはバルカンの胸の内を想って暗澹とした気持ちになった。

「お静かに！　お静かに！　もう少し彼女の話を聞きましょう」

　マンバーのいなきで会場はやっと静まった。尋問して相手の弱点を引き出し、その弱点に対する非難は別のだれか単純な奴にさせる。そして自分は指導者としての冷静さを装う。マンバーの手口は見事なほどに政治的だった。

　バルカンはむっとしたような口調でつづけた。

「なんと呼ぼうと勝手だが、それがニンゲンというものなんです！　とにかくわたしは今は山羊なんだから、山羊の立場でものを言っていることを忘れてもらったら困ります。


確かにニンゲンは自分たちが他のどんな動物より偉いと思っているし、自分たちが生きるためには周りの動物だって植物だって平気で犠牲にする。残酷で自分勝手な動物です。連中がやって来たら、わたしたちは一頭残らず殺されるでしょう。それだけは確かです。わたしとしてはいっときも早く、みんなで別の土地に移った方がいいと思います」

最後の一言を言い終えると、バルカンは鼻息を立ててその場に座り込んだ。

「まったく、どいつもこいつもわたしらをビクつかせることばっかり言うんだからね。ニンゲンから何かいいものをもらったんじゃないの。そうとしか思えないよ、ねえ」

　黒山羊の一頭がわざとらしく大声で言った。だれもが冷静さを失い、会場にはどす黒い不信の空気が渦巻いていた。

「ねえ、いつになったらこの会議終わるのよ。ほら、見て。お腹がこんなに汚れちゃった。困るわ」

　そう言ったのは、いつも身つくろいに余念のないバーバリだった。バカな奴！　こんな奴がわたしを、そしてみんなを殺すのだ。

＊

　つぎに立ったのは若いこげ茶色の山羊だった。彼女は興奮していた。こんな大会議で発表するのは初めてなのだろう。声を震わせて言った。

「議長！　わたしに一つ提案があります。この国が危機に瀕していることはよくわかりました。でも、このまま会議をつづけるには無理があります。なぜかと言うと、わたしたちの中にはニンゲンの言葉がわかる白い山羊に対する不信感が渦巻いています。だれかが彼女のことをスパイと呼んだけれど、わたしもこうした話を彼女がニンゲンにつげ口するんじゃないかという疑いが消えないのです。さっきからわたしはその原因を考えていたのですが、今やっと疑問が解けました。それは彼女はこの国でただ一頭の白い山羊だからです」

　一瞬、会場には何事かという空気が漂い、みんなは聞き耳を立てた。好奇心をかき立てられて、背伸びをして彼女の方を見る山羊もいた。彼女の声には次第に力がこもった。

「わたしたちの本当の仲間には黒か茶色が混ざっています。もともと白は山羊の色ではありません。自然の色ではないのです。つまり、彼女は山羊ではないのです。山羊でもないのにこの国の重大事に口をはさむのには、そこに何らかのたくらみがあるからに違いありません。だから、彼女はこの国からすぐに出ていってもらうべきだと思うのです。どうするにせよ、わたしたちの国のことはわたしたち本当の山羊で解決すべきだからです。わたしはここで決を採ることを提案します」

席に着くとき、彼女は突き刺すようなまなざしでわたしを見た。その敵意に満ちたまなざしをわたしは一生忘れることはないだろう。

「なるほど、そう言えばそうだ！」

「実に説得力のある意見だ！」

感嘆の声があちこちで上がった。これまで叱られたようにうなだれていた山羊たちもいっせいに頭を上げた。

「賛成！　賛成！」と叫ぶ声が会場を包み、みんながドンドンと大地を踏み鳴らす音が地響きのように聞こえた。

「なんてこと言うのよ！　無茶苦茶じゃない！」

そう言ったムルシアの声はかき消された。

何か言おうとしたエタワの制止をさえぎって、マンバーがおもむろに丸い石の上に立ち上がった。彼女の顔には勝ち誇ったような笑みが浮かんでいた。

「それではここで多数決を採ることにします。どうやら最長老のお話についてはみなさん納得がいったようですが、会議をつづける上で、白山羊がこの場にいては都合悪いという意見が出ました。そこで、彼女をわたしたちの仲間と認めるかどうかについて採決します。認める者は首を縦に振ってください。認めない者は足を踏み鳴らしてください」

待たなくとも結果は明らかだった。もう黙っているわけにはいかない。わたしの怒りは爆発した。わたしはありったけの力を出して周りの山羊を押し退け、前へ進んだ。血相を変えたわたしに、さすがにみんなもひるんだのだろう。だれもがわたしの通り道を作った。

わたしは夢中で丸い白石の上へ駆け上がり、あっけにとられたような顔をしているマンバーめがけて力まかせに自分の頭を打ちつけた。頭の中で鐘がガーンと鳴り響き、目の前に星がまたたいた。マンバーは一瞬よろけて「暴力はいけません、暴力は！」と悲鳴を上げた。

「これが暴力なら、あんたのしていることは一体何なんだ？　自分の利益のために、みんなの目を真実から背けようとしているだけじゃないか。うそつき！　あんたはとんでもないうそつきだよ！」

わたしはハアハア喘ぎながら言った。全身が怒りの固まりとなり、もう止めることはできなかった。マンバーの目にずるがしこい光が走った。彼女は首を斜めに振って何かの合図をした。すると会場の四方八方に散らばっていた屈強な黒山羊たちがいっせいにこちらへ駆けてくるのが見えた。

白い石の上では見分けのつきにくいわたしに比べ、黒いマンバーの姿はとらえやすかった。わたしは逃げようとするマンバーの前に立ちはだかり、もう一度頭を振り下ろした。しかし今度は彼女も無防備ではなかった。彼女は黒光

りした角を上へ向けた。彼女の角がわたしの右目のあたりをえぐった。鈍い痛みが走り、薄赤いかすみがたちこめた。角のないわたしは前脚で彼女の攻撃を必死に防ぎながら、無茶苦茶に頭を振り回すしかなかった。背後に若い黒山羊たちの迫る気配がした。万事休すだ。わたしはもうどうなってもいいと思った。全身を強くマンバーに打ちつけた。その瞬間、マンバーの姿が消えた。彼女は石から転落したのだ。何頭かの手下が彼女のそばに駆け寄った。残りの黒山羊がわたしに襲いかかろうとした。わたしが睨みつけると、彼女たちは後ずさりした。血だらけのわたしはものすごい形相をしていたに違いない。

振り返るとあたりはまるで修羅場だった。わたしとマンバーの一戦が今までおとなしかった山羊たちを別の動物に変えていた。彼女たちは相手かまわず食いつき、けちらし、いななき、血を流していた。この国にも地獄はあったのだ。太陽の下でのんびりと草を食み、何にもおびやかされず小川の水を飲んだ日々。天国のような平和が長かっただけに、目の前にくりひろげられた光景はすさまじかった。わたしは石の上に立ちすくんだまま、息を飲んでその様を眺めた。

「おーい、みんな冷静になって！　正気を取り戻せ！　こんなことをしている場合じゃないだろう。ああ、とり返しのつかないことになってしまった」

長老のエタワだけがおろおろとあちこちを駆けずり回って仲裁に入ろうとしていた。だがその声も周りの喧騒にかき消されてしまう。

＊

そのときだった。西の山の方でピカッと稲妻が走ったかと思うと、ズドーンと地面の底から突き上げるような音がした。熱風が広場全体を駆け抜け、地表が今にも裂けるのではないかと思うほどぐらぐら揺れた。やがて空から石の雨がバラバラと降ってきた。だれもが争いを止めてその場に立ちすくんだ。わたしは会議の間中、小川で遊んでいたはずの子山羊の姿を探した。広場の崖をビィビを先頭とする子山羊の群れがメエメエ心細い声をあげながら上ってくるのが見えた。

とうとう工事が始まったのだ。わたしは全身が死神の手で愛撫されたような恐怖に襲われた。あれはダイナ・・・何もかもこなごなにする。

「早く出なさい！　もうこれ以上この国にとどまることはない。みんなを連れて東へ行きなさい」

わたしの耳元でだれかがささやいた。女の声だった。

わたしは全身を口にして叫んだ。

「おおい、みんな逃げて！　この国を出るんだ！　東へ、お日様が昇る方へ、さあ早く！　ビィビ、ムルシア、バル

カン、どこにいる？　早く！　早く！」

「白山羊の言うことなんか当てになるもんか！　さあ、みんな早く洞穴に隠れて！　洞穴はいつだってわれわれを守ってくれた。安らかな母の胎内だ。早く隠れろ！」

そう叫んでいるのは黒山羊のベンガルだった。あまりに突然のできごとに何が起こったのかわからず、その場にぼんやり突っ立ったままの山羊もいた。こうして山羊たちは二手に別れた。もはや声をかけていっしょに行こうと促す暇はなかった。

わたしたちの一行はどどっと群れをなして広場を駆け下り、ひたすら東を目指して逃げに逃げた。泥の川を渡り、棘ばかりの野原を抜け、ゴツゴツした岩肌の山の壁面を走った。子山羊が濁流に飲まれて川下へ流れていった。年老いた山羊が岩場で脚を踏み外し、まっさかさまに谷へ転げ落ちた。一頭減り、二頭減った。だれも助けてやることはできなかった。みんな自分のことで精一杯だった。それは本当の地獄だった。

何日も何日もそうやってわたしたちは夜と昼とを駆け抜けた。その間にははぐれた仲間も多くいた。たいていはちりぢりばらばらとなった。気がつくとわたしは見たことのある風景の中にたどりついていた。

空高くそびえ、いくつもの洞穴を備えた角ばった山々、その下を臭い息を出して走る生き物、たえまない音の洪水、そして色とりどりの葉っぱを身につけ、せわしなく二本足で歩き回る動物の群れ。わたしは長い夢から醒めたようにその場に棒立ちになった。ショウウインドウに映ったわたしもまた二本足で立ち、同じように洋服を着て、顔からも手足からもあの白い毛は消えていたのである。

わたしは当てもなく歩いた。わたしの足が立ち止まったのは、とある小さな動物園の前だった。おしゃれなオウム、ものほしげな顔をしたハイエナ、いじわるなマントヒヒ、わたしは一つ一つの檻をのぞいて歩いた。そのとき、わたしの鼻にとてもなつかしい匂いが漂ってきた。匂いは甘くせつなくわたしの心を揺さぶった。わたしは匂いのする方へ足を向けた。山羊だった。わたしは彼女たちの柵に駆け寄り、思わず一頭一頭を抱きしめ頬ずりをした。

だれかの視線を感じてわたしは振り返った。そこには小さな女の子と母親が微笑みながら立っていた。その笑顔はいつかどこかで見たことがある。わたしは遠い記憶の糸を懸命にたぐり寄せ、「あっ」と声を上げた。

（完）

〈新刊紹介〉

樹村みのり著　『母親の娘たち』

（河出書房新社刊・九八〇円）

♡　No.4の座談会でとりあげたまんが家・樹村みのりさんの気になる単行本『母親の娘たち』が河出書房新社から発売になった。中学時代仲良しだった二人の女。上野舞子は学生結婚をし、養子に入った夫に子供が二人、両親とともに暮らす専業主婦。水島麻子は独身でひとり暮らしのイラストレーター。仕事で知り合った年上の女性に好意を寄せている。どちらかというと上野舞子の方は主婦の持つ空虚感、不倫、自立というパターンの一般的な描き方がされていてそれほどのインパクトはないが、それらを母親との関係、葛藤という横軸にからませながらの描写はこの作者の本領であろう。一方の水島麻子の年上の女への思慕の物語はあの「海辺のカイン」の主人公・展子とほとんど同じプロセスをたどっている。「海辺のカイン」ではわかりづらかった体をあわせた後に主人公を拒絶する年上の女の心理がここでは明らかにされている。水島麻子は「海辺のカイン」の展子なのだ。

物語は離婚後ハワイで仕事を覚え、ひとり歩きを始めた舞子の帰国による三年後の二人の再会で終わる。それぞれに新しい恋人を得て新たな人生の局面を迎えたらしい二人。麻子の新しい恋の相手ははたして女なのか男なのか。明かされていないところが思わせ振りで気にかかる。ご一読あれ。

（E）

「女囚の檻」探検記

味噌セロリ

　友達が仕事の関係で東京を離れることになった。学生時代から二十年近くも住みつづけた東京である。彼女は一抹の淋しさを隠せないようだった。

「だからね、今夜はあんたととびきり豪勢に遊びたいのよ。これぞ東京、っていうところへ行って。金はたんまりあるからさ」

　そう言うと、彼女はバッグの中から一センチくらいの万札の束を出して見せ、ニヤッと笑った。引っ越しやら何やらで金が入り用だろうと、親がくれた金だという。

「へえ、すごい。それじゃあ、今夜は飲んで飲んで飲みあかそう！」

　わたしは彼女と過ごした学生時代を思い出した。学校のそばにあった汚い一杯飲み屋、新宿のゴールデン街、金もないのにわたしたちはよく飲み歩いた。おつまみはたいてい柿の種か一皿百円の焼き鳥。串の本数を数えながらよくホッピーを飲んだ。ホッピーというその酒はビールによく似ていたが、焼酎が入っていて酔いの回りが早かった。

　それにひきかえ、今わたしたちが腰をかけているのは新宿のど真ん中のこぎれいなカフェバーだ。彼女はスコッチウイスキーのストレート、わたしはウオッカをグレープフルーツで割ったソルティドッグ。どちらも一杯八百円以上はする。あのころからくらべると、ずいぶん金持ちになったもんだ。

　その日の夕方五時、わたしたちは新宿の紀国屋書店で待ち合わせたあと、まず西口の「ロージナ」というロシア料理の店でコースの食事をした（こちらはわたしのおごり）。それから東口のカフェバーへ行き、そこでしこたま飲んでから、ゲイの溜り場、新宿二丁目へ向かった。カウンターに六人も腰掛けるといっぱいになるような小さな店だ。ママはいなくてアルバイトの若い女の子が一人で中に入っていた。お客はこれも女の二人連れ。すっかり出来上がったわたしたちは、店のカラオケで郷ひろみの「よろしく哀愁」やチューリップの「心の旅」、なつかしのグループサウンズの歌を歌いまくった。時計は午前一時を回り、もうとうに最終電車は終わっていた。

「あの、どこか面白いところ知らないかな。ラブ・ホテルか何かで。このひとが今日で東京が最後だから、うんと思

い出に残るようなとこに行きたいって言うんだよね」

　そろそろ店も終わりがけになったころ、わたしが切り出した。

「そうなんです。今夜が東京の最後なんです」

　彼女が涙声でつけたす（彼女は少し泣き上戸の気があった）。カウンターの女の子も二人の客も「それでどうしてラブ・ホテルなの？」なんて野暮な質問はしない。なんたってここは二丁目だ。三人ともわたしたちの相談に親身にのってくれる。

「渋谷の〇〇ってとこ、すごいって噂だよ。ベッドがくるくる回るんだって」

　カウンターの女の子、若いがなかなかの物知りである。

「いやいや、それより六本木のアルファ・インはもっとすごいらしいよ」

　お客の一人がこれに対抗する。

「へえ、どんな風にすごいの？」

　わたしたちは好奇心と期待とで目を輝かす。

「なんでもサド・マゾ愛好家用のラブ・ホテルなんだって」

　ヒャー、それは刺激的。そこに決めた。わたしたちは紙切れに地図を描いてもらうとそそくさと店を出、靖国通りでタクシーを拾って一路六本木を目指した。

♪

　アルファ・インというそのラブ・ホテルは麻布郵便局の交差点をソビエト大使館の側へ右折したところにあった。建物の壁はゴツゴツとした岩のよう。それが紫に茶色を混ぜた色に塗られている。まるでドラキュラの館だ。入口は迷路のように入りくんでいて、フロントにたどりつくまでに三、四回角を曲がった。

　フロント係が女だったか男だったかは覚えていない。ただ彼女が何を間違えたか、「大人二枚！」と言ったので、入口のドアのところでそっぽを向いて待っていたわたしは、思わず冷汗を流した。彼女はほとんど遊園地の切符売場のノリなのである。

「ちょっと、ねえ、どの部屋にする？」

　彼女はすっかり上ずった声でわたしを呼ぶ。フロントの壁面にはB4ノート大の大きさでいくつも部屋の名前が並んでいる。明かりが消えている部屋にはもう誰かが入っているという印だ。「フェニックス」「テクニシャン」「拷問の館」…まあ、よくぞつけたという名前ばかりだ。わたしたちが選んだのは「女囚の檻」だった。なんと一泊一

人二万五千円（！）である。それを彼女が例の札束から支払った。

部屋は十畳ほどの大きさの部屋が二つ組みになっている。値段が高いだけあってなるほど広い。入口のドアの右手がバスルーム、左手がトイレ。バスルームはガラス張りで、裸体が丸見えになる寸法だ。正面右にダブルベッドがあって、左手の壁にはビデオつきのテレビと冷蔵庫がある。ベッドとバスルームの間がつぎの部屋へ通じていて、そこは黒い鉄製の檻で仕切られている。少しかがまないと入れない、その小さな扉からわたしたちは檻の中へ入った。扉がギィーっと音を立てた。

部屋には赤く妖しい照明が灯っている。彼女がライトを明るくした。正面には大きな鏡があり、その真ん中には人の姿をかたどった板がはめこまれていた。その両手首、両足のくるぶし辺りには黒い皮のベルトがついている。部屋の中央にはオリンピックの体操競技で見かける鞍馬に似た道具があって、その足下にもやはり黒い皮のベルトと銀色のクサリがついている。ここにのけぞって両手、両足を縛りつけるのだ。部屋の右手隅にはむきだしの便器がある。金属製のオマルもある。これで相手がおしっこをする姿やその音を楽しむのだろう。フーム・・・思わずわたしは息を飲む。

「ねえ、ちょっと見てごらんよ！」

彼女の声に振り向くと、手に黒い皮のブラジャーをぶら下げていた。正式名は「乳見せ胸バンド」。乳房の部分が現われるようになっている。二人とも裸になってそれをつけてみる勇気はさすがになかったが、服の上から楽しんだ。

その他、責め具はよりどりみどり。ムチ、電動、責め具、鼻栓鼻輪付き責め具、浣腸具、導尿管などなど。

「これどうやって使うんだろう？」

「きっとこうするんだよ」

わたしたちは手当たり次第にその責め具置場にあったものを明かりにかざして眺め、試してみる。何のことはない。おもちゃ売場にまぎれ込んだ二人の子供だ。

その中でどうしてもその使い道がわからなかったものがある。時計のベルトのようなもので、時計の代わりにいくつも穴の空いた水色のピンポン玉がくっついていた。腕にはめてグリグリしてもちっとも痛くない。翌朝、チェックアウト直前になって見つけたそれらの道具の説明書によると、それは「ボール付き猿ぐつわ」というものであった。

責め具の中には、タクシーの運転手さんが車のほこりを払うのに使う羽根製のちり払いもあった。彼女が面白がってその羽根でわたしをくすぐろうとするので、わたしもムチを持って応酬した。運動神経の鈍いわたしと違って、彼女は学生時代バスケットの選手だった。マンツーマン・ディフェンスにたけている。右へ逃げようとすれば右へ、左へ逃げようとすれば左へ、すぐに踵を返してコチョコチョ攻めをしてくる。つかまったら大変だ。物騒な道具に囲まれてわたしは異常な興奮状態におちいった。妙にひきつった笑いが止まらない。やっとわたしが檻の外へ逃げ出して鍵をかけ、彼女が降参してけりがついたものの、わたしといえばほとんど失禁寸前だった。

あまりにはしゃぎ過ぎて、ベッドの上にごろんとなったときはもうクタクタだった。冷蔵庫から冷えたビールを出して飲んでいるわたしたちの耳に、どこからかピシッピシッというムチの音と低い唸り声が聞こえた。

♪

サド・マゾのセックスなど、常識からすれば「異常」「暴力的」の一言で片づけられてしまうだろうが、実際にこんな場所で遊んでみると、それも人がイメージの動物であることの証に過ぎないかも知れないと思うようになった。

いずれにしろ、人は自分が何者かになったつもりでセックスをする。そうしたイメージの助けがないところではどんなセックスも成立しない。その点でセックスは「ごっこ遊び」に似ている。ウルトラマンごっこをして遊んでも、遊びが終わればもとの自分に戻る。ずっとウルトラマンになりきることは、普通ない。人はその瞬間に自分に与えられた一つだけの役割から抜け出すことができるのだ。

男と女の場合、その性的イメージは長い長い時間をかけてさまざまな文化的洗練を受けてきた。性差の強調といい、種の保存という大義名分による法的擁護といい、すべてこの文化のたまものである。そうしてわたしたちはそのイメージが人間の作った様式であることさえ忘れている。

サド・マゾ、あるいはホモ・レズといういわゆる「変態」セックスはこれらの様式から外れている。女が暴力的になったり、男がなよなよとしなを作ったりするということは、自分の性に与えられた役目を抜け出すことにほかならない。

それはセックスを「自然」のものとする考え方を根底からくつがえす。しかし、一体この世の中に「あるべき」セックスなどあるのだろうか？

わたしは一時期、フェミニストのセックス観に妙におびやかされたことがある。彼女らは言ったものだ。

「女同士のセックスは女同士が互いにやさしく愛し合うものでなければならない」

「男のマネをする女は否定されるべきだ」と。

自分が愛撫されることより、相手を愛撫することの方により多く快感を感じていたわたしは、そのとき自分が否定されるように感じた。彼女らの言葉はベッドにまで入りこみ、わたしはしばらく「インポ」になった。わたしは彼女らの言う「対等」なセックスをめざそうとしたが、それではいっこうに感じないわたしがいるのだった。

それを解決してくれたのは、「あなたのすることなら、わたしは何でも好き」という恋人の一言だった。

確かに相手の意志にかかわらず、無理矢理ねじふせるようなセックスはわたしも好きではない。「強姦」など、あってはならないことだ。しかし、人間がイメージの動物である以上、そのイメージは檻に閉じこめずに解放されなくてはならない。男と女の対等な関係をめざすフェミニストが肉体的インポにおちいりやすいのも、この点が未解決だからだろうと思う。どんなにこれまでの教育や文化を否定しても、いっこうに男との現実は変わらず、自らの保守的な性的イメージはいうことをきかない。それを相手のせい、社会のせいにするのもいいが、そうこうするうちにわたしたちの人生は終わってしまう。

今のわたしにわかっているのは、自分の欲求の正直な姿を見さだめること、そしてそれを自由にすることが何にもまして大切だということだけだ。

どんなに過激でいやらしい想像をしようとも、結局その人がその人であることに変わりはない。わたしたちは何者にもなれるし、何者からも自由なのだ。

女の子のためのビデオ上映会（お茶会）

責任者　渡部恭子

このビデオ上映会は、レスビアンを支援することはもちろんのこと、レスビアンとして自覚がない人、自分自身がまだ未熟なために同性に甘えているのではないかと思っている人、レスビアンかもしれないけれど異性にも興味がある人という人達の集いです。

話しやすい雰囲気をつくり、レスビアンの交流の場としても貢献していきたいと思います。その際、レスビアンとしての自覚がない人の話しも聞き入れたいと思います。

また、地方の人や時間のない人などに関しては、手紙や電話での交流も考えています。

但し、手紙の返答を望む人は、氏名，住所，封筒の裏書きの注意書き等を記入してもらいます。

皆さんの参加を楽しみにしてます。この会に協力して下さる方は、連絡して下さい。
・ビデオの選択については、鑑賞して話しやすい雰囲気をつくれるものにします。
また、テーマを決めて（アンケートをとります）、それに併せてビデオも選択し、話し合っていきたいと思います。

・活動場所　ＯＣＣＵＲ事務所　Ｔｅｌ　０３－３８３－５５５６
〒164　中野区中央４－２－９－１３
・活動日時　月１回、第４日曜日、ｐｍ２からｐｍ６まで
・参加費　￥５００

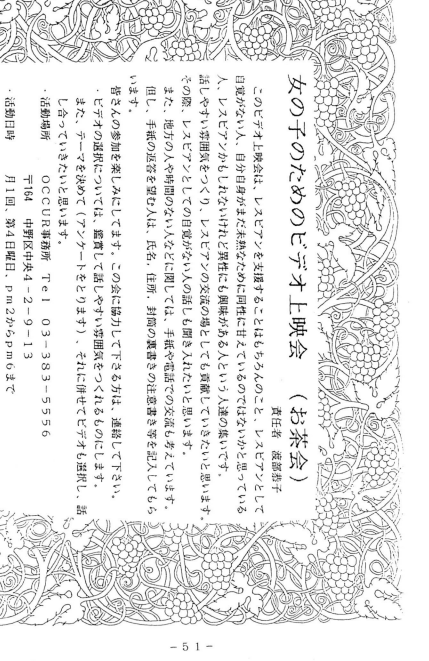

事実婚の新しい展開

二宮周平

第一章　多様な生き方としての事実婚

はじめに

戦前、家の存続や維持を重視した社会では、人々は、結婚式を挙げても、妻が「嫁」としてその家にふさわしいと判断されるまで、あるいは跡継ぎの子を懐胎・出産するまで届出をしなかったり、制度としての婚姻に利害をもたない鉱山や工場の労働者層では、届出をしないまま事実上の夫婦生活に入ることが多く、届出の有無で婚姻かどうかを区別し、法律婚だけを保護するという法政策は、現実的な適合性を失っていた。そこでこうした届出はないが現実に夫婦として生活している関係を、「内縁」として一定の保護を与えてきた。

しかし、今日では重婚的内縁の場合を除けば、婚姻届出を妨げるような事情はほとんどない。（中略）届出の早期励行は定着し、結婚すれば届出をするものだという意識が確立している。また婚姻率も極めて高い。（中略）初婚年齢は、男性二八・三歳、女性二五・六歳と高年齢化しているが、三〇代では男性の八〇・〇%、女性の九二・七%が婚姻経験がある。四〇代になると、それぞれ九五・六%、九六・四%に上がる。一八歳から三五歳の独身者の結婚に関する厚生省の意識調査においても、「いずれ結婚する」と回答した人は、男性の九一・八%、女性の九二・九%に及ぶ。

（読売新聞一九八八年九月二〇日より。）

したがって、各種調査に現れる事実婚の数は大変少ない。例えば、一九八四年八月から九月にかけて、国際女性学会シングル研究班が、東京都（区、及び区に隣接する二七市）の二七歳から四九歳の独身女性四三五名に行ったアンケート(2)調査では、現在同棲している人は一・八%、一九八六年度に厚生省が行った独身者の結婚に関する全国調査(3)では、一八歳から三五歳までの独身者男女五九〇四人のうち、同棲経験のある人は、男性の三・二%、女性の二・九%、一九八八年七月に、女性のための編集者学校が、一〇三八人の男女に行ったアンケート(4)調査では、婚姻届を「出していない」とする人は、カップル全体の二・二%にすぎない。これらの数値から判断すると、今日の事実上の夫婦の問題は、戦前のように「内縁」が社会問題化し、学説・判例がその救済に力を注いだような状況とは違っている。したがって、序章で述べたように内縁保護の見直しが主張されたりするのである(5)。

しかし、一方では欧米で法的な婚姻をしないで共同生活をするカップル（事実婚・同棲）の増加が注目されている(6)。それは、こうした生活形態の主流が、法律婚をしたくてもできない人たちから、自ら意識的に法律婚に代わるライフスタイルとして選択している人たちに移りつつあるからである(7)。わが国でもこうした現代的な同棲の増加が指摘されている。例えば、島津教授は、現代的同棲を「個人としての男女の契約による多かれ少なかれ継続的な男女関係」だとされ、「戸籍にとらわれないばかりか、同居者として住民登録さえすることなく、都市や都市近郊のアパートでひたすら相互の期待を試しながら生活している。しかも、同棲者には、意外と中産階級の子女やインテリ層が少なくないことにも注意する必要があろう」と記述されている(8)（一九八〇年）。また棚村助教授も、「純粋に情緒的結びつきを求め、また、結婚への準備段階として試験的に、あるいは生活上の便宜から、意識的に婚姻届を避けて、共同生活を営む男女が増えているように思われる」と述べられる(9)（一九八五年）。そして石川教授は、従来の内縁概念では捉えきれない婚姻外の男女関係、いわゆる同棲が現れていることの指摘と並んで、「意識的な内縁」と呼ばれるものがあるとし、この実践者たちは「『婚姻』としての法的効果である夫婦同氏や離婚の自由の制限などを拒否しているのであり、むしろそうした制約のない個人を中心とした自由な結婚形態を望んでいるのである」と指摘される(10)（一九八九年）。

これらの現代型の同棲ないし内縁の実態については、調査の困難さもあって、文献や身近に見聞したことから、推測せざるをえない状況である。しかし、この一〇年の間でも、試験的な同棲の指摘から、「法律婚による生活保障ではなく、それぞれの生活領域を侵すことのない、愛情関係の実質の継続こそ望まれる(11)」関係、制度としての法律婚を拒否する意識的な結合等、より肯定的に確信的に婚姻外の共同生活を選択する結合が指摘されるようになった。

実際に夫婦別姓の実践や対等な夫婦関係を築くために、あるいは非嫡出子差別をなくすため等の理由で、法律婚を拒否し、様々な活動を展開しているカップルがいる。[12]そうした活動の一つの形態として、夫婦別姓の婚姻届（婚姻届の「婚姻後の夫婦の氏」欄の「夫の氏」「妻の氏」それぞれにチェック）が受理されなかったことを違憲として訴えたり、[13]非嫡出子差別の撤廃を主張して、事実婚において生まれた子の住民票の世帯主との続柄記載につき、嫡出子と同じ記載を求める訴えを起こしたり、[14]事実婚において女性当事者の子三人及び二人の間の子二人（未認知）を扶養している男性当事者が、これらの五人の子について所得税の扶養控除の適用を求める訴えを起こしている。[15]訴訟の内容は様々だが、事実婚当事者が、婚姻制度にとらわれず、お互いの愛情を基本に生きるという自分たちの生き方を主張し、夫婦同姓の強制や非嫡出子差別の不合理さを問うているのである。これらのカップルは、「現在の結婚制度や戸籍制度に対する異議申立て」[16]であり、現在の法律婚制度に対する批判的存在として注目されるべき存在ではないだろうか。こうした存在は一九三〇年代にも推測されていたが、[17]今日では「一定の社会的な幅をもって出現した」[18]と指摘されている。

本章では、様々指摘される現代的同棲・内縁の中でも、右の法律婚を意識的に拒否するカップル当事者を取り上げた。それは、現在の婚姻制度に克服し修正していかねばならないものがあるとしたら、その問題性は、意識的に法律婚を拒否している人々こそ最も鋭く捉えているはずだからである。そこでまず初めにこのようなカップルの当事者がどのような意識で事実婚を選択しているのか、婚姻制度の何が問題とされているのか、社会的には事実婚はどう評価されているのかを紹介する（一）。次に同性カップルも対象とする（二）。婚姻の届出の有無にこだわらず、現実の共同生活が存在することを根拠に、法的保護を考えるとすれば、次の段階として、性の相違如何にかかわらず現実の共同生活の保護を考えることになるからである。[19]少数者の生き方を肯定し、一定の法的保護を保障することは、多様な生き方を認める社会作りの第一歩といえる。しかし、非嫡出子について多くの差別の残っている現状では、こうした生き方の自由を貫徹することには、多くの障害がある。非嫡出子差別は「親の生き方を理由に子どもに罰を課するもの」[20]であり、「子どもを人質にとって、親の生き方をコントロールしようとするもの」にほかならない。そこで最後に生き方の自由と子の利益との関連を考えることにした。

なおこれらの当事者は、自分たちを婚姻に準ずるものとは意識していないので、「内縁」と規定するのは妥当ではない。そこで事実上のカップル共同生活として、同性・異性にかかわらず、「事実婚」と表すことにする。

(2) 国際女性学会シングル研究班『独身女性の生活と仕事』（一九八七年　国際女性学会シングル研究班）二〇頁。
(3) 毎日新聞一九八八年五月四日より。
(4) 女性のための編集者学校『まるごと一冊結婚の本』（一九八八年　ブロンズ新社）三七頁。
(5) もはや内縁を準婚として保護する必要があるのかどうか疑問視する見解も現われ、内縁の保護自体の見直しと、内縁保護を支えてきた準婚理論の再検討がなされるようになった。
(6) 欧米の事実婚の実態・法的保護の現状については、太田武男＝溜池良夫編『事実婚の比較法的研究』（一九八七年　有斐閣）に、フランス（二宮周平）、西ドイツ（本沢巳代子）、スイス（松倉耕作）、スウェーデン（坂本優子）があり、西ドイツについては、さらに野沢紀雅「西ドイツにおける非婚生活共同体㈠㈡」アルテス・リベラレス三六、三七号（一九八五年）所収、アメリカ合州国については、棚村政行「同棲者間の契約の有効性㈠～㈣」青山法学二六巻二号（一九八四年）、二七巻一、三号（一九八五年）、二九巻二号（一九八七年）、同「アメリカにおける婚姻外同棲」青山法学二九巻三＝四号（一九八七年）所収、イギリス法については、棚村政行「イギリスにおける家族財産紛争と信託法理」青山法学二八巻二号（一九八六年）所収がある。
(7) 棚村政行「同棲の法的保護」法学セミナー増刊総合特集『これからの家族』（一九八五年　日本評論社）一〇四頁。
(9) 棚村・前注（7）一〇九頁。　(11) 棚村・前注（7）一一〇頁。
(8) 島津一郎「家族関係の契約化について」『現代家族法大系1』（一九八〇年　有斐閣）四八頁。
(10) 石川稔「家族の変貌とこれからの家族法」法学セミナー四一〇号二七頁（一九八九年）。
(12) 例えば、「夫婦別姓選択制をすすめる会」（東京）、「夫婦別氏の法制化を実現する会」（東京）、「夫婦別姓選択制の実現をめざすあいち別姓の会」（愛知）、「結婚改姓を考える会」（大阪）、「〈私生子〉差別をなくす会」（東京）、「出生差別の法改正を求める女たちの会」（東京）、「婚外子差別と闘う会」（大阪）等が、集会・研究会・シンポジウム・合宿を開いたり、通信誌・会報・特集誌を出している。

(13) 岐阜家裁一九八九年（平成一年）六月二三日審判は、家庭は親族共同生活の場として、法律上保護されるべき重要な社会的基礎を構成するものであり、「このような親族共同生活の中心となる夫婦が、同じ氏を称することは、主観的には夫婦の一体感を高めるのに役立ち、客観的には利害関係を有する第三者に対し夫婦であることを示すのを容易にするものといえる。したがって、国民感情または国民感情及び社会的慣習を根拠として制定されたといわれる民法七五〇条は、現在においてもなお合理性を有するものであって、何ら憲法一三条、二四条一項に違反するものではない」として、原告の請求を否定した。安易に現在の多数派の意識を根拠としているが、多数派の意識を形成するもとになったものが家制度であり、夫婦の一体感ではなかったという夫婦同姓制度の歴史的経緯を考えず、一体感という名目で結局は女性が改姓を強制されるという実質的な男女不平等を認識せず、意に添わぬ改姓を強要される人の痛みを理解しようとしない審判であり、当事者を到底納得させるものではない。審判書については、当事者の方からコピーをいただいた。ご協力に感謝いたします。

なお夫婦別姓については一九八九年一月一八日東京弁護士会が「選択的夫婦別氏制採用に関する意見書」を出し、議論も活発に行われている。座談会「夫婦別姓の検討課題」ジュリスト九三六号九〇〜一一七頁（一九八九年）、山田卓生「結婚による改姓強制」法律時報六一巻五号八四〜八九頁（一九八九年）、久武綾子「『選択的夫婦別氏制採用に関する意見書』を読んで」戸籍時報三七五号四七〜五三頁（一九八九年）、福沢恵子編『現代のエスプリ　夫婦別姓時代を生きる』（一九八九年　至文堂）、福島瑞穂＝榊原富士子＝福沢恵子『楽しくやろう夫婦別姓』（一九八九年　明石書店）等参照。

(14) この訴訟については、福喜多昇「夫婦別姓を考える②」月刊こども一九八八年一二月号一四頁、榊原富士子「家族のあり方の多様化を求める二つの裁判」法律時報六一巻五号九〇〜九二頁（一九八九年）参照。

(15) 第一審は、原告敗訴。東京地判一九八七年（昭和六二年）一二月一六日判例時報一二六八号二二頁。当事者は控訴。

(16) 金城清子『家族という関係』（一九八五年　岩波新書）七二頁。

(17) 中川善之助「内縁の法律的意義」中央公論五〇巻四号七六頁（一九三五年）。本書序章一3（六頁）参照。

(18) 鹿野政直『婦人・女性・女』（一九八九年　岩波新書）一九頁。

(19) 石川教授は、「同棲にも家族として何らかの効果が与えられるのなら、カップルを形成している同性愛者も一つの家族として把握され何らかの法的保護が与えられて然るべきだとも考えられる」とされる（石川稔「新・家族法事情　同性愛者の婚姻〔その2〕」法学セミナー三五六号六〇頁〔一九八四年〕）。

最近のアメリカ合州国のニュースでは、こうした保護の傾向がうかがえる。例えば、ニューヨーク州法によれば、アパート賃借契約の名義人が死亡した場合、同居家族がそのままアパートに居住できるが、最高裁は、「伝統的な意味での家族でなくても、長期間にわたって経済的、感情的に関与しあっている成人であれば家族の定義にあてはめるべきだ」として、同性カップルにこの法律の適用を認めた。またサンフランシスコ市では、異性、同性を問わず生活をともにしているカップルは、婚姻関係同様のカップルとして登録でき、病気休暇、出産休暇等について、配偶者と同じ扱いをする市条例が公布・施行された（朝日新聞一九八九年七月七日夕刊）。またデンマークでも同性同士の結婚を認める法律が施行された。法律上通常の夫婦と同等の権利が保障されるという（朝日新聞一九八九年一〇月六日夕刊）。

(20) 福島瑞穂「生き方の多様性を認める社会を」福沢編・前注（13）一〇五頁。

二　同性カップル

1　当事者の意識と実態

(1)　同性愛を取り上げる意味

一で見たように、わが国では法律婚を強制する意識や慣行が大変根強い。その結果、意識的に法律婚を拒否する人人には強い意思の力が必要となる。しかし、それでも事実婚の場合は、男女のカップルという点で、社会的拒否反応は、シングルでいることや同性カップルに比べて小さい。なかでも同性カップルは、異性愛でないこと、法的な家族の枠組みに入らないことで、二重の偏見にさらされている。それは、セックスの面だけ興味本位に強調された煽情的な見方や、異常な性格という病理的な見方で捉えられ、一人の人間としての在り方を無視される原因となっている。だから、同性愛者の中には、世間的にはみんなと同じふりをし、目立たないことで差別されない生活を確保している人もある。このように社会的には少数で、カムアウトすること（同性愛であることを宣言すること）自体困難な現段階で、同性愛を取り上げることは、かえって抑圧を高めはしないかという不安もある。しかし、なぜ社会が同性愛に偏見を抱くかを追求することは、異性愛や婚姻制度の意味自体を問い直すことになり、偏見や差別をなくし、事実婚を始め多様な生き方を保障することにつながるのではないだろうか。

八〇年代になって、レズビアンの人たちは、グループを作って雑誌や会報を出したり集会を持って、社会的認知へ向けて行動しはじめている。[38] ゲイの人たちにもこうした動きに答えるきざしがある。[39] しかしわが国ではゲイがレズビアンのように差別や抑圧のない社会をめざしてグループを作って活動する例は少ないようである。インタビューした男性によれば、男性としての社会的地位や権力はレズビアンのようなフェミニズムという思想的武器を必要としないし、各地にゲイのスポットがあり、良心的呵責を捨てれば平常な婚姻生活との二重生活が可能であるからだという。男色の伝統のあるわが国では、生き方としてのゲイを追求する人は、より少数になるといえるのだろうか。[40] 本章は、女性の自立化という視点から事実婚を取り上げた。そのつながりで同性カップルも対象にしたので、レズビアンだけが考察の対象となった。ここでは、レズビアン二三四人のアンケートから成るレポート[41]や雑誌・会報、私の実施したアンケートから、同性愛当事者の意見や事実を紹介し、同性カップルも一つのライフスタイルであることを示したい。

(2) レズビアンの生活事実

レズビアンレポートは、一九八六年一〇月と一二月に、レズビアン自身が何を考え、どう生きているかを、自分たちが正確に知る必要があるという立場から行われた。

(イ) 年齢構成[42]　一〇月の回答者（二〇二人）の年齢構成は、一〇代後半七・四%、二〇代四四・六%、三〇代三一・二%、四〇代一三・九%、五〇代以上二・五%、一二月の回答者（一二二人）でも大体同様の分布だが、二〇代が五〇・八%で、特に二〇代後半の回答者が多い（三二・八%）。回答者は一七歳から六四歳までであるが、二〇代・三〇代にこうしたアンケートに積極的にかかわる人、つまり考えていることを表現したい意欲が強いし、実数としても多いのではないかと推測される。

(ロ) 婚姻経験[43]　婚姻経験については、全体で見れば（回答者二〇二人）、独身七五・五%、婚姻経験あり二二・八%（現在婚姻中一二・四%、別居中一・五%、離婚八・九%）だが、三〇代では独身は六二・五%、四〇代では三五・七%に減少する。

(ハ) 現在の生活形態[44]　一〇代は「両親兄弟等と暮らしている」人が圧倒的である（九三・三%）。これに対して、四〇代では、「一人暮らし」（二五・〇%）のほかに、「夫・子供と」（三五・七%）や、「子供と」（一四・三%）が目立つ。ところが、二〇代では「一人暮らし」（四一・一%）、「同性の恋人又は友人と」（一七・八%）、三〇代でも「一人暮らし」（三五・九%）、「同性の恋人又は友人と」（二五・〇%）が目立つ。つまり二〇代・三〇代では、シングルや共同生活タイプが過半数を占める。生活形態から見て比較的自由に自己表現できる形であり、回答者に二〇代・三〇代が多いことと結びついているように思われる。特に共同生活をするレズビアンが二〇代・三〇代に多いことに注目したい。私のアンケートに回答してもらったのも、この世代の人で（一〇名）、共同生活をしている人は六名である。

(ニ) 性別役割の否定　従来のレズビアンのイメージには、男役・女役の振り分けがあった。男装し、男っぽい言葉を使い、男として生きることによって、異性愛社会の中に位置づくことができた。しかし、フェミニズムの動きの中でレズビアンを選択した人たちは、こうした役割を否定し、女として互いに認め合うことから出発している。レポートで、レズビアンの喜びとして一番多く上がったのは、「女の人の持つやさしさ」「女同士の対等な関係」だった。[45]

(ホ) 共同生活　雑誌・会報の特集には、さまざまな共同生活の実践が紹介されている。れ組通信九・一〇号（一九八七年）によれば、いつも家事分担が問題になった例、レズビアンマザーと共同生活する中で、自分の親、母親の立場に対する共感と、二四時間の育児という重労働を女に課している男社会のからくりが見えたとする例、相手に何も期待しなくなってからうまくいくようになった、愛さえあれば性格の差なんてという甘いものではないとする例、一緒に食事をしたり、時を共にするといったささいな事が楽しくなかったら、一緒に暮らすことはできないとする例、わりかん・貯蓄なしの生活だが、これは元気で働いているからとれるスタイルであり、病気や失業のときに備えて別のスタイルの工夫が必要だとする例等々。

役割モデルがなく、制度的保障もないから、自分たちで手作りで共同生活の関係性を作っていかなければならない。それだけに葛藤も激しく、不安定性を生む。しかし、「人と住む居心地の良さ、精神的な心強さ、子供時代に戻れる楽しさ、経済性等。女同士だと好きな時に自分たち女の問題を話し合えるし、パワーも出てくるので、街を歩いていても、颯爽としてきます」(れ組通信九・一〇号三二頁)、「人間がいっしょに暮らすということの意味は、何かお互いに補いあう以上のことがあるように思われます」(三八歳・レポート二四三頁)、「現在でも男と女のふたりの暮らしは主従の関係から逃れることは難しいが、女と女の二人の暮らしはお互いが足を引っぱり合うということはほとんどない、暖かいものではないか」(瓢駒ライフ三号三頁〔一九八八年〕)と、共同生活の良さ、楽しさが主張されている。「好きな人と一緒に暮らしたいという願望は、異性愛、同性愛を問わない」(二五歳・レポート一九四頁)のである。

(ヘ)　子供の有無[46]　全体で二二・五%(回答者一三八人中三一人)の人に子供がいる。年代別では、四〇代で六三・六%、三〇代で二五・五%、二〇代で七・三%で、(ロ)の結果と対応する。

(ト)　カムアウトの有無[47]　自分がレズビアンであることを「話した」人は(回答者一四八人)、全体の七二・三%、「話していない」人は二〇・三%である。話した相手は、ほとんどが信頼している女友達である。一方、「家族が知っている」という人は二七・〇%、「うすうす気がついている」と思う人は一〇・七%で、「知らない」という人が六〇・四%に上るし、「知らない」と答えた人の中で「今後も知らせるつもりがない」人が八〇・〇%にもなる。しかも、話したという人も、姉や妹にというケースが多い。父や兄弟・親戚、職場、地域でのカムアウトとなると、大変困難なようで、同性愛に対する偏見の強さを物語っている。

(3)　レズビアンの意識

(イ)　同性カップルを選択した理由　男と女がカップルを作る場合、その理由をことさら詮索することがないように、同性のカップルの場合も、その方が自分にとって心地よいからそうするのであって、理由を詮索する必要はない。しかし、慣行と異なる少数であるがゆえに、その理由が問われる。ところでレズビアンレポートは、独身者のみを対象にして(一七三人)、「結婚するつもりがあるか」否かの集計をしている。それによると、「結婚するつもりはない・できない」が七一・四%、「まだわからない」が一一・六%、「するつもり・するだろう」が六・一%、「もしかしたらする」が四・八%で、圧倒的に婚姻を否定している[48]。それは、レズビアンであるというセクシャリティ(性的志向)がそうさせるだけではなく、現在の婚姻制度が女性を抑圧するものであるという痛烈な批判があるからである。例え

ばレズビアンレポートには、「結婚は男にとってはらくちんでいいけど、家内ドレイにされる女にとっては地獄ですからね」(二六歳・一九四頁)、「結婚とは男と女の自主的で、自由な結びつきではなく、婚姻制度としてとらえるべきであり、女にとっては抑圧であり、ある種の『ワナ』だと思う」(三〇歳・一九四頁)という意見が紹介されている。だから、レズビアンを選択した理由を問うことは、婚姻制度を問い直すことにつながるといえる。

　レズビアンレポートでは、次のような意見が示されている。「レズビアンの有利な点は、恋愛という私的な関係の中に社会の男女の権力構造や制度が持ち込まれる可能性が相対的に少ないということです。逆に、社会からの圧迫にもさらされるため、不安や疎外感があおられやすいというマイナスをはね返せば、レズビアンの方がより人間らしい関係を作りだせる可能性があるとも言えると思います」(三四歳・二一八頁)、「女である自分を人との関係の中で解放し、対等な関係を模索するなら、同性愛しか今の社会では残っていないだろう」(四〇代・二一八頁)、「レズビアンは単なる性的嗜好でなく、この男社会で女たちが幸せに生きるひとつの思想、生き方となりうることを確信した」(三五歳・一九一頁)、「男性の力を必要とせずに生きてゆける自分がとても好きです。また、周囲(男性)の目を気にせず、自分を表現できるのもうれしい。普通の女性は男性の求める女性像に、自分を作り変えようとしています。私にはそんなことをする必要がない」(二一歳・一六一頁)と。

　フェミニズムの影響は極めて強い。レズビアンに対してルポをした久田さんによれば[49]、彼女たちは「性差別に敏感になればなるほど、この男社会の中で男と向き合う時、何か自分の本質が歪められてしまうような感覚を持つようになる」。だから、「同じ性差別を共有できる同性との関係にこそ、対等でありのままの愛の形が実現できるという喜びを発見」していき、「男を拒否する女の生き方は女を奴隷と扱う男優位社会を変革する最終最強の手段である」という主張につながり、「もっと男とか女とかの形の枠を取り払って、ありのままの自分を表現できるレズビアンとして生きたい」という願いにつながっていく。

　こうした視点は、私のアンケートにも明確に表されている。例えば、「女が男中心社会の弊害を日常的レベルで最小限に抑えて自由に生きられるライフスタイル」(三〇代)、「女性が自由な主体者として生きていくのに大変都合がい

い。対等の人間として関係を作っていくのに、異性と組むより、ずっと手間がかからない。男性とカップルを作り、結婚するだけが女の生き方ではないことをアピールできる。女性の生き方の幅が増える。同性愛でない女性にとっても、気の合う同性の友人と暮らすというのは、一つの選択肢として、知ってもらいたい生き方だと思う」（三〇代）と。

同誌の編集をした広沢さんは、「今の社会が『画一的で女性差別的だ』と感じているレズビアンは多い。この社会の不合理さを肌で感じるからこそ、レズビアンなのだとも言える。その意味からも、レズビアンは、充分政治的な存在なのである」[50]と分析している。思想的、意識的な問題が、感覚的にも捉えられている所に特徴があるのではないだろうか。

(ロ)　相手方をどう認識しているか（私のアンケートより）　当事者自身がお互いをどう認識しているか。同性カップルの場合、共同生活をしていても、夫・妻の役割がない。だから、「同性のため婚姻関係にはならない。しかし、パートナーだと思っているし、自分たちは家族だと意識している」（二〇代）と捉えられている。

一方、当事者の家族や友人がどう捉えているか。回答では「仲のよい友人だと思っている」（三〇代）が目立つ。「同性愛としての関係性を認められない。つまり二人でいてもカップルとは思われない」（二〇代）からだろう。しかし、「親や兄弟は同性愛カップルだとは知らないらしいが、半ば家族扱いしている」（三〇代）ケースもある。同性愛に対する偏見がなくなれば、この点で、当事者自身の捉え方と一致する可能性がある。つまり、同性の「パートナー」「家族」という見方である。「カップル志向によって個人の独立が妨げられるとの批判もあるが、一対一の共同作業は一番無理がなく、やりやすい」（三〇代）、「同性愛というに限らず、戸籍上の他人が複数集まった家族もある」（三〇代）。家族の枠組みは拡大していく[51]。「血縁関係でのみ構成された『家族』という形態の定義が変化していき……あらゆる種類の女の組合せが支え合い、大切にしあっていけたらすばらしい」（れ組通信三号四頁〔一九八七年〕）と。

(ハ)　法的扱いへの要求　男女のある関係が婚姻として制度化されるということは、国家や社会から、社会保障・税・保険等を通じて権利や利益が与えられ保護される一方、離婚の制約や貞操義務等一定の性秩序の中に組み込まれ、要扶養者の保護を義務づけられることを意味する。私のアンケートでは、同性愛者は、前者の法的利益の平等性を主

張する。同性カップルが共同生活をしている場合には、共同生活の実質がある点では、異性カップルと何ら異ならないからである。「男女のカップルとほとんど同じなのだから、法的保護もあって当然だ」（二〇代）、「カップルとして異性愛者を認知しようとするなら、同性愛者にも同等の扱いをしてもらいたい。婚姻制度によって保護されるカップルがあるなら、同等の実質的権利がほしい」（二〇代）、「私達にも幸福を追求していく権利がある。法律は、個人のそういう人権を守っていくためにこそ機能する必要があると思います」（三〇代）という意見。またレポートでも、「同性愛の結婚制度があっても良いナと思います。法律によって、家庭が守られているということは、心強いからです。私達は、一人の女の子を育てております。生活は何ら変わりないのに、ストレートの家庭とレズビアンの家庭では、擁護が全然違うわけですから」（四一歳・一九六頁）と。

しかし、一方で「人並みに働いて税金を払っているのだから、社会保障・税金といった面での法的保護を受ける権利は我々にもあると思う反面、自分たちの愛情関係が新鮮でいられるのは、制度に保障されない故であるかもしれないと思ったりします」（三〇代）、「家族関係でも扶養を義務として定めると、関係はかえってこわされる。基本的には被扶養者として自分の愛する人、身近な人に頼らなくてもいいような制度が必要だと思う。それなら喜んで税金も払う」（三〇代）という意見は、婚姻と同じ扱いを受けることから生ずる義務・負担を見抜いているように思われる。しかし、平等な扱いの保障があって、初めて選択の自由が保障されるといえるだろう。「すべての人にセクシャリティー選択の自由を」（二〇代）という意見にレズビアンの人たちの願いは象徴されている。

2　社会的評価

(1)　カムアウトの困難さ

レズビアンレポートによれば、「職場・学校等でレズビアンであるために不都合なことがあるか」という質問に対し、大半は「問題ない」と回答し、「レズビアンだということで、他人から嫌な思いをさせられたことがあるか」という質問にも、ほとんどが「ない」と回答しているが、広沢さんも指摘するように、それはレズビアンであること

を「公表していないから」である。[52]「日本のレズビアンは、社会に認知されていない代わりに、弾圧もされていないと思う」(三〇歳・二〇一頁)という見方もあるが、「レズビアンであることを話題にせず、母子家庭の女として普通にしているから」(四三歳・二〇〇頁)、職場で、男っぽくみえなくするために、服装で色々な工夫をしたり(四一歳・二〇〇頁)、週末のデートの度に、相手が男性であるかのように話を合わす(二七歳・二〇〇頁)等の気を使う様子が記述されている。

実際にレズビアンであることがわかったために被った被害としては、仲間はずれにされ、三カ月口をきいてもらえなかったり(二九歳・二三九頁)、まわりの雰囲気が悪くなるという理由で解雇されたり(三七歳・二〇一頁)、退職した例(三〇歳・二〇一頁)がある。また「普通の人」と思ってつきあってくれていた友人が、離れていったり、男性と暮らしている時には、地域で家族ぐるみのつきあいがあったのに、女性と暮らしはじめると、周囲の対応が違ってくると指摘されている。[53]

レポートでは、自分がレズビアンであることを話したときの、相手方の反応をまとめている。[54] 話した一〇七人の回答(複数回答)によれば、「わかってくれた」三五・一%↕「理解されなかった」一八・一%、「驚かなかった」一六・〇%↕「驚かれた」一六・〇%、「普通、自然な感じ」二一・三%↕「敬遠された」七・四%である。また家族に知らせた四四人の回答では、「わかってくれた」三六・四%↕「理解されなかった」九・一%、「驚かなかった」二〇・五%↕「驚かれた」九・一%、「怒った、嫌がった」一五・九%である。いずれも比較的寛容な反応が多いが、各々対になった否定的回答もかなり多く、現状は厳しいことを示している。しかし、中には女性と一緒に住むことを告げた時に、「結婚と同じなんだから、がんばりなさい」と何気ないふりでいって、何かの足しにと貯金をくれた母の例も記述されている(二八歳・二四三頁)。けれども、レポートの回答者全体で、話した人の数は半分くらいであり、家族についてはさらに少ない。しかも話す相手の多くは、親しい女友達や理解してくれそうな母・姉・妹である。好意的な反応が多いのは当然でもあり、一般的なカムアウトについては、事態はそれほど簡単ではないだろう。[55]

(2) 固定化されたイメージ

異性愛が前提とされる社会では、同性愛は圧倒的に少数であるだけではなく、男の目から興味本位に、「ポルノか精神病理学的な対象として歪曲・矮小化され」、「普通の」生活領域にあっては存在そのものを否定され、「異常な」性的・心理的な領域にあっては、女と寝ることしか頭にない「性的人間」とみなされてきた。[56]「レズ」というレッテルを貼って、マスメディアがこれをさらに増幅する。事実婚に関する私のアンケートの回答者の中には、同性愛に対する差別的扱いに反対していても、「総論賛成、各論反対。知人がホモだったら気持が悪いが、そういう存在については認めてしまう」(四〇代女性)、「社会全体が民主的でモラルが高くなれば、同性愛は消滅するだろう」(五〇代女性)というように、同性愛を異常なもの、病的なものと捉える傾向が残っている。事実婚を支持し、法律婚の強制に反対なのであれば、異性愛を強制する意識や制度にも反対するはずだが、感覚的に素直に反応できない点に、固定化された同性愛のイメージの強さを見ることができる。

レズビアンの一般的イメージがあまりにもお粗末なために、そのイメージに自分を同一視することへの拒否感を感じても無理はない。その結果、レズビアン自身が自らの性的志向そのものに罪悪感をもって悩むことになる。つまり周囲の偏見や圧力に加えて、自らが公然と認められない関係と思い込むことによって、医者や友人にさえ打ち明けられない閉塞状況に陥り、心理的抑圧がさらに大きくなる。[57]「女と女の愛が社会にねじ曲げられることなく育ったなら壊れずにすんだ関係、心中しなくともよかったカップル、人格破壊を起こさなくてもすんだ心などがあったはずだ」と指摘される。[58] レポートでも、「二人にとって一番よかったことは、どちらかが男性であったことでしょう。大恋愛の末、すばらしい結婚ができたのに。私は一生、彼女の様に本当に好きになれる人間は見つけられないと思う」(二〇歳・一九五頁)と記述される。私のインタビューでも、フェミニズムに出会って初めて自己肯定的になれたと語っている(三〇代)。

「私にとって、レズビアンであるってことは最高の生き方です。私は私なりに今の世の中を見、あえてレズビアンであることを選んでいます。差別や抑圧のなかを生きた過去の女性たちを尊敬しているし、現代の女性たちに共感と愛情を感じます。素晴らしい女性たちと出会い愛し合うことは、女である私が私らしく、私自身として生きることそのものなんです。もっと大声で言いたい。『私はレズビアンよ、そんな私が誇らしいわ。』って」[59]。レズビアンたちの自己主張が、そのイメージを積極的で肯定的なものに変えていくのではないだろうか[60]。社会の側はそれを偏見なく受けとめていかなければならない。

(38) 例えば、「れ組通信」は、レズビアンのネットワーク作りを目指して、れ組スタジオ東京から、一九八七年三月以降毎月刊行されている。また「瓢駒ライフ」は、レズビアンの表現活動の場として、ひょうこま舎から一九八八年五月から刊行され、八九年一〇月までに五号を重ねている。その他、女のフェスティバル（毎年三月京都で開催）や国際レズビアン大会への参加、エイズ予防法案への反対活動等が、通信誌に記されている。なお各地のグループについては、久田編・前注（21）一六八〜一六九頁、ボストン女の健康の本集団『からだ・私たち自身』（一九八八年　松香堂）一四七頁、『別冊宝島64　女を愛する女たちの物語』（一九八七年　JICC出版）一三〇頁等に紹介がある。

(39) 『ゲイリブとフェミニズムは出会えるか？　女のフェスティバル88発言集』（一九八八年　OGC）は、大阪ゲイコミュニティ（OGC）とれ組スタジオ東京が、第三回女のフェスティバルで持った分科会の記録である。その他「ILGA日本」や二六歳以下を対象にした「動くゲイとレズビアンの会」もある。

(40) ギリシャ・ローマの思想やキリスト教以来、男性同性愛行為は自然に反する忌まわしい行為とされ、宗教的・道徳的・法的に非難され、処罰の対象となってきた。同じ同性愛でも、女性の場合は処罰されなかった。女性は性の対象にすぎず、主体的に性行為を選択する存在とされていなかったためであろう。つまり女性は夫婦関係にしろ買春関係にしろ男性の性行為の要求に対して拒むことができない。たとえレズビアンでも、男性に性行為を強要され、懐胎することはありうる。しかし、ゲイの場合は、自らの意思で女性と交わらないのだから、生殖を不可能にする。それは、人間という種の意図的な絶滅に結びつく。また社会的地位と権力をになう男性だからこそ、忌まわしい行為として規制し、撲滅する必要があった。性に関して女性はいわば人間としての意思を認められない存在だから、レズビアンは法的規制を受けないのであり、それ自体が性差別の表れだったといえる。したがって、欧米各国で議論となったのも、ゲイを処罰する法だった。これに対して、七〇年代以降、私生活の自由という見方から処罰を否定する方向、自己決定権という見方から処罰を否定し、権利を主張し、さらに正式の婚姻すら求める動きがある。わが国では、ゲイに対する処罰規定がなく、これに対抗する必要性がないために、このような生き方として

の自己主張が公的に出てこなかったのではないだろうか。ただし、ILGA日本の人は、ゲイの存在が無視された結果、人権が黙殺されていると指摘している（『ハーヴェイ・ミルク』〔一九八八年　パンドラ〕二三頁）。

なおゲイについては、主としてアメリカ合州国の憲法上の議論と家族法上の問題点が紹介されている。山田卓生『私事と自己決定』（一九八七年　日本評論社）五一〜五七頁、八〇〜八二頁、中谷実「米国における性的自己決定をめぐる司法消極主義」滋賀大学教育学部紀要三五号一〜二七頁（一九八六年）、松平光央「西欧文明、同性愛、バーガー・コート――アメリカ連邦最高裁判所の同性愛処罰合憲判決を中心に」法律論叢六〇巻二＝三号一五七〜二〇五頁（一九八七年）、内野正幸「同性愛をめぐる憲法問題」法学セミナー三八八号一九〜二一頁（一九八七年）、丸山英二「ソドミー禁止法の合憲性と合衆国最高裁」判例タイムズ六四二号四一〜四五頁（一九八七年）、石川稔「新家族法事情　同性愛者の婚姻〔その1〕〔その2〕」法学セミナー三五五号九〇〜九五頁、三五六号五六〜六一頁（一九八四年）、篠原光児「親のライフスタイルと監護権の決定」判例タイムズ六四九号一四二〜一四六頁（一九八七年）、同「同性愛――アメリカ家族法の一断面」判例タイムズ六七二号一三〜二九頁（一九八八年）等で、プライバシー権の見地から問題が捉えられている。なお七〇年代のアメリカ合州国のゲイ解放運動の人間的記録として、「ハーヴェイ・ミルク」という感動的な記録映画がある。

(41) 『別冊宝島64　女を愛する女たちの物語』前注（38）一五〇〜一八二頁。以下同書をレポートとして引用する。こうした多くの引用を認めていただいた編集者の広沢有美さんに感謝いたします。　(42) レポート一五五頁。

(43) レポート一五七頁。一方男性との恋愛経験は（回答者一七〇人）、「あり」が六四・一％、「なし」が三四・七％、男性との性的体験は（回答者一三〇人）、「あり」が七四・六％、「なし」が二五・四％である（一八五頁）。レズビアンであることを意識しながら、男性との恋愛や婚姻を経験した上で、レズビアンを選択したり、男性との経験を経た上で自らのレズビアン性に気がつきレズビアンを選択したことがうかがえる。他方自分がレズビアンであると気がついた年代としては、どの世代でも一〇代に集中しているが（六五％）、三〇代の世代では、二〇代・三〇代になって気がついた人もかなりおり（二八・二％）、編集者は、「女であればいつでもレズビアンになる可能性がある」といえると分析されている（一五六頁）。

(44) レポート一五九頁。なおアメリカ合州国のレズビアン当事者の関係性について、『からだ・私たち自身』前注（38）一三二〜一三七頁で、多様な在り方が示されている。　(45) レポート一六〇頁。

(46) レポート一二三頁。レズビアンマザーについて、れ組通信三号二〜五頁（一九八七年）、『からだ・私たち自身』前注（38）一四四〜一四六頁参照。子どもが親の同性愛を知ってどのような心理的影響を受けるかは、同性愛に対する社会意識に規定さ

れるだろう。だから子の成長・発達を保障するためにも、同性愛に対する偏見は除去する必要がある。

(47) レポート一二七〜一三〇頁。『からだ・私たち自身』前注(38)一二八〜一三一頁でも、その困難さが示されている。なお本章2(1)(二六五〜二六六頁)参照。 (48) レポート一九三頁。

(49) 久田恵「元気印のレズビアン『れ組のごまめ』登場」レポート一二四、一二六頁。 (50) レポート一三七頁。

(51) ルポをした那波さんは、「男役、女役をとりあえず選ぶことをやめたレズビアンたちは、家族のように親密につきあっていると私には見えた。彼女らは恋愛のパートナーとして見なさないレズビアンに対して、家族関係を演じることによって調停を結ぶ」と指摘する(那波かおり「レズビアン・バーの夜」レポート一一〇頁)。 (52) レポート二〇〇、二三一頁。

(53) 『ゲイリブとフェミニズムは出会えるか? 女のフェスティバル88発言集』前注(39)六三頁より。

(54) レポート二二七、二二九頁。『からだ・私たち自身』前注(38)一三〇頁参照。

(55) 食料品店を経営する女性が客の中で「この人には言いたいな」と思う人にカムアウトし、信頼関係が深まった例が報告されているが、彼女も指摘するように経営者だからできたことであり、現状では、男の経営者と同僚がいる所では、困難だろう(れ組通信八号七頁〔一九八七年〕)。

(56) 浅井杏子「レズビアンとフェミニストの冒険」『別冊宝島85 わかりたいあなたのためのフェミニズム入門』(一九八八年JICC出版)二四四頁。

(57) 例えば、「はじめてレズビアンになったときに、病気だと悩んだ時期があった。どうして女を好きになったんだろうと考えた。でも今ではそんな風に思わされていたんだってことがわかる」と語る(『からだ・私たち自身』前注(38)一四六頁)。

(58) 水川羊子「タチ この孤独な生き物」レポート二三頁。なおレポート二三二〜二三四頁に、心の病気にかかったことがあるかどうかの問いがあり、回答者一二三人中四四・七%がかかったことがあると答え、そのうち二一・四%が心の病気はレズビアンと関係があると答えている。

(59) 『からだ・私たち自身』前注(38)一四八頁に、レズビアンプライドとして紹介されている。

(60) 小倉裕子「山に住むレズビアンの話」レポート五六〜六三頁で、公然と楽しく山村で共同生活をしているカップルが紹介されている。二人が雇われ仕事に出かけた先で、村のおばさん達に「あんたら、レズと違うの」とからかわれる。「うん、女同士は気楽でいいよ」と答える。「アッハハハ。いいなあ。ほんま気楽でいいもんなあ、女同士は。わたしら若い時、そういう生き方あるなんて知らんかったもん。知っとったらなあ、わたしらもそうして生きたかったよ」とおばさん達は答える。「わたしら、すごく仲良いし、おばさん達に会うと、いつもニコニコしとるからなあ。こんなに楽しそうに生きてるのを見ると、うらやましいんだろうね」。

おわりに

以上見たように、事実婚当事者は、法律婚と同じように一対の安定した共同生活関係を営んでいるが、夫婦別姓、私生活の尊重、対等な関係、伝統的夫婦役割の否定といった理由から、法律婚を拒否していた。同性カップルについては、異性愛や結婚が女性に強制される中で、フェミニズムによって自己確認する傾向が強かった。子どもの問題では、差別を避けるために妥協するよりも、子どもとともに考えていこう、闘っていこうという姿勢が見られた。これらの事情を総合すると、意識的な事実婚そして同性カップルも、女性の自己主張、自分の生き方の表現として捉えられ、選択されているように思われる。婚姻制度が、夫婦同姓に象徴される男性の支配者意識と伝統的役割分担を体現するものである限り、経済的に自立し対等な人間関係を求める女性は、当面の戦略として事実婚を選ぶといえるのかもしれない(67)。事実婚に対する社会の一般的評価で、二〇代・三〇代層、未婚就業層、子どものいない就業層、高学歴層、大都市居住層の女性に、寛容な意見が多かったのは無意識のうちにこうした意図を感じ、共感しているからではないだろうか。

勿論そうでない女性も数多く存在する。雇用差別がなお根強い現在の学歴・企業社会において自己実現の機会を獲得できなかった女性たちが、伝統的な役割分担の中にその機会を見出すことは、当然かもしれない。内縁理論さらに一般的に家族法学が、これまで女性を一元的に弱者として捉え、法的保護を図ってきたのも理由がないわけではない。しかし、そうでない女性も確実に幅広く存在する。彼女たちに必要なのは、保護ではなく、生き方の承認である。かつて自らを女性の庇護者と任じていた男性たちは、こうした要求にどう答えていくのだろうか。婚姻制度そのものを柔軟にしていくのだろうか。意識的な事実婚カップルのようなパートナーシップを発揮することができるだろうか。

それともレズビアンカップルのようにパートナーとしての存在を否定されていくのだろうか。

事実婚の法的保護の問題は、弱者保護論だけではなく、生き方の多様性を認める見地から理論構成しなければならない時期に来ているのである。

(67) フランスではこうした捉え方もなされている。二宮周平「八〇年代フランスにおける事実婚と私生活の尊重」立命館法学二〇一＝二〇二号九八一頁（一九八九年）。

本稿は、日本評論社刊・二宮周平（立命館大学法学部教授）著『事実婚の現代的課題』より、著者の許可を得、第二部「事実婚の新しい展開」第一章「多様な生き方としての事実婚」の一部を転載させていただいたものです。

転載を快諾してくださった二宮氏と日本評論社に感謝し、心より御礼申し上げます。

一九八八年の暮れにひょうこま舎宛てに二宮氏より事実婚に関するアンケートの依頼があり、わたしたちはそれに応じ、さらに松本、高橋の両名は翌年、直接二宮氏にお会いしてインタビューに答えるなどの協力をさせてもらいました。自分たちの実践している生活様式が「事実婚」というかたちでとらえられたことも興味深く、氏の研究の成果が発表されるのを心待ちにしていましたが、立命館法学第二〇四号に「事実婚の新しい展開」として発表されたのち、前述の書の中に所収されたのが、本稿です。なかなか鋭い解釈がなされ、わたしたちにとっても有意義なものと考え、転載をお願いいたしました。

尚、ページの都合上、第一章のうち、一「法律婚を拒否する事実婚」、三「生き方の自由と子の利益の保障」は割愛させていただきました。また、第二章「自己決定権と事実婚保護の中立性」・四「同性カップルへの応用」にもフランスにおける判決例などの興味深い記述がありますので、本書を是非ご一読ください。経済的に余裕のない方は地域の図書館などに揃えていただくよう請求してみてください。より多くの人の目にふれることを期待します。

編集後記

第6号の発行を首を長くして待っていてくださった読者のみなさん、こんなに遅くなって本当に申し訳ありませんでした。今号は昨年の九月末に募集した「ひょうこま大賞」の応募作品の他、写真やイラストも多く取り入れ、増ページで内容一新を図りました。率直なご意見・ご感想をお寄せください。（スタッフ一同）

★表紙の写真は、「百合子、ダスヴィダーニヤ」の主人公湯浅芳子さんの最近のポートレートです。私もこんな風にきれいにそして立派に年を取ってみたいと思っています。

（草間けい）

★四回連載の「遠い山羊の国」もやっと最終回にこぎつけました。年を取って田舎で暮らすようになったら、山羊と犬を飼いたいなあと思っています。でもまだ当分ニンゲンの顔入り葉っぱ集めに追われそうです。（沢部仁美）

★ダービーの前日、渋谷の場外馬券売場（WINS）へ出かけました。路上で一席ぶっている予想屋のおじさんやら、万札の束（何百万円あったんだろう？）をバサバサいわせているスーツの紳士（？）やら、おもしろい風俗をみたのでした。ギャルの街・渋谷にはおじさんの街も存在していたのです。翌日は、中野公会堂の「あそぼうぜ女たち」。ここにはフェミニストの文化がありました。次の日曜には宝塚観劇。ここにもまた乙女たちの文化がありました。日本では年齢・性別・嗜好により別々の文化が別々の場所に隣り合いながらも知らん顔して別々に併存しているのです。まさに「たこつぼ文化」!!フェミニストたちが仲間うちでフェミニズムを語る。隣には知らん顔の男と女。これでいいのかなあ。疑問の夏。

（高橋瑛子）

★アンディ・ウォーホール以後のアメリカのポップアートに只今熱中中。キッカケになったルパート・スミスのキリンの大きなシルクスクリーンを「禁酒の誓い」と名付けて自室に置き、毎日眺めて満足している。絵柄はキリンビールのラベル。今年も又禁酒の夏。

（松本泉）

ひょうこま舎

『瓢駒ライフ』———購読申込方法

・定期購読料　　3000円（郵送料込）——4号分に相当します
・同封の郵便振替用紙に住所、氏名を記入のうえ、お近くの郵便局から振り込んでください。
・振替用紙の裏面の通信欄に、何号から希望と明記してください。
＊会費切れの方、継続もお忘れなく！
　封筒表の宛名欄、右下の右側の数字が納入済み最終号です。

『瓢駒ライフ』———バックナンバー申込方法

・No.1，No.3，No.5は品切れです
・No.2，No.4　各一冊　750円（郵送料込）
・郵便振替で申し込んでください。
・ただし、No.2・4も残部わずかです！
　事前に往復ハガキ等でお問い合せください。

振替口座番号　　横浜3−52721　ひょうこま舎

『瓢駒ライフ』は下記の書店等でも手にいれることができます。

東京方面———
・ミズ・クレヨンハウス　☎03−406−6492
　〠107 東京都港区北青山3−8−15
・リーブル・ド・ファム　☎03−370−6007
　〠151 東京都渋谷区代々木4−28−5　東都レジデンス410
・模索舎　☎03−352−3557
　〠160 東京都新宿区新宿2−4−9
・ミズ・データ・バンク　☎03−269−7650
　〠162 東京都新宿区神楽坂6−38　中島ビル505

関西方面———
・ウィメンズ・ブック・ストア　松香堂　☎075−441−6905
　〠602 京都市上京区下立売通西洞院西入ル
・フリーク　☎06−855−3746
　〠560 大阪府豊中市岡上の町3−3−24
・HAPPY　VALLEY　☎06−533−0446
　〠550 大阪市西区新町1−34−5　シニア・ハウス新町1F

瓢駒ライフ No.6

1990年6月10日
編集・発行　ひょうこま舎
〒213 川崎市高津郵便局私書箱7号
＜振替＞　横浜3−52721
表紙　草間けい
頒価　700円（送料250円）

目　次

飄駒ライフ No.7

―新しい生の様式を求めて―

戦争案内

女の連作詩・高良留美子／渡辺みえこ／川江一二三／松本泉子

若者よ　国を守ろう
お国あってのマイホーム
日本を守らずして　何の平和か
その昔　お父さんお母さんたちは
朝鮮へ　満州へ
平和を守るために出掛けていったのです
若者よ　身体を鍛えよう
来たるべき有事に備えて
私たちの準備は整っています
あとは　ほら
あなたたちが銃を取るだけ
その日に備えて
過去の忌まわしい思い出は忘れ
新しい日本のため
偏りのない教科書で
正しい我が国の歴史を学ぼう
さあ
その日に備えて

平和と我が国を守るための道を
案内しよう

まず
あんたは自分の子どもに
競争心を植えつけるのだ
子どもが反発したら　なに
競争とは進歩のために必要　だとか
人間を成長させるのだ　とか言って
言いくるめよ　要するに
競争のための競争を強いれば良いのだ
適当な目的をでっち上げて
（横のつながりを断ち切れば
　上から操作しやすいというもの）
女の子の場合には
違う競争心を植えつけるのだ
誰よりも優れた商品となるように
生きがいなんぞ考えられないように
兵隊さんを慰めるためのお国のための
知的な慰安婦にでもなれば　めっけもの
次に　沢山のものを与えよ
なぜここにこれがあるか　などと

考えるヒマもないほどに
グラビア雑誌を沢山
美しい服　おいしい食べ物　遊び
流行の考え方　思想の切り貼り　セックス
なんでも金で処理させろ
それがいかにスマートでイマイか
現代風割り切り方を叩き込め
右往左往　七転八倒
今あるものを　競争でかき集めさせろ
しかし
けして満足させてはならぬ　こうして
あんたらの子どもたちが
口を開けて　もっと何かあるはずだ
違うものがあるはずだ　もっと
精神的なものを　と考え始めた時が
チャンス　なのだ　そのための
商人はすでに揃えた
工場も沢山　ある
老い先短い戦争指導者が　いる
あとは　若い兵士だ
殺されるための国民だ
破壊されるための国　だ

さりげなく
上から　軍隊という
横の関係を　うまいこと
押しつければよい

おじちゃんは
大日本帝国海軍の軍曹さんで
戦争に八年以上も行って来た
下士官だから
海軍の精神棒で
甲板にずらり並んだ新兵さんたちの
お尻をパカスカぶんなぐって
海軍魂を叩き込んできたんだそうだ

謎の爆沈を遂げた戦艦陸奥の
ほんのわずかの生き残りで
そのあとは
南方の最前線の島々へ点々と送られた
軍の上層部は爆沈の機密が漏れるのを恐れて
むざむざと　死にそうな場所を選んで
送ったんじゃなかろうか
戦犯にまでなったんだから

ずいぶん遅い結婚をした
今ではもう　小さい三人の孫の
植木いじりの好きなおじいちゃんだが

そんなあなたが
「大東亜共栄圏」　と言い
「今の若いもんは軍隊へでも入れて　叩き
直さなけりゃいかん」　と言い
「徴兵制だってなんだって作って日本を
守らなくちゃいかん」　と
シワの深くなった顔を紅潮させて　言う

あなたにとって　戦争はなんだったのですか
どんなふうにいい思い出になっているのでしょう
あなたの孫の
ふたりの坊やが
銃を持って海を渡り
豊かな日本を守る
あなたの孫の
ひとりの女の子が
千人針を作って夫の無事を祈る銃後の妻となる
それがあなたの望みなのですか

日韓の遺伝子組替えの繁栄の中で、餓死者がいなくなったことは進歩だが、第五共和国の新しい国造りのオンラインの泣きどころは一時しのぎの粉ミルクだ

耐熱ガラスの食器は耐熱の程度によって、強化耐熱、耐熱、超耐熱があり、強化耐熱は熱湯を注いでも落としても割れにくく国家の統一と社会平和に関する原則となる

ソ連の脅威とイラン・ジャパン石油化学の検査小屋はマラリヤ患者の血液だから、両国関係の発展のため、蚊帳の自給自足が必要だが、大局的な見地から、相互信頼の構築の必要性に粉チーズをかけて青ジソ、コショウ少々

カンボジア難民村の薬不足で洗剤の幼児の誤飲防止に、大人が目の前で飲んでみせることが義務づけられた

三食昼寝つきの退職後の生活設計は、ソレイタの二点本塁打で先制。ニューヨーク市場の株価暴落で、北アルプス赤牛岳二八六四メートルの頂上付近でＩ君十九歳が疲労と冷え込みのため凍死。

八月十九日午前一時二十分
リビア沿岸シドラ湾
米軍Ｆ１４トムキャット
リビア空軍スホイＳＵ２２
　交戦

飛べ
押セ
殺セ

欲しかったのは
コックピットじゃない
欲しかったのは
ミサイルじゃない
欲しかったのは
赤い空じゃない
欲しかったのは
黒焦げの森じゃない
欲しかったのは
ママンの悲鳴じゃない
欲しかったのは
聞きたかったのは

見たかったのは――

彼は味の素を売る
洗剤を売る
ミルクを売る
ミサイルを売る
毒を売る
放射能を売る
ヘドロを売る
燐を売る
その結果?
結果は問うところではない
たとえ自分の子がカタワになっても
自分一個のことは
じっと耐えるのが　男　だ
彼はそう教えられている
他人の迷惑については
これをカッコに入れ
忘れる
社会のために
ではなく
会社のために

郷里は山形です
その朝鮮人の友は
言った
なんの気なしに
私は聞き返したのだ
朝鮮人は多く関東以西に
住んでいるから
めずらしいですねえ
朝鮮人で東北出身という方は――
返ってきた答えに
私は赤面した

数年たった
山形出身のその友は
私の長年の友だちのつれあいとなって
ある日　私は
その友だちの家を訪ねて　署名をもらう
「金大中氏らに自由を」
細い路地
を

彼女は
赤と黒のほっそりした
新しい自転車を押しながら
私と歩いている
　彼に紹介された時
　私は大変な質問をしちゃってね
　ことばも無かったよ

その時返ってきた彼の答えは
　僕の両親は
　北海道の炭鉱へ連れていかれて
　そこから　南へ南へと
　逃げていき
　定住したのが　山形だったのです
戦争を呼ぶ季節に
私たち日本人が
してきたことである

六十歳の男が
三歳の子どもを抱きながら
三十六年ほど前の
自分を

おずおずと　しかし
奇妙な懐かしさを込めて
話すのだ
　満州にいた時
　自分は仲間と一緒に
　一人の女を木に縛りつけ
　ヒモを結んだナイフを
　女に向かって　投げた
　何度も　何度も
　仲間と冗談を言いながら
　血まみれて　すでに
　虫の息の女に
　血のナイフを投げ続けたんだ

　しょうがない時代だった

それを受けて　もう　一人の男
　しょうがない
　そういう時代だったんだよ

一九五三年　公娼は廃止されたはずだ。工学部の彼女は、自主売春なら仕事で自分を殺すのと同じことだと言う。体と心を切り離してあなたは、
どんな新しい服を買うのですか

一九八〇年、アメリカ女性が夫を強姦で訴え、勝訴した。日本の主婦は強姦されていないのでしょうか

君の庭が欲しい。家も車も、ついでに奥さんも、もっともっと
隣の畑は美畑に見えるよ

赤ちょうちんでいつまで上司の悪口を言っているんだい君たち
家には一人ずつ天皇の御下賜品が待っているんだろ

お金を出して女を買う時
あなたはあなたの性を　バカにしている
あなた自身をバカにしている
男と女の間にひらける
豊かな平野を駆けぬけるのではなく
あなたは一本の貧しい棒となって
そこにつっ立っている
あなたが女を物として扱う時
あなた自身が一個の物となる
あなたが自分の性を　自分から切り離す時

あなたの性はひからび、萎える
お金を出して
アジアの女たちを買う時
あなたはあなたの母を侮辱し
世界を貧しい曠野に変える

飛ぶ
　飛ぶ
　　飛んで
　　　飛んで
飛びなさい
　飛べ！

両手をひろげる
唇を突き出して
プロペラにして
走って
離陸して
空を　飛ぶ

聞こえた?
耳を澄まして

水平飛行

小鳥
木の葉
はぜる音
ママンの声

見えた?
広がっていく空気
赤い屋根
欠けた歯の
笑うあの子
水しぶき

それから
頭を　うんと反らせ
青いだけの空を
口いっぱいほおばって
地球を飛び立つ
いま　いま

会社は永遠です

と書き残して死んだ男がいた
ビルの高みから　飛び降りた男がいた
落ちながら　彼は何を見たのか
地球が近づいてくるのを　見たのだろうか
会社から　捨てられ
上司からも　見放されて
彼が最後に　帰属した
地球が――――

夏の午後の夢

序にかえて

「1999年の夏休み」分析

二本木由実

子どもは、永遠という時間の中にしか棲まない。毎日が永遠に、友達とのけんかや、お遊びや、ママの小言、そんなもののくり返しであるとしか考えない。「大人」は神話の中の怪物よりもなおさら遠い存在だ。

しかし、ある日、子どもはふと悟る。自分が「永遠」に属する者ではないこと、背が伸び、肉がつき、やがて子ども部屋から出ていかねばならない存在だということに。その時子どもは、「少年」という時を生き始める。「永遠」を畏れ、憧れながら。「少年」たちは、このときは永遠ではない、と自分たちにいいきかせながら日々を生きる。だから残酷なほどひたむきで、鋭くみがかれていて、お互いを傷つけずにはいられないのかもしれない。

つけた傷を、つけられた傷を忘れがたいのはなぜだろう。その頃に喜びがなかったはずはないのに、思い起こすとせつなさばかりがつのるのはなぜだろう。風の香りや、物音や、ふとした仕種に呼び起こされてしまう想いがある。とどめたいと思ってもできない時間。もう今では、それが夢だったのか現実だったのかも確かめることはできず、それでも、つい昨日のことのように思えてならない時。それは永遠に続く一瞬であり、そしておそらくは、この世における「永遠」の最近似値なのだろう。

だれもが抱いたことのある想い、存在したはずの「夏」、忘れたふりをしている時間。それは決して消えることなく、私の中のどこかに、あなたの中のどこかに、今も眠り続けている。カプセルに包まれて。

だれにでも、忘れられない「夏」がある。かなわないことを知っていながら、永久に続けばいいと祈っていた「夏」が。

これは、その「夏休み」への、一つのオマージュだ。

1「ぼくは一人で、ここにいる」―――則夫

不思議な映画である。夏を描いていながら汗の臭いを感じさせず、あらゆる音が静謐《せいひつ》さを引き立てる。人影のない校舎が人影のない木立ちの中にたたずみ、時間ごと現実から切り取られたような場所で、だれも知らぬ間に物語は始まる。そして、その物語に登場するのは、「少年」だ。生身の少年ではない。イメージとしての「少年」であり、性を持たない、生の在り方としての「少年」である。この地上のどこにもない場所、存在しない時の中で、存在するはずのない「少年」たちが繰り広げる物語なのだ。ここで描かれるのは、性別も性差も必要としない性愛だ。

この物語は確かに現実ではない。しかし、ある意味ではまぎれもない現実でもある。

この映画には、四人もしくは五人の「少年」が登場する。和彦と、彼にふられて自殺した悠、悠にうり二つの薫、和彦に想いをよせる直人、一番年下の則夫。（作中、薫が三人を評する言葉を借りれば、大人ぶった直人、妙に神経質な和彦、まだ子どもの則夫、とい

うことになるのよね。）

　人が愛しあったり憎みあったりするのには、二人いれば十分だから、この人数は決して少なくはない。彼らは全寮制の学院の生徒で、一番年かさの直人が十六歳、則夫は十三歳だ。みんなが帰省してしまってだれもいない寄宿舎で、直人、和彦、則夫の三人は夏休みを迎える。

　しかし、三人の関係は、どことなくぎこちない。悠の死が彼らの上におおいかぶさっているからだ。悠は和彦が好きだった。しかし和彦は彼を拒否した。三か月前の悠の死が、そのせいかどうかはわからないが、三人は和彦が拒否したために悠は死んだのだと確信している。他に人間のいない夏休みの寄宿舎のなかで、三人の緊張は高まっていく。

　則夫は執拗に和彦を責める。それは、誰も相手にしてくれかった自分に優しく接してくれたただ一人の友人である悠を「殺した」ためばかりではない。直人がいつも和彦の「肩を持つ」からでもある。おそらく則夫は、直人を好きだ。それが恋であれ、たんなる憧れであれ、好きという気持ちに変わりはない。つまり、則夫は好意の対象である悠と直人を二人とも、和彦に奪われているのだ。則夫は言う。「和彦は、みんなから愛される。優しくもないのに、なにもしてあげないのに好かれる。だから、ぼくは、和彦のことが嫌いなんだ。」みんながみんな、和彦を好きなはずはない。問題なのは、自分が好意を持っている人たちが和彦を好きだということなのだ。彼らは則夫を好きではあるが、それ以上に和彦の方を好きなのだ、という認識が則夫にはある。たとえ悠の則夫への感情と和彦への感情が、異なる性質のものであるとわかっていても、直人がそれなりに則夫のことを好きであるとしても。


　則夫にとって、和彦は「恋がたき」だ。則夫の想いはまだ恋とも憧れともつかない、未分化なものであることはほぼ確かだけれど、憶えがあるだろう？　「特別な友だち」にしても、「憧れの先輩」にしても、その人が他の人に熱を上げているのをみると、なぜか知らず胸が苦しくなったことに。

　則夫は、自分の恋にまだ気づいていない。自分の感情には、ぜいたくなほどに素直だ。心のままに笑い、泣き、怒り、人を愛する。そういった意味でまさに彼は子どもだ。しかし、「子ども」の彼は人一倍敏感に周囲の出来事を感じとっている。学院にやってきた薫を「悠が帰ってきた」と真っ先に言い出したのは彼だ。なるほど、それは子どもっぽい思い込みかも知れない。が、ほかの「少年」たちがラスト近くまで気づかなかったこと、あるいは認めようとしなかったことを直観的につかんでいるのだ。それは「少年」たちの中での則夫の占める位置と、決して無関係ではない。

　則夫は、いつも一歩下がってほかの三人を見ている。食事の時、転入生の薫が寄宿舎の階段で直人と口論する時、人工呼吸の場面などでの則夫の位置はそのまま人間関係における位置を暗示している。特に、和彦が「薫をなぜ悠の部屋へ入れた」と直人を責める場面では、二人の背後からいたずらっぽく笑い「二人とも興奮しちゃって」とつぶやいたりする。また、ラスト近くの美しい花火のシーンも象徴的だ。楽しげな三人のうしろ姿を、さめた眼で見つめながら則夫はこう独白する。

「冬の終りになると、和彦も直人も薫も、いなくなってしまう。来年の夏、ぼくは一人で、ここにいるんだ」

　他者を見つめ、自分を見つめ、そこからすべてを悟ってしまう力を持った者には、他の人間にはうかがい知れない辛さがある。則夫は、最も年の幼い者として、ほかの「少年」たちを見つめてきた。それは和彦を見つめる悠のまなざしとは違う。悠のまなざしは「自分」から離れていかない。硝子《がらす》板の上の人形たちを見る則夫のまなざしは「自分」さえも突き離し、観察の対象として見つめてしまうのだ。

こういった意味で則夫は逆に、「少年」たちの中で最も大人に近い。直人から「追い出したいのはお前だよ。うっとうしいよ」と拒絶され、夜の森にさまよい出した則夫。一晩中帰らず、だれもが悠の二の舞を案じた彼を救ったのは、傷ついた野ウサギを「ぼくみたいだ」と感じる客観性ではなかったろうか。

人に近づきたくても近づけない、うまく甘えるすべを知らない則夫。彼はどこかで、とても自然に、心のままに人を恋することのできた悠を、うらやんでいたのかもしれない。

2「ここは安全地帯だよ」――直人

そしてもう一人、少し離れたところから全てを見ている者がいる。直人だ。彼は和彦をひそかに想っている。だが、直人はその想いを口には出さず、悠の影に怯える和彦を見守るだけだ。それは、悠の和彦への想いとは対照的だ。

悠は痛々しいほど率直に、和彦への想いをあらわす。拒まれても拒まれても、「好きだ」という気持ちを隠さない。そんな悠が、直人の目にどう映っていたのかは、想像に難くない。

和彦がもう死んでしまった悠のことを語るとき、直人は「悠は人を憎むようなやつじゃ

なかったよ」と弁護はする。しかしそれは、いま生きているという強みがそうさせるのであって、仮に悠の長所は認めていたにしても、心からの弁護ではない。まして、悠はその死によって、「生きていた時以上の居場所を、和彦の中に占めてしまって」いる。生前の悠は和彦にうるさくつきまとい、ストレートに気持ちをぶつけ、直人をいらだたせた。悠が死んで邪魔者がいなくなったと思ったら、和彦は悠の死に囚われてしまって、今生きている直人のことよりも、悠や、悠にそっくりな薫のことのほうを気にかける。なぜ、生きている自分が、死んでしまってもういないはずの悠に負けてしまうのか。

夏休みを迎え、（則夫がやや余計だが）和彦の側にいられる時が増え、直人は彼に悠のことを忘れさせようと懸命に努力したことだろう。しかし、自分のために死んだ人間をそうやすやすと忘れ去ることができるだろうか。それでも、こう考えていたろう。もう、悠はいない。卒業まで、あと八か月ほどしかないけど、その間には、和彦もぼくの存在を少しづつ意識していくはずだ。（できれば、この夏休みが永久に続いて、ずっと和彦の側にいられればいいのに）だから大丈夫だ、と、ともすればあせりがちになる自分に、言い聞かせていたのではないだろうか。

薫が現れたのは、そんな時だった。

直人には、悪夢のような瞬間だったに違いない。実際、薫が登場した瞬間から、彼の悪夢は始まったのだ。和彦が悠を忘れられない以上、彼の目が薫を追うのは当然だ。案の定、なぜ悠の部屋へ薫を入れた、と不自然なほど激怒する和彦を目の当たりにして、直人自身も動揺する。

「大した問題じゃないさ、そんなこと」

自分自身を落ち着かせるためにも、直人はそうわめいたが、その言葉が真実ではないことは、よく解っていたはずだ。

　直人は、薫を静かに観察し始める。和彦が徐々に薫にひかれていくのをどうすることもできない彼に、できることはそれくらいしか残されていなかった。そして、直人もまた、則夫が直感した真実にいきつく。「そいつは、悠だ」と。

　直人は、これまでずっと傍観者で在り続けてきた。和彦を見ていた。想いを告げず、いつも和彦の側にいることや、せいぜい眠っている彼への密かなくちづけぐらいが、直人の意思表示のすべてだった。直人はきっと、今の和彦との関係を壊したくなかったのだ。学院を出たい、とつぶやく和彦に、直人は言う。

「ここは安全地帯だよ。壁は壊しても壊しても壁だらけさ。ぼくらにできるのは、多少いごこちのいい壁を、探すことぐらいだ」

そして和彦をかばい続ける直人が望んだことは、和彦のための「柔らかい壁になること」

（「シナリオ」一九八八年四月号74ｐ、下段15行目～岸田理生氏の第一稿脚本による。）

だった。

　しかし、薫が悠であることを知った時、直人は初めて行動を起こす。憑かれたように、彼は薫を追いつめていく。

　私は、このときの直人が好きだ。冷静さをかなぐり捨て、激情につき動かされるままに行動する彼がせつない。崖の上に薫を追いつめた時、ランプに照らされる狂おしい顔に、昏い美しささえ見てしまう。（これこそ恋する人間よね、って感動する私って、悪い子？）

　直人は悠の死を知ったとき、「哀れむより、喜んだよ」と言い放つ。「生きていた頃の

悠は、押しつけがましいほどの愛情で、和彦の自由を奪っていたからね。身勝手に愛して、いつも和彦の視線の先回りをして、なんとか見つめてもらおうと、うろつきまわっていたからね」なんて強烈な言葉だろう。これまで自分の感情を押し殺してきた直人の、嫉妬であり、裏返しの願望ではないか。

「君は、和彦を、独占したかったんだね」

薫にそう指摘され、

「そうさ。悠が死んで、和彦の目はぼくだけを見るようになり、ぼくだけにすがるようになり、ぼくはそのことを、どのくらい喜んだかわからないよ」

と認める直人は、今やっと自分の感情に正直になれた。

　和彦の自由を願うそぶりで、実は一番彼を束縛したいと願っていたのは自分だった、と。悠への嫉妬は、みずからが封じ込めていた欲望を、悠が素直にあらわしていたからだと。いや、もしかすると、「君を束縛しないよ」ということこそが、最大の束縛であるのかもしれない。

　こんなことを考えながら、直人は薫を崖に追いつめていったのかもしれない。自分が望む通りの結末を手にいれるために。

3「ぼくは飛ぶ。彼にむかって」――悠、薫、そして第三の少年

　さて、問題の「悠」である。本稿ではもう「悠＝薫」であることをばらしてしまっているので、そのことを前提として話を進めよう。別の解釈として、『薫はほんとは別人だっ

たけど、悠の話を聞いているうちに感情移入してしまった』『実は悠に憑依された』とか『双子の、根のクラい嫌がらせだった（おいおい）』など様々に考えられるが、物語を素直に受け取ることにしよう。では、鍵として一つの問題を設定する。

なぜ、悠は、一度「死」なければならなかったのだろうか。

和彦に復讐するため？ 和彦に振り向いてもらうため？ 和彦を自分のものにするため？ そのすべてがイエスだが、もっと本質的に（あるいは抽象的《いみありげ》に）いうと、生まれ変わるために死んだのだ。「悠」と「薫」の性格を比較してみればわかる。

「悠」はひたむきだった。自分の想いを隠さず、ナイーブすぎるほど和彦を好きだということに素直だった。和彦の冷たい仕打ちをなじることもなく、ただ全身で「好き」ということを表現していた。「薫」は、「悠」の化身だから和彦を当然恋しているはずだ。しかしそのことを素振りにも出さない。和彦をまるで問題にせず、「気に入らない」とさえ言い、事々に反抗する。

「惚れていてもらいたい人には冷たくしなきゃ」と松浦《りえこ》さんも書いているが、和彦のような、心を閉ざして逃げよう逃げようとする人間には、「悠」の態度は確かに逆効果だった。そのことは「悠」自身も気がついていたことだろうが、他に彼にどういう態度が取れるだろう。せめて和彦が他人を好きになることを知っていたら良かった。しかし恋愛感情が未発達な和彦には、他人の恋愛感情を受け入れることなど無理である。心というのは水面みたいなもので、激しくぶつかれば鋼鉄の塊のように堅くなる。「悠」が彼自身でありつづける限り、和彦は心をいっそう堅く閉ざすばかりだったろう。

だから「悠」は「薫」に生まれ変わらなければならなかった。則夫が良いことを言って

いる、「悠は、薫みたいになりたかったんだ。悠はひたむきで、とてもいい子だったけれど、もっとわがままに、もっと自由になりたかったんだよ」と。

和彦は、後に述べるが、「悠」の告白で確かに変わった。恋というものの存在を自覚したのだ。その和彦に「薫」は近づく。君を好きだと言って死んでいった「悠」の姿で。しかも、登場のタイミングが絶妙である。和彦が「悠」の遺書を湖に投げ、彼を意識から消し去ろうとした瞬間に、だ。そんなに簡単に人の想いは消せないよ、と言うかのように。（もっともこれは萩尾望都様《わたし、フリークなんです。》の「原作《トーマのしんぞう》」の功績だが。さすが望都様。）「薫」は、動揺する和彦の内心を、もちろん知っている。和彦の反応を観察しながら、彼を振り向かせるために行動する。わがまま放題行動するばかりではない。チョウを追いかけて和彦のところにやってきた「薫」は、「悠」であれば言えなかった、しかし和彦をおもっているからこそ言うことができる台詞を延々と吐く。

「君は誰も受け入れず、心に鎧を着ている。それはなぜ？」

映画の主役でいながらなにを考えているのかわかんないやつで、そのため影が薄かった和彦は、初めてこの場面で「薫」の問いかけに対して、心を開いていくのだ。このシーンは、森の中だ。そのうえ途中でバックが、明るい森から暗い森へと本当に唐突に変わる。森は、ユングの心理学では無意識の象徴だとかいうが、それでいくと、「薫」がついに和彦の心の奥へ踏み込んだ瞬間だと解釈できる。「だから、君は悠を憎んでいるんだね。直人の、兄さんぶって保護しているだけのようなその程度の愛なら君は居心地いいんだ。だけどそれ以上になると、傷つきたくないからヤマアラシのように体中に棘《とげ》を生やさせて、誰も近づけまいとするんだ」と。これ以上和彦の心理を読んだ言葉はない。

いってみれば、これは治療行為だ。和彦の、人に閉ざし続ける心を解きほぐす言葉で、だから痛い。和彦は動揺し、「薫」を殺そうとするが、「悠」にしたことの意味を知った彼にはもうできない。「薫」は成功したのだ。和彦には、「悠」の顔をした人間がもう一人いるということが救いになっている。取り返しがつく、という救いだ。だから和彦はそれにすがりつく。「悠」へのねじ曲げられていた恋が、「薫」に対して素直に向けられるのは、当たり前のことだ。

「薫」の計算通りだ。うまくいったことを悟り、「薫」は「悠」の顔をあらわにする。（アトリエで、和彦に抱かれながら彼をうかがう目。崖の上で「僕は悠だよ」と言い放つ時の表情。個人的に魅入られちゃいますねえ。……過去のトラウマと重なるんです……💧）そして和彦を永遠に自分一人のものにするために最後の仕上げにかかるのだが、結果として「悠＝薫」だけがいなくなってしまう。これは和彦のビルドゥンクス・ロマンといえる物語なので、和彦には和彦自身の仕上げが残されているからだ。

それが第三の、「悠でも薫でもない」少年だ。彼を「悠＝薫」の生まれ変わりだと解釈もできるが、私はそうは思わない。映画の冒頭、タイトル・クレジットが出る直前のシーンと、ラストで既視《デジャ・ヴュ》のように繰り返される、まるきり同じワンシーンを、もう一度注意して見くらべて欲しい。この二つのシーンに登場する少年は、同一人物だ。つまり、「悠でも薫でもない」第三の少年（仮にAとする）であって、遺書を捨てた直後の和彦に出会う「薫」とは違うのだ。

映画の初めと終りに登場する少年Aは、この映画そのものを夢見ているのだ。彼が本当に、直人が「新学期に転校生が来るってことは聞いてた」、その転校生なのだと思う。彼は夢の中で、私たちと同じように、和彦と「悠＝薫」と則夫や直人の物語を見たのである。彼は、その言葉通り、悠でも薫でもないが、和彦のことは良く知っているのだ。和彦の恋、和彦の苦しみ、和彦の変化。私たちが目撃したことを、すべて。

映画のファースト・シーン、悠は自殺に赴く直前、時計を止める。その行為は自分自身の時間を止めるという、自殺の象徴的な行為になっているとともに、映画の中の時間を特権化する —— 流れを止め、なんでも起こり得る時間にしてしまう —— 行為でもある。少年Aは、その時間をまたもとの現実に引き戻すのだ。何のために？

さて、ここから先は、和彦の領域だ。章を改めよう。

4「自分をさらけ出してしまうのが怖いんだ」 —— 和彦

死んだ悠に愛され、直人に愛され、（そのために則夫には嫌われているが）「みんなに愛されながら」だれの愛にも応えない和彦。悠の「こんなこと、よくないことなのかな……」という遠回しな想いの告白にも、和彦は「わからない」と口ごもるだけだ。「苦しい」と言いながらも和彦の目を真っ直ぐに見つめる悠に対して、彼は視線をそらし、後ずさることしかしない。「もう、話したりしないほうが、いいのかもしれない」と逃げてしまうのだ。その素振りからは、怯えている印象さえ受ける。

しかし、同じように想いをよせられているにもかかわらず、直人からは逃げようとしない。それどころかむしろ甘えるふうさえ見せる。夢を見て涙を流す彼を「また悲しい夢？」といたわる直人の腕に、「もう、忘れた」と言いながら触れたり、苦手なオムレツ（則夫が作った朝食。うーむ……ひょっとすると『僕が作れるのは、オムレツだけだから』というのはウソで、根のクライ嫌がらせかもしれない。あ、則夫の性格、好きですけどね）を直人に食べてもらったり、そんなときの和彦の笑顔は、実に素直なのだ。

　前章で述べたように和彦は「その程度の愛なら、居心地いい」のである。本質的に「和彦」な私は、全面的に彼の弁護にまわってしまいそうだが、あえて書くと、過度の愛情というものは、自己を侵害されるという危険な予感を与える。そしてその予感は、正しいのである。愛情の本質は、人間を変えるものだから。だれが好きこのんで自分を変えようなどと思うだろうか？　なんの切迫した動機もなしに、人は自ら変われるものじゃない。そして和彦は、切迫した状況にはなかったのだから。人を好きにもならず、友人に囲まれ、にこにことただ笑っていれば良かった。彼は、自分が壁の中にいることさえ気づいていなかったし、その必要もなかったのだ。つまり、彼は、子どもだった。

　その和彦を目覚めさせたのが悠の告白だった。自分が欲望するだけの（あれが欲しいの、ママ、買って、ってね）子どもではなく、他人から欲望される存在だったのだと始めて気がつく。異性からでも同性からでも、他人から欲望されるということの重さに変わりはないはずだが、「恋愛の対象としての異性」「友情の対象としての同性」という図式にはまっていれば、ひとまず欲望されることの重さには目をつぶっていられる。その公式から外れたとき、人はたじろぐ。そのように求められていることの意味を改めて見直すのは、大変勇気のいることだ。（いちど跳んじゃうと、楽だけどさっ）

　だから、目覚めたはずの和彦は、いっそう心を閉ざした。悠に対しては試みるように冷酷な仕打ちを繰り返し、直人には依存し続ける。うわべでは何も求めず、避難所だけを提

供してくれる直人は、混乱の渦中にある和彦にとっては願ってもない安全地帯だった。そして彼は自分の内側に閉じこもりつづける。保護したいという直人の願いは成功しているが、単にそれだけだ。（お前よお、それでいいのかぁ、って言いたくなるわよ。まったく子どもなんだから）

　しかしやがて、「悠」が自殺する。このとき一粒の種が和彦のうちに蒔《ま》かれたのだ。それを芽吹かせるために「薫」は来るのだ。事実、「薫」の登場で和彦の感情は徐々にほぐれる。和彦の意識が動き出す。

　そしてついに、和彦は「ここから出たい」と言う。「安全地帯だから、壊したくなる」と。子どものままではいられないのだ。安全地帯である動かない時間の中で、直人の腕の中でまどろんでいた和彦は、他人が心底自分を求めても、それに答えることができない子どもだった。しかし、もう違う。保護者＝直人の手を離れようとしているのだ。

　他人が自分を欲し、それに答えるということは、自分を根底から変えてしまうことでもある。自分をまるごと欲する相手は、自分をまるごと変えてしまうだけの力をもっているのだ。それを知っていた和彦は、だから無意識のうちに悠を拒んだ。しかし、それが引き金だった。この世には二つのものごとがある、一つはそれを体験しても何の変化ももたらさない事柄。もう一つは、体験したらもう決して元の自分には戻れない事柄。和彦にとって悠がそれだった。

　悠が和彦に想いを告白する前、彼と一緒に森の中を走る和彦の表情にはなんのかげりもない。走ることを楽しみ、友人と遊ぶことを楽しみ、今の自分を楽しむ子どもの表情だった。悠の気持ちを知り、和彦は変わった。彼は、悠が自分を変える、と知っていたのだ。

だからこそ彼を避けた。しかしその事がすでに変化の過程だということに和彦は気づいていなかった。避けるということは、十分に対象を意識しているということだ。悠を嫌い、追い詰めていたのは和彦だが、同時に彼は自分自身をも追い詰めていったのだ。

　悠が死んだから、和彦は彼を忘れられなくなった、と直人はかんがえたが、実は悠が告白した時点で、すでに直人の「負け」は決まっていたのだ。直人が求愛者としてではなく、保護者としての地位にいつづける以上。

　和彦が「ここから出たい」と言い出したのは、悠の夢を見た直後だった。悠が和彦の心に種をうえ、薫がそれを芽生えさせた。壁を破りたいと願っていた和彦は、初めは自分のそういう願望にさえ気付かなかっただろう。直人はもうある壁を破ってしまった人間だった。だからこそ、和彦の安全地帯になろうとした。しばらくはその望みはかなえられていた。

　しかし、薫が和彦の願望を顕在化させるために現れてからはすべてが崩れはじめたのだった。そして、「僕は、君が好きだよ」と薫（悠）に告白した瞬間、和彦にとって安全な壁だった直人の存在は無用のものとなるのである。しかし、壁を壊させた薫はそのとたん退場せざるを得なくなる。そして、素直に人を欲望すること、人に欲望されることを知った和彦の前に、「悠でも薫でもない」少年が現れる。おそらく、彼は和彦の、本当の意味での最初の恋の相手になるだろう。

5「世界がそれまでとは違って見えるようになった」――まとめ

　壁を破ってしまった和彦は、やっと自分の内面をさらけ出すことを知った。ラスト近く、残照に映える湖のほとりで直人と則夫を相手に語る和彦の話は、胸に迫る。「子供のころ、夕焼けを見て泣き出したことがあった……今でも僕はその日のことを夢に見る、ちょうどこんなふうな夕焼けだったよ」その事を和彦はそれまで何度も心の中に繰り返したことだろう。しかしどんな友人にも語ったことはなかったのだ。それが自分の内面に決定的に関わることだから。それを語ることは、自分をさらけ出すことだったから。和彦は、やっと自分自身を受け入れることができたのだ。それができなければ、他人を受け入れることなどできはしない。

　一番重いことを語れる和彦は、もう直人の「保護」を必要としない。肩にまわした直人の腕をするりと抜けて、彼は一人で湖畔に立つ。想いを真っ直ぐに受け止めることができる、と言う事はもしかすると心が鈍くなることかもしれない。しかし、人と人が出会い、少しも変わらない、受け入れない状態のままというよりは、少しでも変化していくことのほうが豊かなことではないだろうか。壊しても壊しても、壁だらけかもしれない。しかし、少しでも居心地のいい壁を見付けるためには、次々に多くの壁を壊してみることが大事なのだと思う。

　ラストシーン、悠でも薫でもない少年が学院にやってくる。直人の反応だけが描かれていないが、彼を案内する和彦のように、ボールを投げられてにっこり笑う則夫のように、彼もまた戸惑いながらも手を差し出すだろう。これまでまどろんでいた時間が動き始め、少年たちは目覚めていかなければならない。人を愛してつく傷も傷として、憎しみも憎しみとして丸ごと受け入れていかなければならない。その人が自分におよぼす変化のすべてを。それが人を受け入れるということであり、現実であり、愛するということだと思う。

風の吹き込む窓のカーテンがストップモーションになり、映画の中での時間は止まるが、その瞬間、虚構の時間が現実に解き放たれた。この先のストーリーを書くのは、私、そしてあなたたち自身だ。

則夫／水原理絵（深津絵里）

♪さびしがりやでーナマイキでェ（フフ）
にくらしいけどー好きなの♡
あーいつはあいつはカワイイ
としし－たの女のコ♪
と、思わず歌ってしまうほど、はっきし言ってイレこんでます。二本木専用印つけたい♡
……何といってもこのコは目よね♡ 和彦をキッ、とにらむまなざしなんか、ぞくっとしたぜ。（こわかったのよ）
それはそーと、このコだけKISSシーンがなかった……きっとさびしかったことでしょう。わはは。

直人／中野みゆき

中野氏は、某国営放送で「在原業平」をされた。（あっ♡ あたし、受信料払ってないのに、こんなコト書いちゃマズイわ）という話を小耳にはさんだ。（ははは）つくづく"男"に縁のあるやつ（意味がちょっとちがうけどね。一般的なのと）いやしかし、清水ミチコではないが、「よっ、この色男♡」である。作中、頼りがいありそう（イザという時の、あの素早い行動!!）だし、和彦なんかより、こっちがモテてしかるべきだと思うのは、私だけだろうか。
（おっ、古典♡）

まんがの中のホモセクシュアル考〈番外編〉

L COMICS あれこれ

To. A.H. & Y.H.
大事なご本を貸してくださってありがと♡

BY E.S

「スキャンダル・ムーンは夜の夢」

森川　久美

『レヴァンテの黒太子』所収（花とゆめコミックス・白泉社刊）

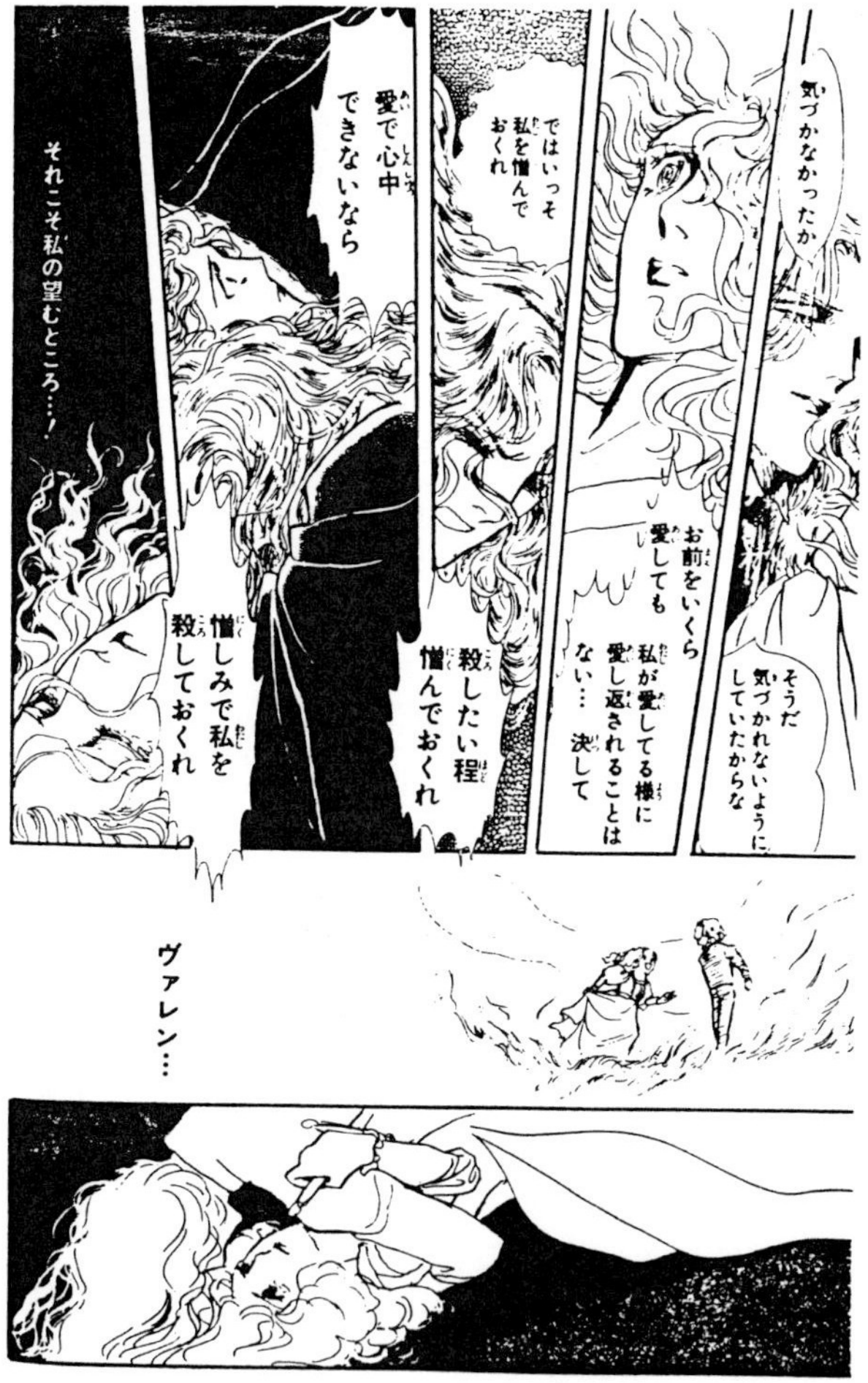

15世紀・水の都ヴェネチアの元首ヴァレンチーノ（実は男装の麗人ヴァレンチーナ）。そして金持ちの囲われ者ロマンツァ・カナーレ。幼なじみの二人。ロマンツァは裕福な家庭に生まれたが、一家を突然おそった不幸のために身を落とし、今は金持ちの男に囲われる境遇にあった。そんなロマンツァに苛むような言葉を次々に投げかけるヴァレンチーノ。ある時、ロマンツァはパオロという青年に恋をする。それを知ったヴァレンチーノは……。

スキャンダル・ムーンは夜の夢

他に以下の3編を収録。

＊「レヴァンテの黒太子」この物語の続編。兄弟の愛憎話。ちょっぴりゲイっぽい雰囲気です。

＊「宵ひ闇つづれ」歌舞伎の世界を舞台に、有名な役者を父に持つ異母姉弟の物語。才能を与えられながら、女ゆえにうとんじられ、晴れの舞台に立つことも許されない砂子の思いが胸を打つ秀作です。

＊「春宵曲」大正ロマン。オカマ（?）の花子さんと伊香保さんの、これはやっぱりゲイのお話でしょうねぇ。

この花ゆめコミックスは古本屋でしか手に入らないかも。But森川久美の個人全集の中に収録されていますので、こっちを探してみてください。

「ひぐらしの森」

内田善美

『ひぐらしの森』（ぶーけコミックス・集英社）所収

志生野が入学試験の雪の日に見かけた美しい少女。高校に入学した志生野はその少女・沙羅と同じクラスになる。沙羅の態度は不可解で志生野の心を悩ませる。夏休み沙羅の別荘を訪れた志生野はふたりの間に通いあうものを見つけて……。

二人の間に流れる感情を友情と解するも、同性愛と受け取るも読者次第といったところですが、たぶんこのふたつの感情はボーダーレスにつながっているのではないかな、そんなに差のないものではないかなと思わせる作品であります。

他に「時への航海誌」「雲の魔法よ風の船」「7月の城」を収録。内田さんのストーリーを文字にするのは難しいのでパス。人の心、人のふれあいを叙情的に描いてうまい人です。

ひぐらしの森

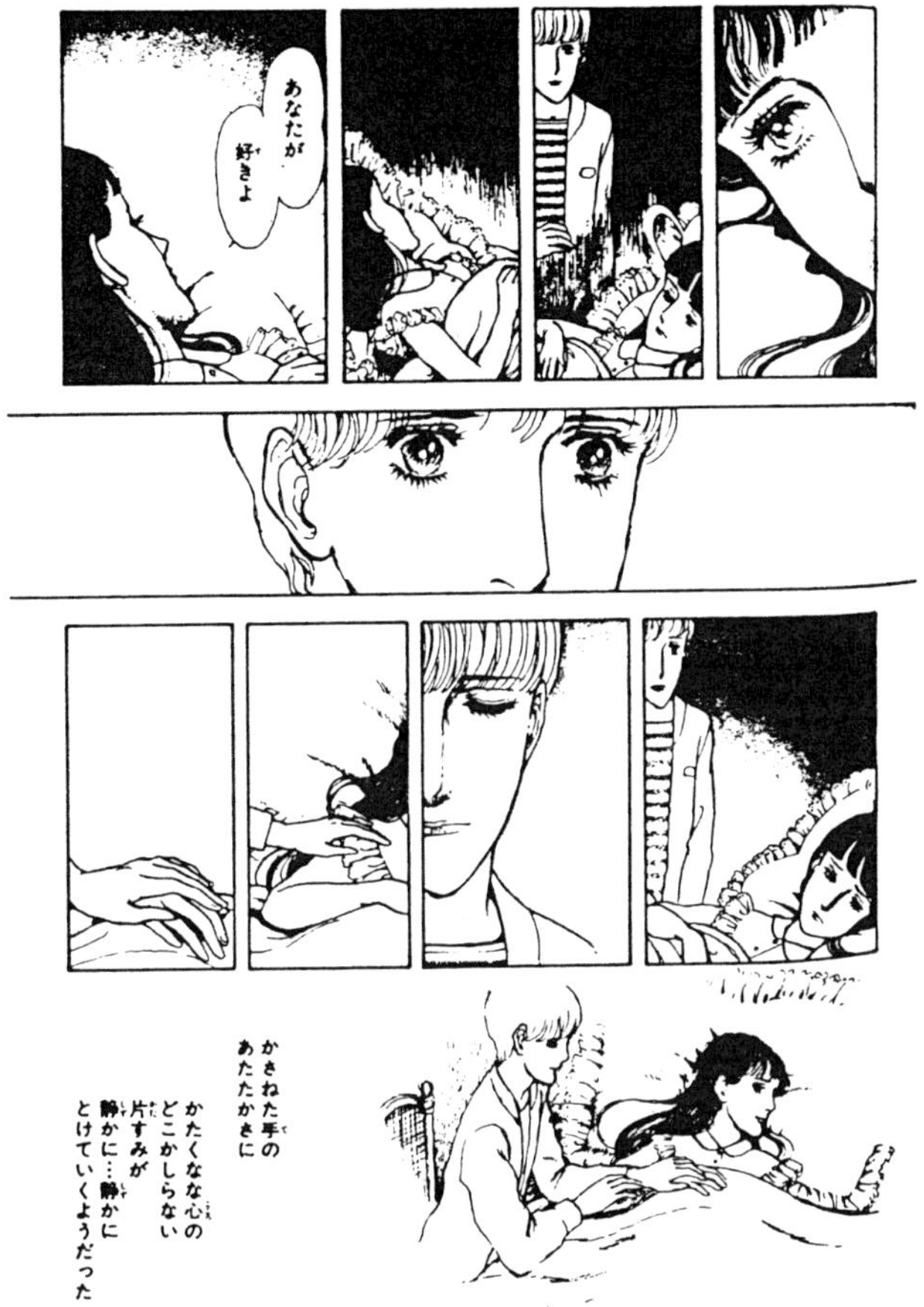

それにしても、「スキャンダル・ムーンは夜の夢」のヴァレンチーノにしても「ひぐらしの森」の沙羅にしても、なぜ好きなひとにいじわるをしてしまうんでしょう。そういえば、松浦理英子の小説「ナチュラルウーマン」も好きなのに傷つけあう二人というパターンだったな。レズビアンものにはなぜこのパターンが多いんでしょう？？？この心理が女の女たる由縁かしらん？でも男にも有るよな。十代の男の子が好きな女の子に好きといえずいじめちゃうパターン。つまりは子供っぽいのかしらん。それともこれを恋のかけひきというのでしょうか。うーん、私はもっと大人の甘い恋に憧れますが…。

『アプローズ——喝采——』　有𠮷京子

第Ⅰ部①～③　マーガレットコミックス（集英社）
第Ⅱ部①　ぶーけコミックス（集英社）

ベルギーの寄宿学校の寮で同室となった娑羅とシュナック。父の死によって学園を去らねばならないと決まった日、シュナックは娑羅に愛をうちあける。シュナックを求めながらも、突然の告白と接吻にとまどった娑羅はシュナックの愛を受けとめることができず、ただ狼狽する。その日からシュナックは娑羅に心の扉を固く閉ざしたまま学園から姿を消した。

数年後、ニューヨークでともに女優として再会したふたりは……。

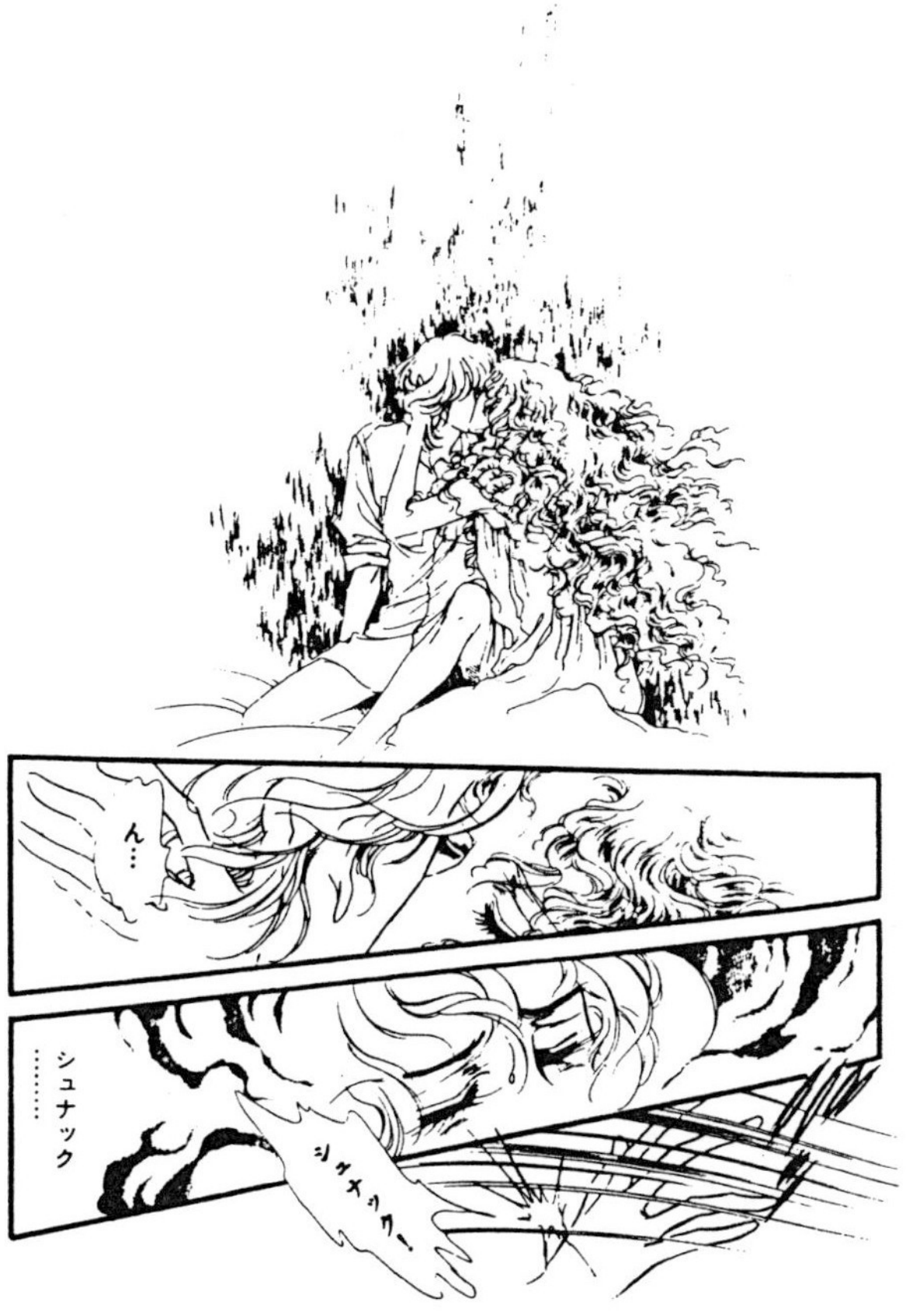

未完になっているのが、なんとも惜しい。完結をせつにのぞむものです。さすが、ストーリーテラーのベテランだけあって、読みごたえはあります。

この作品は新しく全編まとまって愛蔵版になって出ています。この愛蔵版ではこの未完の第Ⅱ部①の最後にＥＮＤマークがついていて、どうやら作者はこの続きを描くつもりはないようです。この同性愛テーマを深く掘り下げた上で、無難におさめることが難しいと悟ったのでしょうか。それとも雑誌社の漫倫コードにひっかかるテーマなのでしょうか。とても残念です。

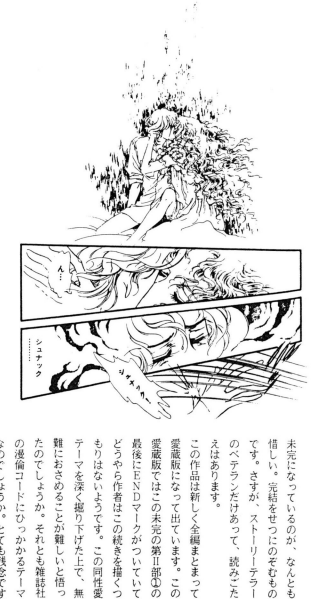

「クローディーヌ…！」

池田理代子

池田理代子全短編I『ウェディング・ドレス』所収

ある日、ひとりの少女が母親にともなわれ、精神科医である私のもとを訪れた。彼女の名はクローディーヌ。美しいブロンドと理知的なとび色の目を持ったその少女は兄たちと同じような服装をし、自分は男性なのだと主張する。初恋の少女モーラ、美しい図書館司書セシリア、彼女が恋するのはいつも女性だった。敬愛する父親の衝撃的な秘密。その最愛の父をおもいがけない悲惨な事件でなくしたクローディーヌはパリの大学へ。そこで運命の女性ミレーヌと出会い、ふたりは一時幸せな日々を送るのだが……。彼女を男として愛し続ける幼なじみのローズマリーをからめ、トランスセクシュアルの女性、クローディーヌの愛と悲劇を描いた物語。

ちょっぴりラドクリフ・ホールの小説「さびしさの泉」を髣髴とさせる物語です。こういうラストしかないのかと考えさせられてしまうものがありますね。レズビアンとひとくちにいってもこういうトランスセクシュアルの人たちは自分の性を素直に肯定できないところで、女たちとの連帯も持ちにくいし、逆に急進的なフェミニストの人たちからは男の価値観の具現者と責められたりして、非常に屈折せざるを得ない存在なのかもしれません。しかし、そういう人たちも、またクローゼットとならざるを得ない人たちもみなふくめてレズビアンなのだという、そのへんがレズビアン解放運動の難しいところかもしれませんね。だけど、こういう人たちを切り捨てて、解放運動の意義も成り立たないのではないかと思うのですが……。

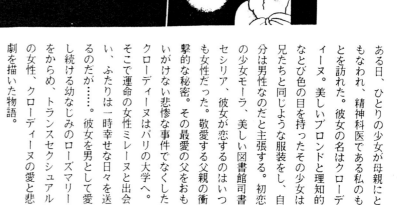

「午前4時〜」

松本充代

『健康不良の学生』（青林堂）

「彼女の愛だけで　私はここに居る
　だって私は　まともだし」

私はノーマルだ。ここからぬけ出さなきゃと思いながら、彼女との生活、彼女との性からぬけ出せない。彼女のせいで。

「こいびと」

松本充代

『お・あ・い・そ』（青林堂）

そういえば以前、言われたことはあるけれど……。

「のりこちゃんって男より女のほうが好きなんでしょ。」

「ウソよ　私　女嫌いよ　男好きよ」

「うそ」

本当に私は彼を好きだったのに……。でも……、彼女が気になる。私の目は彼女を追っている。

女同士?『やだー』『キタナーイ!!』『ヘンタイー!!』

彼女もそう思うかしら。

そんなある日、駅で酔っぱらった彼女に出会った。彼女の言葉に私は……。

松本充代のまんがはストーリーまんがというよりは、心象風景を綴ったエッセーのような味わいの作品で、私にもこんなことあったなとか、こういう気持ちわかるわというようなそんな作品です。これらの本は古本屋さんでしか手に入らないかも。

燃ゆる日

松本泉子

嵐のやうな心の歴史は
終焉《おは》つてしまつたもののやうに
そこから繰《たぐ》れる一つの緒もないもののやうに
燃ゆる日の彼方に睡る。
私は残る、亡骸として――
血を吐くやうなせつなさかなしさ

中原中也「夏」

一

その坂道をのぼりきって交差点を《彼》の家の方へ左に曲がって少し行ったところに酒屋があった。そこでデカンタを買って《彼》の家へ行くのが私のそれまでの習慣だったが、今日はお金も乏しかったし、もはや明確に分かたれてしまった季節を昔の習慣を繰り返すことで懐かしむようなまねはしたくなかったので、ワインを買うのはやめたのだった。それに私は《彼》への祝いの品を一応持っていた。その日はそれを渡してしまえば長居をする理由は何もなかった。「長居をする理由は何もない」というその思いに私は思わず苦笑した。それならば、いったいなぜ来たのか。またこれからもなぜ会い続けようとするのか。

私は《彼》との別れを永別としてではなく位置付けているはずだった。確かに恋は終わったかもしれない。しかし、私にとって《彼》はまた会うことのできる相手であり、それ以上に必要な友人であるはずだった。そういう机上の思考と、「長居をする理由は何もない」という一瞬の思いの矛盾が、私を苦笑させたのだった。いったい《彼》はどういうつもりで今日私を呼んだのだろうか。向こうだって永別とは思っていないのだ。では、なんと思っているのか。世間話でもしようというのか。私は自分の苦笑に苛立ちながら、かえって挑戦的に歩を早めた。

《彼》の部屋は家族のいる母屋とは別棟になっている。私が母屋のドアをノックすると、《彼》自身が窓から顔を出し、私は奥にいる《彼》の父にも聞こえるように挨拶をして、《彼》がサンダルをつっかけて出てくるのを待った。

《彼》の部屋はまたいくらか机の配置などが変わっていた。

ひととおりの挨拶をし、お祝いの品を渡してしまうと私はどうしていいかわからなくなったが、《彼》は以前と少しも変わらずに冗談を連発しながら紅茶を入れ、煙草をふかしていた。この部屋のすべてが私を回想へと誘わずにはいなかった。しかしそれを口にしたところでなんになるのだろう。

「会社はうまくいってる?」

「相変わらずだよ。たいしておもしろくもないけど、給料はまあまあいい線だし。だけど学校時代より物事をどんどん覚えるな。実際、知らなきゃならないことってのは、現場に出てみてようやく身につくんだよな」

私といたころ、《彼》は曲が出来るたびにギターで弾いて聞かせてくれたが、その数はそう多くはなかった。いわば《彼》のスランプの時代であり、いろいろなスタイルを摸索しながらも、うまくいかないことに悩んでいた。

「あたしといたころは、寡作だったわね」

「あの頃はひどかったよ。いろいろあったしさあ」

いろいろあったというその内容を私は漠然としか知らなかった。それは二年前、私と知りあったことで生じた人間関係のごたごたらしかったが、当然のことながら《彼》はそれを私になるべく気づかせまいとした。自分の過去のことははっきり話したが、その時のごたごたについては、ほとんどしゃべらなかった。それは《彼》の思いやりといってよいかもしれない。

《彼》には同棲していたこともある恋人がいた。ひとづてにその人と《彼》の間で、私が原因で深刻な葛藤があったことを聞いていたので、たぶんそのことだろうと思った。奇妙なことに私は、《彼》の恋人だったその人のレコードを二枚持っている。《彼》が私の家に持ってきて、二人で時々聴いたのだ。アダモが来日した時のライブのアルバムと、やはりジョルジュ・ムスタキが来日した時のライブのアルバムだ。一度、《彼》に返そうとしたことがあるが、持っていろと言われて、そのままになっている。

「あたし、あなたと別れた時に詩を三つばかり書いただけよ。あれから全然書いてないわ。どういうんだろ」

「才能がないんだろ」

「そりゃそうだけど。どうしてあの時あなたのことひっぱたいたのかしら。ごめんね」

「いやあ。ムカッとしたんでしょう」

「でも、あれで自分の気持ちにも区切りがついたわ。もう終わりなんだって納得できた」

私は《彼》を愛していなかった。しかし「満ち足りた幸福」の中にはいたような気がする。《彼》の前で私は恋される女であればよかった。恋される女であることが、私に幸福感をもたらしていたのだろうか。否、そうではあるまい。恋されるのみであるということはある種の精神にとっては、そんなにたやすいことではなかった。愛することが出来ないと私は言葉で思い込んでいたいたにすぎないのではないか。今、「満ち足りた幸福」と私がイメージする時、《彼》とのことを思い浮かべるのは、私が《彼》を愛していたからではないのか。また、私たちの間の亀裂が予感どおり、ひとりの女性、それも長いこと《彼》に思いをよせていた女性、の存在によって決定的となった時、それは今からまだ九ケ月ほどしかたっていない冬の日のことだったが、思わず私が《彼》をひっぱたいていたのは、私が《彼》を愛していたからではないのか。いや、それもわからぬ。あの「満ち足りた幸福」と私が思い浮かべる去年の夏のいくつもの思い出のなかでさえも、私たちふたりはどこか心にいらだちを持っていた。少なくとも私は何かにいらだっていた。その何かとは《彼》を愛せない自分自身ではなかっただろうか。この部屋で目を覚ました時、《彼》は「朝、僕のとなりに君が眠っているとすごく安心するんだよ」とぽつんと言ったことがある。そしてそんな日はいつまでも離れがたく、歌をうたったり、詩集を読みあったり、《彼》のギターを聞いたりして過ごしてしまうのだった。それが楽しくなかったわけではなく、それこそが私の「満ち足りた幸福」の日々だったのだが、そんな時でさえも、《彼》の愛の言葉に私は口ごもるだけで答えようとはしなった。答えることができず、そういう自分にいらだっているのが、敏感な《彼》に伝わらないはずがなかった。だから私たちの蜜月の時はあまりに短かった。秋になるとすでにもう私は別れを予感する詩句を書き連ねていた。破局が確実に近づいているのを、ふたりともが感じていながら、私たちはなす術を知らなかった。

では、なぜ愛してもいない人に抱かれるのかと他人は尋ねるだろうか。愛だけが女を男の腕にゆだねさせるのではないと言えば、私はそこいらの「人間の尊厳」諸氏の侮蔑と怒りを買うだろう。常識という名の度しがたい偏見から自由になれないそれらの人々の嘲笑を招き、やがて彼らは私のまちがった考えを矯正しようと試みるかもしれない。だが彼らに反論するのは簡単だ。結婚して十年もたった主婦たちを集めて、彼女らが自分の夫を心から愛しているかどうか問えばよい。彼女らのうちのどれだけが、なんのやましさも感じることなく、夫を愛していると明言出来るだろうか。浮気をする夫でも、多少酒飲みでも夫は自分や子どもの経済生活を支える貴重な存在だ。現在の結婚ですらそうなのだ。百年昔の女たちを考えて身震いもしないような「人間の尊厳」諸氏の御高説は聞く必要もない。

愛だけが女を男の腕にゆだねさせるのではない。だが私に功利の考え、たとえばこれで永久就職への可能性が一歩近づいたとか、オールド・ミスにならなくてすみそうだわとかいった考えがあったわけではもちろんなかった。それこそは「人間の尊

厳」諸氏にもよくよく認めてもらわなければならない。また性的な衝動だけで身をゆだねたわけでもなかった。それが全然ありませんでしたとは言わないけれど。

人間と人間が互いだけを見つめあった時、いや、《彼》と私が互いだけを見つめあっていた時、真実な心の交渉、そんな不器用な言葉しか今は見つからないが、何か信ずるに足るものがあったのだ。私はよく覚えている。この部屋に小さいワインを抱えて二度目に遊びに来た時、《彼》はいとも率直に「君を抱いてもいい？」と言った。それはもうふたりが知りあってから一年以上もたってからだったが、私にとっては初めての体験だった。私は黙っていた。着衣のままで《彼》は充分に優しく私を抱きしめて、

「僕はこんなにどきどきしている」と言った。

どうでもいいとふと私は思った。この人に同棲の経験があろうと、私たちがこの先一緒に住むことになろうとなるまいと、そんなことはどうでもいいと。過去や将来のことを考えるのも、愛について抽象的な省察をめぐらすのもむなしいと感じるような、なにか確実な人間の心の手触りが、《彼》の態度や言葉にはあった。私の気持ちは自然であった。

どうでもいいというのは、投げやりなのではなく、《彼》の過去とかお互いの将来とか以上に、その時の「今」に真実であったということだった。私は《彼》を必要としていたが、ついに愛さなかった。それが私たちの破局の本当の理由だったが、《彼》が私を抱きたいと言った時、私は愛したいと強く望んでいた。愛せるかもしれないという、あれはひとつの賭けであったのだろうか。

「なに、黙っちゃって。ほら、ジャニー・ギターやってる」

いつのまにか《彼》はＦＭのスイッチをひねっていた。私たちには思い出深い曲だった。

《彼》が好きだというので、私はレコードを買ったし、《彼》自身もよく弾いてくれた。なにもかもがまだ生々しい思い出だった。過去に触れれば思い出が揺れ、現在に触れれば寂しさが悔いを呼んだ。だが、この部屋のどこを見ても、「私といたころは」と思い、《彼》の友だちに話題を移しても、必ず「あのころは」という言葉が出てきてしまうのは、仕方のないことだった。まず難のない話題といえば皮肉なことに音楽と詩の話だったが、それとてもお互いの感性をむき出しにすることは憚れた。私はまた自然と回想の中に沈んでしまった。

今年もらった《彼》の年賀状の「躰を大切に一生懸命に生きようね」という言葉。たったこれだけの言葉に私は悲しい感覚で胸をつかれたように思った。私が限りなく《彼》を傷つけたことを再びかみしめなければならなかった。私が《彼》とつきあい始めた頃、私はあなたを変えてしまうだろうと言った。その予言は不幸な形で的中した。「会心の作が出来たら作曲なん

てやめちまうよ」と言っていた、なにかとカッコつけたがる人を、「一生懸命に生きようね」と言わせるまでに変えてしまった。お互いだけを見つめあう場で、建前や体裁の良さは捨てなければどうしようもなくなった。おそらく《彼》のように女にちやほやされてきた人にとって、自分が愛する女から愛されていないという事実は驚くべき屈辱だったに違いない。

　だが、《彼》は寛容にも私を許していた。《彼》が涙を流すたびに、私はかえって冷然となって自己を主張した。苛立ちが潜在化していた蜜月のあとは泥沼だった。その頃私が書いていた詩はたとえば次のようなものだった。

　苛立ちが来る場所を知らないで
　こぼれた言葉の端々に
　愛の絵の具を塗りつける
　もうたくさんだ

　呼きかけた季節はずれの花よ　散れ
　おまえは時を忘れたのかと
　悲しく風が叫んでいる

　　踏みつけられた花びらに　誰が
　　優しい視線など　おくるだろうか

　　一粒の幻覚剤に
　　己れの未来をたくす者など
　　居はしない

　たくしたものは己れの過去か
　消すことができないならば
　残った片目で見つめてやるだけ

　もはや《彼》と共に過ごす時間も私にとって一粒の幻覚剤にすぎなくなっていた。幻覚剤のさめたあとには激しい吐き気と頭痛が襲ってきて、いっそう私を惨めにするだけだった。《彼》は私のピリピリした言葉に疲れ、私はもっと彼を傷つけてやりたいという狂暴な願望を押さえつけるのにせいいっぱいだった。なんと私は小さな野獣だったことか。

「愛するってどういうこと?」

唐突にたどたどしく私は《彼》に尋ねていた。

「僕はこのごろ、そんな事考えないんだ。ただ毎日の生活の中でフィットしていけばいいんじゃないか」

「生活って?」

「こういうふうに話すことも含めて、生きていることの全体が生活だと思うけどな」


　ゆっくりと煙草をくゆらしながら《彼》はそう言った。はじめて話した時のパイプを今日の《彼》は持っていない。セブンスターをパイプで吸うなんて奇妙な人だと、あの時私は思ってそう言った。「この味がなんだか好きなんですよ」と《彼》は答えた。あの頃に比べてずいぶんヘビー・スモーカーになっている。

「いつ、あの白いパイプやめたんだっけ?」

「ああ、フィルター?　去年の夏の今頃だったんじゃなかったかな」

「ねぇ、変なこと聞くけど、今のあなた、あたしとフィットしているの?」

　きょとんとしたように私を見つめて、

「俺は適合せざるを得なかったのよ。おバカさん。君がフィットしていないんなら、今日は帰ったっていいよ。まぁ、ちょっと煙草買って来るから……」

と笑いながら、外へ出ていった。

　私はひとりになって、ぼんやり時計を見た。三時四十分だった。ここに来てから、やっと一時間半くらいたったところだった。緊張していつもよりひどく時間がたつのが遅いような気がした。こんなことはかつてのあの「満ち足りた幸福」の日々には決して無かったことだ。

　帰りたくなっていたが、いちばん聞きたいことをまだ《彼》に尋ねていない。なるべくさりげなく、気がなさそうに見せたかった。それは私たちが別れる直接の原因になった女性のことだった。今もつきあっているのだろうか。ひとづてに一緒に住むと聞いていたが、それらしい様子も見えない。どうなのだろうか。出来事だけを見れば、《彼》はかつての恋人と別れて、私と恋愛し、その私とも別れてもうひとりの女性と恋愛関係にあるという。ひどく気ままでふしだらな人のように思えるだろう。しかし私の思い上がりにすぎないのかもしれないが、私は他のふたりとは違う愛され方をしたと考えたかった。

　私は《彼》の魂の上にあのふたりとは画然と分かたれた足跡を残したのだと思いたかった。

「一生懸命に生きようね」という言葉を引き出したのは、他の誰でもない、この私であるはずだった。過去をそのように意味づけるのでなければ、《彼》にとって私が何であったか、また現在の私が何でありえるのかということが、私には全く不可解だった。私は《彼》の過去帳にとどめられる遍歴された女のひとりにすぎないのだろうか。

　《彼》がハイライトを二箱持って戻って来た。私は反射的に立ち上がってしまっていた。さりげなく尋ねるどころではなかった。

「〇〇さん、元気なの?」

「ああ、ほとんど毎日来るよ。彼女といずれ一緒になるつもりだ。学校の帰りにたいていここに来て僕を待っている。沢井は君と反対だよ。僕を独占することを恐れない」

「あたし、あなたを独占することが怖かったんじゃないわ。そんなふうに思わないで。そもそも独占したいって気持ち自体が沸かない性質なのよ」「自分も自由でいたいから、他人も束縛しないと言えば、そりゃ、聞こえはいいさ。でもそれはそんなに好きじゃないってことの裏の表現にすぎないんじゃないか」


「違うわ、絶対」

「同じことだよ。好きならば嫉妬だって感じるのが当然だ。実際、君は僕が彼女と旅行したって言った時、僕をひっぱたいたじゃないか。君の言ってるのはきれい事だよ。人間の感情の事実に即していない」

「〇〇さんに嫉妬してなんかいないわ」

「今じゃない、あの時だ」

「わからない。自分が馬鹿だったと思ったのよ。あなたの愛を信じ過ぎていたことが」

　私の言っていることは混乱していた。

「僕は鉄人じゃない。君を愛しても心のどこかが虚しかった。君は決して僕を愛してくれようとしなかった」

「愛そうとはしたわ。でも出来なかった」

「なぜだ」

「あなたがあたしを愛しすぎていたから」

「自分勝手な天邪鬼だよ。そんな抽象的な愛の観念なんか振りまわすのはやめろ。もっと素朴なところにどうして戻らないんだ」

「もうやめて。あなたの言う通りよ」

　私は《彼》の部屋を飛び出した。むせび泣きながら一気に交差点まで走った。

　私鉄の駅へ続く坂道。この坂をひとりで降りたことなどなかった。いつも《彼》が傍らにいた。私が《彼》を平手打ちしたあの日さえも。

　今日、まるで初めて見るかのように、炎天に光りながら道は漠然と白く延びていた。粒子の粗いモノクロの映像の中に吸い込まれていくように、私はゆっくり歩いた。一歩ごとに脳髄が無数の小片に分解されていくような鈍い執拗な痛みを感じながら。ひび割れた脳髄の小片の隙間が次第に広がり、闇が私を侵食していた。

三

　半病人のていで自宅に戻った私は、小一時間もベッドに倒れ込んで身動きもせず、うずくまっていた。窓は外出した時のまま、ぴったり締めきってあったが、暑さを感じる余裕も私にはなかった。


「抽象的な愛の観念なんか振りまわすのはやめろ」

《彼》の鋭い声がいつまでも反響していた。しかし、事実をもっともよく知っていたのは《彼》自身ではなかったか。

　繰り返し囁かれる愛の言葉に私は終始沈黙を守った。いや一度だけ悲しく熱い儀式のさなかに私は「好きよ」と言った。《彼》は投げやりに「嘘だ」と叫んで私の胸に顔を伏せたが、私の喉は詰まって何の言葉も出ず、ただ空しく《彼》の肩を抱いた腕に僅かに力を加えただけだった。

　ああ、あの燃ゆる日にいったいどんな観念の入り込む隙があったというのだろう。私の示し得たのは、愛することへの代償としての僅かな優しさのみであった。あれらは決して「満たされた幸福」日々などではなかった。《彼》に出会う前の、何かに追われるような息苦しく怯えた日々と比べて、それが最初はいくらか生き易い日々だったからといって……。私に対しての何の敵意も抱いていない他者、それどころか、私のどんな小さな微笑やふともらす自嘲にも全ての神経を集めて見つめていた他者、それが《彼》であった。

　恋する者の心の動きは明快で単純だ。しばしばの短い手紙、贈り物、楽しませようとする細かい、けれども少しばかり不器用な配慮、そして相手に映る自分の姿を怖がりながらもなんとか見極めようとする目。私は最初、それらを恋の映画でも眺めるように楽しんでいた。しかしいつまでも、誰にでも等質なものが続くわけではない。決まりきった甘い美しいおもちゃのようなお菓子も、人間の深部に近づくにつれ、様々な個人の性格や情緒や思惟の差をあらわす。もはや《彼》が眺めて楽しむような遠くにいる他者ではなくなったのは当然だ。

《彼》の動揺、苦痛や喜びや退屈でさえも、私の心象の大画面いっぱいに広がり息づく。ついには《彼》自身の輪郭すら定かに見えぬほどに近づく。お互いはお互いの本当の姿を見ようとする。だが、わかりはしないということだけがわかってくる。なぜ《彼》が必要なのか。私は青い空の下に広がる花々の咲き乱れる野原を夢見ていた。

《彼》は私の父であり、母であった。私が私であることだけによって、私は愛され慈しまれていた。私が最も憎み嫌っているこの私自身であることによって。いつまでも、その花々が咲きほこり、柔らかな陽ざしがそそぐ広い草原にどんなにふたりだけでいたかったことか。《彼》の裸体は力強く美しくその陽ざしの中で輝き、私を生命で満たしていた。どうしてそれが永遠に続くことを夢見ないことがあろう。だが、その絵はその画面の中に自らを突き崩してしまう要素を持っていた。

——私だった。私がいることだった。

　私は《彼》を愛さなかった。私には私自身を愛することができなかったから。この苛立ちをなぜもっと別の形でふたりの手に取ることが出来なかったのだろう。静かにこの苛立ちをふたりの手で秋空に葬ってしまうことができなかったのだろう。
もはやすべてが遅い。いずれこんな悔いに辿りつかねばならないのだということを、私は以前から知っていたように思う。私は自らの意志で《彼》の胸に飛び込んだのと同様に、自らの意志で《彼》から離れねばならなかった。いや、まだあの時も決して離れたいと積極的に望んだわけではない。もし私たちのうちどちらかが、もう少しでも忍耐強かったならば……。私は《彼》が私にとって、心理療法家であることを望んでいたのだろうか。私のうちに自らを愛する力と信頼する力を呼びさまして欲しかったのだろうか。そうだとも言える。今、私はひとりだ。今もあの燃ゆる日々と同じように私はひとりなのだ。
《彼》は援助者ではあり得たかもしれない。だが、私は私自身の足によってのみ、私の歩行を進めることが出来るのだ。失ったものについて語ることはむなしいだろうか。未だ至らぬものについて語ることはむなしいだろうか。もしも虚しいのなら「嵐のやうな心の歴史は……燃ゆる日の彼方に」永遠に睡り続けるであろう。そして私は亡骸となって残るだろう。

雑感

この小説を書いたときと現在との間には約十七年の開きがある。そのころ、彼女を彼としか書けなかった私は自分の恋のあり様を肯定できてはいなかった。彼は彼女なのだ。たとえ私が彼としかあのとき書けなかったとしても。女は女なのだ。女は女以外のなにものでもない。そして私は女である彼女を愛した。彼と書きながら彼女を愛した。四年前の私の引っ越しの際、連絡の不備で消息がつかめなくなった彼女を私は今も探している。未熟なわかがきながら愛着をもってあのときの彼のままの表記でここに発表するものである。

「レズビアン」である、ということ

掛札悠子

河出書房新社（定価／1300円）

愛とは？　結婚とは？　家族とは？

現在、大きく変わりつつある日本社会において、私たちは私たちの生き方をもう一度問い直す時にきてはいないだろうか。

レズビアンである、ということ。つまり、この社会で「女」であると同時に、「同性愛者」でもあるということ。この社会で「男」ではなく、また、「異性愛者」でもないということ。それはラディカルな「問い」である。

日常、意識することすらない多くの「ごくあたりまえのこと」は、この社会で生きる一人のレズビアンという立場から見た時にどう見え、どれほど「あたりまえ」でなくなるだろうか？

「レズビアン」という新たな問いを手に入れた時、私たちは、目に映るものや自分をとりまく人々との関係が昨日とはまるで違って見えることに気がつくだろう。

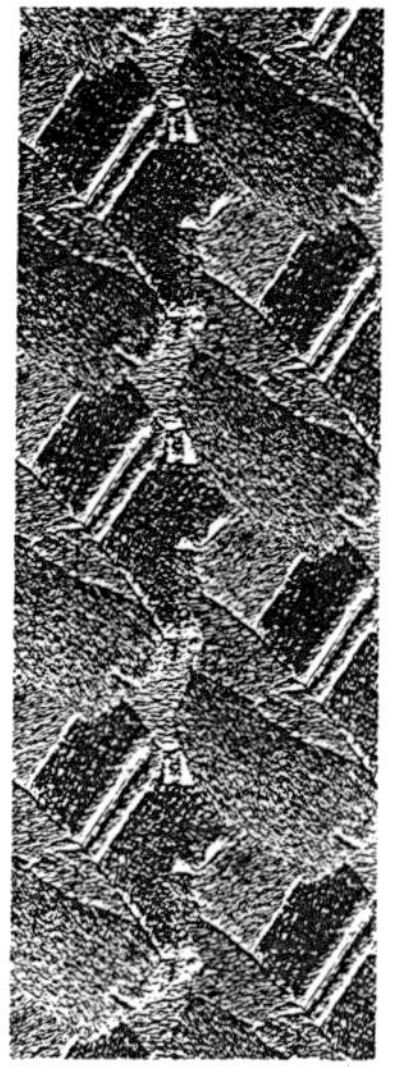

一読の価値ありの書。ただ、この本が著者の自己確認のための書であるため、言葉を費やしすぎて、行きつ戻りつ論を繰り返し、まどろっこしく感じる部分もある。

この本の中で私の印象に特に残ったのは「フェミニズムの誤解」についての記述である。私がフェミニズムについて抱いていた懐疑的な部分にズバリ斬りこんでくれていると感じた。「レズビアン」という語に思想はない、「レズビアン」とは何を指すのか、……と。「レズビアン」は何らかの共通の思想に従って生きてはいない。あるのは女でありながら女を好きになるという事実、その一点だけである。何らかの思想に基づいて女を好きになるのではない。それは情念によってであろう。あるレズビアンにとって確かにフェミニズムは己れを肯定するのに有効な思想であるかもしれない。だが、フェミニズムはそれ以上にマジョリティ（多数派）であるヘテロセクシュアル（異性愛）の女たちにとってこそ有効な思想でなければならないであろう。レズビアンはフェミニズムの理想態ではないはずだ。しかし、異性愛の女たちの中にも必ず存在しているはずの「女を愛する心」はフェミニズムにとって有効な鍵となるに違いない。だが、この本の中の「女と女」の可能性の章はちょっと美化しすぎ、理想化しすぎとも感じられた。たしかに、「女と女」の可能性は私も多いに認めるものであるけれど、すべての女との間に素晴らしい可能性に満ちた関係を築くことができるかどうかは疑問である。「女と女」を理想的に捉えたい気持ちはわかるが、「フェミニズムの誤解」と同じ罠にはまらないように願う。　（E・T）

シタールの調べに寄せて

岸　黎子

ほら、眼をとじてごらん
シタールの音と共に
海が見えるでしょ
　波が寄せ、波が引く
うねって、怒っているように
うねりが大きくなればなるほど
私たちの抱擁は強くなる

シタールの音と共に
クルーの丘が見えるでしょ
　遠くに見える白いヒマラヤ
堂々として、雲の中に消える
※
不思議なキリスト教と仏教の混在した
　ニコライ・ローリッヒの絵
クルーからマナリへのりんご畑

私たち、あのとき強かった

※トランスヒマラヤ密教

ボルドーにて

岸　黎子

夏の終わり
私はボルドーの海辺に座っていた
夕日がしずみはじめたとき
静けさをやぶってヘリコプターの音がした
海辺にいた数人が走り寄った

その女が海辺を歩いているとき
私たちの眼が合って、手をふり合った
私も迷っていたのに、若い女が逝くなんて
私は、向こうにむかって合掌をし、
炎の海を見ていた

宿への帰り道
ぶどう畑は、鉄錆色になっていた
この果液が血の色になるのだ
暗闇のぶどう畑で、迷い子になったように泣きながら、
あっちにぶつかり、こっちにぶつかり、不安におののき

裸足の足が凍結し、動けなくなった
月までが赤く光っていた

しばらくすると、赤の幻視は消え
月の光りで、道を見つけて動き出した

ワインの真紅はあのとき失った大量の血だった
でも傷は癒えない

そう！もう二〇〇〇年も前からボルドーは
ワインに浮かぶ街だった
市の近くで合流する二つの大河は、
世界中にワインを送り出してきたのだと、
土地の人は語った

その頃から私を蝕んでいた病いが
始まっていたのだろうか

水無月 怜

Dance!Dance!Dance!

劇評「カムアウト」

松本泉子

舞台には迫力があり、感動させられる場面も多々あった。それにはまず坂手洋二氏の脚本のたくみさと演出力を認めぬわけにはいかない。第三十五回岸田戯曲賞に前作「ブレスレス」が輝いたのもうなづける。脚本が非常によく練れており、登場人物も見事に造形化されていた。たくさんの登場人物の動きもよく計算されていて、繁雑さを感じさせない。

幕明けにライトと共に、半裸身の女性が中央に浮かび上がってきたときには、ああこれもまたポルノチックな男向けの解釈をされたレズビアン像にすぎないのではないのかと思ってがっかりしたが、そうではなかった。生きた人間としてのレズビアン像が描かれていた。脚本でひとりひとり、生き生きと人物像が創造されているのが、女優陣の好演をひきだしている。

私は初演、再演と続けて見たが、脚本も改訂され、役者たちの演技の掘り下げかたもずっとていねいに深くなったように感じられた。今後の再々演もさらに期待したい。登場する女性たちはオーディションで決められているそうだ。舞台で本当のレズビアンがこれを演じたらさらにいっそう良くなるに違いない。原作は而立書房で「ブレスレス・カムアウト」と二つの戯曲が一冊にまとめられているのですぐ手にはいる。一読をおすすめしたい。

版元　而立書房「ブレスレス・カムアウト」
千代田区猿楽町二丁目四番二号
振替・東京9－17456７
☎　03－3291－5589

以下は而立書房「ブレスレス・カムアウト」のあとがきから引用紹介

カムアウトに向かう現場

「カムアウト」という言葉を知ったのは、『タイムズ・オブ・ハーヴェイ・ミルク』という映画の中でだった。殺されたゲイの市政委員ハーヴェイ・ミルク氏についてのドキュメンタリーである。この映画の内容に説得力があるのは、特定の弱者＝被抑圧者が差別に抗して戦う、という図式ではなく、あらゆる人間の不自由さを解放するためのたたかい、と読めるからだろう。

なにより、「カムアウト」というコトバにひかれた。そのきっぱりとした響きがよかった。「カムアウト」とは、自己のセクシャリティーを告白する行為のことがそう呼ばれているのだが、そうした自己開示というものについていろいろと考えさせられた。「告白する」という意味からさらに一歩進んだところで、被抑圧から解放への、めまぐるしい転換のマジックがイメージされている。

おそらくは、「カムアウト」することによって初めて、彼ないし彼女は同性愛者としての自己を「誕生」させたのだ。つまり告白することでほんとうになる。ほんとうになるというのはこの場合、他者との関係を通しての実感を得るということである。その瞬間、彼ないし彼女たちは自分自身を丸裸にする。他者＝世界に対して敢えて徒手空拳になってみせるのだ。

セクシャリティーについて「カムアウト」しようとする人間が相手にするのは、たんなる性差別だけではなく、「性」そのものを規定することを内包した、この世界の「人間」という概念、そしてその恣意的な「自然性」なのだと私は理解している。「自然性」とは、大雑把に言えば、あらゆる世の中のことはあるべくしてあるのだという、保守的なフィクションを支えるトートロジー（同義反復、自家撞着）のことである。

高度（情報）資本主義の世界では、「性」そのものもまた、トートロジーの構図に嵌め込まれざるを得ない。今や、横行するトートロジーを疑わせない根拠として使われている種類の言説、保守的なフィクションのひとつとして、「性」という神話は存在させられているのかもしれない。しかし「性」があるから官能があるというのなら、人間は結局概念としての「性」の下僕であると敗北宣言しているようなものではないか。結局のところ同性愛者たちが「性」について不自由だというのなら、「普

通の」ヘテロ（異性愛者）もまた、大いに不自由な約束ごとに従った「性」の持ち主である。両者ともに、「性」に囚われた存在であることじたいに、何の変わりもない。

そして、囚われた存在という意味でいえば、演劇が演劇であることをあらかじめ許されているかの如く振る舞う者は、ままある世界によって措定された、システムの補完物としての「演劇」を生きさせられているにすぎないのではないかということになる。

私たちがそうしたトートロジーの構図に立ち向かわねばならないとしたら、演劇という行為もまた、れっきとした「カムアウト」でなければならない。つまり「カムアウト」することによって本人が内面の制度を解き放ち、新たに自己を「誕生」させるという構造が、今、辛うじて演劇的だと思われるヴィジョンに重なってくるように思われるのだ。

では、「カムアウト」に向かう演劇とはなにか。

私が勝手な興味で「カムアウト」という行為を引き合いに出したのは、一つには、そうして「カムアウトしあう」という相互の関係を経ることで、「カムアウトする『私』」は、「カムアウトしあうことが可能な『私たち』」という、複数の一人称を獲得することができるのではないかということに思い当たったからだ。

もう一つは、「カムアウト」した人たちは、「カムアウト」した（「カムアウト」し得る）存在として、日々を自覚的に生きねばならないということである。カムアウトは結論ではない。開かれた関係を生きるためのスタートラインに過ぎないのだ。彼女たちは日々、相互の関係を洗い直し、自己と他者のありようの内実を獲得せねばならない。

そうしたことは、私たちが舞台に向かうときに取るべき手続きと、共通したものがあるのではないだろうか。

まず、我々は舞台上に自己を実現させねばならない。舞台上では行われたことだけが生きている。真実である。「本当はこう思っているんだけど」「こういうつもりでやっているんだけど」ということは通用しない。「思う」「生きる」ということをどのような形にせよ、実体化させねばならない、相手

に通じなければ、関係として勝ち取らなければ、無である。死んでいるのに等しい。逆に言えば何かをやろうとするのではなく、ただ関係の中を生きればいいのである。まったくの徒手空拳でいいのである。そして徒手空拳であればこそ、次の瞬間にどのような行動を起こすかについて、無限の可能性を勝ち取ることができるのだ。

そして、「私」と、同じ舞台に立っている「私たち」が、いかに出会うことができるか、それも私たちが舞台に向かうとき、常に直面する課題だ。「私」と「私たち」の間の距離は、「私」と「あなた」の間の距離よりも、おそらく遠い。

〈関係〉とは、常に誤解と仮説の上に立っているのかもしれない。しかし他者に出会うことなしに「私」はない。この構図には逃げ道はない。「私」を発見してしまった以上は〈関係〉に立ち向かうしかないのだ。

そういう意味で『カムアウト』は、私にとって、振り出しに戻るための芝居だ。そして、自己と他者の間を埋めるための仮説として、たとえば「私はあなたが好きです」というような、最短距離の関係とコトバを再生する試み、「私」が「私たち」という一人称を勝ち取るための試みでもあるのだ。

（『すばる』九一年三月号）

それがなんぼのもんや？

セロリ

小説家出身のある有名な政治家が代議士に当選したときの話である。

彼はスキャンダルを恐れて、長いこと愛人だった女と別れた。いわゆる「身辺整理」をしたのである。女はまだ四十代の若さだったが、別れのつらさに耐えきれずボケてしまった。医者は「若年性健忘症」と診断した。

「あまりつらいことがあると、人間って何もかも忘れてしまいたくなるものなのよね。人間ってほんとうに弱い生きものだと思ったわ」

この話をしてくれた年長の友人はわたしにそう言った。

女がボケたのは心の防衛規制が働いたせいだろう。あまりに苛酷な現実に出くわすと身がもたない。そこで「これはうそだ」と思おうとする。ところがどんなに時間がたってもいっこうに現実は目の前から消え去らない。現実が消えないのなら、いっそ自分が消えてしまおう。二者択一の悲しい選択だ。それは自殺という姿をとったり、記憶喪失という形になったりする。そのまま石と化す人もいる。どれも現実から身を隠してしまいたいという欲求の表れだ。

どんな人の一生も「不条理」というものからまったく無縁ではありえない。晴天の霹靂というか、こんなことがあっていいはずがないというか、あんまり驚いてことばにならないというか、もう何も信じられないというか、ビックリマークが！！！！！：：：：とつづき、あとは絶句しかない。長い人生、そんな時が一度や二度はあるものだ。おめでたつづきではありがたさも半減するだろう。

去年わたしはよく大阪へ遊びに行った。そのとき実にひんぱんに耳にしたのが「それがなんぼのもんや？」ということばだった。他人をこばかにしたところがありながら、どうも怒る気にならない不思議なことばだった。東京弁で―それにどれだけの値打ちがあるのか？―と真正面から言われたら「なに？」と目をむきたくなるのに、このことばにはそうした一本気なかたくなさを腰くだけにしてしまうところがある。どんなたいそうな思想も、どんなつらい経験も軽くいなしてしまう。言われた本人もテレくさくなって「それもそうやね」と答えてしまう、そんなところがある。わたしはすっかりこのことばのファンになった。

このことばの奥にあるのは、いいかげんさなんかではない。げんなりするような現実をたくましく生き抜く人間のせいいっぱいの強がりだ。強がりはプライドの前提条件。そして、プライドこそ人の生き残る支えとなる。

あの女の人も「それがなんぼのもんや？」と言ってやればよかった。どうせ別れるんなら、そう言ってやればよかった。

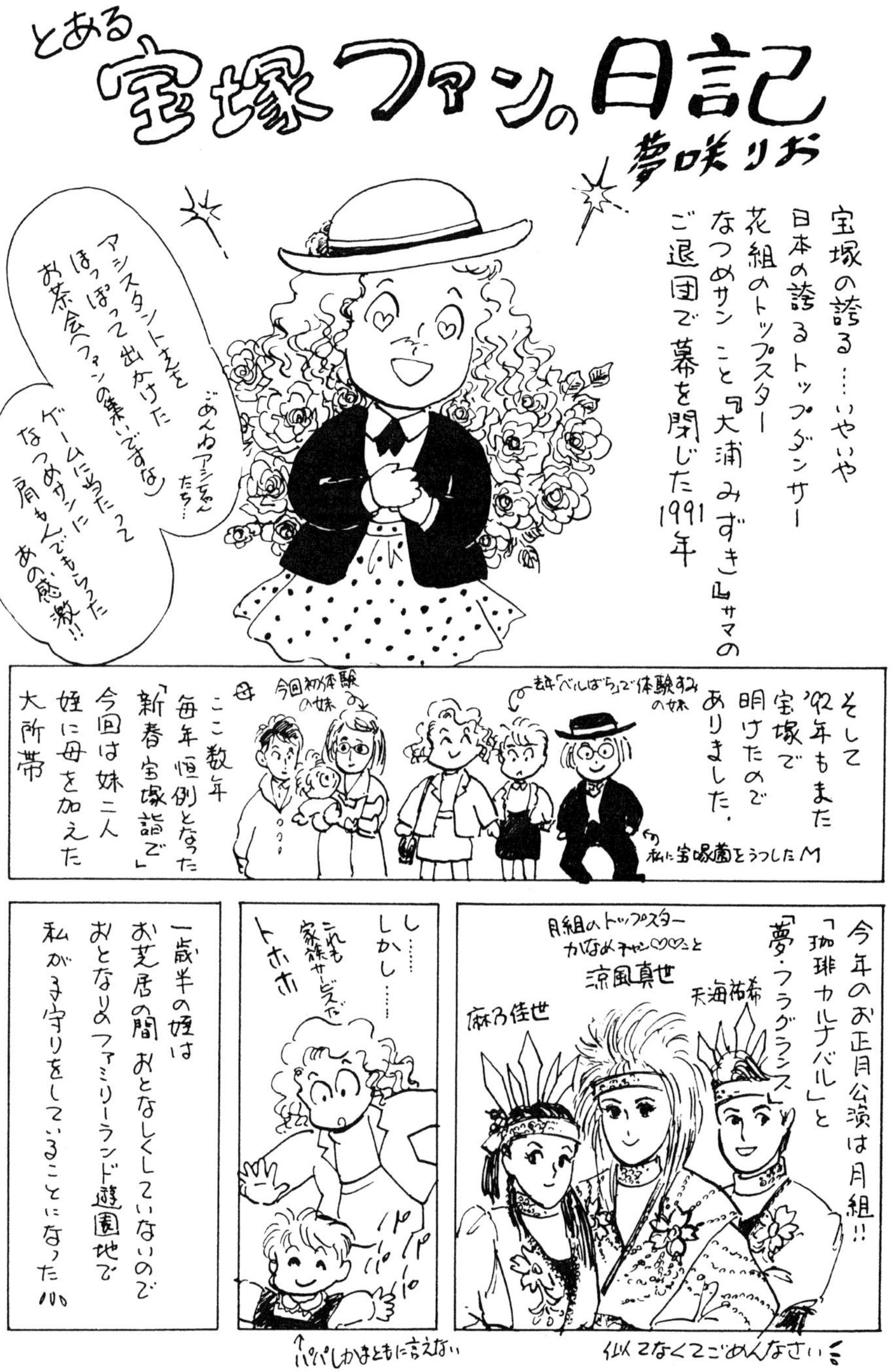
とある宝塚ファンの日記
夢咲りお
宝塚の誇る……いやいや
日本の誇るトップダンサー
花組のトップスター
なつめサン こと『大浦みずき』サマの
ご退団で幕を閉じた1991年
アシスタントさんをほっぽって出かけたお茶会（ファンの集いですな）
ゲームに当たってなつめサンに肩もんでもらった あの感激!!
ごめんねアシスタントちゃんたち…
そして'92年もまた宝塚で明けたのでありました．
今回初体験の妹
去年「ベルばら」で体験ずみの妹
私に宝塚菌をうつしたM
母
ここ数年毎年恒例となった「新春宝塚詣で」
今回は妹二人姪に母を加えた大所帯
今年のお正月公演は月組!!
「珈琲カルナバル」と「夢・フラグランス」
月組のトップスター
かなめチャン♡♡こと
涼風真世
麻乃佳世
天海祐希
似てなくてごめんなさい
し……しかし……
これも家族サービスだ
トホホ
パパパパパ
パパしかまともに言えない
一歳半の姪はお芝居の間おとなしくしていないのでおとなりのファミリーランド遊園地で私が子守りをしていることになった

お芝居はダメだったがショーの方は結構よろこんでみていたちゃんと拍手もする（条件反射かもしれないが）
途中で寝てしまったが寝ながら拍手していた
パチ
でも もしかしてこの子が未来のタカラジェンヌになるかもしんないんだからァ
よそのガキと違えこの子かわいいし……
いずこも変わらぬファン心理
この日昼の部をみて家族は名古屋へ帰っていった
バイバイ
残った私と相棒は午後からは東京から来る友人（彼女もファン）と待ちあわせまだまだ宝塚三昧は続くのである
大劇場ロビーにスターさんの顔写真パネル
こんちは…
やあ…
新阪急ホテルに泊って大人の夜（？）なんぞも楽しんで2日〜4日の間に計4回月組公演を観てお正月の宝塚詣では終わった
友人Nは運のいいことにサバキでバウホールの花組公演「ドニエプルの赤いけし」まで観たのだった
私もみたかったよーっミキちゃん主演だったんだもん
サバキ＝ファンが余ったチケットを入口で売ったり買ったりしあうのだ
一月は東京での宝塚公演はない
私の一月の宝塚はこれで終わったはずだったが……
あっ青年館で「ディーン」があったサバキで1回だけみた．

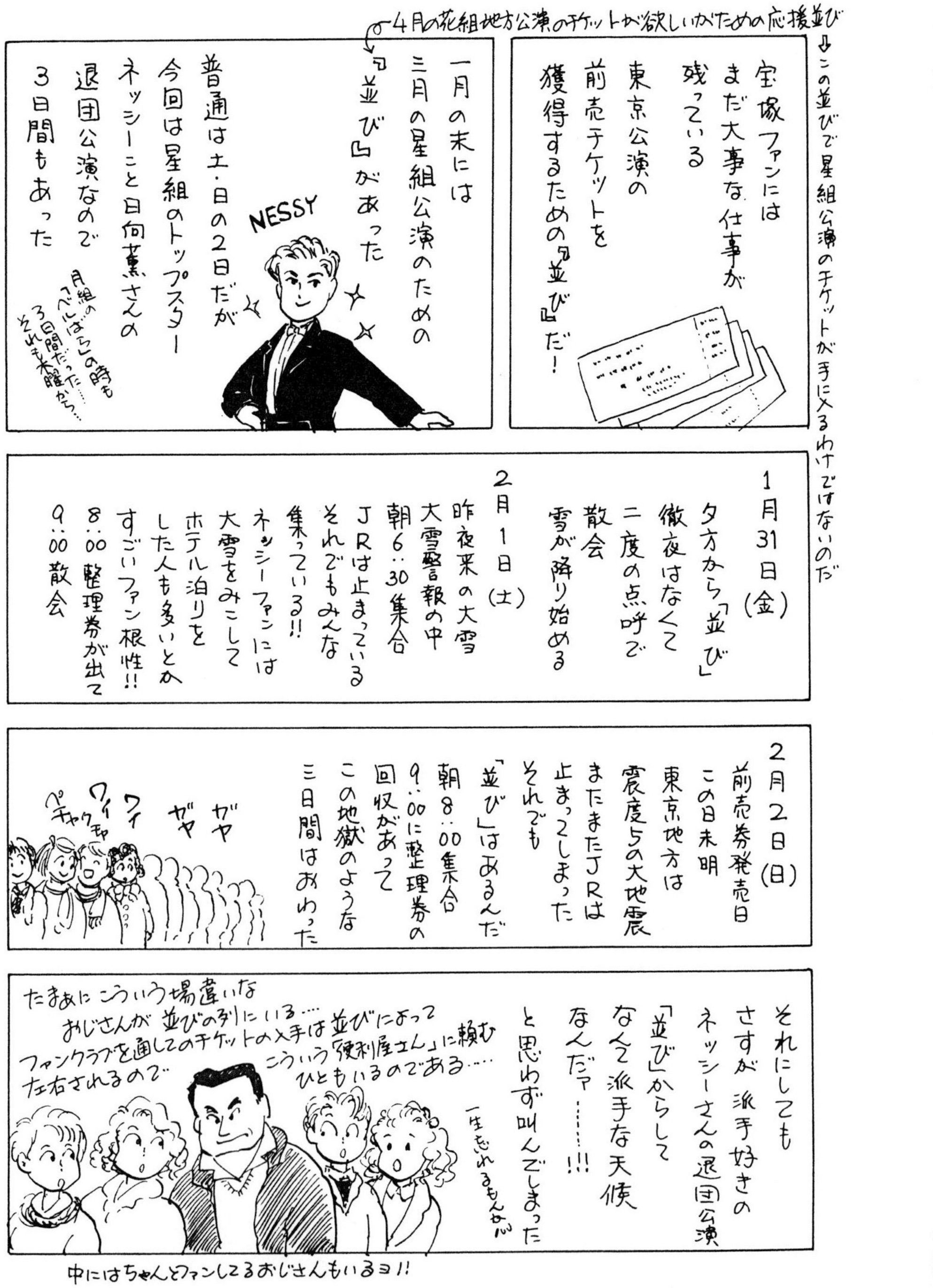
4月の花組地方公演のチケットが欲しいがための応援並び
この並びで星組公演のチケットが手に入るわけではないのだ
宝塚ファンには まだ大事な仕事が 残っている 東京公演の 前売チケットを 獲得するための『並び』だ!
一月の末には 三月の星組公演のための 『並び』があった 普通は土・日の2日だが 今回は星組のトップスター ネッシーこと日向薫さんの 退団公演なので 3日間もあった
NESSY
月組の『ベルばら』の時も 3日間だった…… それも木曜から……
1月31日(金) 夕方から「並び」 徹夜はなくて 二度の点呼で 散会 雪が降り始める
2月1日(土) 昨夜来の大雪 大雪警報の中 朝6:30集合 JRは止まっている それでもみんな 集まっている!! ネッシーファンには 大雪をみこして ホテル泊りを した人も多いとか すごいファン根性!! 8:00整理券が出て 9:00散会
2月2日(日) 前売券発売日 この日未明 東京地方は 震度5の大地震 またまたJRは 止まってしまった それでも 「並び」はあるんだ 朝8:00集合 9:00に整理券の 回収があって この地獄のような 三日間はおわった
ガヤ ガヤ ワイ ワイ ペチャクチャ モャ
それにしても さすが派手好きの ネッシーさんの退団公演 「並び」からして なんて派手な天候 なんだァ……!!! と思わず叫んでしまった
一生忘れるもんか!!
たまあにこういう場違いな おじさんが並びの列にいる…… ファンクラブを通してのチケットの入手は並びによって 左右されるので こういう「便利屋さん」に頼む ひともいるのである……
中にはちゃんとファンしてるおじさんもいるヨ!!

この大雪と震度5の ド派手な「並び」から 私の宝塚ファン生活は 怒濤の2月に 突入したのだった・ 2月――この月には 観劇スケジュールが ぎっしりつまっていた 仕事もバッチシあった!!
とにかく ショーが 好きなのだ!
2月2日(日) 朝「並び」に行く 午後 武道館で キューバン・ルンバのショー 「ノーチェ・トロピカール」を 観る 夜、徹夜で仕事
2日の夜からとにかく仕事!! 11日には名古屋の雪組公演の チケットがとってある それまでに何とか終わらせたい!! ……とねじりはちまきで 頑張ったのだが やっぱりズレこんでしまった///
11日朝まで徹夜で仕事 寝ていくというアシさんに あとの戸じまりを頼んで 東京駅へ
ジリリリリ……
10:00のひかりの 指定席買ってあるんだもん……
原稿とまんが道具と スクリーントーンの 仕事道具一式 やたら重い!!
すべりこみセーフの 新幹線の中で 仕事のつづきの トーン貼りをする 電車が揺れるので 頭が痛くなって しまった///
しかしまだまだ 仕事はおわらない……
同行のM
カリカリ
名古屋について さぁいよいよ 宝塚名古屋場所の 始まりである.
中日劇場 雪組公演 「華麗なるギャッツビー」 「ラバーズ・コンチェルト」
一路真輝
杜けあき
紫とも

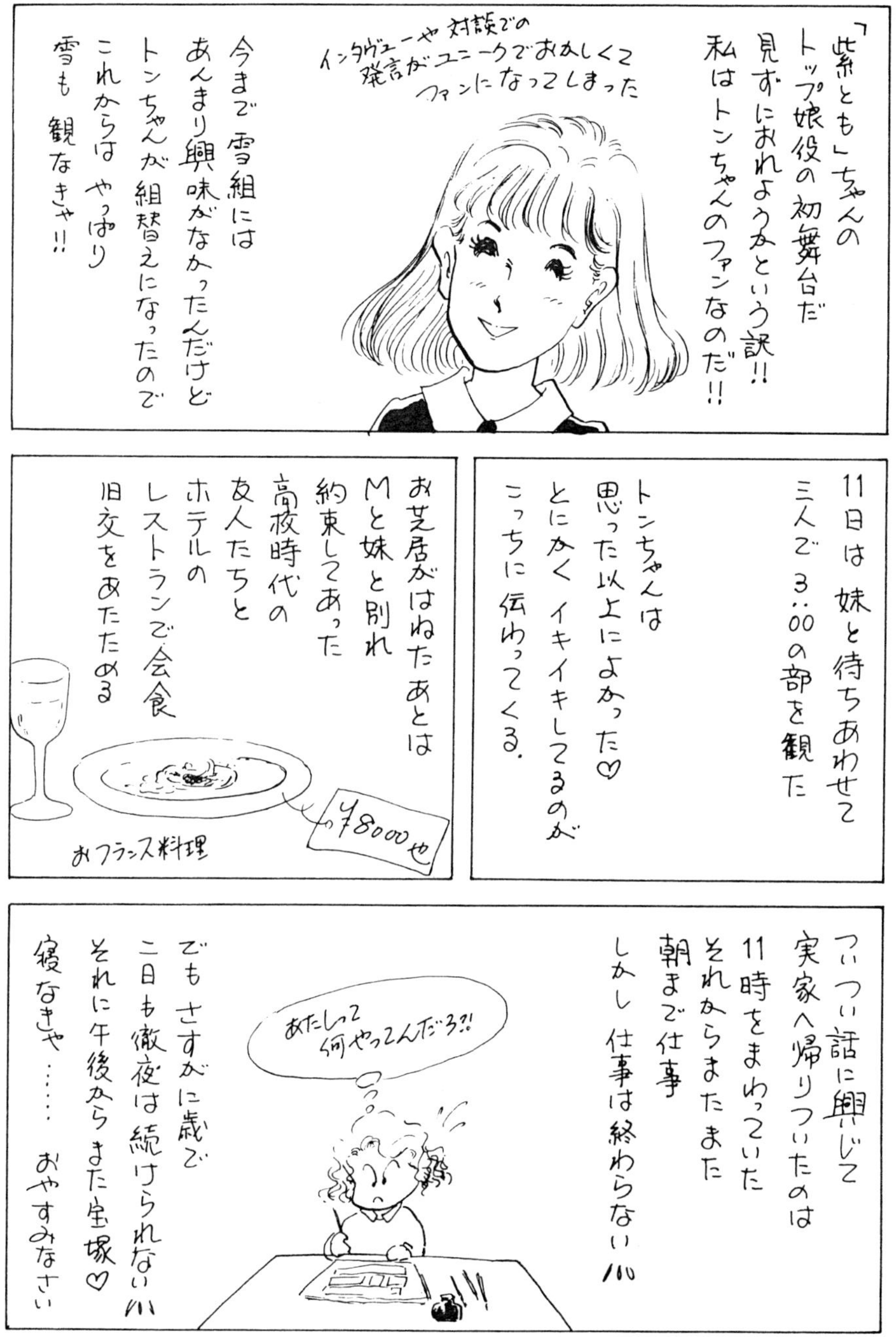
「紫とも」ちゃんの
トップ娘役の初舞台だ
見ずにおれようかという訳!!
私はトンちゃんのファンなのだ!!
インタヴューや対談での
発言がユニークでおかしくて
ファンになってしまった
今まで雪組には
あんまり興味がなかったんだけど
トンちゃんが組替えになったので
これからは やっぱり
雪も 観なきゃ!!
11日は 妹と待ちあわせて
三人で 3:00の部を観た
トンちゃんは
思った以上によかった♡
とにかく イキイキしてるのが
こっちに伝わってくる.
お芝居がはねたあとは
Mと妹と別れ
約束してあった
高校時代の
友人たちと
ホテルの
レストランで会食
旧交をあたためる
おフランス料理
¥8000也
ついつい話に興じて
実家へ帰りついたのは
11時をまわっていた
それからまたまた
朝まで仕事
しかし 仕事は終わらない!!
あたしって何やってんだろ?!
でも さすがに歳で
二日も徹夜は続けられない!!
それに午後から また宝塚♡
寝なきゃ……
おやすみなさい

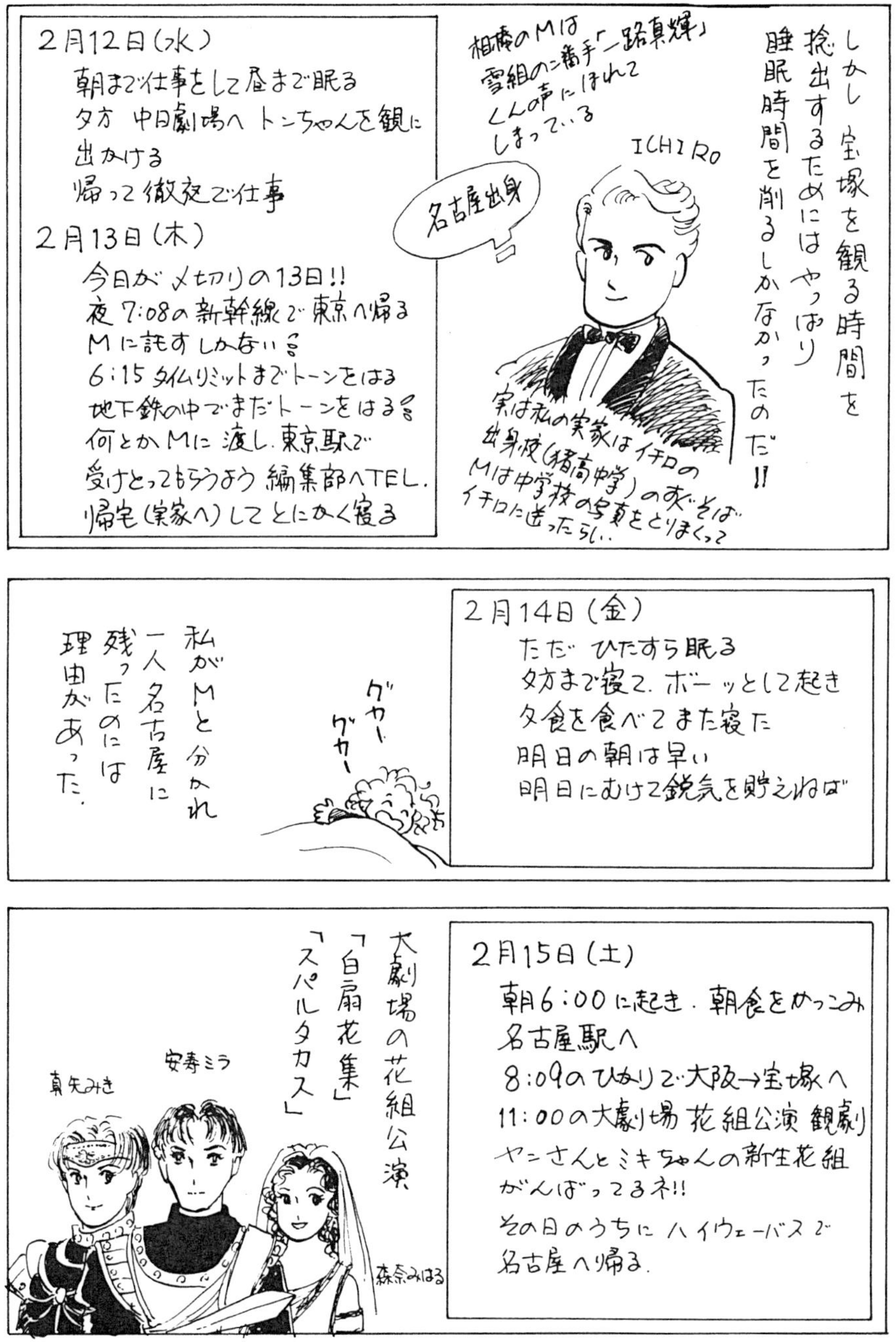
2月12日(水)
朝まで仕事をして昼まで眠る
夕方 中日劇場へ トンちゃんを観に出かける
帰って徹夜で仕事
2月13日(木)
今日が〆切りの13日!!
夜 7:08の新幹線で東京へ帰る
Mに託すしかない😢
6:15 タイムリミットまでトーンをはる
地下鉄の中でまだトーンをはる😢
何とかMに渡し 東京駅で
受けとってもらうよう 編集部へTEL.
帰宅(実家へ)してとにかく寝る
しかし 宝塚を観る時間を
捻出するためには やっぱり
睡眠時間を削るしかなかったのだ!!
相棒のMは
雪組の二番手「一路真輝」
くんの声にほれて
しまっている
ICHIRO
名古屋出身
実は私の実家は イチロの
出身校(猪高中学)の すぐそば
Mは中学校の写真をとりまくって
イチロに送ったらしい..
2月14日(金)
ただ ひたすら眠る
夕方まで寝て ボーッとして起き
夕食を食べて また寝た
明日の朝は早い
明日にむけて鋭気を貯えねば
グカー
グカー
私がMと分かれ
一人名古屋に
残ったのには
理由があった.
2月15日(土)
朝6:00に起き 朝食をかっこみ
名古屋駅へ
8:09のひかりで 大阪→宝塚へ
11:00の大劇場 花組公演 観劇
ヤンさんとミキちゃんの新生花組
がんばってるネ!!
その日のうちに ハイウェーバスで
名古屋へ帰る.
大劇場の花組公演
「白扇花集」
「スパルタカス」
安寿ミラ
真矢みき
森奈みはる

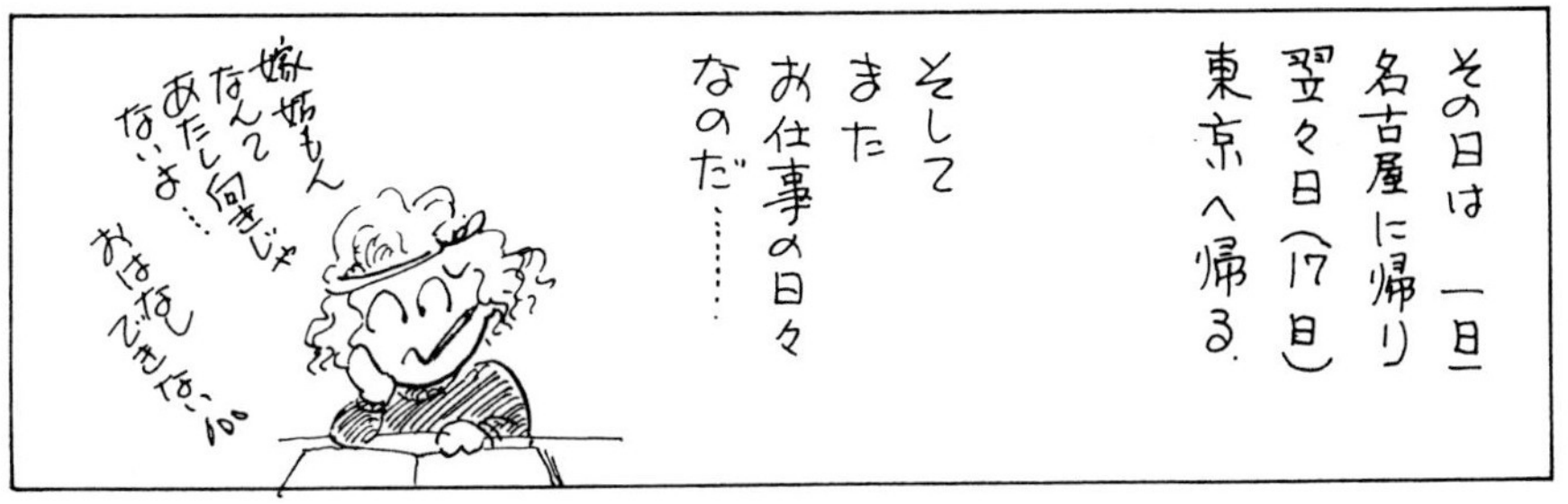

2月22日〜27日
月組「カウント・ダウン」東京公演
バッチシ 仕事と重なる!!
で……でも楽しみにしていた
かなめチャンの「カウント・ダウン」
あきらめるわけにはいかない!!

2月20日(木)
出版社主催の慰安旅行
房総へ一泊.
海の幸とカラオケを楽しみ
深夜まで飲んで騒ぐ

2月21日(金)
朝,起きてみると何と……雪……
雪の露天風呂を楽しむ
帰って仕事
あとで風邪をひいてしまった

2月22日(土)
うちあわせ

2月23日(日)
月組東京公演「カウント・ダウン」を
日本青年館にて観劇

2月24日(月)
昼・夜 ダブルヘッダーで
「カウント・ダウン」を観る
夜 帰ってきて仕事

2月25日(火)
夜のチケットが2枚あるので やっぱり「カウント・ダウン」を観に行く
アシのRちゃんには夜遅くに来てと頼んでおく

2月26日(水)
もうひとりアシのMちゃんが来て仕事の日となる
今日は「カウント・ダウン」
観劇はお休み
でも昨日でなかった
かなめちゃんの声が心配

2月27日(木)
「カウント・ダウン」千秋楽
睡眠時間を3時間に
削って.やっぱり観に行く

サバキやら
Mがいかれなくて
かわりに観たのやら
なんと計6回観て
大好きな
「カウント・ダウン」の
公演は終わった
ほんとは このあとの名古屋公演も行きたかったくらいだけど
2月28日（金）
遊んでばかりはいられない
ピッチをあげて仕事にいそしむ
アシさんは計3人
2月29日（土）
朝まで仕事頑張ってみたが
終わりそうにないので
アシスタントさんたちを寝かせて
私は徹夜のまま月組の「並び」
に日比谷へ行く
昼まで並んで帰ってきて
アシさんを起こして仕事
夜 やっと原稿上がる
3月1日（日）
朝 7:30〜9:30 並び
やっぱ おわんないねぇ お仕事…
で…でも 並びいかなきゃ なんないからさぁ
29日と1日は
月組4月公演の
チケットとりのための
「並び」があるのだ
交替要員を
出さなければ
「並び」は休めない…
しかたない 寝るのをあきらめるか
ファンクラブの厳しい掟…
朝6:30からの
「並び」だったが
7時まで仕事をして
アシちゃんたちを
寝かせて
8時から並ぶ
星組は今 宝塚で一番人気のある組らしい…が 私は 月と花のファンなのだ!!
3月は星だから ちょっとお休み…… 1回か2回みれればいいや
ダウン
あっいけね 3月は確定申告の帳簿つけの月だ…
こうして
雪・花・月 3組共演の
『怒濤の2月』は
終わったのであった★

とにかく
宝塚ファンは
忙しい!!
4月は
月組の
東京公演
花組の
地方公演の
ダブルだわ♡
ご…ごめんね 今日はお茶会あるからさぁ
「極楽地獄の4月」と呼ぼう
せんっせいっの おでっかけ おでっかけ〜
「リボンの騎士」の主題歌のメロディーで
アシさんたちに「リボンの騎士」というありがた〜い(?) テーマソングをちょうだいしましたのサ
しっかりヒラヒラド派手の宝塚ファンルック♡
観劇のためのおしゃれもまた楽しなのです♡
あっ 大劇場は トンちゃんの雪組だッ…
……というわけで
とある宝塚ファンの
日記の一部を
ご紹介いたしました
読み返して
自分でも ほんと
バッカみたいと
思うのですが
これがやめられない…
忙しの
宝塚ファン生活は
まだまだ続くので
ありますが
とりあえず……
さよぉならぁ みなさまぁ〜〜
さよぉならぁ ごきげんよぉ〜〜

おわり……

ふろく 宝塚関係書籍案内

・・・・・というわけで、宝塚に狂いまくっている夢咲りおです。読者の方々の中にはご同輩も、宝塚なんか観るものかという方も、宝塚には何故か縁なしという御仁もいらっしゃると思いますが、このところ一種のブームなのか宝塚関係の書物が相次いで出版されています。興味のある方もない方もまあ一度手にとってみてくださいな。しかし、今回のブームの主役は白馬の王子さまを夢みる十代の少女たちではなく、恋の酸いも甘いも結婚の現実も知り尽くした三十代・四十代のセカンド青春の女性たちだとか。一連のミュージカル・演劇ブームとも無縁ではないのでしょうが。一面、女たちが現実の男との関係に失望と閉塞を感じていることの現われなのかもしれませんね。

『おお　宝塚！』　阪田寛夫著　　文芸春秋社

言わずと知れた芥川賞作家、「さっちゃんはね・・」の作詞者、そしてあの偉大な宝塚の元トップスター「大浦みずき」さんのおとうさま、阪田寛夫氏がいままで宝塚について書かれた随筆を集めた一冊。

『夢・宝塚』　大浦みずき著　小学館

言わずと知れた宝塚花組の前トップスター「なつめ」さんのエッセー集。

『清く正しく美しく』　高汐巴著　日之出出版

花組元トップスター高汐巴の宝塚思い出の記。ユーモアというか、駄洒落の天才ぺいさん！　それにしても花組のスターさんは皆、文才がおありなのでしょうか。少女小説誌「パレット」では、なつめさんに続き、ただいま花組準トップの真矢みきが自叙伝を連載中。

『あのう、ですからタカラヅカ』　山崎陽子著　小学館

元タカラジェンヌで現在は童話作家、劇作家、大学講師の著者が描く、宝塚物語。

『恋するフェアリーたち』　名取千里著　芸文社

各組トップスターをはじめとするタカラジェンヌたちを取材して綴った宝塚。

『ＶＩＶＡ　ＴＡＫＡＲＡＺＵＫＡ』　ＰＨＰ研究所

宝塚の紹介・入門書ってとこでしょうか。

『宝塚の誘惑――オスカルの赤い口紅――』　川崎賢子・渡辺美和子編著　青弓社

記号論、社会人類学か、はたまた現象社会学か、とにかくあらゆる視点から宝塚を分析するごった煮の論文集。もし一冊お勧めするとしたらこれ！宝塚を知っている人にも知らないひとにも面白い一冊だと思います。

『麻央の宅急便』　野坂麻央著　集英社

『恋人と友達と』　野坂麻央著　世界文化社

かの野坂昭如氏の長女で元タカラジェンヌの麻央ちゃんのエッセー集。父上は知る人ぞ知る宝塚ファン、母上は元タカラジェンヌ。なんと妹さんもタカラジェンヌの仲間入りをしてしまったという野坂家。結婚に憧れた女子校育ちの麻央ちゃんですが、クリスマスもすぎてしまえば、男に注文もついて、「結婚しなくてもけっこう楽しいじゃない。」てなことに……。いまの二十代の女性の本音を語っていて面白いかも。

『宝塚なんでも雑学ＢＯＯＫ』　すみれ友の会編　大陸文庫

読んでタイトルのごとく。初心者向け雑学辞典というとこか。

『タカラヅカ・グラフィティ』Ⅰ・Ⅱ　写真・小畑正紀　文・宇佐見正　大阪書籍

朝日新聞の学芸部の宝塚番だった宇佐見氏の裏話を交えた読み物と小畑氏の舞台や稽古場の写真が楽しい。ほかに『タカラヅカ　夢の向こう側』『すみれ白書』『タカラヅカ読本』の３部作がある。

『ACTRESS FILE　宝塚　華麗なるスターたち』　日本文芸社　９月下旬発売予定

『メリーゴーランドのように』　剣　幸著　日本文芸社　10月発売予定

元月組トップスター剣　幸のエッセー集

以上のように元トップスターさんの書かれたものから、ミニコミ同人誌、発行予定のものまで花盛り。宝塚を知りたいなら今ですよ。

私も同人誌でもつくってみようかなんてつい思ってしまったりして。興味ある方がいたら、おたよりくださいね。ひょうこま舎気付　夢咲りお　まで。

詩・無題

人々のなかで共感し、私は微笑みのなかにいた

だれかが「女は男にひかれるのは当然」といい

みんなも当然のようにうなずいた

私はうなだれ一人になった

多くの共感する部分があるにもかかわらず

私が女に惹かれるという小さな違いがこんなにも私を孤独にすることを

私は自分にごまかしてきた

私が今までつきあって傷つけてきた女たち

振り返れば自分を愛しむことができない代償に女に愛されることをもとめてきた

そんな幼さがとても痛くて、女に惹かれることを怖がり抑えてきた

自分を懲らしめなくてもいい、もう自由になっていいんだ

S．F．

ご協力ください！

＊ひょうこま舎では以下の作業をお手伝くださる方を募集しています。

・編集の際、手書き原稿をワープロに打ち直してくださる方。

・海外からの郵便物・パンフレットなどを翻訳してくださる方。　現在、英語・スペイン語のできる方をさがしています。

報酬は出せませんが、お手伝いくださるお気持ちのある方はぜひ奥付住所までご連絡ください。よろしくお願いします。

『評論なんかこわくない』
沢部ひとみ著
（飛鳥新社・１２００円）
受験参考書の「古典」として後世にのこるべき傑作だ。と同時に、日本近代評論の分析・批評として抜群にわかりやすく、一般読み物としても面白い。（朝日新聞／1992・９・６／読書欄より引用）是非御一読を！

●定期購読されている方は転居の際には必ず新住所をお知らせください。

●現在、転居先不明の方が何人かいらっしゃいます。本が発送できず困っています。お心当たりの方はご連絡ください。

XX ---くすくす--- ♀♀の子の自己主張!!!
編集中、スタッフのうち1人が♀の、1人が♂の恋人ができたという
文字通りの"未分化(♀♀か♀♂かわからない子)成長促進本"。
知識分化して多人にも楽しめる、小説、マンガ、それから
8月頃新宿中心に集めてたアンケートの結果、♀♀
マンガリスト、など内容一杯の一冊です。
お問い合わせは下記まで。　P数定価は
未定ですが、記憶の隅でわくわくしててね。
〒240　横浜市保土ケ谷区桜ケ丘12-1　林様方高見まゆ
←灰原鳥子のマンガのラストシーン。かわいいラヴストーリーだよ!!

ひょうこま舎では皆さんの原稿をまってます

＊詩・小説・評論・エッセー・イラスト・まんが等なんでもご投稿ください。書評や映画評などのコラムも歓迎します。

まずはチャレンジ！

１ページ／縦２２cm×横１５cmの枠内に主要な文字・画が納まるようにお願いします。ワープロの段組等は自由です。原稿用紙に手書きでもOK。

ふるってご投稿くださいね。

それでも女性愛者《レズビアン》達は生きる、生き続ける

星《ほし》谷《たに》なほ

アムネスティ？――――ただあなたが
異性愛者《ヘテロセクシュアル》でさえあれば

「アムネスティ？――――ただあなたがヘテロセクシュアルでさえあれば」この見出しは、今年の九月一日～七日に横浜で開催されたアムネスティ・インターナショナル世界大会に参加したアカー（動くゲイとレズビアンの会）の報告集のものだ。アカーはアムネスティに対して、世界中で同性愛を理由に殺害されたり拘禁されたりしている人々を〈良心の囚人〉[*1]とするように申し入れた。これに対するアムネスティ側の解答は矛盾と偏見に満ちたものだった。[*2]――――「同性愛であること、あるいは同性愛行為を理由に投獄されている囚人が、四年前の会議で良心の囚人に含まれなかった理由は？」という質問に対して「一つは責務が、個人的自由より政治的自由に力を入れていたから。もう一つは子供とセックスする成人や、相手の意志に反してセックスする者達の問題が派生するから」と答えた。個人的自由が集まって政治的自由になるのではないだろうか。また以下は良心の囚人として いない。「ある人が同性愛者であることを理由に身柄拘束された場合」「ある人が成人間の非公然の同性愛行為を理由として身柄拘束された場合」しかし次の場合は良心の囚人とすべきであると宣言された。「レズビアンとゲイの権利を擁護して逮捕された者（性志向《セクシュアリティ》は問わない）」

同性愛者なら当然同性愛行為はするだろうし、自分の存在を守るために闘わざるをえないはずだが。

今なお世界中で、同性愛者の大量虐殺が行なわれている。オーストラリアのクイーンズランドでは反ゲイ法の許で、中華人民共和国では浄化運動と再教育が、ソ連では同性間の性的関係は、懲役最高五年、そこでは別々の建物に住まわせられ、一番下の階級で重労働をしいられ、アンタッチャブルと呼ばれ同性愛者が食事をつくると食物を穢すと考えられている。またイランでは公式の撲滅運動を一月一日から始め、二人のレズビアンがラングルード広場で投石死刑にされ、三人の男性同性愛者がナハーヴァン広場で打首にされた。瓦礫の中で殺された女の写真の見開かれたままの目は、この世界の狂気を見ている。彼女は誰一人あやめた訳ではなく、ただ愛した罰なのだ。戦争でなくなった人々の名を掘り起し、遺骨を拾い、慰霊碑を建てる人々がいる。女への愛のために殺された、あるいは死なざるをえなかった女達の名を記憶し、鎮魂をしていくのは、彼女達と同じ運命になる可能性を持って生きている私達のようなもの以外にない。

＊1思想、信条のために捕らえられている人間
＊2アカー報告集から

ある日突然その「手」がノックする

ある晴れた日、美しい昼下がり突然同性愛狩りの手があなたのドアをノックする。その音を聞く同性愛者にエリートはいない。つまり「私は同性愛者ではあっても彼等とは違う。この国に必要な人間だ。政治運動もしていないし父は高級官僚で多くの政治重鎮と交友がある」と信じていた彼にもある日ノックがあった。そしてその日から彼は母親や恋人に二度と逢えない。それは本当に起こった。十九世紀の話ではなく四十年前のドイツで。どんな名目でも彼等はあなたや私をノックすることができる。例えばエイズ法、国家機密法、家庭基盤充実法……等。

ナチスのキャンプに送られたのはユダヤ人、レジスタンスの人々、ジプシー等は知られており、それらの人々は戦後、政府から公式謝罪と補償金を受けている。しかしそこに多くの同性愛者が送られ辱《はず》かしめられ虐殺されたことは知られていない。生き残った同性愛者達は同じような補償を求めたが政府は、同性愛者は精神異常で犯罪者であるから当然だったと拒否した。

ナチスのカポ（上官）の恋人となり収容所から生きて帰った同性愛者の一人、オーストリア人のハインツ・ヘゲーはこのことについて初めて彼の日記（一九三八～四五）を発表した。彼は「反《アンチ》アンネ・フランク」と書く。アンネ・フランクは人間の罪の象徴、悲劇のヒロインになったがヒューマニズムは同性愛までは届かなかった。収容所の出来事は厳粛なことであるから人々は同性愛と同じレベルの問題として語りたがらず、そして多くの生き残り同性愛者達は沈黙しているので、この事は知られ

ないままできた。「薔薇色の三角形　の男達」（収容所で同性愛者はピンク色の三角形のワッペンだった）という題のこの日記は一九七一年ドイツで出版され、八一年仏語訳され評判になった。それはこんなふうに始められる。

「一九三八年、三月、私は二十二才、両親の自慢の真面目な大学生だった。政治に興味はなかったからどんな会にも入ってはいず、ナチ党にも入らなかった。ヒットラーの新ドイツもオーストリアのナチもそんなに嫌いではなかった。大学でドイツの運命、王の種族についての話があった。……」

ある時自分が同性愛者であることを母に告白すると母は、それは仕方がないことだから一人の友達を選んで一緒に生きて行きなさい、と言ってくれ彼は気持が軽くなる。やがてナチス党の軍人の息子で医大生の恋人を見つける。「彼と愛し合い、死ぬまで一緒にいようと思った。互いに運動が好きで二人共男らしく、幸福だった」と書くが、やがてその手がやってくる。

「金曜日、一時だった。その時家のベルがなった。強く。ドアを開けると黒い皮のコートと帽子の男が立っていた。『ゲスタポ』と言った。カードを見せ『ホテルメトロポールに来い』と言った。母は怖がった」

それでも彼は自分が同性愛の容疑で捕らえられるなどとは夢にも思わなかった。窓の下のゲスタポの軍人達を見てすこし怖くなるが、まさかこの僕が、と思い直し母にキスをする。母は、「気を付けて、私のかわいい子」と彼の腕を掴んだ。それから長い間彼はもう母に逢うことはなかった。彼は書く「帰った時私はもう人間ではなかった」と。彼の父はナチ党の高級官吏だったので、ベルリンの内務省の友人達に頼んだが、無駄だった。収容所に政治的理由で行く人は誇りがあった。しかし同性愛者は最も軽蔑された。父は免職になり、自殺した。母への最後の手紙は今も息子の手の中にある。「いつまでも同僚の侮蔑、悪い冗談、いやがらせ、もう充分だ。神よ息子に御加護を」

彼はゲスタポに連れられて部屋に入った、医者は長い間沢山の書類を眺めていたが、急に氷のように冷たい目で言った。「おまえは男色《ペデ》だ。自白しろ」彼は想像もしていなかったからびっくりし、否定した。「嘘つけ、ペデの豚。証拠がある。見ろ」と写真を出した。恋人のフレッドと仲良く肩を組んでいる写真だ。裏には『僕の永遠の恋人』と書かれている。「豚の行為を二人でしただろ」とそこにサインを強制された。全裸にされ、肛門の中まで調べられた。そして泥棒達の中に放り込まれると彼等からペデと蔑《さげす》まれ様々の暴行と屈辱を受けた。彼は書く。「彼等は少しの盗みをしはしたが、正常だった。それに比べこの私は異常者なのだった」

ペデとユダヤ人は死ぬまで拷問を受けなければならないキャンプに入れられた。足を鎖で繋がれ牛馬用の汽車でウィーンからザルツブルグ、ベルリン、オリヤネンブルグまで運ばれた。水も便所もなく殺人者達は彼がペデと分るとレイプし続けた。サイジェンハウゼンキャンプに着く。

ワッペンはペデがピンク、ユダヤ人は黄色い星、ジプシーは茶色、共産主義者は赤、反社会的人間は黒、ヤホバ教は紫、移民者はブルーだった。

極寒の中、毎日暴力を受け働かされた。そこでは病気になるとペデは死ぬまで医学実験に使われた。ある雪の日のペデの仕事は、自分のコートを脱いでそこに雪を入れ別の場所に運ぶ。運び終わるとそれらを全部また元の場所に運ぶ。素手で。

そこでのナチスの標語は「労働は君を自由にする」だった。とくにペデのための重労働は洞穴の中から粘土を採取する仕事だった。その中で毎日たくさんのペデが死んだ。それが辛すぎたので何人かのペデは自分の手足を車輪の下敷きにして入院した。病院のほうが良い待遇と思ったからだったが、やがて彼等は医学実験用の鼠のように死んでいった。一八〇人程が一つの部屋に寝ていた。様々の職業のペデがいた。労働者、サラリーマン、芸術家、貴族、僧侶、音楽家、教師……など。誰も法律を侵した訳ではなくただ同性を愛した罪だった。彼の友人の一人は二つの罪があった。ペデでしかもユダヤ人だった。

S・S（ナチス軍人）が射撃訓練をしている広場での壁作りの仕事で、ナチスが訓練を止めなかったから沢山のペデが仕事をしながら死んだ。やがて収容所内で殺される順番を選ばされた。皆はペデはこの世界に不要な人間だと言い、いつも最初だった。近くの湖はペデの血で水が赤くなり、湖が使えないと言うドイツ人の苦情があり毒の注射に変わった。金目《かねめ》のものを取られ一つのドアから入り、死体となって他のドアから焼却炉に投げ込まれる。毒が十分でなかったペデは火傷《やけど》しながら裸で逃げ回りS・Sに棒でまた突っ込まれた。

S・Sの遊びの一つはペデの睾丸を熱湯に浸《つ》け、また冷水に浸ける。笑いながらペデが死ぬまで続けた。

クリスマスにはツリーの形に八人首つりさせ、ペデ達はその回りを回らされクリスマスツリーの美しい歌を歌わされた。

ヘゲーは記している「それをした人々はだれか？　作家、詩人、哲学者の民族であるドイツ人――ナチスはユダヤ人を抹殺しようとしたように同性愛者も抹殺しようとした。これらのおびただしい犠牲者（あるいは殉教者）達のすべてに名前がない。我々はこのことを忘れる権利はない」

収容所には数多くのレズビアンも、強姦され殺されたと言われているが、記録が余り残されていない。

エイズ

後天性免疫不全症候群――何という恐ろしい病名だろう。私達の体は私達が意識しないところでいつも沢山の病原菌と戦って生き延びているのだが、その動物としての基本的条件が一切無くなってしまうのだ。

友人の男性同性愛の銀行主がエイズになったという噂がたった。そして半年程前すべての財産を妻に譲りインドへ旅立った。

エイズウイルスは感染力は弱いが、多く男性同性愛者達に広がったのは男の性の在り方の一端を見せている。解放された性とは権力によって抑圧された全体的な生（性も含めて）の力を回復することであり、好奇心のまま性的快楽を追い求めることではなかった。アメリカのフェミニスト心理学者、ダイアン・リチャードソン氏は「女性とエイズ危機」の著書の中で、女性同性愛がエイズから一番安全だと立証している。エイズ騒ぎ以後男性同性愛者達もカップル志向になっていったようだが、逆にこのことから性はそんなに安易なかかわりの術でないということに気付かされる。エイズウイルスは非常に弱い感染力しか持たないので深い接触、例えば輸血や性交以外では感染しない、というのが正確に近い情報だが、性の交換は生命をかけるまでの深いつながりであったことをエイズウイルスは負の世界から教えてくれた。

レズビアンは抹殺されねばならない

I・L・I・S（国際レズビアン情報センター）の会議で最も重要なテーマは、可視性、I・L・I・Sの連帯、レズビアンの母、人種差別、ファシズムだったが、レズビアンの連帯の力と可視性はホモホビア（同性愛嫌悪）も強く浮き出させる。一九八三年ネオナチスがベルリンの女の本屋を襲って破壊した時、彼等は著名なレズビアンフェミニスト作家に手紙を送った。「ドイツを清潔にするためレズビアンは殺されなければならない」と。彼等はベルリンの壁にも書いた。「ダショウ（同性愛者達が焼かれたナチスの収容所）は再びお前達のためにドアを開くだろう。レズビアンは行かねばならない。さもなくば我々は再びレズビアンとユダヤ人を殺すだろう」

そして十一月には二十二歳のレズビアンがレズビアンバーを出て来たところをレイプされ殺された。彼女の名はスーザン・マターだった。その時警官達は殺人者よりレズビアンの友人達に手ひどかった。一九八二年パリではレズビアンのダンスパーティーに入場を断られた男が怒って若いレズビアンを鉄砲で撃ち重傷を負わせた。

まだ多くの国で同性愛が犯罪であることを考えると、多数者の正常という狂信とおごりから解き放たれるために私達の持ち得る力は、より一層の連帯しかないだろう。

倫理《モラル》の毒は魂を殺す？

一九二八年十一月、ロンドンのサンデーエクスプレス誌上に『孤独の井戸』の書評が出た。「私は健全な少年少女達にこの小説より塩酸の瓶を一本あげたい。科学的毒は肉体を殺すが、モラルの毒は魂を殺す」

すぐこの本は英国で発禁になり焼却され、その後三十一年間も日の目を見なかった。しかし他の色々な国々では出版され大成功を収め沢山の作家達がホールの嘆願のため法廷に出た。ジュリアン・ハクスレー、F・M・フォルスラ、ヴィタ・サクビル、もちろんヴァージニア・ウルフも。ウルフの「オーランド」はホールの裁判のすぐ後出版されたが、ここでの性の転換は単なるイマジネーションだから誰も彼女がレズビアンであるとは口にせず無傷だった。一方ホールはこのような騒ぎから逃れパリに行き恋人と過していた。

サフォーは美青年に失恋した？

マリー・ジョー・ボネは『明確な選択』という論文の中でサフォーからコレットまでの女性間の愛の関係の調査報告をしている。

サフォーの作品は歴史上何度も焼かれ、彼女が男への愛について書いたかのように書き変えられ、「彼女」は

「彼」に改竄《かいざん》された。そして美青年に失恋して断崖から身を投げたという話まで捏造《ねつぞう》された。これはナチスに虐殺された同性愛者達と同じようにサフォーの生の抹殺であり後の時代のレズビアン達への挑戦だ。ジョー・ボネは歴史の陰謀について記している。どれ程多くの作品が焼かれ、どれ程多くの素晴しい作品が異性愛のように書き変えられたか。そしてどれ程多くのレズビアン作家が男名でサインしたか。レズビアンや同性愛という言葉自体長い間全く存在しなかった。ただ堕落、腐敗として攻撃された。だからすべての作品について解説が必要だ、と。

　ベル・エポックの時代には、パリに住んでいた資産家のアメリカ人、ナタリー・バルネイの「友愛の神殿」と呼ばれるサロンにたくさんのレズビアンの芸術家達が出入りしていた。ナタリー・バルネイ、エバ・パーマー、ガートルード・スタイン、アリス・トクラス、ラドクリフ・ホール、マリー・ローランサン、イサドラ・ダンカン、マルグリット・ユルスナール（女性でただ一人アカデミー・フランセーズの会員になった作家）、ジャナ・バーンズ、ルネ・ヴィヴィアン、リュシー・ドラリュ・マルドリュス……その他沢山の。去年の十二月、八十四歳で亡くなったマルグリット・ユルスナールは『アレクシス』の中で書いている。「女の存在ほど語られていない暗黒のものはない。我々が人間存在を通してこの世界についてのイメージを作ろうと思う時、女性を選ぶのは非常に難しい。女性の人生は余りにも限界があり過ぎる」と。だからユルスナールは小説の主人公に男を選ぶ。

　人間の自由さとは男であると彼女は判断したが、自由を持つ人間の仲間入りが女もできた時、レズビアンも堕落や天罰、ポルノのイメージから、人間の愛の問題として考えられる日が来るだろう。

編集後記

□発行がたいへん遅れましたことを謹んでおわびいたします。6月にはとおたよりさしあげながら、すでに鈴虫の声を聞く季節となってしまいました。仕事の多忙、健康を損ない長期療養など、スタッフそれぞれの事情で思うにまかせず、今回は編集スタッフも少し変わりました。四人で始めた「瓢駒ライフ」ですが、皆が最初と同じテンションで気力を保ち、定期的に何かを書き続けていくというのはなかなか大変なことです。個人の生活環境も少しずつ変わってゆきます。よくも悪しくも時の流れの中で生きているんだなと感じながら今編集作業を進めているところです。でも、「瓢駒ライフ」の灯は消したくありません。定期的な発行は難しいかもしれませんが、これからも発刊をめざしたいと思います。どうかわたしたちにエールをお願いします。またみなさんの投稿も大歓迎です。編集の際のワープロ化をお手伝いくださる方も募集していますのでよろしく。

■ながらくお待たせしながら、新作ではなく、古い小説を発表するにとどまったことを我ながら残念に思っています。でも、この小説もどこかに発表したかったものです。いままでチャンスがありませんでした。新作を期待してくださった皆さんにはごめんなさい。わたしにも自分も相手も肯定できないこんな時代がありました。今、彼女とは連絡がとれていませんが、幸せでいてくれることを第一に祈っています。そしてどこかでレズビアンの文化と出会っていてくれることを祈っています。それなしに自分を肯定するようになることはできないとわたしは思うからです。「瓢駒ライフ」がひとつのレズビアンの文化の指標として存在できるよう引きつづき皆さんの応援をよろしくお願いします。

（松本泉子）

□自由業は不自由業で、仕事をしていた会社の営業不振で原稿料の遅配に泣いております。相棒は休職中で給与カット。女二人の瓢駒ライフも楽ではありませんが、それはそれ、楽天享楽主義のふたりはそれなりにへらへらと助けあいつつ暮らしております。

（高橋瑛子）

■遅れに遅れた七号もやっと発行。その遅れの原因の大半は何を隠そうこの私。ひらにご容赦のほどを。閑話休題。お気づきですか？この頃やたらと「女同士のツーショット」CMが横行していることに。昨年の「甘夏〇験」のアヤシいCMに始まり、今年のではK林聡美主演のスクーター「ジョ〇」のCM。何が起こってるんだ？と個人的に騒いでいるのだ。うん、いい時代だっ。にやけた意味じゃなくて（半分そうなんだけど）。世間は興味本位でも、いい状況だと思いません？　最終的には理解する人がいるかもしれんし。カギは私たちにどれだけ「生きてる迫力」があるか、かな。大丈夫。実際いるでしょ？　「息して服着て歩いてる迫力」って。私？　私は例えればアライグマくんとショーねえちゃんが勝負してる横でオタってるぼのぼののようなものね。ふっ。スナドリネコさんへの道は遠い…………。

（二本木由実）

ひょうこま舎

『瓢駒ライフ』―――購読申込方法

・定期購読料　　３０００円（郵送料込）――４号分に相当します
・同封の郵便振替用紙に住所、氏名を記入のうえ、お近くの郵便局から振り込んでください。
・振替用紙の裏面の通信欄に、何号から希望と明記してください。
＊会費切れの方、継続もお忘れなく！
　封筒表の宛名欄、右下の右側の数字が納入済み最終号です。

『瓢駒ライフ』―――バックナンバー申込方法

・No.１，No.２，No.３は品切れです。No.５回収により残部ができました。
・No.４，No.５　各一冊　６００円，　No.６　一冊　７００円
　郵送料／１冊　２５０円，　２～３冊　３６０円
・郵便振替で申し込んでください。
・定期購読料３０００円・４号分の中からバックナンバーに充当することもできます。（新規あるいは残額のある方はお申し出ください。）

振替口座番号　　横浜３－５２７２１　ひょうこま舎

『瓢駒ライフ』は下記の書店等でも手にいれることができます。

東京方面―――
・ミズ・クレヨンハウス　☎０３－３４０６－６４９２
　〠107 東京都港区北青山３－８－１５
・リーブル・ド・ファム　☎０３－３３７０－６００７
　〠151 東京都渋谷区代々木４－２８－５　東都レジデンス410
・ミズ・データ・バンク　☎０３－３２６９－７６５０
　〠162 東京都新宿区神楽坂６－３８　中島ビル505
関西方面―――
・ウィメンズ・ブック・ストア　松香堂　☎０７５－４４１－６９０５
　〠602 京都市上京区下立売通西洞院西入ル
・フリーク　☎０６－８５５－３７４６
　〠560 大阪府豊中市岡上の町３－３－２４

＊広告載せます。１ページ／２０００円，半ページ／１０００円
＊原稿募集中！　ふるってご投稿ください。

瓢駒ライフ No.7

１９９２年9月20日
編集・発行　ひょうこま舎
〒213 川崎市高津郵便局私書箱７号
＜振替＞　横浜３－５２７２１
表紙　松本泉子　　印刷／ナール
頒価　７５０円（送料２５０円）

編集・解説

杉浦 郁子（すぎうら・いくこ）

1969年生まれ。立教大学社会学部教授。

「日本における性的マイノリティの社会運動」という市民の営みを、ミニコミ誌などのコミュニティ資料や活動家へのインタビューから明らかにすることをめざしている。現在取り組んでいる調査研究は、1970年代から90年代中旬の首都圏におけるレズビアン解放運動の歴史記述と、東北地方における性的マイノリティの運動手法の分析である。

関連する業績として、「『レズビアン・デジタル・アーカイブス』の運営と課題」『和光大学現代人間学部紀要』第17号（2024年３月）、『「地方」と性的マイノリティ』（共著、青弓社、2022年）、「1970年代以降の首都圏におけるレズビアン・コミュニティの形成と変容」『クィア・スタディーズをひらく』第１巻（晃洋書房、2019年）ほか。

性的マイノリティ関係資料シリーズ1

レズビアン雑誌資料集成　第７巻

編集・解説　杉浦郁子

2024年10月25日　初版第１刷発行

発行者　船橋竜祐　　　発行所　不二出版株式会社
〒112-0005　東京都文京区水道２-10-10
電話　03（5981）6704　http://www.fujishuppan.co.jp
組版／昴印刷　　印刷／富士リプロ　　製本／青木製本
乱丁・落丁はお取り替えいたします。

第３回配本・全２巻・別冊１　揃定価50,600円（揃本体46,000円＋税10%）
（分売不可）　ISBN978-4-8350-8793-1
第７巻　ISBN978-4-8350-8795-5

2024 Printed in Japan